公安院校招录培养体制改革试点专业系列教材

★ ★ ★ ★ 计算机犯罪侦查方向 ★ ★ ★ ★

丛书主编 李锦

信息安全法律法规汇编与案例分析

黄波 刘洋洋 主编

清华大学出版社
北 京

内 容 简 介

本书介绍信息安全的概念及信息安全保障体系的构成、我国法律制度的构成和信息安全法律体系的建设过程，汇编了信息安全相关国家法律法规、信息安全相关行政法规、信息安全相关部门规范、信息安全相关问题司法解释以及典型信息网络安全违法犯罪的相关案例，并针对案例简要分析了法律法规的应用。

本书比较全面地汇编了信息安全涉及的各方面法律法规和行业规范，内容详实，涵盖面广。

本书既可以作为公安体改生（网络安全与计算机犯罪侦查专业）本科学生、信息安全专业本科学生教材，也可作为普通高校电子商务、电子政务、信息管理与信息系统等计算机专业本科与专科学生的教材，以及公安干警初任警培训、公安一线干警普及信息安全法律法规知识与了解信息安全法律法规及案例的参考书。

本书封面贴有清华大学出版社防伪标签，无标签者不得销售。
版权所有，侵权必究。举报：010-62782989，beiqinquan@tup.tsinghua.edu.cn。

图书在版编目（CIP）数据

信息安全法律法规汇编与案例分析/黄波等主编. —北京：清华大学出版社，2012.11（2024.9重印）
公安院校招录培养体制改革试点专业系列教材
ISBN 978-7-302-28832-9

Ⅰ. ①信… Ⅱ. ①黄… Ⅲ. ①信息网络－安全管理－法规－汇编－中国－高等学校－教材 ②信息网络－安全管理－法规－案例－中国－高等学校－教材 Ⅳ. ①D922.17

中国版本图书馆 CIP 数据核字（2012）第 102466 号

责任编辑：闫红梅　薛　阳
封面设计：常雪影
责任校对：时翠兰
责任印制：丛怀宇

出版发行：清华大学出版社
　　　　网　　址：https://www.tup.com.cn，https://www.wqxuetang.com
　　　　地　　址：北京清华大学学研大厦 A 座　　　　邮　编：100084
　　　　社 总 机：010-83470000　　　　邮　购：010-62786544
　　　　投稿与读者服务：010-62776969，c-service@tup.tsinghua.edu.cn
　　　　质量反馈：010-62772015，zhiliang@tup.tsinghua.edu.cn
　　　　课件下载：https://www.tup.com.cn，010-62795954

印 装 者：三河市龙大印装有限公司
经　　销：全国新华书店
开　　本：185mm×230mm　　印　张：26.5　　字　数：576千字
版　　次：2012年11月第1版　　印　次：2024年9月第12次印刷
印　　数：8101～8600
定　　价：69.00 元

产品编号：043367-04

序

  期待已久的由李锦同志主编的《公安院校招录培养体制改革试点专业系列教材》终于出版了！该系列教材是我国第一套计算机犯罪侦查专业系列教材，它的出版解决了国内相关院校教师与学生急需的教课书问题，也为从事信息安全专业和侦查执法人员提供一套极有价值的参考丛书。这实属一件可喜可贺的事！

  由于信息技术空前迅速的发展，极具挑战的计算机网络空间形成了一个变幻无穷的虚拟空间。现实社会中的犯罪越来越多地涉及到计算机、手机等工具，各种数字技术与网络虚拟空间的交汇，使计算机犯罪侦查技术变得空前重要与紧迫。从20世纪90年代兴起的数字取证调查，涌现出各种各样的技术和工具，使得数字取证成为计算机专业的一门新兴学科。国际上的一些大学近年来已设置了专门的系和研究生学位的授予，为计算机犯罪侦查的教学内容增添了丰富而又精彩的情景。他山之石可以攻玉，许多技术和教材可以借鉴，但数字取证牵涉到法学、法规，各国的国情不尽相同，唯一的解决办法就是必须自主创新、撰写适合国内需要的相应教材。

  面临这一劈山开路的挑战，本教材从专业的技术层面为国内的本科生尝试提供全面的教学培训，内容包括了从互联网体系结构原理到电子商务应用与各种法规，以及计算机网络攻防技术与信息系统安全等级保护与管理等基础知识，重点围绕着计算机犯罪调查的手段、工具与方法以及数据证据的分析与鉴定等基础知识；教材注重在传授理论知识的同时，强化面向实战能力的培训，全套教材既适应了学科特点又考虑到学生层次的具体情况，处处反映出作者们的精心思索。

  本系列教材参编的作者全部来自辽宁警官高等专科学校的师资队伍，该校地处辽东半岛，面临蓝色的大海，大浪淘沙涌现一批时代的人杰。庄严整洁的校园具有公安教育突出的特色，更为可贵的是他们倡导教学、科研、警务实践紧密结合，不断创新教学模式的一贯校风，每年从那里培养出大量信息时代专业特色明显、创新能力强的人才队伍。本套系列教材的出版充分体现了该校的学术水平与精神面貌，尤其映射出参编作者们拥有第一线资深的教学经验和扎实的实际专业知识，以及始终保持一股奋发上进、开拓创新的风范。我在此由衷地对本教材的出版表示祝贺，并预祝他们再接再厉，取得更加辉煌的成功！

许榕生

2012-6 写于北京

前言

随着社会的发展,人们已经步入了信息网络时代,信息网络的广泛应用使得信息网络安全发展现状有了很大的变化,不法分子利用网络以各种方式进行违法犯罪活动,让人们的互联网生活开始变得复杂,这些都严重危害了国家和社会的安全及秩序。近年来对于信息安全保障工作,应该从管理和技术并重的角度来维护,同时努力加强信息安全立法工作,完善信息安全法律体系,加大法律执行力度,才能有效地保障信息安全。

信息安全法律法规作为国家法律体系的重要组成部分之一,在维护和保障信息安全中占有举足轻重的地位。信息安全法律法规是信息安全保障体系建设中的必要环节,它明确了信息安全的基本原则和基本制度、信息安全相关行为的规范、信息安全中各方权利和义务以及违反信息安全的行为,并明确对这些行为进行相应的处罚。信息安全立法能够保护国家信息主权和社会公共利益,规范信息活动,保护信息权利,协调和解决信息网络社会产生的矛盾,打击、惩治信息网络空间的违法犯罪行为,同时依托信息安全的司法和执法来实施法定程序和法律活动。

我国的法律体系是由以宪法为核心的各个法律部门所组成的,作为维护信息网络的安全与秩序的信息安全法律规范是不可缺少的法律部分,它在保证信息网络稳步、健康发展,保障整个社会环境的稳定中发挥重要作用。同时国家、地方以及相关部门针对信息安全的需求,制定了一系列与信息安全相关的法律法规。从领域上看,涉及网络与信息系统安全、信息内容安全、信息安全系统与产品、保密及密码管理、计算机病毒与危害性程序防治、金融、证券、教育等特定领域的信息安全和信息安全犯罪制裁等多个方面;从形式上看,有法律、行政法规、部门规章规范、相关的决定、司法解释及相关文件、地方性法规与地方政府规章及相关文件等多个层次。与此同时,与信息安全相关的司法和行政管理体系在逐渐完善,信息安全法律体系已初步建立,但整体来看,与美国、欧盟等国家与地区比较,我国在信息安全相关法律法规方面还欠体系化、有效性、覆盖面与深度,缺乏相关的基本法,信息网络安全法律法规的建设与发达国家还有一定差距。

本书共包括6章内容,其中,第1章主要介绍信息安全基础知识、信息安全法律关系及我国信息安全法律保障体系的构成,由刘洋洋编写;第2章主要介绍我国法律制度中的立法、司法和执行组织,由黄波编写;第3章汇编信息安全相关国家法律法规,主要包括全国人民代表大会和全国人民代表大会常务委员会通过的法律法规,由黄波编写;第4章汇编信息安全相关行政法规和部门规范，主要包括国务院、国务院组成部委、国务院直属特设机构、国务院直属机构、国务院部委管理的国家局发布和制定的规章规范，由黄波、刘洋洋共同编写；第 5 章汇编最高人民法院、最高人民检察院信息安全相关司法解释，由刘洋洋编写；第 6 章汇编典型的信息网络安全违法犯罪相关案例，并针对案例简要分析法律法规的应用，由刘洋洋、芦晓丹共同编写。全书由黄波统稿。

  本书是编者在多年教学、研究积累的基础上，紧密围绕公安工作，利用深入公安一线实习和挂职锻炼的学习机会，深刻体会信息安全法律法规体系建设与应用的思路，紧密围绕信息安全法律法规在公安工作实践中的执行需要，汇编的一本涵盖了信息安全相关国家法律法规、信息安全相关行政法规和部门规章规范等内容的教程，本书既可以作为公安体改生（网络安全与计算机犯罪侦查专业）本科学生、信息安全专业本科学生教材，也可作为普通高校电子商务、电子政务、信息管理与信息系统等非计算机专业本科与专科学生的教材及公安干警初任警培训、公安一线干警普及信息安全法律法规知识与了解信息安全法律法规及案例的参考书。

  由于编写水平和时间有限，书中难免有疏漏和欠缺之处，敬请广大读者提出宝贵意见。

编者

2012 年 3 月

目 录

第1章 信息安全概述 …………………………………………………………… 1

1.1 信息安全基础 ……………………………………………………………… 1
1.1.1 信息 …………………………………………………………………… 1
1.1.2 信息安全 ……………………………………………………………… 1
1.1.3 信息安全保障体系的三大要素 ……………………………………… 2
1.2 信息安全事件 ……………………………………………………………… 3
1.2.1 基本术语 ……………………………………………………………… 3
1.2.2 信息安全事件分类 …………………………………………………… 4
1.3 信息安全法律规范 ………………………………………………………… 7
1.3.1 信息安全法律规范概述 ……………………………………………… 8
1.3.2 我国信息安全法律规范 ……………………………………………… 9
1.4 信息安全法律关系 ………………………………………………………… 10
1.4.1 刑事法律关系 ………………………………………………………… 10
1.4.2 行政法律关系 ………………………………………………………… 10
1.4.3 民事法律关系 ………………………………………………………… 10

第2章 立法、司法和执法 ……………………………………………………… 11

2.1 立法 ………………………………………………………………………… 11
2.1.1 立法的概念 …………………………………………………………… 11
2.1.2 立法制度与立法体制 ………………………………………………… 11
2.1.3 立法权限与立法组织 ………………………………………………… 12
2.1.4 立法程序 ……………………………………………………………… 12
2.2 司法 ………………………………………………………………………… 13
2.2.1 司法的概念 …………………………………………………………… 13
2.2.2 司法制度 ……………………………………………………………… 13
2.2.3 司法机关与职责 ……………………………………………………… 14

2.3 执法 … 16
2.3.1 执法的概念 … 16
2.3.2 执法的特点 … 16
2.3.3 执法的原则 … 17
2.3.4 执法规范化 … 17

第3章 信息安全相关国家法律法规 … 19
3.1 全国人民代表大会会议通过 … 19
3.1.1 《中华人民共和国宪法》(摘录) … 19
3.1.2 《中华人民共和国刑法》(摘录) … 20
3.2 全国人民代表大会常务委员会通过 … 33
3.2.1 《中华人民共和国国家安全法》(摘录) … 33
3.2.2 《中华人民共和国反不正当竞争法》(摘录) … 35
3.2.3 《中华人民共和国警察法》(摘录) … 37
3.2.4 《中华人民共和国预防未成年人犯罪法》(摘录) … 38
3.2.5 《全国人大常委会关于维护互联网安全的决定》(摘录) … 40
3.2.6 《中华人民共和国证券投资基金法》(摘录) … 41
3.2.7 《中华人民共和国电子签名法》(摘录) … 43
3.2.8 《中华人民共和国证券法》(摘录) … 47
3.2.9 《中华人民共和国治安管理处罚法》(摘录) … 52
3.2.10 《中华人民共和国突发事件应对法》(摘录) … 54
3.2.11 《中华人民共和国侵权责任法》(摘录) … 58
3.2.12 《中华人民共和国著作权法》(摘录) … 59
3.2.13 《中华人民共和国保守国家秘密法》(摘录) … 63

第4章 信息安全相关行政法规与部门规范 … 67
4.1 中华人民共和国国务院发布 … 67
4.1.1 《中华人民共和国计算机信息系统安全保护条例》 … 67
4.1.2 《中华人民共和国计算机信息网络国际联网管理暂行规定》 … 69
4.1.3 《商用密码管理条例》 … 71
4.1.4 《中华人民共和国电信条例》 … 74
4.1.5 《互联网信息服务管理办法》 … 86
4.1.6 《计算机软件保护条例》 … 89
4.1.7 《中华人民共和国著作权法实施条例》 … 93
4.1.8 《互联网上网服务营业场所管理条例》 … 96

		4.1.9 《信息网络传播保护条例》	102

- 4.2 国务院组成部门制定的规章和规范 … 107
  - 4.2.1 教育部制定的规章和规范 … 107
  - 4.2.2 科学技术部制定的规章和规范 … 118
  - 4.2.3 工业和信息化部制定的规章和规范 … 123
  - 4.2.4 公安部制定的规章和规范 … 193
  - 4.2.5 商务部制定的规章和规范 … 212
  - 4.2.6 文化部制定的规章和规范 … 215
  - 4.2.7 人民银行制定的规章和规范 … 220
  - 4.2.8 审计署制定的规章和规范 … 231
- 4.3 国务院直属特设机构制定的规章和规范 … 233
- 4.4 国务院直属机构制定的规章和规范 … 236
  - 4.4.1 国家质量监督检验检疫总局制定的规章和规范 … 236
  - 4.4.2 国家广播电影电视总局制定的规章和规范 … 239
  - 4.4.3 国家新闻出版总署制定的规章和规范 … 243
- 4.5 国务院直属事业单位制定的规章和规范 … 257
  - 4.5.1 中国银行业监督管理委员会制定的规章和规范 … 257
  - 4.5.2 中国证券监督管理委员会制定的规章和规范 … 274
  - 4.5.3 国务院新闻办公室制定的规章和规范 … 319
- 4.6 国务院部委管理的国家局制定的规章和规范 … 327
  - 4.6.1 国家烟草专卖局制定的规章和规范 … 327
  - 4.6.2 国家食品药品监督管理局制定的规章和规范 … 337
  - 4.6.3 国家保密局制定的规章和规范 … 341
  - 4.6.4 国家密码管理局制定的规章和规范 … 349

第5章 最高人民法院、最高人民检察院关于相关法律问题的司法解释 … 361

- 5.1 《最高人民法院关于审理扰乱电信市场管理秩序案件具体应用法律若干问题的解释》 … 361
- 5.2 《最高人民法院关于审理涉及计算机网络著作权纠纷案件适用法律若干问题的解释》 … 362
- 5.3 《最高人民法院关于审理为境外窃取、刺探、收买、非法提供国家秘密或情报案件具体应用法律若干问题的解释》 … 364
- 5.4 《最高人民法院关于审理涉及计算机网络域名民事纠纷案件适用法律若干问题的解释》 … 365

5.5 《最高人民法院关于审理涉及计算机网络著作权纠纷案件适用法律若干问题的解释》 367

5.6 《最高人民法院、最高人民检察院关于办理利用互联网、移动通信终端、声讯台,制作、复制、出版、贩卖、传播淫秽电子信息刑事案件具体应用法律若干问题的解释》 368

5.7 《最高人民法院、最高人民检察院关于办理侵犯知识产权刑事案件具体应用法律若干问题的解释》 370

5.8 《最高人民法院、最高人民检察院关于办理赌博刑事案件具体应用法律若干问题的解释》 374

5.9 《最高人民法院关于修改〈最高人民法院关于审理涉及计算机网络著作权纠纷案件适用法律若干问题的解释〉的决定(二)》 375

5.10 《最高人民法院、最高人民检察院关于办理侵犯知识产权刑事案件具体应用法律若干问题的解释(二)》 377

5.11 《最高人民法院关于审理危害军事通信刑事案件具体应用法律若干问题的解释》 378

5.12 《最高人民法院关于审理破坏电力设备刑事案件具体应用法律若干问题的解释》 380

5.13 《最高人民法院、最高人民检察院关于办理妨害信用卡管理刑事案件具体应用法律若干问题的解释》 381

5.14 《最高人民法院、最高人民检察院关于办理利用互联网、移动通信终端、声讯台,制作、复制、出版、贩卖、传播淫秽电子信息刑事案件具体应用法律若干问题的解释(二)》 384

5.15 《最高人民法院关于审理破坏广播电视设施等刑事案件具体应用法律若干问题的解释》 387

5.16 《最高人民法院、最高人民检察院关于办理危害计算机信息系统安全刑事案件应用法律若干问题的解释》 389

第6章 典型信息网络安全违法犯罪案例 393

6.1 信息网络安全犯罪案例 393

6.1.1 以信息网络为对象的犯罪 393

6.1.2 以信息网络为工具的犯罪 396

6.2 信息网络安全违法案例 406

6.2.1 利用信息网络扰乱公共秩序 406

6.2.2 利用信息网络侵犯人身权利、财产权利 408

6.2.3 利用信息网络妨害社会管理 409

参考文献 410

第 1 章 信息安全概述

1.1 信息安全基础

信息作为一种资源,它的普遍性、共享性、增值性、可处理性和多效用性,使其对于人类具有特别重要的意义。

信息安全是任何国家、政府、部门、行业都必须十分重视的问题,是一个不容忽视的国家安全战略。信息安全的实质就是要保护信息系统或信息网络中的信息资源免受各种类型的威胁、干扰和破坏,即保证信息的安全性。

1.1.1 信息

在最一般的意义上,亦即没有任何约束条件,可以将信息定义为事物存在的方式和运动状态的表现形式,是事物的一种属性。在引入必要的约束条件后可以形成特定的概念体系。通常情况下,可以把信息理解为消息、信号、数据、情报和知识。

对于现代企业来说,信息是一种资产,包括计算机和网络中的数据,还包括专利、标准、商业机密、文件、图纸、管理规章等。和其他重要的商业资产一样,信息资产具有重要的价值,因而需要进行妥善保护。

信息是有生命周期的,从创建到被使用或操作,到存储,再到被传递,直至生命周期结束而被销毁或丢弃,各个环节各个阶段都应该被仔细考虑到,安全保护应兼顾信息存在的各种状态,丝毫不能有所遗漏。

1.1.2 信息安全

1. 定义

信息安全是一个广泛而抽象的概念,不同领域不同方面对其概念的阐述有所不同。这里给出几个有代表性的定义方式。

建立在网络基础之上的现代信息系统的安全定义是指信息网络的硬件、软件及其系统中的数据受到保护,不受偶然的或者恶意的原因而遭到破坏、更改、泄露,系统连续可靠正常地运行,信息服务不中断。

我国相关立法给出的定义是:保障计算机及其相关的和配套的设备、设施(网络)的安全,运行环境的安全,保障信息安全,保障计算机功能的正常发挥,以维护计算机信息系统的安全。

国家信息安全重点实验室给出的定义是:信息安全涉及信息的机密性、完整性、可用性、可控性。综合起来说,就是要保障电子信息的有效性。

2. 基本属性

不论信息入侵者的意图和手段如何,一般都是通过攻击信息的以下几个基本安全属性来达到目的。"信息安全"在技术层面上的含义就是保证在客观上杜绝对信息安全基本属性的威胁,从而使得信息的主人在主观上对信息的本源性放心。

信息安全的基本属性有以下几个:

(1) 机密性

机密性(confidentiality)是指确保信息不泄露给未授权用户、实体或进程,不被非法利用。机密性能够确保敏感或机密数据的传输和存储不遭受未授权的浏览,其至可以做到不暴露保密通信的事实。

(2) 完整性

完整性(integrity)是指信息未经授权不能进行改变的特性,即信息在存储或传输过程中保持不被偶然或蓄意删除、修改、伪造、乱序、重放、插入等破坏和丢失的特性。完整性能够保障被传输、接收或存储的数据是完整的和未被篡改的,在被篡改的情况下能够发现篡改的事实或篡改的位置。

(3) 可用性

可用性(availability)是指可被授权实体访问并按需求使用的特性。可用性能够保证即使在突发事件下,依然能够保障数据和服务的正常使用。

(4) 可控性

可控性(access)是对信息及信息系统实施安全监控。管理机构对危害国家信息的来往、使用加密手段从事非法的通信活动等进行监视审计,对信息的传播及内容具有控制能力。可控性能够保证掌握和控制信息与信息系统的基本情况,可对信息和信息系统的使用实施可靠的授权、审计、责任认定、传播源跟踪和监管等控制。

1.1.3 信息安全保障体系的三大要素

信息安全不仅关系到某些个人或组织的发展,还将影响到国家的安全,社会的稳定。保障信息安全是一项复杂的系统工程,必须多管齐下,综合治理。

1. 信息安全技术

各种信息安全技术的应用主要在技术层面上为信息安全提供具体的保障。目前主要采用的信息安全技术有:信息加密技术、防火墙技术、入侵检测技术、身份认证技术、反病毒技术、反黑客技术、安全扫描及安全审计技术等。

值得说明的是,尽管信息安全技术的应用在一定程度上对信息的安全起了积极的保护作用，但它并不是万能的，由于疏于管理等其他原因而引起的安全事故仍然不可完全避免。

2. 信息安全标准

信息安全标准是确保信息安全的产品和系统在设计、研发、生产、建设、使用、测评中解决其一致性、可靠性、可控性、先进性和符合性的技术规范、技术依据。要保证信息产品和信息系统的安全性、提高用户对信息产品和信息系统安全性的信心，必须对信息安全产品以及提供信息安全产品、信息安全技术与服务的组织进行评估，并提供统一的科学依据，即建立统一的信息安全标准。信息安全标准是信息安全管理体系中不可或缺的重要组成部分。

目前信息安全标准大致可分为信息安全产品标准、信息安全技术标准和信息安全管理标准三大类，随着信息技术的不断发展和信息安全形势的变化，信息安全标准的数量和版本也将不断更新和完善。

3. 信息安全法律

法律是保障信息安全的一道利器。近年来我国在信息安全领域的法制建设方面做了大量工作，但相对于信息网络技术的迅猛发展及其在经济社会生活各方面日益显著的作用，信息安全立法工作滞后和不完善的问题也日益突出。因此，应当充分认识加强信息安全立法的紧迫性、重要性，抓紧建立和完善国家信息安全法律框架。

目前，我国已经建立起基本的信息安全法律法规体系，国家、地方以及相关部门针对信息安全的需求，制定了一系列与信息安全相关的法律法规，从法律层面上来规范人们的行为，使信息安全工作有法可依，使相关违法犯罪能得到处罚，促使组织和个人依法制作、发布、传播和使用信息，从而达到保障信息安全的目的。

1.2 信息安全事件

信息安全事件的防范和处置是国家信息安全保障体系中的重要环节，也是重要的工作内容。信息安全事件的分类分级是快速有效处置信息安全事件的基础之一。

1.2.1 基本术语

根据国家标准化指导性技术文件《信息安全事件分类分级指南》，提供下列信息安全领域常用术语：

1. 信息系统

信息系统（information system）是指由计算机及其相关的和配套的设备、设施（含网络）构成的，按照一定的应用目标和规则对信息进行采集、加工、存储、传输、检索等处理的人机系统。

2. 信息安全事件

信息安全事件（information security incident）是指由于自然或者人为以及软硬件本身缺陷或故障的原因，对信息系统造成危害，或对社会造成负面影响的事件。

1.2.2 信息安全事件分类

信息安全事件可以是故意、过失或非人为原因引起的。综合考虑信息安全事件的起因、表现、结果等,可将信息安全事件分为有害程序事件、网络攻击事件、信息破坏事件、信息内容安全事件、设备设施故障、灾害性事件和其他信息安全事件等七个基本分类,每个基本分类分别包括若干个子类。

1. 有害程序事件

有害程序事件(malware incidents,MI)是指蓄意制造、传播有害程序,或是因受到有害程序的影响而导致的信息安全事件。有害程序是指插入到信息系统中的一段程序,它危害系统中数据、应用程序或操作系统的保密性、完整性或可用性,或影响信息系统的正常运行。有害程序事件包括计算机病毒事件、蠕虫事件、特洛伊木马事件、僵尸网络事件、混合攻击程序事件、网页内嵌恶意代码事件和其他有害程序事件等七个子类,说明如下:

(1) 计算机病毒事件

计算机病毒事件(computer virus incidents,CVI)是指蓄意制造、传播计算机病毒,或是因受到计算机病毒影响而导致的信息安全事件。计算机病毒是指编制或者在计算机程序中插入的一组计算机指令或者程序代码,它可以破坏计算机功能或者毁坏数据,影响计算机使用,并能自我复制。

(2) 蠕虫事件

蠕虫事件(worms incidents,WI)是指蓄意制造、传播蠕虫,或是因受到蠕虫影响而导致的信息安全事件。蠕虫是指除计算机病毒以外,利用信息系统缺陷,通过网络自动复制并传播的有害程序。

(3) 特洛伊木马事件

特洛伊木马事件(trojan horses incidents,THI)是指蓄意制造、传播特洛伊木马程序,或是因受到特洛伊木马程序影响而导致的信息安全事件。特洛伊木马程序是指伪装在信息系统中的一种有害程序,具有控制该信息系统或进行信息窃取等对该信息系统有害的功能。

(4) 僵尸网络事件

僵尸网络事件(botnets incidents,BI)是指利用僵尸工具软件,形成僵尸网络而导致的信息安全事件。僵尸网络是指网络上受到黑客集中控制的一群计算机,它可以被用于伺机发起网络攻击,进行信息窃取或传播木马、蠕虫等其他有害程序。

(5) 混合攻击程序事件

混合攻击程序事件(blended attacks incidents,BAI)是指蓄意制造、传播混合攻击程序,或是因受到混合攻击程序影响而导致的信息安全事件。混合攻击程序是指利用多种方法传播和感染其他系统的有害程序,可能兼有计算机病毒、蠕虫、木马或僵尸网络等多种特征。混合攻击程序事件也可以是一系列有害程序综合作用的结果,例如一个计算机病毒或蠕虫在侵入系统后安装木马程序等。

(6) 网页内嵌恶意代码事件

网页内嵌恶意代码事件(Web browser plug-ins incidents，WBPI)是指蓄意制造、传播网页内嵌恶意代码，或是因受到网页内嵌恶意代码影响而导致的信息安全事件。网页内嵌恶意代码是指内嵌在网页中，未经允许由浏览器执行，影响信息系统正常运行的有害程序。

(7) 其他有害程序事件

其他有害程序事件(other malware incidents，OMI)是指不能包含在以上六个子类之中的有害程序事件。

2. 网络攻击事件

网络攻击事件(network attacks incidents，NAI)是指通过网络或其他技术手段，利用信息系统的配置缺陷、协议缺陷、程序缺陷或使用暴力攻击对信息系统实施攻击，并造成信息系统异常或对信息系统当前运行造成潜在危害的信息安全事件。网络攻击事件包括拒绝服务攻击事件、后门攻击事件、漏洞攻击事件、网络扫描窃听事件、网络钓鱼事件、干扰事件和其他网络攻击事件等七个子类，说明如下：

(1) 拒绝服务攻击事件

拒绝服务攻击事件(denial of service attacks Incidents，DOSAI)是指利用信息系统缺陷或通过暴力攻击的手段，大量消耗信息系统的 CPU、内存、磁盘空间或网络带宽等资源，从而影响信息系统正常运行为目的的信息安全事件。

(2) 后门攻击事件

后门攻击事件(backdoor attacks incidents，BDAI)是指利用软件系统、硬件系统设计过程中留下的后门或有害程序所设置的后门而对信息系统实施攻击的信息安全事件。

(3) 漏洞攻击事件

漏洞攻击事件(vulnerability attacks incidents，VAI)是指除拒绝服务攻击事件和后门攻击事件之外，利用信息系统配置缺陷、协议缺陷、程序缺陷等漏洞，对信息系统实施攻击的信息安全事件。

(4) 网络扫描窃听事件

网络扫描窃听事件(network scan & eavesdropping incidents，NSEI)是指利用网络扫描或窃听软件，获取信息系统网络配置、端口、服务、存在的脆弱性等特征而导致的信息安全事件。

(5) 网络钓鱼事件

网络钓鱼事件(phishing incidents，PI)是指利用欺骗性的计算机网络技术，使用户泄漏重要信息而导致的信息安全事件。例如，利用欺骗性电子邮件获取用户银行账号密码等。

(6) 干扰事件

干扰事件(interference incidents，II)是指通过技术手段对网络进行干扰，或对广播电视有线或无线传输网络进行插播，对卫星广播电视信号非法攻击等导致的信息安全事件。

(7) 其他网络攻击事件

其他网络攻击事件(other network attacks incidents，ONAI)是指不能被包含在以上六个子类之中的网络攻击事件。

3. 信息破坏事件

信息破坏事件(information destroy incidents, IDI)是指通过网络或其他技术手段,造成信息系统中的信息被篡改、假冒、泄漏、窃取等而导致的信息安全事件。信息破坏事件包括信息篡改事件、信息假冒事件、信息泄漏事件、信息窃取事件、信息丢失事件和其他信息破坏事件等六个子类,说明如下:

(1) 信息篡改事件

信息篡改事件(information alteration incidents, IAI)是指未经授权将信息系统中的信息更换为攻击者所提供的信息而导致的信息安全事件,例如网页篡改等导致的信息安全事件。

(2) 信息假冒事件

信息假冒事件(information masquerading incidents, IMI)是指通过假冒他人信息系统收发信息而导致的信息安全事件,例如网页假冒等导致的信息安全事件。

(3) 信息泄漏事件

信息泄漏事件(information leakage incidents, ILEI)是指因误操作、软硬件缺陷或电磁泄漏等因素导致信息系统中的保密、敏感、个人隐私等信息暴露于未经授权者而导致的信息安全事件。

(4) 信息窃取事件

信息窃取事件(information interception incidents, III)是指未经授权用户利用可能的技术手段恶意主动获取信息系统中信息而导致的信息安全事件。

(5) 信息丢失事件

信息丢失事件(information loss incidents, ILOI)是指因误操作、人为蓄意或软硬件缺陷等因素导致信息系统中的信息丢失而导致的信息安全事件。

(6) 其他信息破坏事件

其他信息破坏事件(other information destroy incidents, OIDI)是指不能被包含在以上五个子类之中的信息破坏事件。

4. 信息内容安全事件

信息内容安全事件(information content security incidents, ICSI)是指利用信息网络发布和传播危害国家安全、社会稳定和公共利益的内容的安全事件。信息内容安全事件包括以下四个子类,说明如下:

(1) 违反宪法和法律、行政法规的信息安全事件;

(2) 针对社会事项进行讨论、评论形成网上敏感的舆论热点,出现一定规模炒作的信息安全事件;

(3) 组织串连、煽动集会游行的信息安全事件;

(4) 其他信息内容安全事件。

5. 设备设施故障

设备设施故障(facilities faults, FF)是指由于信息系统自身故障或外围保障设施故障而导致的信息安全事件,以及人为使用非技术手段有意或无意地造成信息系统破坏而导致的信息安全事件。

设备设施故障包括软硬件自身故障、外围保障设施故障、人为破坏事故和其他设备设施故障等四个子类,说明如下:

(1) 软硬件自身故障

软硬件自身故障(software and hardware faults, SHF)是指因信息系统中硬件设备的自然故障、软硬件设计缺陷或者软硬件运行环境发生变化等而导致的信息安全事件。

(2) 外围保障设施故障

外围保障设施故障(periphery safeguarding facilities faults, PSFF)是指由于保障信息系统正常运行所必需的外部设施出现故障而导致的信息安全事件,例如电力故障、外围网络故障等导致的信息安全事件。

(3) 人为破坏事故

人为破坏事故(man-made destroy accidents, MDA)是指人为蓄意地对保障信息系统正常运行的硬件、软件等实施窃取和破坏造成的信息安全事件,或由于人为遗失、误操作以及其他无意行为造成信息系统硬件、软件等遭到破坏,影响信息系统正常运行的信息安全事件。

(4) 其他设备设施故障(IF-OT)

其他设备设施故障是指不能被包含在以上三个子类之中的设备设施故障而导致的信息安全事件。

6. 灾害性事件

灾害性事件(disaster incidents, DI)是指由于不可抗力对信息系统造成物理破坏而导致的信息安全事件。灾害性事件包括水灾、台风、地震、雷击、坍塌、火灾、恐怖袭击、战争等导致的信息安全事件。

7. 其他事件

其他事件类别(other incidents, OI)是指不能归为以上六个基本分类的信息安全事件。

1.3 信息安全法律规范

没有规矩,不成方圆。法律法规是指国家按照统治阶级的利益和意志制定、认可,并由国家强制力保障其实施的行为规范的总和,是人们在社会活动中必须遵守的纪律,是人们从事社会活动所不能逾越的行为底线,违犯了就要受到惩罚。

作为国家法律体系的重要组成部分之一,信息安全法律规范制度在国家法律体系中占有举足轻重的地位。信息安全能取得成绩,与相关"规矩"的不断建立和完善分不开。这些"规矩"大致可分成法律、法规、标准等部分。

1.3.1 信息安全法律规范概述

我国的社会主义法律体系,是由以宪法为核心的各个法律部门所组成,作为调整维护信息安全与秩序的信息安全法律规范,是一个不可缺少的法律部分。信息安全法律制度与其他法律制度一道,构成了我国社会主义法制体系,为保证信息网络稳步、健康发展,从而保障整个社会政治环境的稳定发挥了重要作用。

1. 特性

信息安全法律法规是法律体系的组成部分,具有如下特性:

(1) 法律法规是由国家制定或者认可,并由国家强制力保证实施的规范,因而具有国家意志和国家权力的属性。

(2) 法律法规是以规定法律权利和法律义务为内容,是具有完整逻辑结构的特殊行为规范。

(3) 法律法规具有普遍约束力,并且对任何在其效力范围内的主体的行为的指导和评价使用同一标准。

2. 作用

当今社会,信息是无价的,对国家来说信息安全影响着国家的安危。要用强有力的手段来解决国家信息安全问题从而保障国家事务的正常进行,除了在技术和意识上提高之外,还亟须建立相应的信息安全法律法规。信息安全的法律规范是保障信息安全和国家安全的重要环节。具体来说,信息安全法律规范在维护信息安全和国家安全方面发挥以下重要作用:

(1) 保障作用

信息安全法律规范为执法机关行使权力、履行职责提供法律依据和法律保障,从而使执法机关有法可依,执法活动有据可循,使执法机关在执法活动中充分、合理地行使法定职能,更有效地维护国家安全和社会秩序。

(2) 规范作用

信息安全法律规范作为人们维护信息安全和国家安全的行为准则与评价标准,规定人们在信息领域应该怎样做,不应该怎样做,使人们懂得什么是合法行为,什么是违法行为,从而有效地规范自身的行为并履行法定义务,积极配合执法机关与违法犯罪分子作斗争。

(3) 惩戒作用

在信息安全法律中有许多禁止性法律法规,任何触犯这些法律规范的人都要受到相应的处罚,这体现了法律的严肃性。

3. 分类

(1) 按体系结构分类

按体系结构,信息安全法律规范可分为法律体系(部门法体系)类、法规体系(政策体系)类。

所谓法律体系,是指在国家法律体系的各部门法中与信息安全有关的法律。如在《中华人民共和国宪法》（以下简称《宪法》）第四十条中规定："中华人民共和国公民的通信自由和通信秘密受法律的保护。除因国家安全或者追查刑事犯罪的需要，由公安机关或者检察机关依照法律规定的程序对通信进行检查外，任何组织或者个人不得以任何理由侵犯公民的通信自由和通信秘密。"在《中华人民共和国刑法》（以下简称《刑法》）第二百八十五条中规定："违反国家规定，侵入国家事务、国防建设、尖端科学技术领域的计算机信息系统的，处三年以下有期徒刑或者拘役。"

法规体系，是指各级政府制定的有关信息安全的法规。

（2）按发布机构分类

按发布机构，信息安全法律规范可分为国家的、地方的、国际的等。

实际的法律法规类型是有重叠的。例如电子商务相关的法律法规和电子政务相关的法律法规，在许多地方就是重叠的。

1.3.2 我国信息安全法律规范

我国自20世纪90年代起有关信息安全的法律法规相继出台，法律体系初步构建，但体系化与有效性等方面仍有待进一步完善。从领域上看，涉及网络与信息系统安全、信息内容安全、信息安全系统与产品、保密及密码管理、计算机病毒与危害性程序防治、金融等特定领域的信息安全、信息安全犯罪制裁等多个方面；从形式看，有法律、相关的决定、司法解释及相关文件、行政法规、法规性文件、部门规章及相关文件、地方性法规与地方政府规章及相关文件多个层次。与此同时，与信息安全相关的司法和行政管理体系迅速完善。但整体来看，与美国、欧盟等先进国家与地区比较，我国在相关法律方面还欠体系化、覆盖面与深度，缺乏相关的基本法。

我国现行信息安全相关法律法规主要有：1991年10月1日国务院颁布的《计算机软件保护条例》开始实施；1994年2月18日又发布实施了《计算机信息系统安全保护条例》，规定了"公安部主管全国计算机信息系统安全保护工作"的职能；1995年2月28日，全国人大通过《中华人民共和国人民警察法》，规定公安机关警察具有"履行监督管理计算机信息系统安全保护工作"的职责。1997年3月全国人大修订通过的新刑法（第二百八十五、二百八十六、二百八十七条），较全面地将计算机犯罪纳入刑事立法体系，增加了针对计算机信息系统和利用计算机犯罪的条款，标志着打击计算机犯罪有了最高法律依据。

1997年5月20日，国务院公布了经过修订的《中华人民共和国计算机信息网络国际联网管理暂行规定》，1997年12月12日公安部发布《计算机信息系统安全专用产品检测和销售许可证管理办法》，规定了"公安部计算机管理监察机构负责销售许可证的审批颁发工作和安全专用产品安全功能检测机构的审批工作"；1997年12月30日公安部发布《计算机信息网络国际联网安全保护管理办法》，规定了任何单位和个人不得利用国际互联网从事违法犯罪活动等四项禁则和从事互联网业务的单位必须履行的六项安全保护责任；2000年4月26日公安部又发布了《计算机病毒防治管理办法》；2000年12月《全国人民代表大会常务委员会关于维护互联网安全的决定》发布,进一步明确了公安机关对互联网安全的监督管理职权。

上述法律法规的出台,结束了中国计算机信息系统安全及计算机犯罪领域无法可依的局面,并为打击计算机犯罪活动提供了法律依据;近几年,原国务院信息办及其他相关部门也制定了一些行政法规和部门规章;此外,一些地方性法规也相继出台。所有这些法律和规章的制定,奠定了中国加强信息网络安全保护和打击网络违法犯罪活动的法律基础。

1.4 信息安全法律关系

1.4.1 刑事法律关系

我国信息安全刑事法律关系的核心是预防和打击利用或者针对计算机系统或计算机网络实施的各种犯罪活动。1997年《刑法》修改后,除了分则规定的大多数犯罪(包括危害国家安全罪,危害公共安全罪,破坏社会主义市场经济秩序罪,侵犯公民人身权利、民主权利罪,侵犯财产罪,妨害社会管理秩序罪)都可以利用计算机网络实施以外,还专门在第二百八十五条和第二百八十六条规定了非法侵入计算机信息系统罪和破坏计算机信息系统罪。随着传统犯罪逐步向互联网领域的渗透,目前《刑法》适用较多的还有第二百八十七条,即适用传统犯罪条款打击利用计算机网络实施的犯罪。

1.4.2 行政法律关系

我国信息安全行政法律关系的主体包括行政机关和行政相对人。根据现有法律规范和有关文件的规定,信息安全领域的行政主管部门主要包括公安部、工业和信息化部、文化部、国家安全部、国家新闻出版总署、国家广播电影电视总局、国家质量监督检验检疫总局、国务院新闻办公室、国家保密局、国家密码管理局等十多个部门;行政相对人包括计算机信息系统使用单位、联网单位,信息内容提供者、使用者和管理者,网络增值业务的提供者、使用者,安全产品生产者、销售者和使用者,上网场所及经营者,安全服务提供者,个人用户等,主体构成比较复杂。

行政法律关系的客体是信息网络安全和信息内容安全。

行政法律关系的内容主要包括安全保护制度及安全责任、安全监督管理、场所管理、安全产品管理、安全工程管理、安全服务管理、从业人员安全教育、安全技术研究、法律责任等。

1.4.3 民事法律关系

在信息安全领域,不仅存在犯罪问题,也存在民事诉讼问题。人们在使用计算机和网络时有意或无意地侵权,都有可能被提起民事诉讼。我国现行信息网络安全立法所涉及和调整的民事法律关系主要包括债权(合同)、商标权、著作权、专利权等知识产权,反不正当竞争,产品质量及消费者权益保护等。但目前,我国尚未制定信息安全领域中专门调整和规范上述法律关系的民事法律规范。

第 2 章 立法、司法和执法

2.1 立 法

2.1.1 立法的概念

立法是指一定的国家机关依照法定职权和程序,制定、修改和废止法律和其他规范性法律文件及认可法律的活动,是将一定阶级的意志上升为国家意志的活动,是对社会资源、社会利益进行第一次分配的活动。

立法有广义、狭义两种理解,广义上的立法概念与法律制定的含义是相同的,泛指一切有权的国家机关遵循掌握国家政权的社会集团的意志,根据一定的指导思想和基本原则,依照法定的权限和程序,使之上升为国家意志,从而创制、修改和废止法律的专门活动。狭义上的立法是国家立法权意义上的概念,仅指享有最高权力的国家机关的立法活动,即国家的最高权力机关及其常设机关依法制定、修改和废止宪法和法律的活动。在我国,立法是指全国人民代表大会及其常设机关制定法律这种特定规范性文件的活动。

中国立法包括全国人大及其常委会立法、国务院及其部门立法、一般地方立法、民族自治地方立法、经济特区和特别行政区立法。

2.1.2 立法制度与立法体制

立法制度是立法活动、立法过程所须遵循的各种实体性准则的总称,是国家法制的重要组成部分。

立法制度是国家法制整体中前提性、基础性的组成部分。只要有好的立法制度,就会有好的法律、法规、规章和其他规范性文件,因而才能使好的执法、司法制度发挥应有的作用,实现法治或建设现代法治国家。

立法体制是关于立法权限、立法权运行和立法权载体诸方面的体系和制度所构成的有机整体。其核心是有关立法权限的体系和制度。

立法体制由三要素构成。一是立法权限的体系和制度,包括立法权的归属、立法权的性质、立法权的种类和构成、立法权的范围、立法权的限制、各种立法权之间的关系、立法权在国家权力体系中的地位和作用、立法权与其他国家权力的关系等方面的体系和制度。二是立法权的运行体系和制度,包括立法权的运行原则、运行过程、运行方式等方面的体系和制度。三是立法权的载体体系和制度,包括行使立法权的立法主体或机构的建置、组织原则、活动形式、活动程序等方面的体系和制度。

中国现行立法体制是中央统一领导和一定程度分权的,多级并存、多类结合的立法权限划分体制。

2.1.3 立法权限与立法组织

立法权限是一定的国家机关依法享有的制定、修改、废止法律等规范性文件的权力,是国家权力体系中最重要的核心权力。

我国的立法权限根据享有立法权主体和形式的不同,分为国家立法权、行政立法权、地方立法权和授权立法权等。《中华人民共和国宪法》规定:"全国人民代表大会及其常委会行使国家立法权,制定法律;国务院根据宪法和法律制定行政法规;省级人民代表大会及其常委会在不同宪法、法律、行政法规相抵触的前提下制定地方性法规;民族自治地方包括自治区、自治州、自治县的人民代表大会有权制定自治条例和单行条例,分别报有关上级人民代表大会常委会批准。"

享有立法权限的组织即立法组织。上面讲到的全国人民代表大会及其常委会、国务院、各地省级人民代表大会及其常委会等都是立法组织。其中,全国人民代表大会及其常委会是我国的最高立法组织。

2.1.4 立法程序

立法程序就是指具有立法权限的国家机关创制规范性法律文件所遵循的制度化的正当过程,是国家通过立法手段协调利益冲突、规制社会秩序及配置社会资源的合法路径和正当法律程序。1978年十一届三中全会至今,是中国立法工作全面繁荣时期,立法程序也走向规范化、法制化。1989年由第七届全国人民代表大会通过的《全国人民代表大会议事规则》中关于立法议案的提出、审议、发言、表决等的规定,是关于立法程序的宪法性规定。

目前,我国的立法程序主要包括以下四个步骤。

1. 提出法律议案

下列组织享有向国家最高权力机关提出法律议案的提案权。具体情况如下:全国人民代表大会主席团、全国人民代表大会常委会、国务院、中央军事委员会、最高人民法院、最高人民检察院可以向全国人民代表大会提出属于全国人民代表大会立法职权范围内的议案;全国人民代表大会各专门委员会、国务院、中央军事委员会、最高人民法院、最高人民检察院可以向全国人民代表大会常委会提出属于全国人民代表大会常务委员会立法职权范围内的议案;一个代表团或者30名以上的人民代表联名,可以向全国人民代表大会提出属于全国人民代表大会立法职权范围内的议案。

全国人民代表大会的立法议案提出后,由主席团决定是否列入立法议程,全国人民代表大会常委会的立法议案由委员长会议决定是否列入议程。列入议程的议案,提案人和有关的全国人民代表大会专门委员会、人大常委会的有关工作部门应提供有关资料,提案人应提出关于立法议案的说明。

2. 审议立法议案

立法议案提出后,即进入审议或讨论立法议案的阶段。立法议案在提交审议前,可以将草案公布,广泛征求意见。各专门委员会审议立法议案涉及专门性问题时,可以邀请有关代表和专家列席会议,听取他们的意见。

向全国人民代表大会提交立法议案的程序是:立法议案先经过人大常委会讨论,决定是否列入全国人民代表大会的立法议程。决定通过,则提交人大会议主席团,由主席团决定是否正式列入议程。人民代表大会审议立法议案时,先由提案人做该法律草案的说明,然后由各代表团进行讨论,由法律委员会进行综合和修改,并向主席团做审议报告。主席团通过后,再提交大会表决。主席团如果有不同意见,可提交大会审议。

向全国人民代表大会常委会提交立法议案的程序是:先由委员长会议决定是否提交常委会全体会议审议,或决定先交由有关专门委员会审议,提出报告,再由常委会全体会议审议。常委会全体会议审议时,提案人要对立法议案进行说明,然后先分组审议,再由全体会议审议。人大常委会审议立法议案通常进行两次,第一次是初审,第二次进一步审议,两次审议后再进行表决。

3. 表决立法议案

中国的立法议案由人民代表或人大常委会委员采用无记名方式表决。一般立法议案应由全体人民代表或常委会委员的过半数通过。宪法的修改应由三分之二以上的人民代表通过。

4. 公布法律

立法机关或国家元首将通过的法律以一定的形式予以公布,以便全社会遵守执行。我国宪法规定,法律由全国人民代表大会或人民代表大会常委会通过后,由国家主席公布。

2.2 司　　法

2.2.1 司法的概念

司法是指国家司法机关及其司法人员依照法定职权和法定程序,具体运用法律处理案件的专门活动。

2.2.2 司法制度

司法制度是指国家体系中司法机关及其他司法性组织的性质、任务、组织体系、组织与活动的原则以及工作制度等方面规范的总称。我国的司法制度包括侦查制度、检察制度、审判制度、监狱制度等。

1. 侦查制度

侦查是指国家公安机关、人民检察院在办理案件过程中,依照法律规定进行的专门调查工作和有关的强制性措施。侦查制度则是指国家侦查机关的性质任务、组织体系、组织与活动原则以及工作制度的总称。

2. 检察制度

检察制度是指国家检察机关的性质、任务、组织体系、组织和活动原则以及工作制度的总称。根据《宪法》和《人民检察院组织法》规定,人民检察院是国家的法律监督机关,行使国家的检察权。人民检察院由同级人民代表大会产生,向人民代表大会负责并报告工作。

3. 审判制度

审判制度就是法院制度,包括法院的设置、法官、审判组织和活动等方面的法律制度。

4. 监狱制度

监狱的人民警察依法管理监狱、执行刑罚、对罪犯进行教育改造等活动,受法律保护。人民检察院依法对监狱执行刑罚的活动是否合法实行监督。国务院司法行政部门主管全国的监狱工作。

2.2.3 司法机关与职责

我国的司法机关包括"公检法司安"机关。"公"指公安机关,"检"指检察机关(人民检察院),"法"指审判机关(人民法院),"司"指司法行政机关,"安"指国家安全机关。"公检法司安"机关根据职能依法履行不同职责。在我国,公安机关、国家安全机关和司法行政机关虽然是行政机关,但也承担部分司法方面的职能,人民法院和人民检察院是专门行使审判权和检察权的司法机关。

各个司法机关的职责主要表现在:

1. 公安机关的职责

公安机关的职责是指公安机关依法在管辖范围内应承担的责任和义务。公安机关是国家政权的重要组成部分,是我国人民民主专政政权中具有武装性质的治安行政和刑事司法的专门机关。其任务是维护国家安全,维护社会治安秩序,保护公民的人身安全、人身自由和合法财产,保护公共财产,预防、制止和惩治违法犯罪活动,保障改革开放和社会主义现代化建设的顺利进行。

2. 人民检察院的职责

人民检察院按照法律规定和业务分工设置内部机构,分别承办侦查、侦查监督、审查起诉等业务。在《人民检察院组织法》第五条中规定人民检察院的职责是:

(一)对于叛国案、分裂国家案以及严重破坏国家的政策、法律、法令、政令统一实施的重大犯罪案件,行使检察权。

(二)对于直接受理的刑事案件,进行侦查。

(三)对于公安机关侦查的案件,进行审查,决定是否逮捕、起诉或者免予起诉;对于公安机关的侦查活动是否合法,实行监督。

(四)对于刑事案件提起公诉,支持公诉;对于人民法院的审判活动是否合法,实行监督。

(五)对于刑事案件判决与裁定的执行和监狱、看守所、劳动改造机关的活动是否合法,实行监督。

3. 人民法院的职责

根据《中华人民共和国宪法》规定:

人民法院是我国的审判机关,对人民代表大会及常务委员会负责,并报告工作,接受人民代表大会及其常务委员会的监督。

主要职能是审判各类诉讼案件,惩治罪犯,保障人权,解决纠纷,调整社会关系,维护社会秩序,保卫国家制度和利益,保护公民、法人和其他组织的合法权益,并通过审判活动教育公民忠于祖国,自觉遵守宪法和法律。人民法院独立行使审判权。

4. 司法行政机关的职责

司法行政机关的职责有:

(1)监督和指导全国监狱执行刑罚、改造罪犯的工作,监督和指导全国劳动教养工作。

(2)制定全国法制宣传教育和普及法律常识规划并组织实施,指导和检查各地区、各行业的依法治理工作,指导对外法制宣传工作,管理法制报刊。

(3)监督和指导全国的律师工作和法律顾问工作,管理社会法律服务机构和在华设立的外国(境外)律师机构。

(4)监督和指导全国公证机构和公证业务活动,负责委托港澳地区律师办理在内地使用的公证事务;指导全国的人民调解和司法助理员工作。

(5)管理部直属的高等政法院校,指导全国的中等、高等法学教育工作和法学理论研究工作;组织参加联合国有关预防犯罪领域的会议和活动,承办联合国有关对口部门的往来业务,组织参加国际有关人权问题的法律研讨和交流活动、开展政府间的法律交流与合作。

(6)参加与外国签订司法协助协定的谈判,负责国际司法协助协定执行的有关事宜;参与国家立法工作,组织司法领域人权问题研究;监督大型监狱、劳动教养场所国有资产的保值增值,管理直属单位的国有资产。

(7)指导全国司法行政系统的队伍建设和思想政治工作,协助省、自治区、直辖市管理司法厅(局)领导干部。

5. 国家安全机关的职权

根据《中华人民共和国国家安全法》第二章规定的国家安全机关在国家安全工作中的职权:

第六条 国家安全机关在国家安全工作中依法行使侦查、拘留、预审和执行逮捕以及法律规定的其他职权。

第七条　国家安全机关的工作人员依法执行国家安全工作任务时,经出示相应证件,有权查验中国公民或者境外人员的身份证明；向有关组织和人员调查、询问有关情况。

第八条　国家安全机关的工作人员依法执行国家安全工作任务时,经出示相应证件,可以进入有关场所；根据国家有关规定,经过批准,出示相应证件,可以进入限制进入的有关地区、场所、单位；查看或者调阅有关的档案、资料、物品。

第九条　国家安全机关的工作人员在依法执行紧急任务的情况下,经出示相应证件,可以优先乘坐公共交通工具,遇交通阻碍时,优先通行。国家安全机关为维护国家安全的需要,必要时,按照国家有关规定,可以优先使用机关、团体、企业事业组织和个人的交通工具、通信工具、场地和建筑物,用后应当及时归还,并支付适当费用；造成损失的,应当赔偿。

第十条　国家安全机关因侦查危害国家安全行为的需要,根据国家有关规定,经过严格的批准手续,可以采取技术侦查措施。

第十一条　国家安全机关为维护国家安全的需要,可以查验组织和个人的电子通信工具、器材等设备、设施。

第十二条　国家安全机关因国家安全工作的需要,根据国家有关规定,可以提请海关、边防等检察机关对有关人员和资料、器材免检。有关检察机关应当予以协助。

第十三条　国家安全机关及其工作人员在国家安全工作中,应当严格依法办事,不得超越职权、滥用职权,不得侵犯组织和个人的合法权益。

第十四条　国家安全机关工作人员依法执行职务受法律保护。

2.3　执　　法

2.3.1　执法的概念

执法,亦称法律执行,是指国家行政机关依照法定职权和法定程序,行使行政管理职权、履行职责、贯彻和实施法律的活动。通常这个概念有广义与狭义两种解释。广义的执法是指国家行政机关、司法机关及其公职人员依照法定程序实施法律的活动。狭义的执法是专指国家行政机关的公职人员依法行使管理职权、履行职责、实施法律的活动。

2.3.2　执法的特点

法律执行的特点主要表现在以下四个方面。

(1) 执法是以国家的名义对社会生活进行全面管理,具有国家权威性。行政机关的活动必须严格按照立法机关根据民意和理性事先制定的法律来进行。行政机关执行法律的过程就是执法的过程,就是代表国家社会机关来管理的过程,社会大众应当服从。

(2) 执法的主体是国家行政机关公职人员。我国国务院和地方各级人民政府依法从事全国或本地方行政管理的执法督查。

（3）执法具有国家强制性，行政机关执行法律的过程同时是行使执法权的过程，行政机关根据法律的授权对社会进行管理，一定的行政机关是进行有效管理的前提。

（4）执法具有主动性和单方面性。执行法律既是国家行政机关进行社会管理的权力，也是对社会、对民众承担的义务。行政机关在进行社会管理时，应当积极主动地执行法律、履行职责，而不需要行政相对人的请求和同意。

2.3.3 执法的原则

法律执行的基本原则是：

1. 依法行政原则

行政机关必须根据法定权限、法定程序和法治精神进行管理，越权无效。

2. 公平合理原则

行政机关在执法时应当权衡多方面的利益因素和情况因素，在严格执行规则的前提下，做到公平、公正、合理、适度，避免由于滥用自由裁量权而形成执法轻重不一、标准失范的结果。

2.3.4 执法规范化

为全面深入推进执法规范化建设，公安部下发《关于大力加强公安机关执法规范化建设的指导意见》、《全国公安机关执法规范化建设总体安排》、《公安机关执法规范化建设阶段目标和成效标准》等文件，后相继出台了执法细则、执法资格等级考试、执法信息化、法制员制度、执法场所设置规范等一系列配套措施，基本形成了针对执法规范化的比较完善的工作机制。

为了逐步实现和完善规范执法，我们应该注意如下问题。

1. 彻底转变观念，打牢执法为民思想

正确的思想决定正确的行为，端正的执法理念是规范执法的基础。近年来，执法为民的思想日渐深入人心，严格、公正、文明、理性执法成为衡量公安机关执法行为的标尺。

2. 提高民警素质，确保正确执法

知法是规范执法的前提条件。知法包括了解、掌握、熟练运用法律。随着"三基工程"建设、"百十一"练兵活动的开展，民警的法律素质逐年提高，执法能力和水平也在进步。

3. 建立优质法制队伍，保障内部执法指导监督

法制部门是公安机关的内部执法指导监督部门。法制队伍既包括专职的法制部门民警，还应该包括各基层执法单位的兼职法制员。

4. 健全执法制度，严密执法程序，杜绝执法的随意性

执法制度的完善是确保民警执法有法可依、有章可循的重要前提，是杜绝执法随意性的重要保障。法制部门要配合刑事、行政执法部门，对当前执法中存在的亟待规范的问题、环节进行梳理,并根据国家法律法规的有关规定,制定明确、通俗易懂、便于操作的细则或操作程序。

执法规范化是现代文明社会对公安机关的要求,是实现警察职业化的必由之路。执法规范化建设是法制牵头,各部门、各警种参与的一项系统工程,需要认真谋划、积极行动、全警参与,提高规范执法的自觉性和主动性,使规范执法成为一种习惯,一种常态,植根于每一名执法者的心中。

第3章 信息安全相关国家法律法规

3.1　全国人民代表大会会议通过

3.1.1　《中华人民共和国宪法》(摘录)

发文单位：全国人民代表大会
发布文号：中华人民共和国主席令第 21 号
发布日期：2004-03-14
执行日期：2004-03-14

　　(1982 年 12 月 4 日第五届全国人民代表大会第五次会议通过，1982 年 12 月 4 日全国人民代表大会公告公布施行；根据 1988 年 4 月 12 日第七届全国人民代表大会第一次会议通过的《中华人民共和国宪法修正案》，1988 年 4 月 12 日第七届全国人民代表大会第一次会议主席团公告公布施行；1993 年 3 月 29 日第八届全国人民代表大会第一次会议通过的《中华人民共和国宪法修正案》，1993 年 3 月 29 第八届全国人民代表大会第一次会议主席团公告公布施行；1999 年 3 月 15 日第九届全国人民代表大会第二次会议通过的《中华人民共和国宪法修正案》，1999 年 3 月 15 日第九届全国人民代表大会第二次会议公告公布施行；2004 年 3 月 14 日第十届全国人民代表大会第二次会议通过的《中华人民共和国宪法修正案》，2004 年 3 月 14 日第十届全国人民代表大会第二次会议公告公布施行)

　　第五条　中华人民共和国实行依法治国，建设社会主义法治国家。国家维护社会主义法制的统一和尊严。一切法律、行政法规和地方性法规都不得同宪法相抵触。一切国家机关和武装力量、各政党和各社会团体、各企业事业组织都必须遵守宪法和法律。一切违反宪法和法律的行为，必须予以追究。任何组织或者个人都不得有超越宪法和法律的特权。

　　第十三条　公民的合法的私有财产不受侵犯。国家依照法律规定保护公民的私有财产权和继承权。国家为了公共利益的需要，可以依照法律规定对公民的私有财产实行征收或者征用并给予补偿。

　　第三十三条　凡具有中华人民共和国国籍的人都是中华人民共和国公民。中华人民共和国公民在法律面前一律平等。国家尊重和保障人权。任何公民享有宪法和法律规定的权利，同时必须履行宪法和法律规定的义务。

　　第三十五条　中华人民共和国公民有言论、出版、集会、结社、游行、示威的自由。

第三十六条　中华人民共和国公民有宗教信仰自由。任何国家机关、社会团体和个人不得强制公民信仰宗教或者不信仰宗教,不得歧视信仰宗教的公民和不信仰宗教的公民。国家保护正常的宗教活动。任何人不得利用宗教进行破坏社会秩序、损害公民身体健康、妨碍国家教育制度的活动。宗教团体和宗教事务不受外国势力的支配。

第三十八条　中华人民共和国公民的人格尊严不受侵犯。禁止用任何方法对公民进行侮辱、诽谤和诬告陷害。

第四十条　中华人民共和国公民的通信自由和通信秘密受法律的保护。除因国家安全或者追查刑事犯罪的需要,由公安机关或者检察机关依照法律规定的程序对通信进行检查外,任何组织或者个人不得以任何理由侵犯公民的通信自由和通信秘密。

第四十一条　中华人民共和国公民对于任何国家机关和国家工作人员,有提出批评和建议的权利;对于任何国家机关和国家工作人员的违法失职行为,有向有关国家机关提出申诉、控告或者检举的权利,但是不得捏造或者歪曲事实进行诬告陷害。

第四十六条　中华人民共和国公民有受教育的权利和义务。国家培养青年、少年、儿童在品德、智力、体质等方面全面发展。

第四十七条　中华人民共和国公民有进行科学研究、文学艺术创作和其他文化活动的自由。国家对于从事教育、科学、技术、文学、艺术和其他文化事业的公民的有益于人民的创造性工作,给以鼓励和帮助。

第五十一条　中华人民共和国公民在行使自由和权利的时候,不得损害国家的、社会的、集体的利益和其他公民的合法的自由和权利。

第五十二条　中华人民共和国公民有维护国家统一和全国各民族团结的义务。

第五十三条　中华人民共和国公民必须遵守宪法和法律,保守国家秘密,爱护公共财产,遵守劳动纪律,遵守公共秩序,尊重社会公德。

第五十四条　中华人民共和国公民有维护祖国的安全、荣誉和利益的义务,不得有危害祖国的安全、荣誉和利益的行为。

3.1.2 《中华人民共和国刑法》(摘录)

发文单位:全国人民代表大会

发布文号:中华人民共和国主席令第 83 号

发布日期:2011-02-25

执行日期:2011-02-25

(1979 年 7 月 1 日第五届全国人民代表大会第二次会议通过,1997 年 3 月 14 日由中华人民共和国第八届全国人民代表大会第五次会议修订,修订后的《中华人民共和国刑法》公布自 1997 年 7 月 1 日起施行;1999 年 12 月 25 日中华人民共和国第九届全国人民代表大会常务委员会第十三次会议通过《中华人民共和国刑法修正案》;2000 年 8 月 31 日第九届全国人大常委会第二十三次会议通过《中华人民共和国刑法修正案(二)》;2001 年 12 月 29 日第九届全国人大常委会第二十五次会议通过《中华人民共和国刑法修正案(三)》；2002年12月28日第九届全国人大常委会第三十一次会议通过《中华人民共和国刑法修正案(四)》；2005年2月28日第十届全国人大常委会第十四次会议通过《中华人民共和国刑法修正案(五)》；2006年6月29日中华人民共和国第十届全国人民代表大会常务委员会第二十二次会议通过《中华人民共和国刑法修正案(六)》，修正案自公布之日起施行；2009年2月28日中华人民共和国第十一届全国人民代表大会常务委员会第七次会议通过《中华人民共和国刑法修正案(七)》，修正案自公布之日起施行；2011年2月25日中华人民共和国第十一届全国人民代表大会常务委员会第十九次会议通过《中华人民共和国刑法修正案(八)》，修正案自公布之日起施行。)

第一编 总 则

第四章 刑罚的具体运用

第六十六条 危害国家安全犯罪、恐怖活动犯罪、黑社会性质的组织犯罪的犯罪分子，在刑罚执行完毕或者赦免以后，在任何时候再犯上述任一类罪的，都以累犯论处。

第二编 分 则

第一章 危害国家安全罪

第一百零三条 组织、策划、实施分裂国家、破坏国家统一的，对首要分子或者罪行重大的，处无期徒刑或者十年以上有期徒刑；对积极参加的，处三年以上十年以下有期徒刑；对其他参加的，处三年以下有期徒刑、拘役、管制或者剥夺政治权利。

煽动分裂国家、破坏国家统一的，处五年以下有期徒刑、拘役、管制或者剥夺政治权利；首要分子或者罪行重大的，处五年以上有期徒刑。

第一百零五条 组织、策划、实施颠覆国家政权、推翻社会主义制度的，对首要分子或者罪行重大的，处无期徒刑或者十年以上有期徒刑；对积极参加的，处三年以上十年以下有期徒刑；对其他参加的，处三年以下有期徒刑、拘役、管制或者剥夺政治权利。以造谣、诽谤或者其他方式煽动颠覆国家政权、推翻社会主义制度的，处五年以下有期徒刑、拘役、管制或者剥夺政治权利；首要分子或者罪行重大的，处五年以上有期徒刑。

第一百零六条 与境外机构、组织、个人相勾结，实施本章第一百零三条、第一百零四条、第一百零五条规定之罪的，依照各该条的规定从重处罚。

第一百零七条 境内外机构、组织或者个人资助实施本章第一百零二条、第一百零三条、第一百零四条、第一百零五条规定之罪的，对直接责任人员，处五年以下有期徒刑、拘役、管制或者剥夺政治权利；情节严重的，处五年以上有期徒刑。

第一百零九条 国家机关工作人员在履行公务期间，擅离岗位，叛逃境外或者在境外叛逃的，处五年以下有期徒刑、拘役、管制或者剥夺政治权利；情节严重的，处五年以上十年以下有期徒刑。

掌握国家秘密的国家工作人员叛逃境外或者在境外叛逃的,依照前款的规定从重处罚。

第一百一十条　有下列间谍行为之一,危害国家安全的,处十年以上有期徒刑或者无期徒刑;情节较轻的,处三年以上十年以下有期徒刑:

(一)参加间谍组织或者接受间谍组织及其代理人的任务的;

(二)为敌人指示袭击目标的。

第一百一十一条　为境外的机构、组织、人员窃取、刺探、收买、非法提供国家秘密或者情报的,处五年以上十年以下有期徒刑;情节特别严重的,处十年以上有期徒刑或者无期徒刑;情节较轻的,处五年以下有期徒刑、拘役、管制或者剥夺政治权利。

第二章　危害公共安全罪

第一百一十八条　破坏电力、燃气或者其他易燃易爆设备,危害公共安全,尚未造成严重后果的,处三年以上十年以下有期徒刑。

第一百一十九条　破坏交通工具、交通设施、电力设备、燃气设备、易燃易爆设备,造成严重后果的,处十年以上有期徒刑、无期徒刑或者死刑。

过失犯前款罪的,处三年以上七年以下有期徒刑;情节较轻的,处三年以下有期徒刑或者拘役。

第一百二十四条　破坏广播电视设施、公用电信设施,危害公共安全的,处三年以上七年以下有期徒刑;造成严重后果的,处七年以上有期徒刑。

过失犯前款罪的,处三年以上七年以下有期徒刑;情节较轻的,处三年以下有期徒刑或者拘役。

第一百二十五条　非法制造、买卖、运输、邮寄、储存枪支、弹药、爆炸物的,处三年以上十年以下有期徒刑;情节严重的,处十年以上有期徒刑、无期徒刑或者死刑。

非法制造、买卖、运输、储存毒害性、放射性、传染病病原体等物质,危害公共安全的,依照前款的规定处罚。

单位犯前两款罪的,对单位判处罚金,并对其直接负责的主管人员和其他直接责任人员,依照第一款的规定处罚。

第一百三十条　非法携带枪支、弹药、管制刀具或者爆炸性、易燃性、放射性、毒害性、腐蚀性物品,进入公共场所或者公共交通工具,危及公共安全,情节严重的,处三年以下有期徒刑、拘役或者管制。

第三章　破坏社会主义市场经济秩序罪

第一百五十二条　以牟利或者传播为目的,走私淫秽的影片、录像带、录音带、图片、书刊或者其他淫秽物品的,处三年以上十年以下有期徒刑,并处罚金;情节严重的,处十年以上有期徒刑或者无期徒刑,并处罚金或者没收财产;情节较轻的,处三年以下有期徒刑、拘役或者管制,并处罚金。

逃避海关监管将境外固体废物、液态废物和气态废物运输进境,情节严重的,处五年以下有期徒刑,并处或者单处罚金;情节特别严重的,处五年以上有期徒刑,并处罚金。

单位犯前两款罪的,对单位判处罚金,并对其直接负责的主管人员和其他直接责任人员,依照前两款的规定处罚。

第一百五十八条　申请公司登记使用虚假证明文件或者采取其他欺诈手段虚报注册资本,欺骗公司登记主管部门,取得公司登记,虚报注册资本数额巨大、后果严重或者有其他严重情节的,处三年以下有期徒刑或者拘役,并处或者单处虚报注册资本金额百分之一以上百分之五以下罚金。

单位犯前款罪的,对单位判处罚金,并对其直接负责的主管人员和其他直接责任人员,处三年以下有期徒刑或者拘役。

第一百六十条　在招股说明书、认股书、公司、企业债券募集办法中隐瞒重要事实或者编造重大虚假内容,发行股票或者公司、企业债券,数额巨大、后果严重或者有其他严重情节的,处五年以下有期徒刑或者拘役,并处或者单处非法募集资金金额百分之一以上百分之五以下罚金。

单位犯前款罪的,对单位判处罚金,并对其直接负责的主管人员和其他直接责任人员,处五年以下有期徒刑或者拘役。

第一百六十一条　依法负有信息披露义务的公司、企业向股东和社会公众提供虚假的或者隐瞒重要事实的财务会计报告,或者对依法应当披露的其他重要信息不按照规定披露,严重损害股东或者其他人利益,或者有其他严重情节的,对其直接负责的主管人员和其他直接责任人员,处三年以下有期徒刑或者拘役,并处或者单处二万元以上二十万元以下罚金。

第一百六十九条　国有公司、企业或者其上级主管部门直接负责的主管人员,徇私舞弊,将国有资产低价折股或者低价出售,致使国家利益遭受重大损失的,处三年以下有期徒刑或者拘役;致使国家利益遭受特别重大损失的,处三年以上七年以下有期徒刑。

第一百六十九条之一　上市公司的董事、监事、高级管理人员违背对公司的忠实义务,利用职务便利,操纵上市公司从事下列行为之一,致使上市公司利益遭受重大损失的,处三年以下有期徒刑或者拘役,并处或者单处罚金;致使上市公司利益遭受特别重大损失的,处三年以上七年以下有期徒刑,并处罚金:

(一)无偿向其他单位或者个人提供资金、商品、服务或者其他资产的;

(二)以明显不公平的条件,提供或者接受资金、商品、服务或者其他资产的;

(三)向明显不具有清偿能力的单位或者个人提供资金、商品、服务或者其他资产的;

(四)为明显不具有清偿能力的单位或者个人提供担保,或者无正当理由为其他单位或者个人提供担保的;

(五)无正当理由放弃债权、承担债务的;

(六)采用其他方式损害上市公司利益的。

上市公司的控股股东或者实际控制人,指使上市公司董事、监事、高级管理人员实施前款行为的，依照前款的规定处罚。

犯前款罪的上市公司的控股股东或者实际控制人是单位的，对单位判处罚金，并对其直接负责的主管人员和其他直接责任人员，依照第一款的规定处罚。

第一百七十四条　未经国家有关主管部门批准，擅自设立商业银行、证券交易所、期货交易所、证券公司、期货经纪公司、保险公司或者其他金融机构的，处三年以下有期徒刑或者拘役，并处或者单处二万元以上二十万元以下罚金；情节严重的，处三年以上十年以下有期徒刑，并处五万元以上五十万元以下罚金。

伪造、变造、转让商业银行、证券交易所、期货交易所、证券公司、期货经纪公司、保险公司或者其他金融机构的经营许可证或者批准文件的，依照前款的规定处罚。

单位犯前两款罪的，对单位判处罚金，并对其直接负责的主管人员和其他直接责任人员，依照第一款的规定处罚。

第一百七十五条　以转贷牟利为目的，套取金融机构信贷资金高利转贷他人，违法所得数额较大的，处三年以下有期徒刑或者拘役，并处违法所得一倍以上五倍以下罚金；数额巨大的，处三年以上七年以下有期徒刑，并处违法所得一倍以上五倍以下罚金。

单位犯前款罪的，对单位判处罚金，并对其直接负责的主管人员和其他直接责任人员，处三年以下有期徒刑或者拘役。

第一百七十五条之一　以欺骗手段取得银行或者其他金融机构贷款、票据承兑、信用证、保函等，给银行或者其他金融机构造成重大损失或者有其他严重情节的，处三年以下有期徒刑或者拘役，并处或者单处罚金；给银行或者其他金融机构造成特别重大损失或者有其他特别严重情节的，处三年以上七年以下有期徒刑，并处罚金。

单位犯前款罪的，对单位判处罚金，并对其直接负责的主管人员和其他直接责任人员，依照前款的规定处罚。

第一百七十七条　有下列情形之一，伪造、变造金融票证的，处五年以下有期徒刑或者拘役，并处或者单处二万元以上二十万元以下罚金；情节严重的，处五年以上十年以下有期徒刑，并处五万元以上五十万元以下罚金；情节特别严重的，处十年以上有期徒刑或者无期徒刑，并处五万元以上五十万元以下罚金或者没收财产：

（一）伪造、变造汇票、本票、支票的；

（二）伪造、变造委托收款凭证、汇款凭证、银行存单等其他银行结算凭证的；

（三）伪造、变造信用证或者附随的单据、文件的；

（四）伪造信用卡的。

单位犯前款罪的，对单位判处罚金，并对其直接负责的主管人员和其他直接责任人员，依照前款的规定处罚。

第一百七十七条之一　有下列情形之一，妨害信用卡管理的，处三年以下有期徒刑或者拘役，并处或者单处一万元以上十万元以下罚金；数量巨大或者有其他严重情节的，处三年以上十年以下有期徒刑，并处二万元以上二十万元以下罚金：

（一）明知是伪造的信用卡而持有、运输的，或者明知是伪造的空白信用卡而持有、运输，数量较大的；

（二）非法持有他人信用卡，数量较大的；

（三）使用虚假的身份证明骗领信用卡的；

（四）出售、购买、为他人提供伪造的信用卡或者以虚假的身份证明骗领的信用卡的。

窃取、收买或者非法提供他人信用卡信息资料的，依照前款规定处罚。

银行或者其他金融机构的工作人员利用职务上的便利，犯第二款罪的，从重处罚。

第一百八十条　证券、期货交易内幕信息的知情人员或者非法获取证券、期货交易内幕信息的人员，在涉及证券的发行，证券、期货交易或者其他对证券、期货交易价格有重大影响的信息尚未公开前，买入或者卖出该证券，或者从事与该内幕信息有关的期货交易，或者泄露该信息，或者明示、暗示他人从事上述交易活动，情节严重的，处五年以下有期徒刑或者拘役，并处或者单处违法所得一倍以上五倍以下罚金；情节特别严重的，处五年以上十年以下有期徒刑，并处违法所得一倍以上五倍以下罚金。

单位犯前款罪的，对单位判处罚金，并对其直接负责的主管人员和其他直接责任人员，处五年以下有期徒刑或者拘役。

内幕信息、知情人员的范围，依照法律、行政法规的规定确定。

证券交易所、期货交易所、证券公司、期货经纪公司、基金管理公司、商业银行、保险公司等金融机构的从业人员以及有关监管部门或者行业协会的工作人员，利用因职务便利获取的内幕信息以外的其他未公开的信息，违反规定，从事与该信息相关的证券、期货交易活动，或者明示、暗示他人从事相关交易活动，情节严重的，依照第一款的规定处罚。

第一百八十一条　编造并且传播影响证券、期货交易的虚假信息，扰乱证券、期货交易市场，造成严重后果的，处五年以下有期徒刑或者拘役，并处或者单处一万元以上十万元以下罚金。

证券交易所、期货交易所、证券公司、期货经纪公司的从业人员，证券业协会、期货业协会或者证券期货监督管理部门的工作人员，故意提供虚假信息或者伪造、变造、销毁交易记录，诱骗投资者买卖证券、期货合约，造成严重后果的，处五年以下有期徒刑或者拘役，并处或者单处一万元以上十万元以下罚金；情节特别恶劣的，处五年以上十年以下有期徒刑，并处二万元以上二十万元以下罚金。

单位犯前两款罪的，对单位判处罚金，并对其直接负责的主管人员和其他直接责任人员，处五年以下有期徒刑或者拘役。

第一百八十二条　有下列情形之一，操纵证券、期货市场，情节严重的，处五年以下有期徒刑或者拘役，并处或者单处罚金；情节特别严重的，处五年以上十年以下有期徒刑，并处罚金：

（一）单独或者合谋，集中资金优势、持股或者持仓优势或者利用信息优势联合或者连续买卖，操纵证券、期货交易价格或者证券、期货交易量的；

（二）与他人串通，以事先约定的时间、价格和方式相互进行证券、期货交易，影响证券、期货交易价格或者证券、期货交易量的；

（三）在自己实际控制的账户之间进行证券交易，或者以自己为交易对象，自买自卖期货合约，影响证券、期货交易价格或者证券、期货交易量的；

（四）以其他方法操纵证券、期货市场的。

单位犯前款罪的，对单位判处罚金，并对其直接负责的主管人员和其他直接责任人员，依照前款的规定处罚。

第一百八十五条　商业银行、证券交易所、期货交易所、证券公司、期货经纪公司、保险公司或者其他金融机构的工作人员利用职务上的便利，挪用本单位或者客户资金的，依照本法第二百七十二条的规定定罪处罚。

国有商业银行、证券交易所、期货交易所、证券公司、期货经纪公司、保险公司或者其他国有金融机构的工作人员和国有商业银行、证券交易所、期货交易所、证券公司、期货经纪公司、保险公司或者其他国有金融机构委派到前款规定中的非国有机构从事公务的人员有前款行为的，依照本法第三百八十四条的规定定罪处罚。

第一百八十五条之一　商业银行、证券交易所、期货交易所、证券公司、期货经纪公司、保险公司或者其他金融机构，违背受托义务，擅自运用客户资金或者其他委托、信托的财产，情节严重的，对单位判处罚金，并对其直接负责的主管人员和其他直接责任人员，处三年以下有期徒刑或者拘役，并处三万元以上三十万元以下罚金；情节特别严重的，处三年以上十年以下有期徒刑，并处五万元以上五十万元以下罚金。

社会保障基金管理机构、住房公积金管理机构等公众资金管理机构，以及保险公司、保险资产管理公司、证券投资基金管理公司，违反国家规定运用资金的，对其直接负责的主管人员和其他直接责任人员，依照前款的规定处罚。

第一百八十八条　银行或者其他金融机构的工作人员违反规定，为他人出具信用证或者其他保函、票据、存单、资信证明，情节严重的，处五年以下有期徒刑或者拘役；情节特别严重的，处五年以上有期徒刑。

单位犯前款罪的，对单位判处罚金，并对其直接负责的主管人员和其他直接责任人员，依照前款的规定处罚。

第一百八十九条　银行或者其他金融机构的工作人员在票据业务中，对违反票据法规定的票据予以承兑、付款或者保证，造成重大损失的，处五年以下有期徒刑或者拘役；造成特别重大损失的，处五年以上有期徒刑。

单位犯前款罪的，对单位判处罚金，并对其直接负责的主管人员和其他直接责任人员，依照前款的规定处罚。

第一百九十条　公司、企业或者其他单位，违反国家规定，擅自将外汇存放境外，或者将境内的外汇非法转移到境外，数额较大的，对单位判处逃汇数额百分之五以上百分之三十以下罚金，并对其直接负责的主管人员和其他直接责任人员处五年以下有期徒刑或者拘役；

数额巨大或者有其他严重情节的,对单位判处逃汇数额百分之五以上百分之三十以下罚金,并对其直接负责的主管人员和其他直接责任人员处五年以上有期徒刑。

第一百九十一条　明知是毒品犯罪、黑社会性质的组织犯罪、恐怖活动犯罪、走私犯罪、贪污贿赂犯罪、破坏金融管理秩序犯罪、金融诈骗犯罪的所得及其产生的收益,为掩饰、隐瞒其来源和性质,有下列行为之一的,没收实施以上犯罪的所得及其产生的收益,处五年以下有期徒刑或者拘役,并处或者单处洗钱数额百分之五以上百分之二十以下罚金;情节严重的,处五年以上十年以下有期徒刑,并处洗钱数额百分之五以上百分之二十以下罚金:

（一）提供资金账户的;
（二）协助将财产转换为现金、金融票据、有价证券的;
（三）通过转账或者其他结算方式协助资金转移的;
（四）协助将资金汇往境外的;
（五）以其他方法掩饰、隐瞒犯罪所得及其收益的来源和性质的。

单位犯前款罪的,对单位判处罚金,并对其直接负责的主管人员和其他直接责任人员,处五年以下有期徒刑或者拘役;情节严重的,处五年以上十年以下有期徒刑。

第一百九十三条　有下列情形之一,以非法占有为目的,诈骗银行或者其他金融机构的贷款,数额较大的,处五年以下有期徒刑或者拘役,并处二万元以上二十万元以下罚金;数额巨大或者有其他严重情节的,处五年以上十年以下有期徒刑,并处五万元以上五十万元以下罚金;数额特别巨大或者有其他特别严重情节的,处十年以上有期徒刑或者无期徒刑,并处五万元以上五十万元以下罚金或者没收财产:

（一）编造引进资金、项目等虚假理由的;
（二）使用虚假的经济合同的;
（三）使用虚假的证明文件的;
（四）使用虚假的产权证明作担保或者超出抵押物价值重复担保的;
（五）以其他方法诈骗贷款的。

第一百九十四条　有下列情形之一,进行金融票据诈骗活动,数额较大的,处五年以下有期徒刑或者拘役,并处二万元以上二十万元以下罚金;数额巨大或者有其他严重情节的,处五年以上十年以下有期徒刑,并处五万元以上五十万元以下罚金;数额特别巨大或者有其他特别严重情节的,处十年以上有期徒刑或者无期徒刑,并处五万元以上五十万元以下罚金或者没收财产:

（一）明知是伪造、变造的汇票、本票、支票而使用的;
（二）明知是作废的汇票、本票、支票而使用的;
（三）冒用他人的汇票、本票、支票的;
（四）签发空头支票或者与其预留印鉴不符的支票,骗取财物的;
（五）汇票、本票的出票人签发无资金保证的汇票、本票或者在出票时作虚假记载,骗取财物的。

使用伪造、变造的委托收款凭证、汇款凭证、银行存单等其他银行结算凭证的,依照前款的规定处罚。

第一百九十五条　有下列情形之一,进行信用证诈骗活动的,处五年以下有期徒刑或者拘役,并处二万元以上二十万元以下罚金;数额巨大或者有其他严重情节的,处五年以上十年以下有期徒刑,并处五万元以上五十万元以下罚金;数额特别巨大或者有其他特别严重情节的,处十年以上有期徒刑或者无期徒刑,并处五万元以上五十万元以下罚金或者没收财产:

（一）使用伪造、变造的信用证或者附随的单据、文件的;

（二）使用作废的信用证的;

（三）骗取信用证的;

（四）以其他方法进行信用证诈骗活动的。

第一百九十六条　有下列情形之一,进行信用卡诈骗活动,数额较大的,处五年以下有期徒刑或者拘役,并处二万元以上二十万元以下罚金;数额巨大或者有其他严重情节的,处五年以上十年以下有期徒刑,并处五万元以上五十万元以下罚金;数额特别巨大或者有其他特别严重情节的,处十年以上有期徒刑或者无期徒刑,并处五万元以上五十万元以下罚金或者没收财产:

（一）使用伪造的信用卡,或者使用以虚假的身份证明骗领的信用卡的;

（二）使用作废的信用卡的;

（三）冒用他人信用卡的;

（四）恶意透支的。

前款所称恶意透支,是指持卡人以非法占有为目的,超过规定限额或者规定期限透支,并且经发卡银行催收后仍不归还的行为。

盗窃信用卡并使用的,依照本法第二百六十四条的规定定罪处罚。

第一百九十七条　使用伪造、变造的国库券或者国家发行的其他有价证券,进行诈骗活动,数额较大的,处五年以下有期徒刑或者拘役,并处二万元以上二十万元以下罚金;数额巨大或者有其他严重情节的,处五年以上十年以下有期徒刑,并处五万元以上五十万元以下罚金;数额特别巨大或者有其他特别严重情节的,处十年以上有期徒刑或者无期徒刑,并处五万元以上五十万元以下罚金或者没收财产。

第一百九十八条　有下列情形之一,进行保险诈骗活动,数额较大的,处五年以下有期徒刑或者拘役,并处一万元以上十万元以下罚金;数额巨大或者有其他严重情节的,处五年以上十年以下有期徒刑,并处二万元以上二十万元以下罚金;数额特别巨大或者有其他特别严重情节的,处十年以上有期徒刑,并处二万元以上二十万元以下罚金或者没收财产:

（一）投保人故意虚构保险标的,骗取保险金的;

（二）投保人、被保险人或者受益人对发生的保险事故编造虚假的原因或者夸大损失的程度,骗取保险金的;

（三）投保人、被保险人或者受益人编造未曾发生的保险事故，骗取保险金的；

（四）投保人、被保险人故意造成财产损失的保险事故，骗取保险金的；

（五）投保人、受益人故意造成被保险人死亡、伤残或者疾病，骗取保险金的。

有前款第四项、第五项所列行为，同时构成其他犯罪的，依照数罪并罚的规定处罚。

单位犯第一款罪的，对单位判处罚金，并对其直接负责的主管人员和其他直接责任人员，处五年以下有期徒刑或者拘役；数额巨大或者有其他严重情节的，处五年以上十年以下有期徒刑；数额特别巨大或者有其他特别严重情节的，处十年以上有期徒刑。

保险事故的鉴定人、证明人、财产评估人故意提供虚假的证明文件，为他人诈骗提供条件的，以保险诈骗的共犯论处。

第二百一十三条　未经注册商标所有人许可，在同一种商品上使用与其注册商标相同的商标，情节严重的，处三年以下有期徒刑或者拘役，并处或者单处罚金；情节特别严重的，处三年以上七年以下有期徒刑，并处罚金。

第二百一十四条　销售明知是假冒注册商标的商品，销售金额数额较大的，处三年以下有期徒刑或者拘役，并处或者单处罚金；销售金额数额巨大的，处三年以上七年以下有期徒刑，并处罚金。

第二百一十五条　伪造、擅自制造他人注册商标标识或者销售伪造、擅自制造的注册商标标识，情节严重的，处三年以下有期徒刑、拘役或者管制，并处或者单处罚金；情节特别严重的，处三年以上七年以下有期徒刑，并处罚金。

第二百一十六条　假冒他人专利，情节严重的，处三年以下有期徒刑或者拘役，并处或者单处罚金。

第二百一十七条　以营利为目的，有下列侵犯著作权情形之一，违法所得数额较大或者有其他严重情节的，处三年以下有期徒刑或者拘役，并处或者单处罚金；违法所得数额巨大或者有其他特别严重情节的，处三年以上七年以下有期徒刑，并处罚金：

（一）未经著作权人许可，复制发行其文字作品、音乐、电影、电视、录像作品、计算机软件及其他作品的；

（二）出版他人享有专有出版权的图书的；

（三）未经录音录像制作者许可，复制发行其制作的录音录像的；

（四）制作、出售假冒他人署名的美术作品的。

第二百一十八条　以营利为目的，销售明知是本法第二百一十七条规定的侵权复制品，违法所得数额巨大的，处三年以下有期徒刑或者拘役，并处或者单处罚金。

第二百一十九条　有下列侵犯商业秘密行为之一，给商业秘密的权利人造成重大损失的，处三年以下有期徒刑或者拘役，并处或者单处罚金；造成特别严重后果的，处三年以上七年以下有期徒刑，并处罚金：

（一）以盗窃、利诱、胁迫或者其他不正当手段获取权利人的商业秘密的；

（二）披露、使用或者允许他人使用以前项手段获取的权利人的商业秘密的；

（三）违反约定或者违反权利人有关保守商业秘密的要求，披露、使用或者允许他人使用其所掌握的商业秘密的。明知或者应知前款所列行为，获取、使用或者披露他人的商业秘密的，以侵犯商业秘密论。

本条所称商业秘密，是指不为公众所知悉，能为权利人带来经济利益，具有实用性并经权利人采取保密措施的技术信息和经营信息。

本条所称权利人，是指商业秘密的所有人和经商业秘密所有人许可的商业秘密使用人。

第二百二十二条　广告主、广告经营者、广告发布者违反国家规定，利用广告对商品或者服务作虚假宣传，情节严重的，处二年以下有期徒刑或者拘役，并处或者单处罚金。

第二百二十三条　投标人相互串通投标报价，损害招标人或者其他投标人利益，情节严重的，处三年以下有期徒刑或者拘役，并处或者单处罚金。

第二百二十九条　承担资产评估、验资、验证、会计、审计、法律服务等职责的中介组织的人员故意提供虚假证明文件，情节严重的，处五年以下有期徒刑或者拘役，并处罚金。

第四章　侵犯公民人身权利、民主权利罪

第二百五十条　在出版物中刊载歧视、侮辱少数民族的内容，情节恶劣，造成严重后果的，对直接责任人员，处三年以下有期徒刑、拘役或者管制。

第二百五十二条　隐匿、毁弃或者非法开拆他人信件，侵犯公民通信自由权利，情节严重的，处一年以下有期徒刑或者拘役。

第二百五十三条　邮政工作人员私自开拆或者隐匿、毁弃邮件、电报的，处二年以下有期徒刑或者拘役。

犯前款罪而窃取财物的，依照本法第二百六十四条的规定定罪从重处罚。

国家机关或者金融、电信、交通、教育、医疗等单位的工作人员，违反国家规定，将本单位在履行职责或者提供服务过程中获得的公民个人信息，出售或者非法提供给他人，情节严重的，处三年以下有期徒刑或者拘役，并处或者单处罚金。

窃取或者以其他方法非法获取上述信息，情节严重的，依照前款的规定处罚。

单位犯前两款罪的，对单位判处罚金，并对其直接负责的主管人员和其他直接责任人员，依照各该款的规定处罚。

第五章　侵犯财产罪

第二百六十五条　以牟利为目的，盗接他人通信线路、复制他人电信码号或者明知是盗接、复制的电信设备、设施而使用的，依照本法第二百六十四条的规定定罪处罚。

第六章　妨害社会管理秩序罪

第二百八十条　伪造、变造、买卖或者盗窃、抢夺、毁灭国家机关的公文、证件、印章的，处三年以下有期徒刑、拘役、管制或者剥夺政治权利；情节严重的，处三年以上十年以下有期徒刑。

伪造公司、企业、事业单位、人民团体的印章的，处三年以下有期徒刑、拘役、管制或者剥

夺政治权利。

伪造、变造居民身份证的,处三年以下有期徒刑、拘役、管制或者剥夺政治权利;情节严重的,处三年以上七年以下有期徒刑。

第二百八十二条 以窃取、刺探、收买方法,非法获取国家秘密的,处三年以下有期徒刑、拘役、管制或者剥夺政治权利;情节严重的,处三年以上七年以下有期徒刑。

非法持有属于国家绝密、机密的文件、资料或者其他物品,拒不说明来源与用途的,处三年以下有期徒刑、拘役或者管制。

第二百八十三条 非法生产、销售窃听、窃照等专用间谍器材的,处三年以下有期徒刑、拘役或者管制。

第二百八十四条 非法使用窃听、窃照专用器材,造成严重后果的,处二年以下有期徒刑、拘役或者管制。

第二百八十五条 违反国家规定,侵入国家事务、国防建设、尖端科学技术领域的计算机信息系统的,处三年以下有期徒刑或者拘役。

违反国家规定,侵入前款规定以外的计算机信息系统或者采用其他技术手段,获取该计算机信息系统中存储、处理或者传输的数据,或者对该计算机信息系统实施非法控制,情节严重的,处三年以下有期徒刑或者拘役,并处或者单处罚金;情节特别严重的,处三年以上七年以下有期徒刑,并处罚金。

提供专门用于侵入、非法控制计算机信息系统的程序、工具,或者明知他人实施侵入、非法控制计算机信息系统的违法犯罪行为而为其提供程序、工具,情节严重的,依照前款的规定处罚。

第二百八十六条 违反国家规定,对计算机信息系统功能进行删除、修改、增加、干扰,造成计算机信息系统不能正常运行,后果严重的,处五年以下有期徒刑或者拘役;后果特别严重的,处五年以上有期徒刑。

违反国家规定,对计算机信息系统中存储、处理或者传输的数据和应用程序进行删除、修改、增加的操作,后果严重的,依照前款的规定处罚。

故意制作、传播计算机病毒等破坏性程序,影响计算机系统正常运行,后果严重的,依照第一款的规定处罚。

第二百八十七条 利用计算机实施金融诈骗、盗窃、贪污、挪用公款、窃取国家秘密或者其他犯罪的,依照本法有关规定定罪处罚。

第二百八十八条 违反国家规定,擅自设置、使用无线电台(站),或者擅自占用频率,经责令停止使用后拒不停止使用,干扰无线电通信正常进行,造成严重后果的,处三年以下有期徒刑、拘役或者管制,并处或者单处罚金。

单位犯前款罪的,对单位判处罚金,并对其直接负责的主管人员和其他直接责任人员,依照前款的规定处罚。

第二百九十一条之一 投放虚假的爆炸性、毒害性、放射性、传染病病原体等物质,或者编造爆炸威胁、生化威胁、放射威胁等恐怖信息，或者明知是编造的恐怖信息而故意传播，严重扰乱社会秩序的，处五年以下有期徒刑、拘役或者管制；造成严重后果的，处五年以上有期徒刑。

第三百零三条　以营利为目的，聚众赌博或者以赌博为业的，处三年以下有期徒刑、拘役或者管制，并处罚金。

开设赌场的，处三年以下有期徒刑、拘役或者管制，并处罚金；情节严重的，处三年以上十年以下有期徒刑，并处罚金。

第三百六十三条　以牟利为目的，制作、复制、出版、贩卖、传播淫秽物品的，处三年以下有期徒刑、拘役或者管制，并处罚金；情节严重的，处三年以上十年以下有期徒刑，并处罚金；情节特别严重的，处十年以上有期徒刑或者无期徒刑，并处罚金或者没收财产。为他人提供书号，出版淫秽书刊的，处三年以下有期徒刑、拘役或者管制，并处或者单处罚金；明知他人用于出版淫秽书刊而提供书号的，依照前款的规定处罚。

第三百六十四条　传播淫秽的书刊、影片、音像、图片或者其他淫秽物品，情节严重的，处二年以下有期徒刑、拘役或者管制。组织播放淫秽的电影、录像等音像制品的，处三年以下有期徒刑、拘役或者管制，并处罚金；情节严重的，处三年以上十年以下有期徒刑，并处罚金。制作、复制淫秽的电影、录像等音像制品组织播放的，依照第二款的规定从重处罚。向不满十八周岁的未成年人传播淫秽物品的，从重处罚。

第三百六十七条　本法所称淫秽物品，是指具体描绘性行为或者露骨宣扬色情的淫秽性的书刊、影片、录像带、录音带、图片及其他淫秽物品。有关人体生理、医学知识的科学著作不是淫秽物品。包含有色情内容的有艺术价值的文学、艺术作品不视为淫秽物品。

第七章　危害国防利益罪

第三百六十九条　破坏武器装备、军事设施、军事通信的，处三年以下有期徒刑、拘役或者管制；破坏重要武器装备、军事设施、军事通信的，处三年以上十年以下有期徒刑；情节特别严重的，处十年以上有期徒刑、无期徒刑或者死刑。

过失犯前款罪，造成严重后果的，处三年以下有期徒刑或者拘役；造成特别严重后果的，处三年以上七年以下有期徒刑。

战时犯前两款罪的，从重处罚。

第三百七十五条　伪造、变造、买卖或者盗窃、抢夺武装部队公文、证件、印章的，处三年以下有期徒刑、拘役、管制或者剥夺政治权利；情节严重的，处三年以上十年以下有期徒刑。

非法生产、买卖武装部队制式服装，情节严重的，处三年以下有期徒刑、拘役或者管制，并处或者单处罚金。

伪造、盗窃、买卖或者非法提供、使用武装部队车辆号牌等专用标志，情节严重的，处三年以下有期徒刑、拘役或者管制，并处或者单处罚金；情节特别严重的，处三年以上七年以下有期徒刑，并处罚金。

单位犯第二款、第三款罪的，对单位判处罚金，并对其直接负责的主管人员和其他直接责任人员,依照各该款的规定处罚。

第九章 渎 职 罪

第三百九十八条 国家机关工作人员违反保守国家秘密法的规定,故意或者过失泄露国家秘密,情节严重的,处三年以下有期徒刑或者拘役;情节特别严重的,处三年以上七年以下有期徒刑。

非国家机关工作人员犯前款罪的,依照前款的规定酌情处罚。

第十章 军人违反职责罪

第四百三十一条 以窃取、刺探、收买方法,非法获取军事秘密的,处五年以下有期徒刑;情节严重的,处五年以上十年以下有期徒刑;情节特别严重的,处十年以上有期徒刑。为境外的机构、组织、人员窃取、刺探、收买、非法提供军事秘密的,处十年以上有期徒刑、无期徒刑或者死刑。

第四百三十二条 违反保守国家秘密法规,故意或者过失泄露军事秘密,情节严重的,处五年以下有期徒刑或者拘役;情节特别严重的,处五年以上十年以下有期徒刑。战时犯前款罪的,处五年以上十年以下有期徒刑;情节特别严重的,处十年以上有期徒刑或者无期徒刑。

3.2 全国人民代表大会常务委员会通过

3.2.1 《中华人民共和国国家安全法》(摘录)

发布单位:全国人民代表大会常务委员会

发布文号:中华人民共和国主席令第 68 号

发布日期:1993-2-22

生效日期:1993-2-22

(1993 年 2 月 22 日第七届全国人民代表大会常务委员会第三十次会议通过,2009 年 8 月 27 日根据《全国人民代表大会常务委员会关于修改部分法律的决定》修订)

第一章 总 则

第三条 中华人民共和国公民有维护国家的安全、荣誉和利益的义务,不得有危害国家的安全、荣誉和利益的行为。

一切国家机关和武装力量、各政党和各社会团体及各企业事业组织,都有维护国家安全的义务。

国家安全机关在国家安全工作中必须依靠人民的支持,动员、组织人民防范、制止危害国家安全的行为。

第四条 任何组织和个人进行危害中华人民共和国国家安全的行为都必须受到法律追

究。本法所称危害国家安全的行为，是指境外机构、组织、个人实施或者指使、资助他人实施的，或者境内组织、个人与境外机构、组织、个人相勾结实施的下列危害中华人民共和国国家安全的行为：

（一）阴谋颠覆政府，分裂国家，推翻社会主义制度的；

（二）参加间谍组织或者接受间谍组织及其代理人的任务的；

（三）窃取、刺探、收买、非法提供国家秘密的；

（四）策动、勾引、收买国家工作人员叛变的；

（五）进行危害国家安全的其他破坏活动的。

第二章 国家安全机关在国家安全工作中的职权

第六条 国家安全机关在国家安全工作中依法行使侦查、拘留、预审和执行逮捕以及法律规定的其他职权。

第七条 国家安全机关的工作人员依法执行国家安全工作任务时，经出示相应证件，有权查验中国公民或者境外人员的身份证明；向有关组织和人员调查、询问有关情况。

第八条 国家安全机关的工作人员依法执行国家安全工作任务时，经出示相应证件，可以进入有关场所；根据国家有关规定，经过批准，出示相应证件，可以进入限制进入的有关地区、场所、单位；查看或者调阅有关的档案、资料、物品。

第九条 国家安全机关的工作人员在依法执行紧急任务的情况下，经出示相应证件，可以优先乘坐公共交通工具，遇交通阻碍时，优先通行。

国家安全机关为维护国家安全的需要，必要时，按照国家有关规定，可以优先使用机关、团体、企业事业组织和个人的交通工具、通信工具、场地和建筑物，用后应当及时归还，并支付适当费用；造成损失的，应当赔偿。

第十条 国家安全机关因侦查危害国家安全行为的需要，根据国家有关规定，经过严格的批准手续，可以采取技术侦查措施。

第十一条 国家安全机关为维护国家安全的需要，可以查验组织和个人的电子通信工具、器材等设备、设施。

第十二条 国家安全机关因国家安全工作的需要，根据国家有关规定，可以提请海关、边防等检察机关对有关人员和资料、器材免检。有关检察机关应当予以协助。

第十三条 国家安全机关及其工作人员在国家安全工作中，应当严格依法办事，不得超越职权、滥用职权，不得侵犯组织和个人的合法权益。

第三章 公民和组织维护国家安全的义务和权利

第十五条 机关、团体和其他组织应当对本单位的人员进行维护国家安全的教育，动员、组织本单位的人员防范、制止危害国家安全的行为。

第十六条 公民和组织应当为国家安全工作提供便利条件或者其他协助。

第十七条 公民发现危害国家安全的行为，应当直接或者通过所在组织及时向国家安全机关或者公安机关报告。

第十八条　在国家安全机关调查了解有关危害国家安全的情况、收集有关证据时,公民和有关组织应当如实提供,不得拒绝。

第十九条　任何公民和组织都应当保守所知悉的国家安全工作的国家秘密。

第二十条　任何个人和组织都不得非法持有属于国家秘密的文件、资料和其他物品。

第二十一条　任何个人和组织都不得非法持有、使用窃听、窃照等专用间谍器材。

第二十二条　任何公民和组织对国家安全机关及其工作人员超越职权、滥用职权和其他违法行为,都有权向上级国家安全机关或者有关部门检举、控告。上级国家安全机关或者有关部门应当及时查清事实,负责处理。

对协助国家安全机关工作或者依法检举、控告的公民和组织,任何人不得压制和打击报复。

第四章　法律责任

第二十三条　境外机构、组织、个人实施或者指使、资助他人实施,或者境内组织、个人与境外机构、组织、个人相勾结实施危害中华人民共和国国家安全的行为,构成犯罪的,依法追究刑事责任。

第二十四条　犯间谍罪自首或者有立功表现的,可以从轻、减轻或者免除处罚;有重大立功表现的,给予奖励。

第二十五条　在境外受胁迫或者受诱骗参加敌对组织,从事危害中华人民共和国国家安全的活动,及时向中华人民共和国驻外机构如实说明情况的,或者入境后直接或者通过所在组织及时向国家安全机关或者公安机关如实说明情况的,不予追究。

第二十六条　明知他人有间谍犯罪行为,在国家安全机关向其调查有关情况、收集有关证据时,拒绝提供的,由其所在单位或者上级主管部门予以行政处分,或者由国家安全机关处十五日以下拘留;情节严重的,依照刑法有关规定处罚。

第二十八条　故意或者过失泄露有关国家安全工作的国家秘密的,由国家安全机关处十五日以下拘留;构成犯罪的,依法追究刑事责任。

第二十九条　对非法持有属于国家秘密的文件、资料和其他物品的,以及非法持有、使用专用间谍器材的,国家安全机关可以依法对其人身、物品、住处和其他有关的地方进行搜查;对其非法持有的属于国家秘密的文件、资料和其他物品,以及非法持有、使用的专用间谍器材予以没收。

非法持有属于国家秘密的文件、资料和其他物品,构成泄露国家秘密罪的,依法追究刑事责任。

3.2.2 《中华人民共和国反不正当竞争法》(摘录)

发布单位:全国人民代表大会常务委员会
发布文号:中华人民共和国主席令第 10 号

发布日期：1993-03-02

生效日期：1993-12-01

(1993年9月2日第八届全国人民代表大会常务委员会第三次会议通过)

第二章　不正当竞争行为

第五条　经营者不得采用下列不正当手段从事市场交易，损害竞争对手：

（一）假冒他人的注册商标；

（二）擅自使用知名商品特有的名称、包装、装潢，或者使用与知名商品近似的名称、包装、装潢，造成和他人的知名商品相混淆，使购买者误认为是该知名商品；

（三）擅自使用他人的企业名称或者姓名，引人误认为是他人的商品；

（四）在商品上伪造或者冒用认证标志、名优标志等质量标志，伪造产地，对商品质量作引人误解的虚假表示。

第十条　经营者不得采用下列手段侵犯商业秘密：

（一）以盗窃、利诱、胁迫或者其他不正当手段获取权利人的商业秘密；

（二）披露、使用或者允许他人使用以前项手段获取的权利人的商业秘密；

（三）违反约定或者违反权利人有关保守商业秘密的要求，披露、使用或者允许他人使用其所掌握的商业秘密。

第三人明知或者应知前款所列违法行为，获取、使用或者披露他人的商业秘密，视为侵犯商业秘密。

本条所称的商业秘密，是指不为公众所知悉、能为权利人带来经济利益、具有实用性并经权利人采取保密措施的技术信息和经营信息。

第十三条　经营者不得从事下列有奖销售：

（一）采用谎称有奖或者故意让内定人员中奖的欺骗方式进行有奖销售；

（二）利用有奖销售的手段推销质次价高的商品；

（三）抽奖式的有奖销售，最高奖的金额超过五千元。

第十四条　经营者不得捏造、散布虚伪事实，损害竞争对手的商业信誉、商品声誉。

第十五条　投标者不得串通投标，抬高标价或者压低标价。

投标者和招标者不得相互勾结，以排挤竞争对手的公平竞争。

第三章　监督检查

第十七条　监督检查部门在监督检查不正当竞争行为时，有权行使下列职权：

（一）按照规定程序询问被检查的经营者、利害关系人、证明人，并要求提供证明材料或者与不正当竞争行为有关的其他资料；

（二）查询、复制与不正当竞争行为有关的协议、账册、单据、文件、记录、业务函电和其他资料；

（三）检查与本法第五条规定的不正当竞争行为有关的财物，必要时可以责令被检查的经营者说明该商品的来源和数量,暂停销售,听候检查,不得转移、隐匿、销毁该财物。

第十八条　监督检查部门工作人员监督检查不正当竞争行为时,应当出示检查证件。

第十九条　监督检查部门在监督检查不正当竞争行为时,被检查的经营者、利害关系人和证明人应当如实提供有关资料或者情况。

第四章　法律责任

第二十一条　经营者假冒他人的注册商标,擅自使用他人的企业名称或者姓名,伪造或者冒用认证标志、名优标志等质量标志,伪造产地,对商品质量作引人误解的虚假表示的,依照《中华人民共和国商标法》、《中华人民共和国产品质量法》的规定处罚。

经营者擅自使用知名商品特有的名称、包装、装潢,或者使用与知名商品近似的名称、包装、装潢,造成和他人的知名商品相混淆,使购买者误认为是该知名商品的,监督检查部门应当责令停止违法行为,没收违法所得,可以根据情节处以违法所得一倍以上三倍以下的罚款;情节严重的可以吊销营业执照;销售伪劣商品,构成犯罪的,依法追究刑事责任。

第二十四条　经营者利用广告或者其他方法,对商品作引人误解的虚假宣传的,监督检查部门应当责令停止违法行为,消除影响,可以根据情节处以一万元以上二十万元以下的罚款。

广告的经营者,在明知或者应知的情况下,代理、设计、制作、发布虚假广告的,监督检查部门应当责令停止违法行为,没收违法所得,并依法处以罚款。

第二十五条　违反本法第十条规定侵犯商业秘密的,监督检查部门应当责令停止违法行为,可以根据情节处以一万元以上二十万元以下的罚款。

第二十六条　经营者违反本法第十三条规定进行有奖销售的,监督检查部门应当责令停止违法行为,可以根据情节处以一万元以上十万元以下的罚款。

第二十七条　投标者串通投标,抬高标价或者压低标价;投标者和招标者相互勾结,以排挤竞争对手的公平竞争的,其中标无效。监督检查部门可以根据情节处以一万元以上二十万元以下的罚款。

3.2.3　《中华人民共和国警察法》(摘录)

发布单位:全国人民代表大会常务委员会

发布文号:中华人民共和国主席令第40号

发布日期:1995-02-28

生效日期:1995-02-28

(1995年2月28日第八届全国人民代表大会常务委员会第十二次会议通过)

第六条　公安机关的人民警察按照职责分工,依法履行下列职责:

(十二)监督管理计算机信息系统的安全保护工作;

第八条　公安机关的人民警察对严重危害社会治安秩序或者威胁公共安全的人员,可以强行带离现场、依法予以拘留或者采取法律规定的其他措施。

第十六条　公安机关因侦查犯罪的需要,根据国家有关规定,经过严格的批准手续,可以采取技术侦察措施。

3.2.4 《中华人民共和国预防未成年人犯罪法》(摘录)

发布单位：全国人民代表大会常务委员会
发布文号：中华人民共和国主席令第 17 号
发布日期：1999-06-28
生效日期：1999-11-01

(1999 年 6 月 28 日中华人民共和国第九届全国人民代表大会常务委员会第十次会议通过)

第十四条　未成年人的父母或者其他监护人和学校应当教育未成年人不得有下列不良行为：

(一) 旷课、夜不归宿；
(二) 携带管制刀具；
(三) 打架斗殴、辱骂他人；
(四) 强行向他人索要财物；
(五) 偷窃、故意毁坏财物；
(六) 参与赌博或者变相赌博；
(七) 观看、收听色情、淫秽的音像制品、读物等；
(八) 进入法律、法规规定未成年人不适宜进入的营业性歌舞厅等场所；
(九) 其他严重违背社会公德的不良行为。

第二十六条　禁止在中小学校附近开办营业性歌舞厅、营业性电子游戏场所以及其他未成年人不适宜进入的场所。禁止开办上述场所的具体范围由省、自治区、直辖市人民政府规定。

对本法施行前已在中小学校附近开办上述场所的,应当限期迁移或者停业。

第三十条　以未成年人为对象的出版物,不得含有诱发未成年人违法犯罪的内容,不得含有渲染暴力、色情、赌博、恐怖活动等危害未成年人身心健康的内容。

第三十一条　对未成年人的信件,任何组织和个人不得隐匿、毁弃；除因追查犯罪的需要由公安机关或者人民检察院依照法律规定的程序进行检查,或者对无行为能力的未成年人的信件由其父母或者其他监护人代为开拆外,任何组织或者个人不得开拆。

第三十二条　广播、电影、电视、戏剧节目,不得有渲染暴力、色情、赌博、恐怖活动等危害未成年人身心健康的内容。

广播电影电视行政部门、文化行政部门必须加强对广播、电影、电视、戏剧节目以及各类演播场所的管理。

第三十三条　营业性歌舞厅以及其他未成年人不适宜进入的场所,应当设置明显的未成年人禁止进入标志，不得允许未成年人进入。

营业性电子游戏场所在国家法定节假日外，不得允许未成年人进入，并应当设置明显的未成年人禁止进入标志。

对于难以判明是否已成年的，上述场所的工作人员可以要求其出示身份证件。

第三十四条　本法所称"严重不良行为"，是指下列严重危害社会，尚不够刑事处罚的违法行为：

（一）纠集他人结伙滋事，扰乱治安；

（二）携带管制刀具，屡教不改；

（三）多次拦截殴打他人或者强行索要他人财物；

（四）传播淫秽的读物或者音像制品等；

（五）进行淫乱或者色情、卖淫活动；

（六）多次偷窃；

（七）参与赌博，屡教不改；

（八）吸食、注射毒品；

（九）其他严重危害社会的行为。

第四十五条　人民法院审判未成年人犯罪的刑事案件，应当由熟悉未成年人身心特点的审判员或者审判员和人民陪审员依法组成少年法庭进行。

对于已满十四周岁不满十六周岁未成年人犯罪的案件，一律不公开审理。已满十六周岁不满十八周岁未成年人犯罪的案件，一般也不公开审理。

对未成年人犯罪案件，新闻报道、影视节目、公开出版物不得披露该未成年人的姓名、住所、照片及可能推断出该未成年人的资料。

第五十二条　违反本法第三十条的规定，出版含有诱发未成年人违法犯罪以及渲染暴力、色情、赌博、恐怖活动等危害未成年人身心健康内容的出版物的，由出版行政部门没收出版物和违法所得，并处违法所得三倍以上十倍以下罚款；情节严重的，没收出版物和违法所得，并责令停业整顿或者吊销许可证。对直接负责的主管人员和其他直接责任人员处以罚款。

制作、复制宣扬淫秽内容的未成年人出版物，或者向未成年人出售、出租、传播宣扬淫秽内容的出版物的，依法予以治安处罚；构成犯罪的，依法追究刑事责任。

第五十三条　违反本法第三十一条的规定，向未成年人出售、出租含有诱发未成年人违法犯罪以及渲染暴力、色情、赌博、恐怖活动等危害未成年人身心健康内容的读物、音像制品、电子出版物的，或者利用通信、计算机网络等方式提供上述危害未成年人身心健康内容及其信息的，没收读物、音像制品、电子出版物和违法所得，由政府有关主管部门处以罚款。

单位有前款行为的，没收读物、音像制品、电子出版物和违法所得，处以罚款，并对直接负责的主管人员和其他直接责任人员处以罚款。

第五十四条　影剧院、录像厅等各类演播场所，放映或者演出渲染暴力、色情、赌博、恐怖活动等危害未成年人身心健康的节目的,由政府有关主管部门没收违法播放的音像制品和违法所得,处以罚款,并对直接负责的主管人员和其他直接责任人员处以罚款;情节严重的,责令停业整顿或者由工商行政部门吊销营业执照。

第五十五条 营业性歌舞厅以及其他未成年人不适宜进入的场所、营业性电子游戏场所,违反本法第三十三条的规定,不设置明显的未成年人禁止进入标志,或者允许未成年人进入的,由文化行政部门责令改正、给予警告、责令停业整顿、没收违法所得,处以罚款,并对直接负责的主管人员和其他直接责任人员处以罚款;情节严重的,由工商行政部门吊销营业执照。

3.2.5 《全国人大常委会关于维护互联网安全的决定》(摘录)

发布单位:全国人民代表大会常务委员会
发布文号:----------
发布日期:2000-12-28
生效日期:2000-12-28

(2000年12月28日第九届全国人民代表大会常务委员会第十九次会议通过)

我国的互联网,在国家大力倡导和积极推动下,在经济建设和各项事业中得到日益广泛的应用,使人们的生产、工作、学习和生活方式已经开始并将继续发生深刻的变化,对于加快我国国民经济、科学技术的发展和社会服务信息化进程具有重要作用。同时,如何保障互联网的运行安全和信息安全问题已经引起全社会的普遍关注。为了兴利除弊,促进我国互联网的健康发展,维护国家安全和社会公共利益,保护个人、法人和其他组织的合法权益,特作如下决定:

一、为了保障互联网的运行安全,对有下列行为之一,构成犯罪的,依照刑法有关规定追究刑事责任:

(一)侵入国家事务、国防建设、尖端科学技术领域的计算机信息系统;

(二)故意制作、传播计算机病毒等破坏性程序,攻击计算机系统及通信网络,致使计算机系统及通信网络遭受损害;

(三)违反国家规定,擅自中断计算机网络或者通信服务,造成计算机网络或者通信系统不能正常运行。

二、为了维护国家安全和社会稳定,对有下列行为之一,构成犯罪的,依照刑法有关规定追究刑事责任:

(一)利用互联网造谣、诽谤或者发表、传播其他有害信息,煽动颠覆国家政权、推翻社会主义制度,或者煽动分裂国家、破坏国家统一;

(二)通过互联网窃取、泄露国家秘密、情报或者军事秘密;

(三)利用互联网煽动民族仇恨、民族歧视,破坏民族团结;

(四)利用互联网组织邪教组织、联络邪教组织成员,破坏国家法律、行政法规实施。

三、为了维护社会主义市场经济秩序和社会管理秩序,对有下列行为之一,构成犯罪的,依照刑法有关规定追究刑事责任:

(一)利用互联网销售伪劣产品或者对商品、服务作虚假宣传;

(二)利用互联网损害他人商业信誉和商品声誉;

(三)利用互联网侵犯他人知识产权;

(四)利用互联网编造并传播影响证券、期货交易或者其他扰乱金融秩序的虚假信息;

(五)在互联网上建立淫秽网站、网页,提供淫秽站点链接服务,或者传播淫秽书刊、影片、音像、图片。

四、为了保护个人、法人和其他组织的人身、财产等合法权利,对有下列行为之一,构成犯罪的,依照刑法有关规定追究刑事责任:

(一)利用互联网侮辱他人或者捏造事实诽谤他人;

(二)非法截获、篡改、删除他人电子邮件或者其他数据资料,侵犯公民通信自由和通信秘密;

(三)利用互联网进行盗窃、诈骗、敲诈勒索。

五、利用互联网实施本决定第一条、第二条、第三条、第四条所列行为以外的其他行为,构成犯罪的,依照刑法有关规定追究刑事责任。

六、利用互联网实施违法行为,违反社会治安管理,尚不构成犯罪的,由公安机关依照《治安管理处罚条例》予以处罚;违反其他法律、行政法规,尚不构成犯罪的,由有关行政管理部门依法给予行政处罚;对直接负责的主管人员和其他直接责任人员,依法给予行政处分或者纪律处分。

利用互联网侵犯他人合法权益,构成民事侵权的,依法承担民事责任。

七、各级人民政府及有关部门要采取积极措施,在促进互联网的应用和网络技术的普及过程中,重视和支持对网络安全技术的研究和开发,增强网络的安全防护能力。有关主管部门要加强对互联网的运行安全和信息安全的宣传教育,依法实施有效的监督管理,防范和制止利用互联网进行的各种违法活动,为互联网的健康发展创造良好的社会环境。从事互联网业务的单位要依法开展活动,发现互联网上出现违法犯罪行为和有害信息时,要采取措施,停止传输有害信息,并及时向有关机关报告。任何单位和个人在利用互联网时,都要遵纪守法,抵制各种违法犯罪行为和有害信息。人民法院、人民检察院、公安机关、国家安全机关要各司其职,密切配合,依法严厉打击利用互联网实施的各种犯罪活动。要动员全社会的力量,依靠全社会的共同努力,保障互联网的运行安全与信息安全,促进社会主义精神文明和物质文明建设。

3.2.6 《中华人民共和国证券投资基金法》(摘录)

发布单位:全国人民代表大会常务委员会

发布文号:中华人民共和国主席令第 9 号

发布日期：2003-10-28

生效日期：2005-06-01

(2003年10月28日第十届全国人民代表大会常务委员会第五次会议通过)

第七章　基金的运作与信息披露

第六十条　基金管理人、基金托管人和其他基金信息披露义务人应当依法披露基金信息，并保证所披露信息的真实性、准确性和完整性。

第六十一条　基金信息披露义务人应当确保应予披露的基金信息在国务院证券监督管理机构规定时间内披露，并保证投资人能够按照基金合同约定的时间和方式查阅或者复制公开披露的信息资料。

第六十二条　公开披露的基金信息包括：

（一）基金招募说明书、基金合同、基金托管协议；

（二）基金募集情况；

（三）基金份额上市交易公告书；

（四）基金资产净值、基金份额净值；

（五）基金份额申购、赎回价格；

（六）基金财产的资产组合季度报告、财务会计报告及中期和年度基金报告；

（七）临时报告；

（八）基金份额持有人大会决议；

（九）基金管理人、基金托管人的专门基金托管部门的重大人事变动；

（十）涉及基金管理人、基金财产、基金托管业务的诉讼；

（十一）依照法律、行政法规有关规定，由国务院证券监督管理机构规定应予披露的其他信息。

第六十三条　对公开披露的基金信息出具审计报告或者法律意见书的会计师事务所、律师事务所，应当保证其所出具文件内容的真实性、准确性和完整性。

第六十四条　公开披露基金信息，不得有下列行为：

（一）虚假记载、误导性陈述或者重大遗漏；

（二）对证券投资业绩进行预测；

（三）违规承诺收益或者承担损失；

（四）诋毁其他基金管理人、基金托管人或者基金份额发售机构；

（五）依照法律、行政法规有关规定，由国务院证券监督管理机构规定禁止的其他行为。

第十一章　法律责任

第九十三条　基金信息披露义务人不依法披露基金信息或者披露的信息有虚假记载、误导性陈述或者重大遗漏的，责令改正，没收违法所得，并处十万元以上一百万元以下罚款；给基金份额持有人造成损害的，依法承担赔偿责任；对直接负责的主管人员和其他直接责任人员给予警告，暂停或者取消基金从业资格，并处三万元以上三十万元以下罚款；构成犯罪的，依法追究刑事责任。

第九十四条　为基金信息披露义务人公开披露的基金信息出具审计报告、法律意见书等文件的专业机构就其所应负责的内容弄虚作假的，责令改正，没收违法所得，并处违法所得一倍以上五倍以下罚款；情节严重的，责令停业，暂停或者取消直接责任人员的相关资格；给基金份额持有人造成损害的，依法承担赔偿责任；构成犯罪的，依法追究刑事责任。

3.2.7 《中华人民共和国电子签名法》（摘录）

发布单位：全国人民代表大会常务委员会
发布文号：中华人民共和国主席令第 18 号
发布日期：2004-08-28
生效日期：2005-04-01

（2004 年 8 月 28 日第十届全国人民代表大会常务委员会第十一次会议通过）

第一章　总　　则

第一条　为了规范电子签名行为，确立电子签名的法律效力，维护有关各方的合法权益，制定本法。

第二条　本法所称电子签名，是指数据电文中以电子形式所含、所附用于识别签名人身份并表明签名人认可其中内容的数据。

本法所称数据电文，是指以电子、光学、磁或者类似手段生成、发送、接收或者储存的信息。

第三条　民事活动中的合同或者其他文件、单证等文书，当事人可以约定使用或者不使用电子签名、数据电文。

当事人约定使用电子签名、数据电文的文书，不得仅因为其采用电子签名、数据电文的形式而否定其法律效力。

前款规定不适用下列文书：

（一）涉及婚姻、收养、继承等人身关系的；
（二）涉及土地、房屋等不动产权益转让的；
（三）涉及停止供水、供热、供气、供电等公用事业服务的；
（四）法律、行政法规规定的不适用电子文书的其他情形。

第二章　数 据 电 文

第四条　能够有形地表现所载内容，并可以随时调取查用的数据电文，视为符合法律、法规要求的书面形式。

第五条　符合下列条件的数据电文，视为满足法律、法规规定的原件形式要求：

（一）能够有效地表现所载内容并可供随时调取查用；

（二）能够可靠地保证自最终形成时起，内容保持完整、未被更改。但是，在数据电文上增加背书以及数据交换、储存和显示过程中发生的形式变化不影响数据电文的完整性。

第六条　符合下列条件的数据电文，视为满足法律、法规规定的文件保存要求：

（一）能够有效地表现所载内容并可供随时调取查用；

（二）数据电文的格式与其生成、发送或者接收时的格式相同，或者格式不相同但是能够准确表现原来生成、发送或者接收的内容；

（三）能够识别数据电文的发件人、收件人以及发送、接收的时间。

第七条　数据电文不得仅因为其是以电子、光学、磁或者类似手段生成、发送、接收或者储存的而被拒绝作为证据使用。

第八条　审查数据电文作为证据的真实性，应当考虑以下因素：

（一）生成、储存或者传递数据电文方法的可靠性；

（二）保持内容完整性方法的可靠性；

（三）用以鉴别发件人方法的可靠性；

（四）其他相关因素。

第九条　数据电文有下列情形之一的，视为发件人发送：

（一）经发件人授权发送的；

（二）发件人的信息系统自动发送的；

（三）收件人按照发件人认可的方法对数据电文进行验证后结果相符的。

当事人对前款规定的事项另有约定的，从其约定。

第十条　法律、行政法规规定或者当事人约定数据电文需要确认收讫的，应当确认收讫。发件人收到收件人的收讫确认时，数据电文视为已经收到。

第十一条　数据电文进入发件人控制之外的某个信息系统的时间，视为该数据电文的发送时间。

收件人指定特定系统接收数据电文的，数据电文进入该特定系统的时间，视为该数据电文的接收时间；未指定特定系统的，数据电文进入收件人的任何系统的首次时间，视为该数据电文的接收时间。

当事人对数据电文的发送时间、接收时间另有约定的，从其约定。

第十二条　发件人的主营业地为数据电文的发送地点，收件人的主营业地为数据电文的接收地点。没有主营业地的，其经常居住地为发送或者接收地点。

当事人对数据电文的发送地点、接收地点另有约定的，从其约定。

第三章　电子签名与认证

第十三条　电子签名同时符合下列条件的，视为可靠的电子签名：

（一）电子签名制作数据用于电子签名时，属于电子签名人专有；

（二）签署时电子签名制作数据仅由电子签名人控制；

（三）签署后对电子签名的任何改动能够被发现；

(四)签署后对数据电文内容和形式的任何改动能够被发现。

当事人也可以选择使用符合其约定的可靠条件的电子签名。

第十四条　可靠的电子签名与手写签名或者盖章具有同等的法律效力。

第十五条　电子签名人应当妥善保管电子签名制作数据。电子签名人知悉电子签名制作数据已经失密或者可能已经失密时,应当及时告知有关各方,并终止使用该电子签名制作数据。

第十六条　电子签名需要第三方认证的,由依法设立的电子认证服务提供者提供认证服务。

第十七条　提供电子认证服务,应当具备下列条件:

(一)具有与提供电子认证服务相适应的专业技术人员和管理人员;

(二)具有与提供电子认证服务相适应的资金和经营场所;

(三)具有符合国家安全标准的技术和设备;

(四)具有国家密码管理机构同意使用密码的证明文件;

(五)法律、行政法规规定的其他条件。

第十八条　从事电子认证服务,应当向国务院信息产业主管部门提出申请,并提交符合本法第十七条规定条件的相关材料。国务院信息产业主管部门接到申请后经依法审查,征求国务院商务主管部门等有关部门的意见后,自接到申请之日起四十五日内做出许可或者不予许可的决定。予以许可的,颁发电子认证许可证书;不予许可的,应当书面通知申请人并告知理由。

申请人应当持电子认证许可证书依法向工商行政管理部门办理企业登记手续。

取得认证资格的电子认证服务提供者,应当按照国务院信息产业主管部门的规定在互联网上公布其名称、许可证号等信息。

第十九条　电子认证服务提供者应当制定、公布符合国家有关规定的电子认证业务规则,并向国务院信息产业主管部门备案。

电子认证业务规则应当包括责任范围、作业操作规范、信息安全保障措施等事项。

第二十条　电子签名人向电子认证服务提供者申请电子签名认证证书,应当提供真实、完整和准确的信息。

电子认证服务提供者收到电子签名认证证书申请后,应当对申请人的身份进行查验,并对有关材料进行审查。

第二十一条　电子认证服务提供者签发的电子签名认证证书应当准确无误,并应当载明下列内容:

(一)电子认证服务提供者名称;

(二)证书持有人名称;

(三)证书序列号;

(四)证书有效期;

（五）证书持有人的电子签名验证数据；

（六）电子认证服务提供者的电子签名；

（七）国务院信息产业主管部门规定的其他内容。

第二十二条　电子认证服务提供者应当保证电子签名认证证书内容在有效期内完整、准确，并保证电子签名依赖方能够证实或者了解电子签名认证证书所载内容及其他有关事项。

第二十三条　电子认证服务提供者拟暂停或者终止电子认证服务的，应当在暂停或者终止服务九十日前，就业务承接及其他有关事项通知有关各方。

电子认证服务提供者拟暂停或者终止电子认证服务的，应当在暂停或者终止服务六十日前向国务院信息产业主管部门报告，并与其他电子认证服务提供者就业务承接进行协商，做出妥善安排。

电子认证服务提供者未能就业务承接事项与其他电子认证服务提供者达成协议的，应当申请国务院信息产业主管部门安排其他电子认证服务提供者承接其业务。

电子认证服务提供者被依法吊销电子认证许可证书的，其业务承接事项的处理按照国务院信息产业主管部门的规定执行。

第二十四条　电子认证服务提供者应当妥善保存与认证相关的信息，信息保存期限至少为电子签名认证证书失效后五年。

第二十五条　国务院信息产业主管部门依照本法制定电子认证服务业的具体管理办法，对电子认证服务提供者依法实施监督管理。

第二十六条　经国务院信息产业主管部门根据有关协议或者对等原则核准后，中华人民共和国境外的电子认证服务提供者在境外签发的电子签名认证证书与依照本法设立的电子认证服务提供者签发的电子签名认证证书具有同等的法律效力。

第二十七条　电子签名人知悉电子签名制作数据已经失密或者可能已经失密未及时告知有关各方，并终止使用电子签名制作数据，未向电子认证服务提供者提供真实、完整和准确的信息，或者有其他过错，给电子签名依赖方、电子认证服务提供者造成损失的，承担赔偿责任。

第二十八条　电子签名人或者电子签名依赖方因依据电子认证服务提供者提供的电子签名认证服务从事民事活动遭受损失，电子认证服务提供者不能证明自己无过错的，承担赔偿责任。

第二十九条　未经许可提供电子认证服务的，由国务院信息产业主管部门责令停止违法行为；有违法所得的，没收违法所得；违法所得三十万元以上的，处违法所得一倍以上三倍以下的罚款；没有违法所得或者违法所得不足三十万元的，处十万元以上三十万元以下的罚款。

第三十条　电子认证服务提供者暂停或者终止电子认证服务，未在暂停或者终止服务六十日前向国务院信息产业主管部门报告的，由国务院信息产业主管部门对其直接负责的主管人员处一万元以上五万元以下的罚款。

第三十一条　电子认证服务提供者不遵守认证业务规则、未妥善保存与认证相关的信息，或者有其他违法行为的，由国务院信息产业主管部门责令限期改正；逾期未改正的，吊销电子认证许可证书，其直接负责的主管人员和其他直接责任人员十年内不得从事电子认证服务。吊销电子认证许可证书的，应当予以公告并通知工商行政管理部门。

第三十二条　伪造、冒用、盗用他人的电子签名，构成犯罪的，依法追究刑事责任；给他人造成损失的，依法承担民事责任。

第三十三条　依照本法负责电子认证服务业监督管理工作的部门的工作人员，不依法履行行政许可、监督管理职责的，依法给予行政处分；构成犯罪的，依法追究刑事责任。

第五章　附　则

第三十四条　本法中下列用语的含义：

（一）电子签名人，是指持有电子签名制作数据并以本人身份或者以其所代表的人的名义实施电子签名的人；

（二）电子签名依赖方，是指基于对电子签名认证证书或者电子签名的信赖从事有关活动的人；

（三）电子签名认证证书，是指可证实电子签名人与电子签名制作数据有联系的数据电文或者其他电子记录；

（四）电子签名制作数据，是指在电子签名过程中使用的，将电子签名与电子签名人可靠地联系起来的字符、编码等数据；

（五）电子签名验证数据，是指用于验证电子签名的数据，包括代码、口令、算法或者公钥等。

第三十五条　国务院或者国务院规定的部门可以依据本法制定政务活动和其他社会活动中使用电子签名、数据电文的具体办法。

3.2.8　《中华人民共和国证券法》（摘录）

发布单位：全国人民代表大会常务委员会
发布文号：中华人民共和国主席令第43号
发布日期：2005-10-27
生效日期：2006-01-01

（1998年12月29日第九届全国人民代表大会常务委员会第六次会议通过；根据2004年8月28日第十届全国人民代表大会常务委员会第十一次会议《关于修改〈中华人民共和国证券法〉的决定》修正；2005年10月27日第十届全国人民代表大会常务委员会第十八次会议修订。）

第三章　证券交易

第六十三条　发行人、上市公司依法披露的信息，必须真实、准确、完整，不得有虚假记载、误导性陈述或者重大遗漏。

第六十九条　发行人、上市公司公告的招股说明书、公司债券募集办法、财务会计报告、上市报告文件、年度报告、中期报告、临时报告以及其他信息披露资料,有虚假记载、误导性陈述或者重大遗漏,致使投资者在证券交易中遭受损失的,发行人、上市公司应当承担赔偿责任;发行人、上市公司的董事、监事、高级管理人员和其他直接责任人员以及保荐人、承销的证券公司,应当与发行人、上市公司承担连带赔偿责任,但是能够证明自己没有过错的除外;发行人、上市公司的控股股东、实际控制人有过错的,应当与发行人、上市公司承担连带赔偿责任。

第七十条　依法必须披露的信息,应当在国务院证券监督管理机构指定的媒体发布,同时将其置备于公司住所、证券交易所,供社会公众查阅。

第七十一条　国务院证券监督管理机构对上市公司年度报告、中期报告、临时报告以及公告的情况进行监督,对上市公司分派或者配售新股的情况进行监督,对上市公司控股股东和信息披露义务人的行为进行监督。

证券监督管理机构、证券交易所、保荐人、承销的证券公司及有关人员,对公司依照法律、行政法规规定必须做出的公告,在公告前不得泄露其内容。

第七十三条　禁止证券交易内幕信息的知情人和非法获取内幕信息的人利用内幕信息从事证券交易活动。

第七十四条　证券交易内幕信息的知情人包括:

(一)发行人的董事、监事、高级管理人员;

(二)持有公司百分之五以上股份的股东及其董事、监事、高级管理人员,公司的实际控制人及其董事、监事、高级管理人员;

(三)发行人控股的公司及其董事、监事、高级管理人员;

(四)由于所任公司职务可以获取公司有关内幕信息的人员;

(五)证券监督管理机构工作人员以及由于法定职责对证券的发行、交易进行管理的其他人员;

(六)保荐人、承销的证券公司、证券交易所、证券登记结算机构、证券服务机构的有关人员;

(七)国务院证券监督管理机构规定的其他人。

第七十五条　证券交易活动中,涉及公司的经营、财务或者对该公司证券的市场价格有重大影响的尚未公开的信息,为内幕信息。

下列信息皆属内幕信息:

(一)本法第六十七条第二款所列重大事件;

(二)公司分配股利或者增资的计划;

(三)公司股权结构的重大变化;

(四)公司债务担保的重大变更;

（五）公司营业用主要资产的抵押、出售或者报废一次超过该资产的百分之三十；

（六）公司的董事、监事、高级管理人员的行为可能依法承担重大损害赔偿责任；

（七）上市公司收购的有关方案；

（八）国务院证券监督管理机构认定的对证券交易价格有显著影响的其他重要信息。

第七十六条　证券交易内幕信息的知情人和非法获取内幕信息的人，在内幕信息公开前，不得买卖该公司的证券，或者泄露该信息，或者建议他人买卖该证券。

持有或者通过协议、其他安排与他人共同持有公司百分之五以上股份的自然人、法人、其他组织收购上市公司的股份，本法另有规定的，适用其规定。

内幕交易行为给投资者造成损失的，行为人应当依法承担赔偿责任。

第七十七条　禁止任何人以下列手段操纵证券市场：

（一）单独或者通过合谋，集中资金优势、持股优势或者利用信息优势联合或者连续买卖，操纵证券交易价格或者证券交易量；

（二）与他人串通，以事先约定的时间、价格和方式相互进行证券交易，影响证券交易价格或者证券交易量；

（三）在自己实际控制的账户之间进行证券交易，影响证券交易价格或者证券交易量；

（四）以其他手段操纵证券市场。

操纵证券市场行为给投资者造成损失的，行为人应当依法承担赔偿责任。

第七十八条　禁止国家工作人员、传播媒介从业人员和有关人员编造、传播虚假信息，扰乱证券市场。

禁止证券交易所、证券公司、证券登记结算机构、证券服务机构及其从业人员，证券业协会、证券监督管理机构及其工作人员，在证券交易活动中做出虚假陈述或者信息误导。

各种传播媒介传播证券市场信息必须真实、客观，禁止误导。

第七十九条　禁止证券公司及其从业人员从事下列损害客户利益的欺诈行为：

（一）违背客户的委托为其买卖证券；

（二）不在规定时间内向客户提供交易的书面确认文件；

（三）挪用客户所委托买卖的证券或者客户账户上的资金；

（四）未经客户的委托，擅自为客户买卖证券，或者假借客户的名义买卖证券；

（五）为牟取佣金收入，诱使客户进行不必要的证券买卖；

（六）利用传播媒介或者通过其他方式提供、传播虚假或者误导投资者的信息；

（七）其他违背客户真实意思表示，损害客户利益的行为。

欺诈客户行为给客户造成损失的，行为人应当依法承担赔偿责任。

第六章　证券公司

第一百四十七条　证券公司应当妥善保存客户开户资料、委托记录、交易记录和与内部管理、业务经营有关的各项资料，任何人不得隐匿、伪造、篡改或者毁损。上述资料的保存期限不得少于二十年。

第一百四十八条　证券公司应当按照规定向国务院证券监督管理机构报送业务、财务等经营管理信息和资料。国务院证券监督管理机构有权要求证券公司及其股东、实际控制人在指定的期限内提供有关信息、资料。

证券公司及其股东、实际控制人向国务院证券监督管理机构报送或者提供的信息、资料，必须真实、准确、完整。

第一百四十九条　国务院证券监督管理机构认为有必要时，可以委托会计师事务所、资产评估机构对证券公司的财务状况、内部控制状况、资产价值进行审计或者评估。具体办法由国务院证券监督管理机构会同有关主管部门制定。

第七章　证券登记结算机构

第一百六十条　证券登记结算机构应当向证券发行人提供证券持有人名册及其有关资料。

证券登记结算机构应当根据证券登记结算的结果，确认证券持有人持有证券的事实，提供证券持有人登记资料。

证券登记结算机构应当保证证券持有人名册和登记过户记录真实、准确、完整，不得隐匿、伪造、篡改或者毁损。

第一百六十二条　证券登记结算机构应当妥善保存登记、存管和结算的原始凭证及有关文件和资料。其保存期限不得少于二十年。

第八章　证券服务机构

第一百七十一条　投资咨询机构及其从业人员从事证券服务业务不得有下列行为：

（一）代理委托人从事证券投资；

（二）与委托人约定分享证券投资收益或者分担证券投资损失；

（三）买卖本咨询机构提供服务的上市公司股票；

（四）利用传播媒介或者通过其他方式提供、传播虚假或者误导投资者的信息；

（五）法律、行政法规禁止的其他行为。

有前款所列行为之一，给投资者造成损失的，依法承担赔偿责任。

第一百七十三条　证券服务机构为证券的发行、上市、交易等证券业务活动制作、出具审计报告、资产评估报告、财务顾问报告、资信评级报告或者法律意见书等文件，应当勤勉尽责，对所依据的文件资料内容的真实性、准确性、完整性进行核查和验证。其制作、出具的文件有虚假记载、误导性陈述或者重大遗漏，给他人造成损失的，应当与发行人、上市公司承担连带赔偿责任，但是能够证明自己没有过错的除外。

第十章　证券监督管理机构

第一百八十二条　国务院证券监督管理机构工作人员必须忠于职守，依法办事，公正廉洁，不得利用职务便利牟取不正当利益，不得泄露所知悉的有关单位和个人的商业秘密。

第一百八十三条　国务院证券监督管理机构依法履行职责，被检查、调查的单位和个人应当配合,如实提供有关文件和资料,不得拒绝、阻碍和隐瞒。

第一百八十五条　国务院证券监督管理机构应当与国务院其他金融监督管理机构建立监督管理信息共享机制。

国务院证券监督管理机构依法履行职责,进行监督检查或者调查时,有关部门应当予以配合。

第十一章　法律责任

第一百九十三条　发行人、上市公司或者其他信息披露义务人未按照规定披露信息,或者所披露的信息有虚假记载、误导性陈述或者重大遗漏的,责令改正,给予警告,并处以三十万元以上六十万元以下的罚款。对直接负责的主管人员和其他直接责任人员给予警告,并处以三万元以上三十万元以下的罚款。

发行人、上市公司或者其他信息披露义务人未按照规定报送有关报告,或者报送的报告有虚假记载、误导性陈述或者重大遗漏的,责令改正,给予警告,并处以三十万元以上六十万元以下的罚款。对直接负责的主管人员和其他直接责任人员给予警告,并处以三万元以上三十万元以下的罚款。

发行人、上市公司或者其他信息披露义务人的控股股东、实际控制人指使从事前两款违法行为的,依照前两款的规定处罚。

第二百条　证券交易所、证券公司、证券登记结算机构、证券服务机构的从业人员或者证券业协会的工作人员,故意提供虚假资料,隐匿、伪造、篡改或者毁损交易记录,诱骗投资者买卖证券的,撤销证券从业资格,并处以三万元以上十万元以下的罚款;属于国家工作人员的,还应当依法给予行政处分。

第二百零一条　为股票的发行、上市、交易出具审计报告、资产评估报告或者法律意见书等文件的证券服务机构和人员,违反本法第四十五条的规定买卖股票的,责令依法处理非法持有的股票,没收违法所得,并处以买卖股票等值以下的罚款。

第二百零二条　证券交易内幕信息的知情人或者非法获取内幕信息的人,在涉及证券的发行、交易或者其他对证券的价格有重大影响的信息公开前,买卖该证券,或者泄露该信息,或者建议他人买卖该证券的,责令依法处理非法持有的证券,没收违法所得,并处以违法所得一倍以上五倍以下的罚款;没有违法所得或者违法所得不足三万元的,处以三万元以上六十万元以下的罚款。单位从事内幕交易的,还应当对直接负责的主管人员和其他直接责任人员给予警告,并处以三万元以上三十万元以下的罚款。证券监督管理机构工作人员进行内幕交易的,从重处罚。

第二百零七条　违反本法第七十八条第二款的规定,在证券交易活动中做出虚假陈述或者信息误导的,责令改正,处以三万元以上二十万元以下的罚款;属于国家工作人员的,还应当依法给予行政处分。

第二百二十一条　提交虚假证明文件或者采取其他欺诈手段隐瞒重要事实骗取证券业务许可的,或者证券公司在证券交易中有严重违法行为,不再具备经营资格的,由证券监督管理机构撤销证券业务许可。

第二百二十二条　证券公司或者其股东、实际控制人违反规定，拒不向证券监督管理机构报送或者提供经营管理信息和资料，或者报送、提供的经营管理信息和资料有虚假记载、误导性陈述或者重大遗漏的，责令改正，给予警告，并处以三万元以上三十万元以下的罚款，可以暂停或者撤销证券公司相关业务许可。对直接负责的主管人员和其他直接责任人员，给予警告，并处以三万元以下的罚款，可以撤销任职资格或者证券从业资格。

证券公司为其股东或者股东的关联人提供融资或者担保的，责令改正，给予警告，并处以十万元以上三十万元以下的罚款。对直接负责的主管人员和其他直接责任人员，处以三万元以上十万元以下的罚款。股东有过错的，在按照要求改正前，国务院证券监督管理机构可以限制其股东权利；拒不改正的，可以责令其转让所持证券公司股权。

第二百二十三条　证券服务机构未勤勉尽责，所制作、出具的文件有虚假记载、误导性陈述或者重大遗漏的，责令改正，没收业务收入，暂停或者撤销证券服务业务许可，并处以业务收入一倍以上五倍以下的罚款。对直接负责的主管人员和其他直接责任人员给予警告，撤销证券从业资格，并处以三万元以上十万元以下的罚款。

3.2.9 《中华人民共和国治安管理处罚法》（摘录）

发布单位：全国人民代表大会常务委员会
发布文号：中华人民共和国主席令第 38 号
发布日期：2005-08-28
生效日期：2006-03-01

（2005 年 8 月 28 日第十届全国人民代表大会常务委员会第十七次会议通过）

第二十五条　有下列行为之一的，处五日以上十日以下拘留，可以并处五百元以下罚款；情节较轻的，处五日以下拘留或者五百元以下罚款：

（一）散布谣言，谎报险情、疫情、警情或者以其他方法故意扰乱公共秩序的；

（二）投放虚假的爆炸性、毒害性、放射性、腐蚀性物质或者传染病病原体等危险物质扰乱公共秩序的；

（三）扬言实施放火、爆炸、投放危险物质扰乱公共秩序的。

第二十七条　有下列行为之一的，处十日以上十五日以下拘留，可以并处一千元以下罚款；情节较轻的，处五日以上十日以下拘留，可以并处五百元以下罚款：

（一）组织、教唆、胁迫、诱骗、煽动他人从事邪教、会道门活动或者利用邪教、会道门、迷信活动，扰乱社会秩序、损害他人身体健康的；

（二）冒用宗教、气功名义进行扰乱社会秩序、损害他人身体健康活动的。

第二十九条　有下列行为之一的，处五日以下拘留；情节较重的，处五日以上十日以下拘留：

（一）违反国家规定，侵入计算机信息系统，造成危害的；

（二）违反国家规定，对计算机信息系统功能进行删除、修改、增加、干扰，造成计算机信息系统不能正常运行的；

（三）违反国家规定，对计算机信息系统中存储、处理、传输的数据和应用程序进行删除、修改、增加的；

（四）故意制作、传播计算机病毒等破坏性程序，影响计算机信息系统正常运行的。

第四十二条　有下列行为之一的，处五日以下拘留或者五百元以下罚款；情节较重的，处五日以上十日以下拘留，可以并处五百元以下罚款：

（一）写恐吓信或者以其他方法威胁他人人身安全的；

（二）公然侮辱他人或者捏造事实诽谤他人的；

（三）捏造事实诬告陷害他人，企图使他人受到刑事追究或者受到治安管理处罚的；

（四）对证人及其近亲属进行威胁、侮辱、殴打或者打击报复的；

（五）多次发送淫秽、侮辱、恐吓或者其他信息，干扰他人正常生活的；

（六）偷窥、偷拍、窃听、散布他人隐私的。

第四十七条　煽动民族仇恨、民族歧视，或者在出版物、计算机信息网络中刊载民族歧视、侮辱内容的，处十日以上十五日以下拘留，可以并处一千元以下罚款。

第四十九条　盗窃、诈骗、哄抢、抢夺、敲诈勒索或者故意损毁公私财物的，处五日以上十日以下拘留，可以并处五百元以下罚款；情节较重的，处十日以上十五日以下拘留，可以并处一千元以下罚款。

第五十二条　有下列行为之一的，处十日以上十五日以下拘留，可以并处一千元以下罚款；情节较轻的，处五日以上十日以下拘留，可以并处五百元以下罚款：

（一）伪造、变造或者买卖国家机关、人民团体、企业、事业单位或者其他组织的公文、证件、证明文件、印章的；

（二）买卖或者使用伪造、变造的国家机关、人民团体、企业、事业单位或者其他组织的公文、证件、证明文件的；

（三）伪造、变造、倒卖车票、船票、航空客票、文艺演出票、体育比赛入场券或者其他有价票证、凭证的；

（四）伪造、变造船舶户牌，买卖或者使用伪造、变造的船舶户牌，或者涂改船舶发动机号码的。

第五十四条　有下列行为之一的，处十日以上十五日以下拘留，并处五百元以上一千元以下罚款，情节较轻的，处五日以下拘留或者五百元以下罚款：

（一）违反国家规定，未经注册登记，以社会团体名义进行活动，被取缔后，仍进行活动的；

（二）被依法撤销登记的社会团体，仍以社会团体名义进行活动的；

（三）未经许可，擅自经营按照国家规定需要由公安机关许可的行业的。

有前款第三项行为的，予以取缔。

取得公安机关许可的经营者,违反国家有关管理规定,情节严重的,公安机关可以吊销许可证。

第五十五条　煽动、策划非法集会、游行、示威,不听劝阻的,处十日以上十五日以下拘留。

第六十八条　制作、运输、复制、出售、出租淫秽的书刊、图片、影片、音像制品等淫秽物品或者利用计算机信息网络、电话以及其他通讯工具传播淫秽信息的,处十日以上十五日以下拘留,可以并处三千元以下罚款;情节较轻的,处五日以下拘留或者五百元以下罚款。

第六十九条　有下列行为之一的,处十日以上十五日以下拘留,并处五百元以上一千元以下罚款:

（一）组织播放淫秽音像的;

（二）组织或者进行淫秽表演的;

（三）参与聚众淫乱活动的。

明知他人从事前款活动,为其提供条件的,依照前款的规定处罚。

第七十条　以营利为目的,为赌博提供条件的,或者参与赌博赌资较大的,处五日以下拘留或者五百元以下罚款;情节严重的,处十日以上十五日以下拘留,并处五百元以上三千元以下罚款。

第八十条　公安机关及其人民警察在办理治安案件时,对涉及的国家秘密、商业秘密或者个人隐私,应当予以保密。

3.2.10 《中华人民共和国突发事件应对法》（摘录）

发布单位：全国人民代表大会常务委员会

发布文号：中华人民共和国主席令第69号

发布日期：2007-08-30

生效日期：2007-11-01

（2007年8月30日中华人民共和国第十届全国人民代表大会常务委员会第二十九次会议通过）

第二章　预防与应急准备

第三十三条　国家建立健全应急通信保障体系,完善公用通信网,建立有线与无线相结合、基础电信网络与机动通信系统相配套的应急通信系统,确保突发事件应对工作的通信畅通。

第三章　监测与预警

第三十七条　国务院建立全国统一的突发事件信息系统。

县级以上地方各级人民政府应当建立或者确定本地区统一的突发事件信息系统,汇集、储存、分析、传输有关突发事件的信息,并与上级人民政府及其有关部门、下级人民政府及其有关部门、专业机构和监测网点的突发事件信息系统实现互联互通,加强跨部门、跨地区的信息交流与情报合作。

第三十八条　县级以上人民政府及其有关部门、专业机构应当通过多种途径收集突发事件信息。

县级人民政府应当在居民委员会、村民委员会和有关单位建立专职或者兼职信息报告员制度。

获悉突发事件信息的公民、法人或者其他组织,应当立即向所在地人民政府、有关主管部门或者指定的专业机构报告。

第三十九条　地方各级人民政府应当按照国家有关规定向上级人民政府报送突发事件信息。县级以上人民政府有关主管部门应当向本级人民政府相关部门通报突发事件信息。专业机构、监测网点和信息报告员应当及时向所在地人民政府及其有关主管部门报告突发事件信息。

有关单位和人员报送、报告突发事件信息,应当做到及时、客观、真实,不得迟报、谎报、瞒报、漏报。

第四十条　县级以上地方各级人民政府应当及时汇总分析突发事件隐患和预警信息,必要时组织相关部门、专业技术人员、专家学者进行会商,对发生突发事件的可能性及其可能造成的影响进行评估;认为可能发生重大或者特别重大突发事件的,应当立即向上级人民政府报告,并向上级人民政府有关部门、当地驻军和可能受到危害的毗邻或者相关地区的人民政府通报。

第四十一条　国家建立健全突发事件监测制度。

县级以上人民政府及其有关部门应当根据自然灾害、事故灾难和公共卫生事件的种类和特点,建立健全基础信息数据库,完善监测网络,划分监测区域,确定监测点,明确监测项目,提供必要的设备、设施,配备专职或者兼职人员,对可能发生的突发事件进行监测。

第四十四条　发布三级、四级警报,宣布进入预警期后,县级以上地方各级人民政府应当根据即将发生的突发事件的特点和可能造成的危害,采取下列措施:

(一)启动应急预案;

(二)责令有关部门、专业机构、监测网点和负有特定职责的人员及时收集、报告有关信息,向社会公布反映突发事件信息的渠道,加强对突发事件发生、发展情况的监测、预报和预警工作;

(三)组织有关部门和机构、专业技术人员、有关专家学者,随时对突发事件信息进行分析评估,预测发生突发事件可能性的大小、影响范围和强度以及可能发生的突发事件的级别;

(四)定时向社会发布与公众有关的突发事件预测信息和分析评估结果,并对相关信息的报道工作进行管理;

(五)及时按照有关规定向社会发布可能受到突发事件危害的警告,宣传避免、减轻危害的常识，公布咨询电话。

第四十五条　发布一级、二级警报，宣布进入预警期后，县级以上地方各级人民政府除采取本法第四十四条规定的措施外，还应当针对即将发生的突发事件的特点和可能造成的危害，采取下列一项或者多项措施：

（一）责令应急救援队伍、负有特定职责的人员进入待命状态，并动员后备人员做好参加应急救援和处置工作的准备；

（二）调集应急救援所需物资、设备、工具，准备应急设施和避难场所，并确保其处于良好状态、随时可以投入正常使用；

（三）加强对重点单位、重要部位和重要基础设施的安全保卫，维护社会治安秩序；

（四）采取必要措施，确保交通、通信、供水、排水、供电、供气、供热等公共设施的安全和正常运行；

（五）及时向社会发布有关采取特定措施避免或者减轻危害的建议、劝告；

（六）转移、疏散或者撤离易受突发事件危害的人员并予以妥善安置，转移重要财产；

（七）关闭或者限制使用易受突发事件危害的场所，控制或者限制容易导致危害扩大的公共场所的活动；

（八）法律、法规、规章规定的其他必要的防范性、保护性措施。

第四章　应急处置与救援

第五十条　社会安全事件发生后，组织处置工作的人民政府应当立即组织有关部门并由公安机关针对事件的性质和特点，依照有关法律、行政法规和国家其他有关规定，采取下列一项或者多项应急处置措施：

（一）强制隔离使用器械相互对抗或者以暴力行为参与冲突的当事人，妥善解决现场纠纷和争端，控制事态发展；

（二）对特定区域内的建筑物、交通工具、设备、设施以及燃料、燃气、电力、水的供应进行控制；

（三）封锁有关场所、道路，查验现场人员的身份证件，限制有关公共场所内的活动；

（四）加强对易受冲击的核心机关和单位的警卫，在国家机关、军事机关、国家通讯社、广播电台、电视台、外国驻华使领馆等单位附近设置临时警戒线；

（五）法律、行政法规和国务院规定的其他必要措施。

严重危害社会治安秩序的事件发生时，公安机关应当立即依法出动警力，根据现场情况依法采取相应的强制性措施，尽快使社会秩序恢复正常。

第五十三条　履行统一领导职责或者组织处置突发事件的人民政府，应当按照有关规定统一、准确、及时发布有关突发事件事态发展和应急处置工作的信息。

第五十四条　任何单位和个人不得编造、传播有关突发事件事态发展或者应急处置工作的虚假信息。

第五章　事后恢复与重建

第五十九条　突发事件应急处置工作结束后,履行统一领导职责的人民政府应当立即组织对突发事件造成的损失进行评估,组织受影响地区尽快恢复生产、生活、工作和社会秩序,制定恢复重建计划,并向上一级人民政府报告。

受突发事件影响地区的人民政府应当及时组织和协调公安、交通、铁路、民航、邮电、建设等有关部门恢复社会治安秩序,尽快修复被损坏的交通、通信、供水、排水、供电、供气、供热等公共设施。

第六章　法律责任

第六十三条　地方各级人民政府和县级以上各级人民政府有关部门违反本法规定,不履行法定职责的,由其上级行政机关或者监察机关责令改正;有下列情形之一的,根据情节对直接负责的主管人员和其他直接责任人员依法给予处分:

(一)未按规定采取预防措施,导致发生突发事件,或者未采取必要的防范措施,导致发生次生、衍生事件的;

(二)迟报、谎报、瞒报、漏报有关突发事件的信息,或者通报、报送、公布虚假信息,造成后果的;

(三)未按规定及时发布突发事件警报、采取预警期的措施,导致损害发生的;

(四)未按规定及时采取措施处置突发事件或者处置不当,造成后果的;

(五)不服从上级人民政府对突发事件应急处置工作的统一领导、指挥和协调的;

(六)未及时组织开展生产自救、恢复重建等善后工作的;

(七)截留、挪用、私分或者变相私分应急救援资金、物资的;

(八)不及时归还征用的单位和个人的财产,或者对被征用财产的单位和个人不按规定给予补偿的。

第六十四条　有关单位有下列情形之一的,由所在地履行统一领导职责的人民政府责令停产停业,暂扣或者吊销许可证或者营业执照,并处五万元以上二十万元以下的罚款;构成违反治安管理行为的,由公安机关依法给予处罚:

(一)未按规定采取预防措施,导致发生严重突发事件的;

(二)未及时消除已发现的可能引发突发事件的隐患,导致发生严重突发事件的;

(三)未做好应急设备、设施日常维护、检测工作,导致发生严重突发事件或者突发事件危害扩大的;

(四)突发事件发生后,不及时组织开展应急救援工作,造成严重后果的。

前款规定的行为,其他法律、行政法规规定由人民政府有关部门依法决定处罚的,从其规定。

第六十五条　违反本法规定,编造并传播有关突发事件事态发展或者应急处置工作的虚假信息,或者明知是有关突发事件事态发展或者应急处置工作的虚假信息而进行传播的,责令改正,给予警告;造成严重后果的,依法暂停其业务活动或者吊销其执业许可证;负有直接责任的人员是国家工作人员的,还应当对其依法给予处分;构成违反治安管理行为的,由公安机关依法给予处罚。

第七章 附 则

第六十九条 发生特别重大突发事件,对人民生命财产安全、国家安全、公共安全、环境安全或者社会秩序构成重大威胁,采取本法和其他有关法律、法规、规章规定的应急处置措施不能消除或者有效控制、减轻其严重社会危害,需要进入紧急状态的,由全国人民代表大会常务委员会或者国务院依照宪法和其他有关法律规定的权限和程序决定。

紧急状态期间采取的非常措施,依照有关法律规定执行或者由全国人民代表大会常务委员会另行规定。

3.2.11 《中华人民共和国侵权责任法》(摘录)

发布单位:全国人民代表大会常务委员会
发布文号:中华人民共和国主席令第 21 号
发布日期:2009-12-26
生效日期:2010-07-01

(2005 年 12 月 26 日中华人民共和国第十一届全国人民代表大会常务委员会第十二次会议通过)

第一章 一 般 规 定

第二条 侵害民事权益,应当依照本法承担侵权责任。

本法所称民事权益,包括生命权、健康权、姓名权、名誉权、荣誉权、肖像权、隐私权、婚姻自主权、监护权、所有权、用益物权、担保物权、著作权、专利权、商标专用权、发现权、股权、继承权等人身、财产权益。

第四章 关于责任主体的特殊规定

第三十六条 网络用户、网络服务提供者利用网络侵害他人民事权益的,应当承担侵权责任。

网络用户利用网络服务实施侵权行为的,被侵权人有权通知网络服务提供者采取删除、屏蔽、断开链接等必要措施。网络服务提供者接到通知后未及时采取必要措施的,对损害的扩大部分与该网络用户承担连带责任。

网络服务提供者知道网络用户利用其网络服务侵害他人民事权益,未采取必要措施的,与该网络用户承担连带责任。

第七章 医疗损害责任

第六十一条 医疗机构及其医务人员应当按照规定填写并妥善保管住院志、医嘱单、检验报告、手术及麻醉记录、病理资料、护理记录、医疗费用等病历资料。

患者要求查阅、复制前款规定的病历资料的，医疗机构应当提供。

第六十二条　医疗机构及其医务人员应当对患者的隐私保密。泄露患者隐私或者未经患者同意公开其病历资料，造成患者损害的，应当承担侵权责任。

3.2.12 《中华人民共和国著作权法》（摘录）

发布单位：全国人民代表大会常务委员会
发布文号：中华人民共和国主席令第 26 号
发布日期：2010-02-26
生效日期：2010-04-01

（1990 年 9 月 7 日第七届全国人民代表大会常务委员会第十五次会议通过，根据 2001 年 10 月 27 日第九届全国人民代表大会常务委员会第二十四次会议《关于修改〈中华人民共和国著作权法〉的决定》修正。《中华人民共和国著作权法》（第二次修正）于 2010 年 2 月 26 日第十一届全国人民代表大会常务委员会第十三次会议获得通过。）

第一章　总　则

第三条　本法所称的作品，包括以下列形式创作的文学、艺术和自然科学、社会科学、工程技术等作品：

（一）文字作品；
（二）口述作品；
（三）音乐、戏剧、曲艺、舞蹈、杂技艺术作品；
（四）美术、建筑作品；
（五）摄影作品；
（六）电影作品和以类似摄制电影的方法创作的作品；
（七）工程设计图、产品设计图、地图、示意图等图形作品和模型作品；
（八）计算机软件；
（九）法律、行政法规规定的其他作品。

第四条　著作权人行使著作权，不得违反宪法和法律，不得损害公共利益。国家对作品的出版、传播依法进行监督管理。

第二章　著作权

第一节　著作权人及其权利

第十条　著作权包括下列人身权和财产权：

（一）发表权，即决定作品是否公之于众的权利；
（二）署名权，即表明作者身份，在作品上署名的权利；
（三）修改权，即修改或者授权他人修改作品的权利；
（四）保护作品完整权，即保护作品不受歪曲、篡改的权利；

（五）复制权，即以印刷、复印、拓印、录音、录像、翻录、翻拍等方式将作品制作一份或者多份的权利；

（六）发行权，即以出售或者赠与方式向公众提供作品的原件或者复制件的权利；

（七）出租权，即有偿许可他人临时使用电影作品和以类似摄制电影的方法创作的作品、计算机软件的权利，计算机软件不是出租的主要标的的除外；

（八）展览权，即公开陈列美术作品、摄影作品的原件或者复制件的权利；

（九）表演权，即公开表演作品，以及用各种手段公开播送作品的表演的权利；

（十）放映权，即通过放映机、幻灯机等技术设备公开再现美术、摄影、电影和以类似摄制电影的方法创作的作品等的权利；

（十一）广播权，即以无线方式公开广播或者传播作品，以有线传播或者转播的方式向公众传播广播的作品，以及通过扩音器或者其他传送符号、声音、图像的类似工具向公众传播广播的作品的权利；

（十二）信息网络传播权，即以有线或者无线方式向公众提供作品，使公众可以在其个人选定的时间和地点获得作品的权利；

（十三）摄制权，即以摄制电影或者以类似摄制电影的方法将作品固定在载体上的权利；

（十四）改编权，即改变作品，创做出具有独创性的新作品的权利；

（十五）翻译权，即将作品从一种语言文字转换成另一种语言文字的权利；

（十六）汇编权，即将作品或者作品的片段通过选择或者编排，汇集成新作品的权利；

（十七）应当由著作权人享有的其他权利。

著作权人可以许可他人行使前款第（五）项至第（十七）项规定的权利，并依照约定或者本法有关规定获得报酬。

著作权人可以全部或者部分转让本条第一款第（五）项至第（十七）项规定的权利，并依照约定或者本法有关规定获得报酬。

第二节　著作权归属

第十二条　改编、翻译、注释、整理已有作品而产生的作品，其著作权由改编、翻译、注释、整理人享有，但行使著作权时不得侵犯原作品的著作权。

第十三条　两人以上合作创作的作品，著作权由合作作者共同享有。没有参加创作的人，不能成为合作作者。

合作作品可以分割使用的，作者对各自创作的部分可以单独享有著作权，但行使著作权时不得侵犯合作作品整体的著作权。

第十四条　汇编若干作品、作品的片段或者不构成作品的数据或者其他材料，对其内容的选择或者编排体现独创性的作品，为汇编作品，其著作权由汇编人享有，但行使著作权时，不得侵犯原作品的著作权。

第十六条　公民为完成法人或者其他组织工作任务所创作的作品是职务作品，除本条第二款的规定以外,著作权由作者享有,但法人或者其他组织有权在其业务范围内优先使用。作品完成两年内,未经单位同意,作者不得许可第三人以与单位使用的相同方式使用该作品。有下列情形之一的职务作品,作者享有署名权,著作权的其他权利由法人或者其他组织享有,法人或者其他组织可以给予作者奖励:

(一)主要是利用法人或者其他组织的物质技术条件创作,并由法人或者其他组织承担责任的工程设计图、产品设计图、地图、计算机软件等职务作品;

(二)法律、行政法规规定或者合同约定著作权由法人或者其他组织享有的职务作品。

第四章 出版、表演、录音录像、播放

第一节 图书、报刊的出版

第三十条 图书出版者出版图书应当和著作权人订立出版合同,并支付报酬。

第三十一条 图书出版者对著作权人交付出版的作品,按照合同约定享有的专有出版权受法律保护,他人不得出版该作品。

第三十二条 著作权人应当按照合同约定期限交付作品。图书出版者应当按照合同约定的出版质量、期限出版图书。

图书出版者不按照合同约定期限出版,应当依照本法第五十四条的规定承担民事责任。

图书出版者重印、再版作品的,应当通知著作权人,并支付报酬。图书脱销后,图书出版者拒绝重印、再版的,著作权人有权终止合同。

第三十三条 著作权人向报社、期刊社投稿的,自稿件发出之日起十五日内未收到报社通知决定刊登的,或者自稿件发出之日起三十日内未收到期刊社通知决定刊登的,可以将同一作品向其他报社、期刊社投稿。双方另有约定的除外。

作品刊登后,除著作权人声明不得转载、摘编的外,其他报刊可以转载或者作为文摘、资料刊登,但应当按照规定向著作权人支付报酬。

第三十四条 图书出版者经作者许可,可以对作品修改、删节。

报社、期刊社可以对作品作文字性修改、删节。对内容的修改,应当经作者许可。

第三十五条 出版改编、翻译、注释、整理、汇编已有作品而产生的作品,应当取得改编、翻译、注释、整理、汇编作品的著作权人和原作品的著作权人许可,并支付报酬。

第三十六条 出版者有权许可或者禁止他人使用其出版的图书、期刊的版式设计。

前款规定的权利的保护期为十年,截止于使用该版式设计的图书、期刊首次出版后第十年的 12 月 31 日。

第三节 录音录像

第四十条 录音录像制作者使用他人作品制作录音录像制品,应当取得著作权人许可,并支付报酬。

录音录像制作者使用改编、翻译、注释、整理已有作品而产生的作品,应当取得改编、翻译、注释、整理作品的著作权人和原作品著作权人许可,并支付报酬。

录音制作者使用他人已经合法录制为录音制品的音乐作品制作录音制品,可以不经著

作权人许可,但应当按照规定支付报酬;著作权人声明不许使用的不得使用。

第四十一条 录音录像制作者制作录音录像制品,应当同表演者订立合同,并支付报酬。

第四十二条 录音录像制作者对其制作的录音录像制品,享有许可他人复制、发行、出租、通过信息网络向公众传播并获得报酬的权利;权利的保护期为五十年,截止于该制品首次制作完成后第五十年的12月31日。

被许可人复制、发行、通过信息网络向公众传播录音录像制品,还应当取得著作权人、表演者许可,并支付报酬。

第五章 法律责任和执法措施

第四十七条 有下列侵权行为的,应当根据情况,承担停止侵害、消除影响、赔礼道歉、赔偿损失等民事责任:

(一) 未经著作权人许可,发表其作品的;

(二) 未经合作作者许可,将与他人合作创作的作品当作自己单独创作的作品发表的;

(三) 没有参加创作,为谋取个人名利,在他人作品上署名的;

(四) 歪曲、篡改他人作品的;

(五) 剽窃他人作品的;

(六) 未经著作权人许可,以展览、摄制电影和以类似摄制电影的方法使用作品,或者以改编、翻译、注释等方式使用作品的,本法另有规定的除外;

(七) 使用他人作品,应当支付报酬而未支付的;

(八) 未经电影作品和以类似摄制电影的方法创作的作品、计算机软件、录音录像制品的著作权人或者与著作权有关的权利人许可,出租其作品或者录音录像制品的,本法另有规定的除外;

(九) 未经出版者许可,使用其出版的图书、期刊的版式设计的;

(十) 未经表演者许可,从现场直播或者公开传送其现场表演,或者录制其表演的;

(十一) 其他侵犯著作权以及与著作权有关的权益的行为。

第四十八条 有下列侵权行为的,应当根据情况,承担停止侵害、消除影响、赔礼道歉、赔偿损失等民事责任;同时损害公共利益的,可以由著作权行政管理部门责令停止侵权行为,没收违法所得,没收、销毁侵权复制品,并可处以罚款;情节严重的,著作权行政管理部门还可以没收主要用于制作侵权复制品的材料、工具、设备等;构成犯罪的,依法追究刑事责任:

(一) 未经著作权人许可,复制、发行、表演、放映、广播、汇编、通过信息网络向公众传播其作品的,本法另有规定的除外;

(二) 出版他人享有专有出版权的图书的;

(三) 未经表演者许可,复制、发行录有其表演的录音录像制品,或者通过信息网络向公众传播其表演的,本法另有规定的除外;

（四）未经录音录像制作者许可，复制、发行、通过信息网络向公众传播其制作的录音录像制品的，本法另有规定的除外；

（五）未经许可，播放或者复制广播、电视的，本法另有规定的除外；

（六）未经著作权人或者与著作权有关的权利人许可，故意避开或者破坏权利人为其作品、录音录像制品等采取的保护著作权或者与著作权有关的权利的技术措施的，法律、行政法规另有规定的除外；

（七）未经著作权人或者与著作权有关的权利人许可，故意删除或者改变作品、录音录像制品等的权利管理电子信息的，法律、行政法规另有规定的除外；

（八）制作、出售假冒他人署名的作品的。

第五十三条 复制品的出版者、制作者不能证明其出版、制作有合法授权的，复制品的发行者或者电影作品或者以类似摄制电影的方法创作的作品、计算机软件、录音录像制品的复制品的出租者不能证明其发行、出租的复制品有合法来源的，应当承担法律责任。

3.2.13 《中华人民共和国保守国家秘密法》（摘录）

发布单位：全国人民代表大会常务委员会

发布文号：中华人民共和国主席令第 28 号

发布日期：2010-04-29

生效日期：2010-10-01

（1988 年 9 月 5 日第七届全国人民代表大会常务委员会第三次会议通过，2010 年 4 月 29 日第十一届全国人民代表大会常务委员会第十四次会议修订）

第二章 国家秘密的范围和密级

第九条 下列涉及国家安全和利益的事项，泄露后可能损害国家在政治、经济、国防、外交等领域的安全和利益的，应当确定为国家秘密：

（一）国家事务重大决策中的秘密事项；

（二）国防建设和武装力量活动中的秘密事项；

（三）外交和外事活动中的秘密事项以及对外承担保密义务的秘密事项；

（四）国民经济和社会发展中的秘密事项；

（五）科学技术中的秘密事项；

（六）维护国家安全活动和追查刑事犯罪中的秘密事项；

（七）经国家保密行政管理部门确定的其他秘密事项。

政党的秘密事项中符合前款规定的，属于国家秘密。

第十七条 机关、单位对承载国家秘密的纸介质、光介质、电磁介质等载体（以下简称国家秘密载体）以及属于国家秘密的设备、产品，应当做出国家秘密标志。

不属于国家秘密的，不应当做出国家秘密标志。

第三章 保 密 制 度

第二十一条 国家秘密载体的制作、收发、传递、使用、复制、保存、维修和销毁,应当符合国家保密规定。

绝密级国家秘密载体应当在符合国家保密标准的设施、设备中保存,并指定专人管理;未经原定密机关、单位或者其上级机关批准,不得复制和摘抄;收发、传递和外出携带,应当指定人员负责,并采取必要的安全措施。

第二十二条 属于国家秘密的设备、产品的研制、生产、运输、使用、保存、维修和销毁,应当符合国家保密规定。

第二十三条 存储、处理国家秘密的计算机信息系统(以下简称涉密信息系统)按照涉密程度实行分级保护。

涉密信息系统应当按照国家保密标准配备保密设施、设备。保密设施、设备应当与涉密信息系统同步规划,同步建设,同步运行。

涉密信息系统应当按照规定,经检查合格后,方可投入使用。

第二十四条 机关、单位应当加强对涉密信息系统的管理,任何组织和个人不得有下列行为:

(一)将涉密计算机、涉密存储设备接入互联网及其他公共信息网络;

(二)在未采取防护措施的情况下,在涉密信息系统与互联网及其他公共信息网络之间进行信息交换;

(三)使用非涉密计算机、非涉密存储设备存储、处理国家秘密信息;

(四)擅自卸载、修改涉密信息系统的安全技术程序、管理程序;

(五)将未经安全技术处理的退出使用的涉密计算机、涉密存储设备赠送、出售、丢弃或者改作其他用途。

第二十五条 机关、单位应当加强对国家秘密载体的管理,任何组织和个人不得有下列行为:

(一)非法获取、持有国家秘密载体;

(二)买卖、转送或者私自销毁国家秘密载体;

(三)通过普通邮政、快递等无保密措施的渠道传递国家秘密载体;

(四)邮寄、托运国家秘密载体出境;

(五)未经有关主管部门批准,携带、传递国家秘密载体出境。

第二十六条 禁止非法复制、记录、存储国家秘密。

禁止在互联网及其他公共信息网络或者未采取保密措施的有线和无线通信中传递国家秘密。

禁止在私人交往和通信中涉及国家秘密。

第二十七条 报刊、图书、音像制品、电子出版物的编辑、出版、印制、发行,广播节目、电视节目、电影的制作和播放,互联网、移动通信网等公共信息网络及其他传媒的信息编辑、发布,应当遵守有关保密规定。

第二十八条　互联网及其他公共信息网络运营商、服务商应当配合公安机关、国家安全机关、检察机关对泄密案件进行调查;发现利用互联网及其他公共信息网络发布的信息涉及泄露国家秘密的,应当立即停止传输,保存有关记录,向公安机关、国家安全机关或者保密行政管理部门报告;应当根据公安机关、国家安全机关或者保密行政管理部门的要求,删除涉及泄露国家秘密的信息。

第二十九条　机关、单位公开发布信息以及对涉及国家秘密的工程、货物、服务进行采购时,应当遵守保密规定。

第三十条　机关、单位对外交往与合作中需要提供国家秘密事项,或者任用、聘用的境外人员因工作需要知悉国家秘密的,应当报国务院有关主管部门或者省、自治区、直辖市人民政府有关主管部门批准,并与对方签订保密协议。

第三十一条　举办会议或者其他活动涉及国家秘密的,主办单位应当采取保密措施,并对参加人员进行保密教育,提出具体保密要求。

第三十二条　机关、单位应当将涉及绝密级或者较多机密级、秘密级国家秘密的机构确定为保密要害部门,将集中制作、存放、保管国家秘密载体的专门场所确定为保密要害部位,按照国家保密规定和标准配备、使用必要的技术防护设施、设备。

第三十三条　军事禁区和属于国家秘密不对外开放的其他场所、部位,应当采取保密措施,未经有关部门批准,不得擅自决定对外开放或者扩大开放范围。

第三十四条　从事国家秘密载体制作、复制、维修、销毁,涉密信息系统集成,或者武器装备科研生产等涉及国家秘密业务的企业事业单位,应当经过保密审查,具体办法由国务院规定。

机关、单位委托企业事业单位从事前款规定的业务,应当与其签订保密协议,提出保密要求,采取保密措施。

第四章　监督管理

第四十四条　保密行政管理部门对机关、单位遵守保密制度的情况进行检查,有关机关、单位应当配合。保密行政管理部门发现机关、单位存在泄密隐患的,应当要求其采取措施,限期整改;对存在泄密隐患的设施、设备、场所,应当责令停止使用;对严重违反保密规定的涉密人员,应当建议有关机关、单位给予处分并调离涉密岗位;发现涉嫌泄露国家秘密的,应当督促、指导有关机关、单位进行调查处理。涉嫌犯罪的,移送司法机关处理。

第四十五条　保密行政管理部门对保密检查中发现的非法获取、持有的国家秘密载体,应当予以收缴。

第五章　法律责任

第四十八条　违反本法规定,有下列行为之一的,依法给予处分;构成犯罪的,依法追究刑事责任:

（一）非法获取、持有国家秘密载体的；

（二）买卖、转送或者私自销毁国家秘密载体的；

（三）通过普通邮政、快递等无保密措施的渠道传递国家秘密载体的；

（四）邮寄、托运国家秘密载体出境，或者未经有关主管部门批准，携带、传递国家秘密载体出境的；

（五）非法复制、记录、存储国家秘密的；

（六）在私人交往和通信中涉及国家秘密的；

（七）在互联网及其他公共信息网络或者未采取保密措施的有线和无线通信中传递国家秘密的；

（八）将涉密计算机、涉密存储设备接入互联网及其他公共信息网络的；

（九）在未采取防护措施的情况下，在涉密信息系统与互联网及其他公共信息网络之间进行信息交换的；

（十）使用非涉密计算机、非涉密存储设备存储、处理国家秘密信息的；

（十一）擅自卸载、修改涉密信息系统的安全技术程序、管理程序的；

（十二）将未经安全技术处理的退出使用的涉密计算机、涉密存储设备赠送、出售、丢弃或者改作其他用途的。

有前款行为尚不构成犯罪，且不适用处分的人员，由保密行政管理部门督促其所在机关、单位予以处理。

第五十条　互联网及其他公共信息网络运营商、服务商违反本法第二十八条规定的，由公安机关或者国家安全机关、信息产业主管部门按照各自职责分工依法予以处罚。

第 4 章
信息安全相关行政法规与部门规范

4.1 中华人民共和国国务院发布

4.1.1 《中华人民共和国计算机信息系统安全保护条例》

发布单位：中华人民共和国国务院

发布文号：中华人民共和国主席令第 147 号

发布日期：1994-02-18

生效日期：1994-02-18

(根据 2011 年 1 月 8 日《国务院关于废止和修改部分行政法规的决定》修改)

第一章 总 则

第一条　为了保护计算机信息系统的安全，促进计算机的应用和发展，保障社会主义现代化建设的顺利进行，制定本条例。

第二条　本条例所称的计算机信息系统，是指由计算机及其相关的和配套的设备、设施(含网络)构成的，按照一定的应用目标和规则对信息进行采集、加工、存储、传输、检索等处理的人机系统。

第三条　计算机信息系统的安全保护，应当保障计算机及其相关的和配套的设备、设施(含网络)的安全，运行环境的安全，保障信息的安全，保障计算机功能的正常发挥，以维护计算机信息系统的安全运行。

第四条　计算机信息系统的安全保护工作，重点维护国家事务、经济建设、国防建设、尖端科学技术等重要领域的计算机信息系统的安全。

第五条　中华人民共和国境内的计算机信息系统的安全保护，适用本条例。未联网的微型计算机的安全保护办法，另行制定。

第六条　公安部主管全国计算机信息系统安全保护工作。国家安全部、国家保密局和国务院其他有关部门，在国务院规定的职责范围内做好计算机信息系统安全保护的有关工作。

第七条　任何组织或者个人，不得利用计算机信息系统从事危害国家利益、集体利益和公民合法利益的活动，不得危害计算机信息系统的安全。

第二章 安全保护制度

第八条 计算机信息系统的建设和应用,应当遵守法律、行政法规和国家其他有关规定。

第九条 计算机信息系统实行安全等级保护。安全等级的划分标准和安全等级保护的具体办法,由公安部会同有关部门制定。

第十条 计算机机房应当符合国家标准和国家有关规定。在计算机机房附近施工,不得危害计算机信息系统的安全。

第十一条 进行国际联网的计算机信息系统,由计算机信息系统的使用单位报省级以上人民政府公安机关备案。

第十二条 运输、携带、邮寄计算机信息媒体进出境的,应当如实向海关申报。

第十三条 计算机信息系统的使用单位应当建立健全安全管理制度,负责本单位计算机信息系统的安全保护工作。

第十四条 对计算机信息系统中发生的案件,有关使用单位应当在24小时内向当地县级以上人民政府公安机关报告。

第十五条 对计算机病毒和危害社会公共安全的其他有害数据的防治研究工作,由公安部归口管理。

第十六条 国家对计算机信息系统安全专用产品的销售实行许可证制度。具体办法由公安部会同有关部门制定。

第三章 安全监督

第十七条 公安机关对计算机信息系统安全保护工作行使下列监督职权:

(一)监督、检查、指导计算机信息系统安全保护工作;

(二)查处危害计算机信息系统安全的违法犯罪案件;

(三)履行计算机信息系统安全保护工作的其他监督职责。

第十八条 公安机关发现影响计算机信息系统安全的隐患时,应当及时通知使用单位采取安全保护措施。

第十九条 公安部在紧急情况下,可以就涉及计算机信息系统安全的特定事项发布专项通令。

第四章 法律责任

第二十条 违反本条例的规定,有下列行为之一的,由公安机关处以警告或者停机整顿:

(一)违反计算机信息系统安全等级保护制度,危害计算机信息系统安全的;

(二)违反计算机信息系统国际联网备案制度的;

(三)不按照规定时间报告计算机信息系统中发生的案件的;

(四)接到公安机关要求改进安全状况的通知后,在限期内拒不改进的;

（五）有危害计算机信息系统安全的其他行为的。

第二十一条　计算机机房不符合国家标准和国家其他有关规定的，或者在计算机机房附近施工危害计算机信息系统安全的，由公安机关会同有关单位进行处理。

第二十二条　运输、携带、邮寄计算机信息媒体进出境，不如实向海关申报的，由海关依照《中华人民共和国海关法》和本条例以及其他有关法律、法规的规定处理。

第二十三条　故意输入计算机病毒以及其他有害数据危害计算机信息系统安全的，或者未经许可出售故意输入计算机病毒以及其他有害数据危害计算机信息系统安全的，或者未经许可出售计算机信息系统安全专用产品的，由公安机关处以警告或者对个人处以 5000 元以下的罚款、对单位处以 15000 元以下的罚款；有违法所得的，除予以没收外，可以处以违法所得 1 至 3 倍的罚款。

第二十四条　违反本条例的规定，构成违反治安管理行为的，依照《中华人民共和国治安管理处罚法》的有关规定处罚；构成犯罪的，依法追究刑事责任。

第二十五条　任何组织或者个人违反本条例的规定，给国家、集体或者他人财产造成损失的，应当依法承担民事责任。

第二十六条　当事人对公安机关依照本条例所做出的具体行政行为不服的，可以依法申请行政复议或者提起行政诉讼。

第二十七条　执行本条例的国家公务员利用职权，索取、收受贿或者有其他违法、失职行为，构成犯罪的，依法追究刑事责任；尚不构成犯罪的，给予行政处分。

第五章　附　　则

第二十八条　本条例下列用语的含义：计算机病毒，是指编制或者在计算机程序中插入的破坏计算机功能或者毁坏数据，影响计算机使用，并能自我复制的一组计算机指令或者程序代码。计算机信息系统安全专用产品，是指用于保护计算机信息系统安全的专用硬件和软件产品。

第二十九条　军队的计算机信息系统安全保护工作，按照军队的有关法规执行。

第三十条　公安部可以根据本条例制定实施办法。

第三十一条　本条例自发布之日起施行。

4.1.2 《中华人民共和国计算机信息网络国际联网管理暂行规定》

发布单位：中华人民共和国国务院

发布文号：中华人民共和国主席令第 218 号

发布日期：1997-05-20

生效日期：1997-05-20

（1996 年 1 月 23 日国务院第 42 次全国人民代表大会常务委员会议通过，根据 1997 年 5 月 20 日《国务院关于修改〈中华人民共和国计算机信息网络国际联网管理暂行规定〉的决定》修正）

第一条　为了加强对计算机信息网络国际联网的管理,保障国际计算机信息交流的健康发展,制定本规定。

第二条　中华人民共和国境内的计算机信息网络进行国际联网,应当依照本规定办理。

第三条　本规定下列用语的含义是:

(一)计算机信息网络国际联网(以下简称国际联网),是指中华人民共和国境内的计算机信息网络为实现信息的国际交流,同外国的计算机信息网络相连接。

(二)互联网络,是指直接进行国际联网的计算机信息网络;互联单位,是指负责互联网络运行的单位。

(三)接入网络,是指通过接入互联网络进行国际联网的计算机信息网络;接入单位,是指负责接入网络运行的单位。

第四条　国家对国际联网实行统筹规划、统一标准、分级管理、促进发展的原则。

第五条　国务院信息化工作领导小组(以下简称领导小组),负责协调、解决有关国际联网工作中的重大问题。

领导小组办公室按照本规定制定具体管理办法,明确国际出入口信道提供单位、互联单位、接入单位和用户的权利、义务和责任,并负责对国际联网工作的检查监督。

第六条　计算机信息网络直接进行国际联网,必须使用邮电部国家公用电信网提供的国际出入口信道。

任何单位和个人不得自行建立或者使用其他信道进行国际联网。

第七条　已经建立的互联网络,根据国务院有关规定调整后,分别由邮电部、电子工业部、国家教育委员会和中国科学院管理。

新建互联网络,必须报经国务院批准。

第八条　接入网络必须通过互联网络进行国际联网。

接入单位拟从事国际联网经营活动的,应当向有权受理从事国际联网经营活动申请的互联单位主管部门或者主管单位申请领取国际联网经营许可证;未取得国际联网经营许可证的,不得从事国际联网经营业务。

接入单位拟从事非经营活动的,应当报经有权受理从事非经营活动申请的互联单位主管部门或者主管单位审批;未经批准的,不得接入互联网络进行国际联网。

申请领取国际联网经营许可证或者办理审批手续时,应当提供其计算机信息网络的性质、应用范围和主机地址等资料。

国际联网经营许可证的格式,由领导小组统一制定。

第九条　从事国际联网经营活动的和从事非经营活动的接入单位都必须具备下列条件:

(一)是依法设立的企业法人或者事业法人;

(二)具有相应的计算机信息网络、装备以及相应的技术人员和管理人员;

(三)具有健全的安全保密管理制度和技术保护措施;

（四）符合法律和国务院规定的其他条件。

接入单位从事国际联网经营活动的，除必须具备本条前款规定条件外，还应当具备为用户提供长期服务的能力。

从事国际联网经营活动的接入单位的情况发生变化，不再符合本条第一款、第二款规定条件的，其国际联网经营许可证由发证机构予以吊销；从事非经营活动的接入单位的情况发生变化，不再符合本条第一款规定条件的，其国际联网资格由审批机构予以取消。

第十条　个人、法人和其他组织（以下统称用户）使用的计算机或者计算机信息网络，需要进行国际联网的，必须通过接入网络进行国际联网。

前款规定的计算机或者计算机信息网络，需要接入网络的，应当征得接入单位的同意，并办理登记手续。

第十一条　国际出入口信道提供单位、互联单位和接入单位，应当建立相应的网络管理中心，依照法律和国家有关规定加强对本单位及其用户的管理，做好网络信息安全管理工作，确保为用户提供良好、安全的服务。

第十二条　互联单位与接入单位，应当负责本单位及其用户有关国际联网的技术培训和管理教育工作。

第十三条　从事国际联网业务的单位和个人，应当遵守国家有关法律、行政法规，严格执行安全保密制度，不得利用国际联网从事危害国家安全、泄露国家秘密等违法犯罪活动，不得制作、查阅、复制和传播妨碍社会治安的信息和淫秽色情等信息。

第十四条　违反本规定第六条、第八条和第十条规定的，由公安机关责令停止联网，给予警告，可以并处15000元以下的罚款；有违法所得的，没收违法所得。

第十五条　违反本规定，同时触犯其他有关法律、行政法规的，依照有关法律、行政法规的规定予以处罚；构成犯罪的，依法追究刑事责任。

第十六条　与台湾、香港、澳门地区的计算机信息网络的联网，参照本规定执行。

第十七条　本规定自发布之日起施行。

4.1.3　《商用密码管理条例》

发布单位：中华人民共和国国务院
发布文号：中华人民共和国国务院令第273号
发布日期：1999-10-7
生效日期：1999-10-7

第一章　总　　则

第一条　为了加强商用密码管理，保护信息安全，保护公民和组织的合法权益，维护国家的安全和利益，制定本条例。

第二条　本条例所称商用密码，是指对不涉及国家秘密内容的信息进行加密保护或者安全认证所使用的密码技术和密码产品。

第三条　商用密码技术属于国家秘密。国家对商用密码产品的科研、生产、销售和使用实行专控管理。

第四条　国家密码管理委员会及其办公室（以下简称国家密码管理机构）主管全国的商用密码管理工作。省、自治区、直辖市负责密码管理的机构根据国家密码管理机构的委托，承担商用密码的有关管理工作。

第二章　科研、生产管理

第五条　商用密码的科研任务由国家密码管理机构指定的单位承担。商用密码指定科研单位必须具有相应的技术力量和设备，能够采用先进的编码理论和技术，编制的商用密码算法具有较高的保密强度和抗攻击能力。

第六条　商用密码的科研成果，由国家密码管理机构组织专家按照商用密码技术标准和技术规范审查、鉴定。

第七条　商用密码产品由国家密码管理机构指定的单位生产。未经指定，任何单位或者个人不得生产商用密码产品。商用密码产品指定生产单位必须具有与生产商用密码产品相适应的技术力量以及确保商用密码产品质量的设备、生产工艺和质量保证体系。

第八条　商用密码产品指定生产单位生产的商用密码产品的品种和型号，必须经国家密码管理机构批准，并不得超过批准范围生产商用密码产品。

第九条　商用密码产品，必须经国家密码管理机构指定的产品质量检测机构检测合格。

第三章　销售管理

第十条　商用密码产品由国家密码管理机构许可的单位销售。未经许可，任何单位或者个人不得销售商用密码产品。

第十一条　销售商用密码产品，应当向国家密码管理机构提出申请，并应当具备下列条件：

（一）有熟悉商用密码产品知识和承担售后服务的人员；

（二）有完善的销售服务和安全管理规章制度；

（三）有独立的法人资格。

经审查合格的单位，由国家密码管理机构发给《商用密码产品销售许可证》。

第十二条　销售商用密码产品，必须如实登记直接使用商用密码产品的用户的名称（姓名）、地址（住址）、组织机构代码（居民身份证号码）以及每台商用密码产品的用途，并将登记情况报国家密码管理机构备案。

第十三条　进口密码产品以及含有密码技术的设备或者出口商用密码产品，必须报经国家密码管理机构批准。任何单位或者个人不得销售境外的密码产品。

第四章　使用管理

第十四条　任何单位或者个人只能使用经国家密码管理机构认可的商用密码产品，不得使用自行研制的或者境外生产的密码产品。

第十五条　境外组织或者个人在中国境内使用密码产品或者含有密码技术的设备,必须报经国家密码管理机构批准;但是,外国驻华外交代表机构、领事机构除外。

第十六条　商用密码产品的用户不得转让其使用的商用密码产品。商用密码产品发生故障,必须由国家密码管理机构指定的单位维修。报废、销毁商用密码产品,应当向国家密码管理机构备案。

第五章　安全、保密管理

第十七条　商用密码产品的科研、生产,应当在符合安全、保密要求的环境中进行。销售、运输、保管商用密码产品,应当采取相应的安全措施。从事商用密码产品的科研、生产和销售以及使用商用密码产品的单位和人员,必须对所接触和掌握的商用密码技术承担保密义务。

第十八条　宣传、公开展览商用密码产品,必须事先报国家密码管理机构批准。

第十九条　任何单位和个人不得非法攻击商用密码,不得利用商用密码危害国家的安全和利益、危害社会治安或者进行其他违法犯罪活动。

第六章　罚　　则

第二十条　有下列行为之一的,由国家密码管理机构根据不同情况分别会同工商行政管理、海关等部门没收密码产品,有违法所得的,没收违法所得;情节严重的,可以并处违法所得1至3倍的罚款:

(一)未经指定,擅自生产商用密码产品的,或者商用密码产品指定生产单位超过批准范围生产商用密码产品的;

(二)未经许可,擅自销售商用密码产品的;

(三)未经批准,擅自进口密码产品以及含有密码技术的设备、出口商用密码产品或者销售境外的密码产品的。

经许可销售商用密码产品的单位未按照规定销售商用密码产品的,由国家密码管理机构会同工商行政管理部门给予警告,责令改正。

第二十一条　有下列行为之一的,由国家密码管理机构根据不同情况分别会同公安、国家安全机关给予警告,责令立即改正:

(一)商用密码产品的科研、生产过程中违反安全、保密规定的;

(二)销售、运输、保管商用密码产品,未采取相应的安全措施的;

(三)未经批准,宣传、公开展览商用密码产品的;

(四)擅自转让商用密码产品或者不到国家密码管理机构指定的单位维修商用密码产品的。

使用自行研制的或者境外生产的密码产品,转让商用密码产品,或者不到国家密码管理机构指定的单位维修商用密码产品,情节严重的,由国家密码管理机构根据不同情况分别会同公安、国家安全机关没收其密码产品。

第二十二条　商用密码产品的科研、生产、销售单位有本条例第二十条、第二十一条第一款第(一)、(二)、(三)项所列行为,造成严重后果的,由国家密码管理机构撤销其指定科研、生产单位资格,吊销《商用密码产品销售许可证》。

第二十三条　泄露商用密码技术秘密、非法攻击商用密码或者利用商用密码从事危害国家的安全和利益的活动,情节严重,构成犯罪的,依法追究刑事责任。有前款所列行为尚不构成犯罪的,由国家密码管理机构根据不同情况分别会同国家安全机关或者保密部门没收其使用的商用密码产品,对有危害国家安全行为的,由国家安全机关依法处以行政拘留;属于国家工作人员的,并依法给予行政处分。

第二十四条　境外组织或者个人未经批准,擅自使用密码产品或者含有密码技术的设备的,由国家密码管理机构会同公安机关给予警告,责令改正,可以并处没收密码产品或者含有密码技术的设备。

第二十五条　商用密码管理机构的工作人员滥用职权、玩忽职守、徇私舞弊,构成犯罪的,依法追究刑事责任;尚不构成犯罪的,依法给予行政处分。

第七章　附　则

第二十六条　国家密码管理委员会可以依据本条例制定有关的管理规定。

第二十七条　本条例自发布之日起施行。

4.1.4 《中华人民共和国电信条例》

发布单位:中华人民共和国国务院

发布文号:中华人民共和国国务院令第 291 号

发布日期:2000-09-25

生效日期:2000-09-25

(2000 年 9 月 20 日国务院第三十一次常务会议通过)

第一章　总　则

第一条　为了规范电信市场秩序,维护电信用户和电信业务经营者的合法权益,保障电信网络和信息的安全,促进电信业的健康发展,制定本条例。

第二条　在中华人民共和国境内从事电信活动或者与电信有关的活动,必须遵守本条例。

本条例所称电信,是指利用有线、无线的电磁系统或者光电系统,传送、发射或者接收语音、文字、数据、图像以及其他任何形式信息的活动。

第三条　国务院信息产业主管部门依照本条例的规定对全国电信业实施监督管理。

省、自治区、直辖市电信管理机构在国务院信息产业主管部门的领导下,依照本条例的规定对本行政区域内的电信业实施监督管理。

第四条　电信监督管理遵循政企分开、破除垄断、鼓励竞争、促进发展和公开、公平、公正的原则。

电信业务经营者应当依法经营,遵守商业道德,接受依法实施的监督检查。

第五条 电信业务经营者应当为电信用户提供迅速、准确、安全、方便和价格合理的电信服务。

第六条 电信网络和信息的安全受法律保护。任何组织或者个人不得利用电信网络从事危害国家安全、社会公共利益或者他人合法权益的活动。

第二章 电信市场

第一节 电信业务许可

第七条 国家对电信业务经营按照电信业务分类,实行许可制度。

经营电信业务,必须依照本条例的规定取得国务院信息产业主管部门或者省、自治区、直辖市电信管理机构颁发的电信业务经营许可证。

未取得电信业务经营许可证,任何组织或者个人不得从事电信业务经营活动。

第八条 电信业务分为基础电信业务和增值电信业务。

基础电信业务,是指提供公共网络基础设施、公共数据传送和基本话音通信服务的业务。增值电信业务,是指利用公共网络基础设施提供的电信与信息服务的业务。

电信业务分类的具体划分在本条例所附的《电信业务分类目录》中列出。国务院信息产业主管部门根据实际情况,可以对目录所列电信业务分类项目作局部调整,重新公布。

第九条 经营基础电信业务,须经国务院信息产业主管部门审查批准,取得《基础电信业务经营许可证》。

经营增值电信业务,业务覆盖范围在两个以上省、自治区、直辖市的,须经国务院信息产业主管部门审查批准,取得《跨地区增值电信业务经营许可证》;业务覆盖范围在一个省、自治区、直辖市行政区域内的,须经省、自治区、直辖市电信管理机构审查批准,取得《增值电信业务经营许可证》。

运用新技术试办《电信业务分类目录》未列出的新型电信业务的,应当向省、自治区、直辖市电信管理机构备案。

第十条 经营基础电信业务,应当具备下列条件:

(一)经营者为依法设立的专门从事基础电信业务的公司,且公司中国有股权或者股份不少于51%;

(二)有可行性研究报告和组网技术方案;

(三)有与从事经营活动相适应的资金和专业人员;

(四)有从事经营活动的场地及相应的资源;

(五)有为用户提供长期服务的信誉或者能力;

(六)国家规定的其他条件。

第十一条 申请经营基础电信业务,应当向国务院信息产业主管部门提出申请,并提交本条例第十条规定的相关文件。国务院信息产业主管部门应当自受理申请之日起180日内审查完毕,做出批准或者不予批准的决定。予以批准的,颁发《基础电信业务经营许可证》;不予批准的,应当书面通知申请人并说明理由。

第十二条 国务院信息产业主管部门审查经营基础电信业务的申请时,应当考虑国家安全、电信网络安全、电信资源可持续利用、环境保护和电信市场的竞争状况等因素。

颁发《基础电信业务经营许可证》,应当按照国家有关规定采用招标方式。

第十三条 经营增值电信业务,应当具备下列条件:

(一)经营者为依法设立的公司;
(二)有与开展经营活动相适应的资金和专业人员;
(三)有为用户提供长期服务的信誉或者能力;
(四)国家规定的其他条件。

第十四条 申请经营增值电信业务,应当根据本条例第九条第二款的规定,向国务院信息产业主管部门或者省、自治区、直辖市电信管理机构提出申请,并提交本条例第十三条规定的相关文件。申请经营的增值电信业务,按照国家有关规定须经有关主管部门审批的,还应当提交有关主管部门审核同意的文件。国务院信息产业主管部门或者省、自治区、直辖市电信管理机构应当自收到申请之日起60日内审查完毕,做出批准或者不予批准的决定。予以批准的,颁发《跨地区增值电信业务经营许可证》或者《增值电信业务经营许可证》;不予批准的,应当书面通知申请人并说明理由。

第十五条 电信业务经营者在经营过程中,变更经营主体、业务范围或者停止经营的,应当提前90日向原颁发许可证的机关提出申请,并办理相应手续;停止经营的,还应当按照国家有关规定做好善后工作。

第十六条 经批准经营电信业务的,应当持依法取得的电信业务经营许可证,向企业登记机关办理登记手续。

专用电信网运营单位在所在地区经营电信业务的,应当依照本条例规定的条件和程序提出申请,经批准,取得电信业务经营许可证,并依照前款规定办理登记手续。

第二节 电信网间互联

第十七条 电信网之间应当按照技术可行、经济合理、公平公正、相互配合的原则,实现互联互通。主导的电信业务经营者不得拒绝其他电信业务经营者和专用网运营单位提出的互联互通要求。

前款所称主导的电信业务经营者,是指控制必要的基础电信设施并且在电信业务市场中占有较大份额,能够对其他电信业务经营者进入电信业务市场构成实质性影响的经营者。主导的电信业务经营者由国务院信息产业主管部门确定。

第十八条 主导的电信业务经营者应当按照非歧视和透明化的原则,制定包括网间互联的程序、时限、非捆绑网络元素目录等内容的互联规程。互联规程应当报国务院信息产业主管部门审查同意。该互联规程对主导的电信业务经营者的互联互通活动具有约束力。

第十九条 公用电信网之间、公用电信网与专用电信网之间的网间互联,由网间互联双方按照国务院信息产业主管部门的网间互联管理规定进行互联协商,并订立网间互联协议。网间互联协议应当向国务院信息产业主管部门备案。

第二十条 网间互联双方经协商未能达成网间互联协议的,自一方提出互联要求之日起 60 日内,任何一方均可以按照网间互联覆盖范围向国务院信息产业主管部门或者省、自治区、直辖市电信管理机构申请协调;收到申请的机关应当依照本条例第十七条第一款规定的原则进行协调,促使网间互联双方达成协议;自网间互联一方或者双方申请协调之日起 45 日内经协调仍不能达成协议的,由协调机关随机邀请电信技术专家和其他有关方面专家进行公开论证并提出网间互联方案。协调机关应当根据专家论证结论和提出的网间互联方案做出决定,强制实现互联互通。

第二十一条 网间互联双方必须在协议约定或者决定规定的时限内实现互联互通。未经国务院信息产业主管部门批准,任何一方不得擅自中断互联互通。网间互联遇有通信技术障碍的,双方应当立即采取有效措施予以消除。网间互联双方在互联互通中发生争议的,依照本条例第二十条规定的程序和办法处理。

网间互联的通信质量应当符合国家有关标准。主导的电信业务经营者向其他电信业务经营者提供网间互联,服务质量不得低于本网内的同类业务及向其子公司或者分支机构提供的同类业务质量。

第二十二条 网间互联的费用结算与分摊应当执行国家有关规定,不得在规定标准之外加收费用。

网间互联的技术标准、费用结算办法和具体管理规定,由国务院信息产业主管部门制定。

第三节 电信资费

第二十三条 电信资费标准实行以成本为基础的定价原则,同时考虑国民经济与社会发展要求、电信业的发展和电信用户的承受能力等因素。

第二十四条 电信资费分为市场调节价、政府指导价和政府定价。

基础电信业务资费实行政府定价、政府指导价或者市场调节价;增值电信业务资费实行市场调节价或者政府指导价。

市场竞争充分的电信业务,电信资费实行市场调节价。

实行政府定价、政府指导价和市场调节价的电信资费分类管理目录,由国务院信息产业主管部门经征求国务院价格主管部门意见制定并公布施行。

第二十五条 政府定价的重要的电信业务资费标准,由国务院信息产业主管部门提出方案,经征求国务院价格主管部门意见,报国务院批准后公布施行。

政府指导价的电信业务资费标准幅度,由国务院信息产业主管部门经征求国务院价格主管部门意见,制定并公布施行。电信业务经营者在标准幅度内,自主确定资费标准,报省、自治区、直辖市电信管理机构备案。

第二十六条 制定政府定价和政府指导价的电信业务资费标准,应当采取举行听证会等形式,听取电信业务经营者、电信用户和其他有关方面的意见。

电信业务经营者应当根据国务院信息产业主管部门和省、自治区、直辖市电信管理机构的要求,提供准确、完备的业务成本数据及其他有关资料。

第四节 电信资源

第二十七条 国家对电信资源统一规划、集中管理、合理分配,实行有偿使用制度。

前款所称电信资源,是指无线电频率、卫星轨道位置、电信网码号等用于实现电信功能且有限的资源。

第二十八条 电信业务经营者占有、使用电信资源,应当缴纳电信资源费。具体收费办法由国务院信息产业主管部门会同国务院财政部门、价格主管部门制定,报国务院批准后公布施行。

第二十九条 电信资源的分配,应当考虑电信资源规划、用途和预期服务能力。

分配电信资源,可以采取指配的方式,也可以采用拍卖的方式。

取得电信资源使用权的,应当在规定的时限内启用所分配的资源,并达到规定的最低使用规模。未经国务院信息产业主管部门或者省、自治区、直辖市电信管理机构批准,不得擅自使用、转让、出租电信资源或者改变电信资源的用途。

第三十条 电信资源使用者依法取得电信网码号资源后,主导的电信业务经营者和其他有关单位有义务采取必要的技术措施,配合电信资源使用者实现其电信网码号资源的功能。法律、行政法规对电信资源管理另有特别规定的,从其规定。

第三章 电信服务

第三十一条 电信业务经营者应当按照国家规定的电信服务标准向电信用户提供服务。电信业务经营者提供服务的种类、范围、资费标准和时限,应当向社会公布,并报省、自治区、直辖市电信管理机构备案。

电信用户有权自主选择使用依法开办的各类电信业务。

第三十二条 电信用户申请安装、移装电信终端设备的,电信业务经营者应当在其公布的时限内保证装机开通;由于电信业务经营者的原因逾期未能装机开通的,应当每日按照收取的安装费、移装费或者其他费用数额百分之一的比例,向电信用户支付违约金。

第三十三条 电信用户申告电信服务障碍的,电信业务经营者应当自接到申告之日起,城镇48小时、农村72小时内修复或者调通;不能按期修复或者调通的,应当及时通知电信用户,并免收障碍期间的月租费用。但是,属于电信终端设备的原因造成电信服务障碍的除外。

第三十四条 电信业务经营者应当为电信用户交费和查询提供方便。电信用户要求提供国内长途通信、国际通信、移动通信和信息服务等收费清单的,电信业务经营者应当免费提供。

电信用户出现异常的巨额电信费用时,电信业务经营者一经发现,应当尽可能迅速告知电信用户,并采取相应的措施。

前款所称巨额电信费用,是指突然出现超过电信用户此前三个月平均电信费用 5 倍以上的费用。

第三十五条 电信用户应当按照约定的时间和方式及时、足额地向电信业务经营者交纳电信费用;电信用户逾期不交纳电信费用的,电信业务经营者有权要求补交电信费用,并可以按照所欠费用每日加收 3‰ 的违约金。

对超过收费约定期限 30 日仍不交纳电信费用的电信用户,电信业务经营者可以暂停向其提供电信服务。电信用户在电信业务经营者暂停服务 60 日内仍未补交电信费用和违约金的,电信业务经营者可以终止提供服务,并可以依法追缴欠费和违约金。

经营移动电信业务的经营者可以与电信用户约定交纳电信费用的期限、方式,不受前款规定期限的限制。

电信业务经营者应当在迟延交纳电信费用的电信用户补足电信费用、违约金后的 48 小时内,恢复暂停的电信服务。

第三十六条 电信业务经营者因工程施工、网络建设等原因,影响或者可能影响正常电信服务的,必须按照规定的时限及时告知用户,并向省、自治区、直辖市电信管理机构报告。因前款原因中断电信服务的,电信业务经营者应当相应减免用户在电信服务中断期间的相关费用。

出现本条第一款规定的情形,电信业务经营者未及时告知用户的,应当赔偿由此给用户造成的损失。

第三十七条 经营本地电话业务和移动电话业务的电信业务经营者,应当免费向用户提供火警、匪警、医疗急救、交通事故报警等公益性电信服务并保障通信线路畅通。

第三十八条 电信业务经营者应当及时为需要通过中继线接入其电信网的集团用户,提供平等、合理的接入服务。

未经批准,电信业务经营者不得擅自中断接入服务。

第三十九条 电信业务经营者应当建立健全内部服务质量管理制度,并可以制定并公布施行高于国家规定的电信服务标准的企业标准。

电信业务经营者应当采取各种形式广泛听取电信用户意见,接受社会监督,不断提高电信服务质量。

第四十条 电信业务经营者提供的电信服务达不到国家规定的电信服务标准或者其公布的企业标准的,或者电信用户对交纳电信费用持有异议的,电信用户有权要求电信业务经营者予以解决;电信业务经营者拒不解决或者电信用户对解决结果不满意的,电信用户有权向国务院信息产业主管部门或者省、自治区、直辖市电信管理机构或者其他有关部门申诉。收到申诉的机关必须对申诉及时处理,并自收到申诉之日起 30 日内向申诉者做出答复。

电信用户对交纳本地电话费用有异议的,电信业务经营者还应当应电信用户的要求免费提供本地电话收费依据,并有义务采取必要措施协助电信用户查找原因。

第四十一条　电信业务经营者在电信服务中,不得有下列行为:

(一)以任何方式限定电信用户使用其指定的业务;

(二)限定电信用户购买其指定的电信终端设备或者拒绝电信用户使用自备的已经取得入网许可的电信终端设备;

(三)违反国家规定,擅自改变或者变相改变资费标准,擅自增加或者变相增加收费项目;

(四)无正当理由拒绝、拖延或者中止对电信用户的电信服务;

(五)对电信用户不履行公开做出的承诺或者作容易引起误解的虚假宣传;

(六)以不正当手段刁难电信用户或者对投诉的电信用户打击报复。

第四十二条　电信业务经营者在电信业务经营活动中,不得有下列行为:

(一)以任何方式限制电信用户选择其他电信业务经营者依法开办的电信服务;

(二)对其经营的不同业务进行不合理的交叉补贴;

(三)以排挤竞争对手为目的,低于成本提供电信业务或者服务,进行不正当竞争。

第四十三条　国务院信息产业主管部门或者省、自治区、直辖市电信管理机构应当依据职权对电信业务经营者的电信服务质量和经营活动进行监督检查,并向社会公布监督抽查结果。

第四十四条　电信业务经营者必须按照国家有关规定履行相应的电信普遍服务义务。

国务院信息产业主管部门可以采取指定的或者招标的方式确定电信业务经营者具体承担电信普遍服务的义务。

电信普遍服务成本补偿管理办法,由国务院信息产业主管部门会同国务院财政部门、价格主管部门制定,报国务院批准后公布施行。

第四章　电信建设

第一节　电信设施建设

第四十五条　公用电信网、专用电信网、广播电视传输网的建设应当接受国务院信息产业主管部门的统筹规划和行业管理。

属于全国性信息网络工程或者国家规定限额以上建设项目的公用电信网、专用电信网、广播电视传输网建设,在按照国家基本建设项目审批程序报批前,应当征得国务院信息产业主管部门同意。

基础电信建设项目应当纳入地方各级人民政府城市建设总体规划和村镇、集镇建设总体规划。

第四十六条　城市建设和村镇、集镇建设应当配套设置电信设施。建筑物内的电信管线和配线设施以及建设项目用地范围内的电信管道,应当纳入建设项目的设计文件,并随建设项目同时施工与验收。所需经费应当纳入建设项目概算。

有关单位或者部门规划、建设道路、桥梁、隧道或者地下铁道等,应当事先通知省、自治区、直辖市电信管理机构和电信业务经营者，协商预留电信管线等事宜。

第四十七条　基础电信业务经营者可以在民用建筑物上附挂电信线路或者设置小型天线、移动通信基站等公用电信设施，但是应当事先通知建筑物产权人或者使用人，并按照省、自治区、直辖市人民政府规定的标准向该建筑物的产权人或者其他权利人支付使用费。

第四十八条　建设地下、水底等隐蔽电信设施和高空电信设施，应当按照国家有关规定设置标志。

基础电信业务经营者建设海底电信缆线，应当征得国务院信息产业主管部门同意，并征求有关部门意见后，依法办理有关手续。海底电信缆线由国务院有关部门在海图上标出。

第四十九条　任何单位或者个人不得擅自改动或者迁移他人的电信线路及其他电信设施；遇有特殊情况必须改动或者迁移的，应当征得该电信设施产权人同意，由提出改动或者迁移要求的单位或者个人承担改动或者迁移所需费用，并赔偿由此造成的经济损失。

第五十条　从事施工、生产、种植树木等活动，不得危及电信线路或者其他电信设施的安全或者妨碍线路畅通；可能危及电信安全时，应当事先通知有关电信业务经营者，并由从事该活动的单位或者个人负责采取必要的安全防护措施。

违反前款规定，损害电信线路或者其他电信设施或者妨碍线路畅通的，应当恢复原状或者予以修复，并赔偿由此造成的经济损失。

第五十一条　从事电信线路建设，应当与已建的电信线路保持必要的安全距离；难以避开或者必须穿越，或者需要使用已建电信管道的，应当与已建电信线路的产权人协商，并签订协议；经协商不能达成协议的，根据不同情况，由国务院信息产业主管部门或者省、自治区、直辖市电信管理机构协调解决。

第五十二条　任何组织或者个人不得阻止或者妨碍基础电信业务经营者依法从事电信设施建设和向电信用户提供公共电信服务；但是，国家规定禁止或者限制进入的区域除外。

第五十三条　执行特殊通信、应急通信和抢修、抢险任务的电信车辆，经公安交通管理机关批准，在保障交通安全畅通的前提下可以不受各种禁止机动车通行标志的限制。

第二节　电信设备进网

第五十四条　国家对电信终端设备、无线电通信设备和涉及网间互联的设备实行进网许可制度。

接入公用电信网的电信终端设备、无线电通信设备和涉及网间互联的设备，必须符合国家规定的标准并取得进网许可证。

实行进网许可制度的电信设备目录，由国务院信息产业主管部门会同国务院产品质量监督部门制定并公布施行。

第五十五条　办理电信设备进网许可证的，应当向国务院信息产业主管部门提出申请，并附送经国务院产品质量监督部门认可的电信设备检测机构出具的检测报告或者认证机构出具的产品质量认证证书。

国务院信息产业主管部门应当自收到电信设备进网许可申请之日起60日内，对申请及电信设备检测报告或者产品质量认证证书审查完毕。经审查合格的，颁发进网许可证；经审查不合格的，应当书面答复并说明理由。

第五十六条　电信设备生产企业必须保证获得进网许可的电信设备的质量稳定、可靠，不得降低产品质量和性能。

电信设备生产企业应当在其生产的获得进网许可的电信设备上粘贴进网许可标志。

国务院产品质量监督部门应当会同国务院信息产业主管部门对获得进网许可证的电信设备进行质量跟踪和监督抽查，公布抽查结果。

第五章　电信安全

第五十七条　任何组织或者个人不得利用电信网络制作、复制、发布、传播含有下列内容的信息：

（一）反对宪法所确定的基本原则的；

（二）危害国家安全，泄露国家秘密，颠覆国家政权，破坏国家统一的；

（三）损害国家荣誉和利益的；

（四）煽动民族仇恨、民族歧视，破坏民族团结的；

（五）破坏国家宗教政策，宣扬邪教和封建迷信的；

（六）散布谣言，扰乱社会秩序，破坏社会稳定的；

（七）散布淫秽、色情、赌博、暴力、凶杀、恐怖或者教唆犯罪的；

（八）侮辱或者诽谤他人，侵害他人合法权益的；

（九）含有法律、行政法规禁止的其他内容的。

第五十八条　任何组织或者个人不得有下列危害电信网络安全和信息安全的行为：

（一）对电信网的功能或者存储、处理、传输的数据和应用程序进行删除或者修改；

（二）利用电信网从事窃取或者破坏他人信息、损害他人合法权益的活动；

（三）故意制作、复制、传播计算机病毒或者以其他方式攻击他人电信网络等电信设施；

（四）危害电信网络安全和信息安全的其他行为。

第五十九条　任何组织或者个人不得有下列扰乱电信市场秩序的行为：

（一）采取租用电信国际专线、私设转接设备或者其他方法，擅自经营国际或者香港特别行政区、澳门特别行政区和台湾地区电信业务；

（二）盗接他人电信线路，复制他人电信码号，使用明知是盗接、复制的电信设施或者码号；

（三）伪造、变造电话卡及其他各种电信服务有价凭证；

（四）以虚假、冒用的身份证件办理入网手续并使用移动电话。

第六十条　电信业务经营者应当按照国家有关电信安全的规定，建立健全内部安全保障制度，实行安全保障责任制。

第六十一条　电信业务经营者在电信网络的设计、建设和运行中，应当做到与国家安全和电信网络安全的需求同步规划，同步建设，同步运行。

第六十二条　在公共信息服务中,电信业务经营者发现电信网络中传输的信息明显属于本条例第五十七条所列内容的,应当立即停止传输,保存有关记录,并向国家有关机关报告。

第六十三条　使用电信网络传输信息的内容及其后果由电信用户负责。

电信用户使用电信网络传输的信息属于国家秘密信息的,必须依照保守国家秘密法的规定采取保密措施。

第六十四条　在发生重大自然灾害等紧急情况下,经国务院批准,国务院信息产业主管部门可以调用各种电信设施,确保重要通信畅通。

第六十五条　在中华人民共和国境内从事国际通信业务,必须通过国务院信息产业主管部门批准设立的国际通信出入口局进行。

我国内地与香港特别行政区、澳门特别行政区和台湾地区之间的通信,参照前款规定办理。

第六十六条　电信用户依法使用电信的自由和通信秘密受法律保护。除因国家安全或者追查刑事犯罪的需要,由公安机关、国家安全机关或者人民检察院依照法律规定的程序对电信内容进行检查外,任何组织或者个人不得以任何理由对电信内容进行检查。

电信业务经营者及其工作人员不得擅自向他人提供电信用户使用电信网络所传输信息的内容。

第六章　罚　　则

第六十七条　违反本条例第五十七条、第五十八条的规定,构成犯罪的,依法追究刑事责任;尚不构成犯罪的,由公安机关、国家安全机关依照有关法律、行政法规的规定予以处罚。

第六十八条　有本条例第五十九条第(二)、(三)、(四)项所列行为之一,扰乱电信市场秩序,构成犯罪的,依法追究刑事责任;尚不构成犯罪的,由国务院信息产业主管部门或者省、自治区、直辖市电信管理机构依据职权责令改正,没收违法所得,处违法所得3倍以上5倍以下罚款;没有违法所得或者违法所得不足1万元的,处1万元以上10万元以下罚款。

第六十九条　违反本条例的规定,伪造、冒用、转让电信业务经营许可证、电信设备进网许可证或者编造在电信设备上标注的进网许可证编号的,由国务院信息产业主管部门或者省、自治区、直辖市电信管理机构依据职权没收违法所得,处违法所得3倍以上5倍以下罚款;没有违法所得或者违法所得不足1万元的,处1万元以上10万元以下罚款。

第七十条　违反本条例规定,有下列行为之一的,由国务院信息产业主管部门或者省、自治区、直辖市电信管理机构依据职权责令改正,没收违法所得,处违法所得3倍以上5倍以下罚款;没有违法所得或者违法所得不足5万元的,处10万元以上100万元以下罚款;情节严重的,责令停业整顿:

(一)违反本条例第七条第三款的规定或者有本条例第五十九条第(一)项所列行为,擅自经营电信业务的,或者超范围经营电信业务的;

（二）未通过国务院信息产业主管部门批准，设立国际通信出入口进行国际通信的；

（三）擅自使用、转让、出租电信资源或者改变电信资源用途的；

（四）擅自中断网间互联互通或者接入服务的；

（五）拒不履行普遍服务义务的。

第七十一条　违反本条例的规定，有下列行为之一的，由国务院信息产业主管部门或者省、自治区、直辖市电信管理机构依据职权责令改正，没收违法所得，处违法所得1倍以上3倍以下罚款；没有违法所得或者违法所得不足1万元的，处1万元以上10万元以下罚款；情节严重的，责令停业整顿：

（一）在电信网间互联中违反规定加收费用的；

（二）遇有网间通信技术障碍，不采取有效措施予以消除的；

（三）擅自向他人提供电信用户使用电信网络所传输信息的内容的；

（四）拒不按照规定缴纳电信资源使用费的。

第七十二条　违反本条例第四十二条的规定，在电信业务经营活动中进行不正当竞争的，由国务院信息产业主管部门或者省、自治区、直辖市电信管理机构依据职权责令改正，处10万元以上100万元以下罚款；情节严重的，责令停业整顿。

第七十三条　违反本条例的规定，有下列行为之一的，由国务院信息产业主管部门或者省、自治区、直辖市电信管理机构依据职权责令改正，处5万元以上50万元以下罚款；情节严重的，责令停业整顿：

（一）拒绝其他电信业务经营者提出的互联互通要求的；

（二）拒不执行国务院信息产业主管部门或者省、自治区、直辖市电信管理机构依法做出的互联互通决定的；

（三）向其他电信业务经营者提供网间互联的服务质量低于本网及其子公司或者分支机构的。

第七十四条　违反本条例第三十四条第一款、第四十条第二款的规定，电信业务经营者拒绝免费为电信用户提供国内长途通信、国际通信、移动通信和信息服务等收费清单，或者电信用户对交纳本地电话费用有异议并提出要求时，拒绝为电信用户免费提供本地电话收费依据的，由省、自治区、直辖市电信管理机构责令改正，并向电信用户赔礼道歉；拒不改正并赔礼道歉的，处以警告，并处5000元以上5万元以下的罚款。

第七十五条　违反本条例第四十一条的规定，由省、自治区、直辖市电信管理机构责令改正，并向电信用户赔礼道歉，赔偿电信用户损失；拒不改正并赔礼道歉、赔偿损失的，处以警告，并处1万元以上10万元以下的罚款；情节严重的，责令停业整顿。

第七十六条　违反本条例的规定，有下列行为之一的，由省、自治区、直辖市电信管理机构责令改正，处1万元以上10万元以下的罚款：

（一）销售未取得进网许可的电信终端设备的；

（二）非法阻止或者妨碍电信业务经营者向电信用户提供公共电信服务的；

(三)擅自改动或者迁移他人的电信线路及其他电信设施的。

第七十七条 违反本条例的规定,获得电信设备进网许可证后降低产品质量和性能的,由产品质量监督部门依照有关法律、行政法规的规定予以处罚。

第七十八条 有本条例第五十七条、第五十八条和第五十九条所列禁止行为之一,情节严重的,由原发证机关吊销电信业务经营许可证。

国务院信息产业主管部门或者省、自治区、直辖市电信管理机构吊销电信业务经营许可证后,应当通知企业登记机关。

第七十九条 国务院信息产业主管部门或者省、自治区、直辖市电信管理机构工作人员玩忽职守、滥用职权、徇私舞弊,构成犯罪的,依法追究刑事责任;尚不构成犯罪的,依法给予行政处分。

第七章 附 则

第八十条 外国的组织或者个人在中华人民共和国境内投资与经营电信业务和香港特别行政区、澳门特别行政区与台湾地区的组织或者个人在内地投资与经营电信业务的具体办法,由国务院另行制定。

第八十一条 本条例自公布之日起施行。

附:电信业务分类目录

一、基础电信业务

(一)固定网络国内长途及本地电话业务;

(二)移动网络电话和数据业务;

(三)卫星通信及卫星移动通信业务;

(四)互联网及其他公共数据传送业务;

(五)带宽、波长、光纤、光缆、管道及其他网络元素出租、出售业务;

(六)网络承载、接入及网络外包等业务;

(七)国际通信基础设施、国际电信业务;

(八)无线寻呼业务;

(九)转售的基础电信业务。

第(八)、(九)项业务比照增值电信业务管理。

二、增值电信业务

(一)电子邮件;

(二)语音信箱;

(三)在线信息库存储和检索;

(四)电子数据交换;

(五)在线数据处理与交易处理;

(六)增值传真;

(七)互联网接入服务;

（八）互联网信息服务；

（九）可视电话会议服务。

4.1.5 《互联网信息服务管理办法》

发布单位：中华人民共和国国务院

发布文号：中华人民共和国国务院令第 292 号

发布日期：2000-09-25

生效日期：2000-09-25

（2000年9月20日国务院第三十一次常务会议通过，根据2011年1月8日《国务院关于废止和修改部分行政法规的决定》修改）

第一条　为了规范互联网信息服务活动，促进互联网信息服务健康有序发展，制定本办法。

第二条　在中华人民共和国境内从事互联网信息服务活动，必须遵守本办法。

本办法所称互联网信息服务，是指通过互联网向上网用户提供信息的服务活动。

第三条　互联网信息服务分为经营性和非经营性两类。

经营性互联网信息服务，是指通过互联网向上网用户有偿提供信息或者网页制作等服务活动。

非经营性互联网信息服务，是指通过互联网向上网用户无偿提供具有公开性、共享性信息的服务活动。

第四条　国家对经营性互联网信息服务实行许可制度；对非经营性互联网信息服务实行备案制度。

未取得许可或者未履行备案手续的，不得从事互联网信息服务。

第五条　从事新闻、出版、教育、医疗保健、药品和医疗器械等互联网信息服务，依照法律、行政法规以及国家有关规定须经有关主管部门审核同意的，在申请经营许可或者履行备案手续前，应当依法经有关主管部门审核同意。

第六条　从事经营性互联网信息服务，除应当符合《中华人民共和国电信条例》规定的要求外，还应当具备下列条件：

（一）有业务发展计划及相关技术方案；

（二）有健全的网络与信息安全保障措施，包括网站安全保障措施、信息安全保密管理制度、用户信息安全管理制度；

（三）服务项目属于本办法第五条规定范围的，已取得有关主管部门同意的文件。

第七条　从事经营性互联网信息服务，应当向省、自治区、直辖市电信管理机构或者国务院信息产业主管部门申请办理互联网信息服务增值电信业务经营许可证（以下简称经营许可证）。

省、自治区、直辖市电信管理机构或者国务院信息产业主管部门应当自收到申请之日起

60日内审查完毕,做出批准或者不予批准的决定。予以批准的,颁发经营许可证;不予批准的,应当书面通知申请人并说明理由。

申请人取得经营许可证后,应当持经营许可证向企业登记机关办理登记手续。

第八条　从事非经营性互联网信息服务,应当向省、自治区、直辖市电信管理机构或者国务院信息产业主管部门办理备案手续。办理备案时,应当提交下列材料:

(一)主办单位和网站负责人的基本情况;

(二)网站网址和服务项目;

(三)服务项目属于本办法第五条规定范围的,已取得有关主管部门的同意文件。

省、自治区、直辖市电信管理机构对备案材料齐全的,应当予以备案并编号。

第九条　从事互联网信息服务,拟开办电子公告服务的,应当在申请经营性互联网信息服务许可或者办理非经营性互联网信息服务备案时,按照国家有关规定提出专项申请或者专项备案。

第十条　省、自治区、直辖市电信管理机构和国务院信息产业主管部门应当公布取得经营许可证或者已履行备案手续的互联网信息服务提供者名单。

第十一条　互联网信息服务提供者应当按照经许可或者备案的项目提供服务,不得超出经许可或者备案的项目提供服务。

非经营性互联网信息服务提供者不得从事有偿服务。

互联网信息服务提供者变更服务项目、网站网址等事项的,应当提前30日向原审核、发证或者备案机关办理变更手续。

第十二条　互联网信息服务提供者应当在其网站主页的显著位置标明其经营许可证编号或者备案编号。

第十三条　互联网信息服务提供者应当向上网用户提供良好的服务,并保证所提供的信息内容合法。

第十四条　从事新闻、出版以及电子公告等服务项目的互联网信息服务提供者,应当记录提供的信息内容及其发布时间、互联网地址或者域名;互联网接入服务提供者应当记录上网用户的上网时间、用户账号、互联网地址或者域名、主叫电话号码等信息。

互联网信息服务提供者和互联网接入服务提供者的记录备份应当保存60日,并在国家有关机关依法查询时,予以提供。

第十五条　互联网信息服务提供者不得制作、复制、发布、传播含有下列内容的信息:

(一)反对宪法所确定的基本原则的;

(二)危害国家安全,泄露国家秘密,颠覆国家政权,破坏国家统一的;

(三)损害国家荣誉和利益的;

(四)煽动民族仇恨、民族歧视,破坏民族团结的;

(五)破坏国家宗教政策,宣扬邪教和封建迷信的;

(六)散布谣言,扰乱社会秩序,破坏社会稳定的;

(七)散布淫秽、色情、赌博、暴力、凶杀、恐怖或者教唆犯罪的;

(八)侮辱或者诽谤他人,侵害他人合法权益的;

(九)含有法律、行政法规禁止的其他内容的。

第十六条 互联网信息服务提供者发现其网站传输的信息明显属于本办法第十五条所列内容之一的,应当立即停止传输,保存有关记录,并向国家有关机关报告。

第十七条 经营性互联网信息服务提供者申请在境内境外上市或者同外商合资、合作,应当事先经国务院信息产业主管部门审查同意;其中,外商投资的比例应当符合有关法律、行政法规的规定。

第十八条 国务院信息产业主管部门和省、自治区、直辖市电信管理机构,依法对互联网信息服务实施监督管理。

新闻、出版、教育、卫生、药品监督管理、工商行政管理和公安、国家安全等有关主管部门,在各自职责范围内依法对互联网信息内容实施监督管理。

第十九条 违反本办法的规定,未取得经营许可证,擅自从事经营性互联网信息服务,或者超出许可的项目提供服务的,由省、自治区、直辖市电信管理机构责令限期改正,有违法所得的,没收违法所得,处违法所得 3 倍以上 5 倍以下的罚款;没有违法所得或者违法所得不足 5 万元的,处 10 万元以上 100 万元以下的罚款;情节严重的,责令关闭网站。

违反本办法的规定,未履行备案手续,擅自从事非经营性互联网信息服务,或者超出备案的项目提供服务的,由省、自治区、直辖市电信管理机构责令限期改正;拒不改正的,责令关闭网站。

第二十条 制作、复制、发布、传播本办法第十五条所列内容之一的信息,构成犯罪的,依法追究刑事责任;尚不构成犯罪的,由公安机关、国家安全机关依照《中华人民共和国治安管理处罚法》、《计算机信息网络国际联网安全保护管理办法》等有关法律、行政法规的规定予以处罚;对经营性互联网信息服务提供者,并由发证机关责令停业整顿直至吊销经营许可证,通知企业登记机关;对非经营性互联网信息服务提供者,并由备案机关责令暂时关闭网站直至关闭网站。

第二十一条 未履行本办法第十四条规定的义务的,由省、自治区、直辖市电信管理机构责令改正;情节严重的,责令停业整顿或者暂时关闭网站。

第二十二条 违反本办法的规定,未在其网站主页上标明其经营许可证编号或者备案编号的,由省、自治区、直辖市电信管理机构责令改正,处 5000 元以上 5 万元以下的罚款。

第二十三条 违反本办法第十六条规定的义务的,由省、自治区、直辖市电信管理机构责令改正;情节严重的,对经营性互联网信息服务提供者,并由发证机关吊销经营许可证,对非经营性互联网信息服务提供者,并由备案机关责令关闭网站。

第二十四条 互联网信息服务提供者在其业务活动中,违反其他法律、法规的,由新闻、出版、教育、卫生、药品监督管理和工商行政管理等有关主管部门依照有关法律、法规的规定处罚。

第二十五条　电信管理机构和其他有关主管部门及其工作人员,玩忽职守、滥用职权、徇私舞弊,疏于对互联网信息服务的监督管理,造成严重后果,构成犯罪的,依法追究刑事责任;尚不构成犯罪的,对直接负责的主管人员和其他直接责任人员依法给予降级、撤职直至开除的行政处分。

第二十六条　在本办法公布前从事互联网信息服务的,应当自本办法公布之日起60日内依照本办法的有关规定补办有关手续。

第二十七条　本办法自公布之日起施行。

4.1.6 《计算机软件保护条例》

发布单位:中华人民共和国国务院

发布文号:中华人民共和国主席令第339号

发布日期:2001-12-20

生效日期:2002-01-01

(根据2011年1月8日《国务院关于废止和修改部分行政法规的决定》修改)

第一章　总　　则

第一条　为了保护计算机软件著作权人的权益,调整计算机软件在开发、传播和使用中发生的利益关系,鼓励计算机软件的开发与应用,促进软件产业和国民经济信息化的发展,根据《中华人民共和国著作权法》,制定本条例。

第二条　本条例所称计算机软件(以下简称软件),是指计算机程序及其有关文档。

第三条　本条例下列用语的含义:

(一)计算机程序,是指为了得到某种结果而可以由计算机等具有信息处理能力的装置执行的代码化指令序列,或者可以被自动转换成代码化指令序列的符号化指令序列或者符号化语句序列。同一计算机程序的源程序和目标程序为同一作品。

(二)文档,是指用来描述程序的内容、组成、设计、功能规格、开发情况、测试结果及使用方法的文字资料和图表等,如程序设计说明书、流程图、用户手册等。

(三)软件开发者,是指实际组织开发、直接进行开发,并对开发完成的软件承担责任的法人或者其他组织;或者依靠自己具有的条件独立完成软件开发,并对软件承担责任的自然人。

(四)软件著作权人,是指依照本条例的规定,对软件享有著作权的自然人、法人或者其他组织。

第四条　受本条例保护的软件必须由开发者独立开发,并已固定在某种有形物体上。

第五条　中国公民、法人或者其他组织对其所开发的软件,不论是否发表,依照本条例享有著作权。

外国人、无国籍人的软件首先在中国境内发行的,依照本条例享有著作权。

外国人、无国籍人的软件,依照其开发者所属国或者经常居住地国同中国签订的协议或者依照中国参加的国际条约享有的著作权,受本条例保护。

第六条　本条例对软件著作权的保护不延及开发软件所用的思想、处理过程、操作方法或者数学概念等。

第七条　软件著作权人可以向国务院著作权行政管理部门认定的软件登记机构办理登记。软件登记机构发放的登记证明文件是登记事项的初步证明。

办理软件登记应当缴纳费用。软件登记的收费标准由国务院著作权行政管理部门会同国务院价格主管部门规定。

第二章　软件著作权

第八条　软件著作权人享有下列各项权利:

(一)发表权,即决定软件是否公之于众的权利;

(二)署名权,即表明开发者身份,在软件上署名的权利;

(三)修改权,即对软件进行增补、删节,或者改变指令、语句顺序的权利;

(四)复制权,即将软件制作一份或者多份的权利;

(五)发行权,即以出售或者赠与方式向公众提供软件的原件或者复制件的权利;

(六)出租权,即有偿许可他人临时使用软件的权利,但是软件不是出租的主要标的的除外;

(七)信息网络传播权,即以有线或者无线方式向公众提供软件,使公众可以在其个人选定的时间和地点获得软件的权利;

(八)翻译权,即将原软件从一种自然语言文字转换成另一种自然语言文字的权利;

(九)应当由软件著作权人享有的其他权利。

软件著作权人可以许可他人行使其软件著作权,并有权获得报酬。软件著作权人可以全部或者部分转让其软件著作权,并有权获得报酬。

第九条　软件著作权属于软件开发者,本条例另有规定的除外。如无相反证明,在软件上署名的自然人、法人或者其他组织为开发者。

第十条　由两个以上的自然人、法人或者其他组织合作开发的软件,其著作权的归属由合作开发者签订书面合同约定。无书面合同或者合同未作明确约定,合作开发的软件可以分割使用的,开发者对各自开发的部分可以单独享有著作权;但是,行使著作权时,不得扩展到合作开发的软件整体的著作权。合作开发的软件不能分割使用的,其著作权由各合作开发者共同享有,通过协商一致行使;不能协商一致,又无正当理由的,任何一方不得阻止他方行使除转让权以外的其他权利,但是所得收益应当合理分配给所有合作开发者。

第十一条　接受他人委托开发的软件,其著作权的归属由委托人与受托人签订书面合同约定;无书面合同或者合同未作明确约定的,其著作权由受托人享有。

第十二条　由国家机关下达任务开发的软件,著作权的归属与行使由项目任务书或者合同规定;项目任务书或者合同中未作明确规定的,软件著作权由接受任务的法人或者其他组织享有。

第十三条　自然人在法人或者其他组织中任职期间所开发的软件有下列情形之一的,该软件著作权由该法人或者其他组织享有,该法人或者其他组织可以对开发软件的自然人进行奖励:

(一)针对本职工作中明确指定的开发目标所开发的软件;

(二)开发的软件是从事本职工作活动所预见的结果或者自然的结果;

(三)主要使用了法人或者其他组织的资金、专用设备、未公开的专门信息等物质技术条件所开发并由法人或者其他组织承担责任的软件。

第十四条　软件著作权自软件开发完成之日起产生。自然人的软件著作权,保护期为自然人终生及其死亡后50年,截止于自然人死亡后第50年的12月31日;软件是合作开发的,截止于最后死亡的自然人死亡后第50年的12月31日。法人或者其他组织的软件著作权,保护期为50年,截止于软件首次发表后第50年的12月31日,但软件自开发完成之日起50年内未发表的,本条例不再保护。

第十五条　软件著作权属于自然人的,该自然人死亡后,在软件著作权的保护期内,软件著作权的继承人可以依照《中华人民共和国继承法》的有关规定,继承本条例第八条规定的除署名权以外的其他权利。软件著作权属于法人或者其他组织的,法人或者其他组织变更、终止后,其著作权在本条例规定的保护期内由承受其权利义务的法人或者其他组织享有;没有承受其权利义务的法人或者其他组织的,由国家享有。

第十六条　软件的合法复制品所有人享有下列权利:

(一)根据使用的需要把该软件装入计算机等具有信息处理能力的装置内;

(二)为了防止复制品损坏而制作备份复制品。这些备份复制品不得通过任何方式提供给他人使用,并在所有人丧失该合法复制品的所有权时,负责将备份复制品销毁;

(三)为了把该软件用于实际的计算机应用环境或者改进其功能、性能而进行必要的修改;但是,除合同另有约定外,未经该软件著作权人许可,不得向任何第三方提供修改后的软件。

第十七条　为了学习和研究软件内含的设计思想和原理,通过安装、显示、传输或者存储软件等方式使用软件的,可以不经软件著作权人许可,不向其支付报酬。

第三章　软件著作权的许可使用和转让

第十八条　许可他人行使软件著作权的,应当订立许可使用合同。许可使用合同中软件著作权人未明确许可的权利,被许可人不得行使。

第十九条　许可他人专有行使软件著作权的,当事人应当订立书面合同。没有订立书面合同或者合同中未明确约定为专有许可的,被许可行使的权利应当视为非专有权利。

第二十条　转让软件著作权的,当事人应当订立书面合同。

第二十一条　订立许可他人专有行使软件著作权的许可合同,或者订立转让软件著作权合同,可以向国务院著作权行政管理部门认定的软件登记机构登记。

第二十二条　中国公民、法人或者其他组织向外国人许可或者转让软件著作权的,应当遵守《中华人民共和国技术进出口管理条例》的有关规定。

<h2 style="text-align:center">第四章　法　律　责　任</h2>

第二十三条　除《中华人民共和国著作权法》或者本条例另有规定外，有下列侵权行为的，应当根据情况，承担停止侵害、消除影响、赔礼道歉、赔偿损失等民事责任：

（一）未经软件著作权人许可，发表或者登记其软件的；

（二）将他人软件作为自己的软件发表或者登记的；

（三）未经合作者许可，将与他人合作开发的软件作为自己单独完成的软件发表或者登记的；

（四）在他人软件上署名或者更改他人软件上的署名的；

（五）未经软件著作权人许可，修改、翻译其软件的；

（六）其他侵犯软件著作权的行为。

第二十四条　除《中华人民共和国著作权法》、本条例或者其他法律、行政法规另有规定外，未经软件著作权人许可，有下列侵权行为的，应当根据情况，承担停止侵害、消除影响、赔礼道歉、赔偿损失等民事责任；同时损害社会公共利益的，由著作权行政管理部门责令停止侵权行为，没收违法所得，没收、销毁侵权复制品，可以并处罚款；情节严重的，著作权行政管理部门并可以没收主要用于制作侵权复制品的材料、工具、设备等；触犯刑律的，依照刑法关于侵犯著作权罪、销售侵权复制品罪的规定，依法追究刑事责任：

（一）复制或者部分复制著作权人的软件的；

（二）向公众发行、出租、通过信息网络传播著作权人的软件的；

（三）故意避开或者破坏著作权人为保护其软件著作权而采取的技术措施的；

（四）故意删除或者改变软件权利管理电子信息的；

（五）转让或者许可他人行使著作权人的软件著作权的。

有前款第（一）项或者第（二）项行为的，可以并处每件100元或者货值金额5倍以下的罚款；有前款第（三）项、第（四）项或者第（五）项行为的，可以并处5万元以下的罚款。

第二十五条　侵犯软件著作权的赔偿数额，依照《中华人民共和国著作权法》第四十九条的规定确定。

第二十六条　软件著作权人有证据证明他人正在实施或者即将实施侵犯其权利的行为，如不及时制止，将会使其合法权益受到难以弥补的损害的，可以依照《中华人民共和国著作权法》第五十条的规定，在提起诉讼前向人民法院申请采取责令停止有关行为和财产保全的措施。

第二十七条　为了制止侵权行为，在证据可能灭失或者以后难以取得的情况下，软件著作权人可以依照《中华人民共和国著作权法》第五十一条的规定，在提起诉讼前向人民法院申请保全证据。

第二十八条　软件复制品的出版者、制作者不能证明其出版、制作有合法授权的，或者软件复制品的发行者、出租者不能证明其发行、出租的复制品有合法来源的，应当承担法律责任。

第二十九条　软件开发者开发的软件,由于可供选用的表达方式有限而与已经存在的软件相似的,不构成对已经存在的软件的著作权的侵犯。

第三十条　软件的复制品持有人不知道也没有合理理由应当知道该软件是侵权复制品的,不承担赔偿责任;但是,应当停止使用、销毁该侵权复制品。如果停止使用并销毁该侵权复制品将给复制品使用人造成重大损失的,复制品使用人可以在向软件著作权人支付合理费用后继续使用。

第三十一条　软件著作权侵权纠纷可以调解。软件著作权合同纠纷可以依据合同中的仲裁条款或者事后达成的书面仲裁协议,向仲裁机构申请仲裁。当事人没有在合同中订立仲裁条款,事后又没有书面仲裁协议的,可以直接向人民法院提起诉讼。

第五章　附　　则

第三十二条　本条例施行前发生的侵权行为,依照侵权行为发生时的国家有关规定处理。

第三十三条　本条例自2002年1月1日起施行。1991年6月4日国务院发布的《计算机软件保护条例》同时废止。

4.1.7　《中华人民共和国著作权法实施条例》

发布单位：中华人民共和国国务院
发布文号：中华人民共和国国务院令第359号
发布日期：2002-08-02
生效日期：2002-09-15
（根据2011年1月8日《国务院关于废止和修改部分行政法规的决定》修改）

第一条　根据《中华人民共和国著作权法》(以下简称著作权法),制定本条例。

第二条　著作权法所称作品,是指文学、艺术和科学领域内具有独创性并能以某种有形形式复制的智力成果。

第三条　著作权法所称创作,是指直接产生文学、艺术和科学作品的智力活动。

为他人创作进行组织工作,提供咨询意见、物质条件,或者进行其他辅助工作,均不视为创作。

第四条　著作权法和本条例中下列作品的含义：

（一）文字作品,是指小说、诗词、散文、论文等以文字形式表现的作品；

（二）口述作品,是指即兴的演说、授课、法庭辩论等以口头语言形式表现的作品；

（三）音乐作品,是指歌曲、交响乐等能够演唱或者演奏的带词或者不带词的作品；

（四）戏剧作品,是指话剧、歌剧、地方戏等供舞台演出的作品；

（五）曲艺作品,是指相声、快书、大鼓、评书等以说唱为主要形式表演的作品；

（六）舞蹈作品,是指通过连续的动作、姿势、表情等表现思想情感的作品；

（七）杂技艺术作品，是指杂技、魔术、马戏等通过形体动作和技巧表现的作品；

（八）美术作品，是指绘画、书法、雕塑等以线条、色彩或者其他方式构成的有审美意义的平面或者立体的造型艺术作品；

（九）建筑作品，是指以建筑物或者构筑物形式表现的有审美意义的作品；

（十）摄影作品，是指借助器械在感光材料或者其他介质上记录客观物体形象的艺术作品；

（十一）电影作品和以类似摄制电影的方法创作的作品，是指摄制在一定介质上，由一系列有伴音或者无伴音的画面组成，并且借助适当装置放映或者以其他方式传播的作品；

（十二）图形作品，是指为施工、生产绘制的工程设计图、产品设计图，以及反映地理现象、说明事物原理或者结构的地图、示意图等作品；

（十三）模型作品，是指为展示、试验或者观测等用途，根据物体的形状和结构，按照一定比例制成的立体作品。

第五条　著作权法和本条例中下列用语的含义：

（一）时事新闻，是指通过报纸、期刊、广播电台、电视台等媒体报道的单纯事实消息；

（二）录音制品，是指任何对表演的声音和其他声音的录制品；

（三）录像制品，是指电影作品和以类似摄制电影的方法创作的作品以外的任何有伴音或者无伴音的连续相关形象、图像的录制品；

（四）录音制作者，是指录音制品的首次制作人；

（五）录像制作者，是指录像制品的首次制作人；

（六）表演者，是指演员、演出单位或者其他表演文学、艺术作品的人。

第六条　著作权自作品创作完成之日起产生。

第七条　著作权法第二条第三款规定的首先在中国境内出版的外国人、无国籍人的作品，其著作权自首次出版之日起受保护。

第八条　外国人、无国籍人的作品在中国境外首先出版后，30日内在中国境内出版的，视为该作品同时在中国境内出版。

第九条　合作作品不可以分割使用的，其著作权由各合作作者共同享有，通过协商一致行使；不能协商一致，又无正当理由的，任何一方不得阻止他方行使除转让以外的其他权利，但是所得收益应当合理分配给所有合作作者。

第十条　著作权人许可他人将其作品摄制成电影作品和以类似摄制电影的方法创作的作品的，视为已同意对其作品进行必要的改动，但是这种改动不得歪曲篡改原作品。

第十一条　著作权法第十六条第一款关于职务作品的规定中的"工作任务"，是指公民在该法人或者该组织中应当履行的职责。

著作权法第十六条第二款关于职务作品的规定中的"物质技术条件"，是指该法人或者该组织为公民完成创作专门提供的资金、设备或者资料。

第十二条　职务作品完成两年内，经单位同意，作者许可第三人以与单位使用的相同方式使用作品所获报酬,由作者与单位按约定的比例分配。

作品完成两年的期限,自作者向单位交付作品之日起计算。

第十三条 作者身份不明的作品,由作品原件的所有人行使除署名权以外的著作权。作者身份确定后,由作者或者其继承人行使著作权。

第十四条 合作作者之一死亡后,其对合作作品享有的著作权法第十条第一款第(五)项至第(十七)项规定的权利无人继承又无人受遗赠的,由其他合作作者享有。

第十五条 作者死亡后,其著作权中的署名权、修改权和保护作品完整权由作者的继承人或者受遗赠人保护。

著作权无人继承又无人受遗赠的,其署名权、修改权和保护作品完整权由著作权行政管理部门保护。

第十六条 国家享有著作权的作品的使用,由国务院著作权行政管理部门管理。

第十七条 作者生前未发表的作品,如果作者未明确表示不发表,作者死亡后50年内,其发表权可由继承人或者受遗赠人行使;没有继承人又无人受遗赠的,由作品原件的所有人行使。

第十八条 作者身份不明的作品,其著作权法第十条第一款第(五)项至第(十七)项规定的权利的保护期截止于作品首次发表后第50年的12月31日。作者身份确定后,适用著作权法第二十一条的规定。

第十九条 使用他人作品的,应当指明作者姓名、作品名称;但是,当事人另有约定或者由于作品使用方式的特性无法指明的除外。

第二十条 著作权法所称已经发表的作品,是指著作权人自行或者许可他人公之于众的作品。

第二十一条 依照著作权法有关规定,使用可以不经著作权人许可的已经发表的作品的,不得影响该作品的正常使用,也不得不合理地损害著作权人的合法利益。

第二十二条 依照著作权法第二十三条、第三十三条第二款、第四十条第三款的规定使用作品的付酬标准,由国务院著作权行政管理部门会同国务院价格主管部门制定、公布。

第二十三条 使用他人作品应当同著作权人订立许可使用合同,许可使用的权利是专有使用权的,应当采取书面形式,但是报社、期刊社刊登作品除外。

第二十四条 著作权法第二十四条规定的专有使用权的内容由合同约定,合同没有约定或者约定不明的,视为被许可人有权排除包括著作权人在内的任何人以同样的方式使用作品;除合同另有约定外,被许可人许可第三人行使同一权利,必须取得著作权人的许可。

第二十五条 与著作权人订立专有许可使用合同、转让合同的,可以向著作权行政管理部门备案。

第二十六条 著作权法和本条例所称与著作权有关的权益,是指出版者对其出版的图书和期刊的版式设计享有的权利,表演者对其表演享有的权利,录音录像制作者对其制作的录音录像制品享有的权利,广播电台、电视台对其播放的广播、电视节目享有的权利。

第二十七条 出版者、表演者、录音录像制作者、广播电台、电视台行使权利，不得损害被使用作品和原作品著作权人的权利。

第二十八条 图书出版合同中约定图书出版者享有专有出版权但没有明确其具体内容的，视为图书出版者享有在合同有效期限内和在合同约定的地域范围内以同种文字的原版、修订版出版图书的专有权利。

第二十九条 著作权人寄给图书出版者的两份订单在6个月内未能得到履行，视为著作权法第三十二条所称图书脱销。

第三十条 著作权人依照著作权法第三十三条第二款声明不得转载、摘编其作品的，应当在报纸、期刊刊登该作品时附带声明。

第三十一条 著作权人依照著作权法第四十条第三款声明不得对其作品制作录音制品的，应当在该作品合法录制为录音制品时声明。

第三十二条 依照著作权法第二十三条、第三十三条第二款、第四十条第三款的规定，使用他人作品的，应当自使用该作品之日起2个月内向著作权人支付报酬。

第三十三条 外国人、无国籍人在中国境内的表演，受著作权法保护。

外国人、无国籍人根据中国参加的国际条约对其表演享有的权利，受著作权法保护。

第三十四条 外国人、无国籍人在中国境内制作、发行的录音制品，受著作权法保护。

外国人、无国籍人根据中国参加的国际条约对其制作、发行的录音制品享有的权利，受著作权法保护。

第三十五条 外国的广播电台、电视台根据中国参加的国际条约对其播放的广播、电视节目享有的权利，受著作权法保护。

第三十六条 有著作权法第四十八条所列侵权行为，同时损害社会公共利益的，著作权行政管理部门可以处非法经营额3倍以下的罚款；非法经营额难以计算的，可以处10万元以下的罚款。

第三十七条 有著作权法第四十八条所列侵权行为，同时损害社会公共利益的，由地方人民政府著作权行政管理部门负责查处。

国务院著作权行政管理部门可以查处在全国有重大影响的侵权行为。

第三十八条 本条例自2002年9月15日起施行。1991年5月24日国务院批准、1991年5月30日国家版权局发布的《中华人民共和国著作权法实施条例》同时废止。

4.1.8 《互联网上网服务营业场所管理条例》

发布单位：中华人民共和国国务院

发布文号：中华人民共和国国务院令第363号

发布日期：2002-09-29

生效日期：2002-11-15

(2002年8月14日经国务院第六十二次常务会议通过，根据2011年1月8日《国务院

关于废止和修改部分行政法规的决定》修改)

第一章 总 则

第一条 为了加强对互联网上网服务营业场所的管理,规范经营者的经营行为,维护公众和经营者的合法权益,保障互联网上网服务经营活动健康发展,促进社会主义精神文明建设,制定本条例。

第二条 本条例所称互联网上网服务营业场所,是指通过计算机等装置向公众提供互联网上网服务的网吧、电脑休闲室等营业性场所。

学校、图书馆等单位内部附设的为特定对象获取资料、信息提供上网服务的场所,应当遵守有关法律、法规,不适用本条例。

第三条 互联网上网服务营业场所经营单位应当遵守有关法律、法规的规定,加强行业自律,自觉接受政府有关部门依法实施的监督管理,为上网消费者提供良好的服务。

互联网上网服务营业场所的上网消费者,应当遵守有关法律、法规的规定,遵守社会公德,开展文明、健康的上网活动。

第四条 县级以上人民政府文化行政部门负责互联网上网服务营业场所经营单位的设立审批,并负责对依法设立的互联网上网服务营业场所经营单位经营活动的监督管理;公安机关负责对互联网上网服务营业场所经营单位的信息网络安全、治安及消防安全的监督管理;工商行政管理部门负责对互联网上网服务营业场所经营单位登记注册和营业执照的管理,并依法查处无照经营活动;电信管理等其他有关部门在各自职责范围内,依照本条例和有关法律、行政法规的规定,对互联网上网服务营业场所经营单位分别实施有关监督管理。

第五条 文化行政部门、公安机关、工商行政管理部门和其他有关部门及其工作人员不得从事或者变相从事互联网上网服务经营活动,也不得参与或者变相参与互联网上网服务营业场所经营单位的经营活动。

第六条 国家鼓励公民、法人和其他组织对互联网上网服务营业场所经营单位的经营活动进行监督,并对有突出贡献的给予奖励。

第二章 设 立

第七条 国家对互联网上网服务营业场所经营单位的经营活动实行许可制度。未经许可,任何组织和个人不得设立互联网上网服务营业场所,不得从事互联网上网服务经营活动。

第八条 设立互联网上网服务营业场所经营单位,应当采用企业的组织形式,并具备下列条件:

(一)有企业的名称、住所、组织机构和章程;

(二)有与其经营活动相适应的资金;

(三)有与其经营活动相适应并符合国家规定的消防安全条件的营业场所;

（四）有健全、完善的信息网络安全管理制度和安全技术措施；

（五）有固定的网络地址和与其经营活动相适应的计算机等装置及附属设备；

（六）有与其经营活动相适应并取得从业资格的安全管理人员、经营管理人员、专业技术人员；

（七）法律、行政法规和国务院有关部门规定的其他条件。

互联网上网服务营业场所的最低营业面积、计算机等装置及附属设备数量、单机面积的标准，由国务院文化行政部门规定。

审批设立互联网上网服务营业场所经营单位，除依照本条第一款、第二款规定的条件外，还应当符合国务院文化行政部门和省、自治区、直辖市人民政府文化行政部门规定的互联网上网服务营业场所经营单位的总量和布局要求。

第九条　中学、小学校园周围200米范围内和居民住宅楼（院）内不得设立互联网上网服务营业场所。

第十条　设立互联网上网服务营业场所经营单位，应当向县级以上地方人民政府文化行政部门提出申请，并提交下列文件：

（一）名称预先核准通知书和章程；

（二）法定代表人或者主要负责人的身份证明材料；

（三）资金信用证明；

（四）营业场所产权证明或者租赁意向书；

（五）依法需要提交的其他文件。

第十一条　文化行政部门应当自收到设立申请之日起20个工作日内做出决定；经审查，符合条件的，发给同意筹建的批准文件。

申请人完成筹建后，持同意筹建的批准文件到同级公安机关申请信息网络安全和消防安全审核。公安机关应当自收到申请之日起20个工作日内做出决定；经实地检查并审核合格的，发给批准文件。

申请人持公安机关批准文件向文化行政部门申请最终审核。文化行政部门应当自收到申请之日起15个工作日内依据本条例第八条的规定做出决定；经实地检查并审核合格的，发给《网络文化经营许可证》。

对申请人的申请，文化行政部门经审查不符合条件的，或者公安机关经审核不合格的，应当分别向申请人书面说明理由。

申请人持《网络文化经营许可证》到工商行政管理部门申请登记注册，依法领取营业执照后，方可开业。

第十二条　互联网上网服务营业场所经营单位不得涂改、出租、出借或者以其他方式转让《网络文化经营许可证》。

第十三条　互联网上网服务营业场所经营单位变更营业场所地址或者对营业场所进行改建、扩建，变更计算机数量或者其他重要事项的，应当经原审核机关同意。

互联网上网服务营业场所经营单位变更名称、住所、法定代表人或者主要负责人、注册资本、网络地址或者终止经营活动的,应当依法到工商行政管理部门办理变更登记或者注销登记,并到文化行政部门、公安机关办理有关手续或者备案。

第三章 经　　营

第十四条　互联网上网服务营业场所经营单位和上网消费者不得利用互联网上网服务营业场所制作、下载、复制、查阅、发布、传播或者以其他方式使用含有下列内容的信息:
（一）反对宪法确定的基本原则的;
（二）危害国家统一、主权和领土完整的;
（三）泄露国家秘密,危害国家安全或者损害国家荣誉和利益的;
（四）煽动民族仇恨、民族歧视,破坏民族团结,或者侵害民族风俗、习惯的;
（五）破坏国家宗教政策,宣扬邪教、迷信的;
（六）散布谣言,扰乱社会秩序,破坏社会稳定的;
（七）宣传淫秽、赌博、暴力或者教唆犯罪的;
（八）侮辱或者诽谤他人,侵害他人合法权益的;
（九）危害社会公德或者民族优秀文化传统的;
（十）含有法律、行政法规禁止的其他内容的。

第十五条　互联网上网服务营业场所经营单位和上网消费者不得进行下列危害信息网络安全的活动:
（一）故意制作或者传播计算机病毒以及其他破坏性程序的;
（二）非法侵入计算机信息系统或者破坏计算机信息系统功能、数据和应用程序的;
（三）进行法律、行政法规禁止的其他活动的。

第十六条　互联网上网服务营业场所经营单位应当通过依法取得经营许可证的互联网接入服务提供者接入互联网,不得采取其他方式接入互联网。

互联网上网服务营业场所经营单位提供上网消费者使用的计算机必须通过局域网的方式接入互联网,不得直接接入互联网。

第十七条　互联网上网服务营业场所经营单位不得经营非网络游戏。

第十八条　互联网上网服务营业场所经营单位和上网消费者不得利用网络游戏或者其他方式进行赌博或者变相赌博活动。

第十九条　互联网上网服务营业场所经营单位应当实施经营管理技术措施,建立场内巡查制度,发现上网消费者有本条例第十四条、第十五条、第十八条所列行为或者有其他违法行为的,应当立即予以制止并向文化行政部门、公安机关举报。

第二十条　互联网上网服务营业场所经营单位应当在营业场所的显著位置悬挂《网络文化经营许可证》和营业执照。

第二十一条　互联网上网服务营业场所经营单位不得接纳未成年人进入营业场所。

互联网上网服务营业场所经营单位应当在营业场所入口处的显著位置悬挂未成年人禁

入标志。

第二十二条 互联网上网服务营业场所每日营业时间限于8时至24时。

第二十三条 互联网上网服务营业场所经营单位应当对上网消费者的身份证等有效证件进行核对、登记，并记录有关上网信息。登记内容和记录备份保存时间不得少于60日，并在文化行政部门、公安机关依法查询时予以提供。登记内容和记录备份在保存期内不得修改或者删除。

第二十四条 互联网上网服务营业场所经营单位应当依法履行信息网络安全、治安和消防安全职责，并遵守下列规定：

（一）禁止明火照明和吸烟并悬挂禁止吸烟标志；

（二）禁止带入和存放易燃、易爆物品；

（三）不得安装固定的封闭门窗栅栏；

（四）营业期间禁止封堵或者锁闭门窗、安全疏散通道和安全出口；

（五）不得擅自停止实施安全技术措施。

第四章 罚 则

第二十五条 文化行政部门、公安机关、工商行政管理部门或者其他有关部门及其工作人员，利用职务上的便利收受他人财物或者其他好处，违法批准不符合法定设立条件的互联网上网服务营业场所经营单位，或者不依法履行监督职责，或者发现违法行为不予依法查处，触犯刑律的，对直接负责的主管人员和其他直接责任人员依照刑法关于受贿罪、滥用职权罪、玩忽职守罪或者其他罪的规定，依法追究刑事责任；尚不够刑事处罚的，依法给予降级、撤职或者开除的行政处分。

第二十六条 文化行政部门、公安机关、工商行政管理部门或者其他有关部门的工作人员，从事或者变相从事互联网上网服务经营活动的，参与或者变相参与互联网上网服务营业场所经营单位的经营活动的，依法给予降级、撤职或者开除的行政处分。

文化行政部门、公安机关、工商行政管理部门或者其他有关部门有前款所列行为的，对直接负责的主管人员和其他直接责任人员依照前款规定依法给予行政处分。

第二十七条 违反本条例的规定，擅自设立互联网上网服务营业场所，或者擅自从事互联网上网服务经营活动的，由工商行政管理部门或者由工商行政管理部门会同公安机关依法予以取缔，查封其从事违法经营活动的场所，扣押从事违法经营活动的专用工具、设备；触犯刑律的，依照刑法关于非法经营罪的规定，依法追究刑事责任；尚不够刑事处罚的，由工商行政管理部门没收违法所得及其从事违法经营活动的专用工具、设备；违法经营额1万元以上的，并处违法经营额5倍以上10倍以下的罚款；违法经营额不足1万元的，并处1万元以上5万元以下的罚款。

第二十八条 互联网上网服务营业场所经营单位违反本条例的规定，涂改、出租、出借或者以其他方式转让《网络文化经营许可证》，触犯刑律的，依照刑法关于伪造、变造、买卖国家机关公文、证件、印章罪的规定，依法追究刑事责任；尚不够刑事处罚的，由文化行政部门吊销《网络文化经营许可证》，没收违法所得；违法经营额5000元以上的，并处违法经营额2倍以上5倍以下的罚款；违法经营额不足5000元的，并处5000元以上1万元以下的罚款。

第二十九条 互联网上网服务营业场所经营单位违反本条例的规定，利用营业场所制作、下载、复制、查阅、发布、传播或者以其他方式使用含有本条例第十四条规定禁止含有的内容的信息，触犯刑律的，依法追究刑事责任；尚不够刑事处罚的，由公安机关给予警告，没收违法所得；违法经营额1万元以上的，并处违法经营额2倍以上5倍以下的罚款；违法经营额不足1万元的，并处1万元以上2万元以下的罚款；情节严重的，责令停业整顿，直至由文化行政部门吊销《网络文化经营许可证》。

上网消费者有前款违法行为，触犯刑律的，依法追究刑事责任；尚不够刑事处罚的，由公安机关依照治安管理处罚法的规定给予处罚。

第三十条 互联网上网服务营业场所经营单位违反本条例的规定，有下列行为之一的，由文化行政部门给予警告，可以并处15000元以下的罚款；情节严重的，责令停业整顿，直至吊销《网络文化经营许可证》：

（一）在规定的营业时间以外营业的；

（二）接纳未成年人进入营业场所的；

（三）经营非网络游戏的；

（四）擅自停止实施经营管理技术措施的；

（五）未悬挂《网络文化经营许可证》或者未成年人禁入标志的。

第三十一条 互联网上网服务营业场所经营单位违反本条例的规定，有下列行为之一的，由文化行政部门、公安机关依据各自职权给予警告，可以并处15000元以下的罚款；情节严重的，责令停业整顿，直至由文化行政部门吊销《网络文化经营许可证》：

（一）向上网消费者提供的计算机未通过局域网的方式接入互联网的；

（二）未建立场内巡查制度，或者发现上网消费者的违法行为未予制止并向文化行政部门、公安机关举报的；

（三）未按规定核对、登记上网消费者的有效身份证件或者记录有关上网信息的；

（四）未按规定时间保存登记内容、记录备份，或者在保存期内修改、删除登记内容、记录备份的；

（五）变更名称、住所、法定代表人或者主要负责人、注册资本、网络地址或者终止经营活动，未向文化行政部门、公安机关办理有关手续或者备案的。

第三十二条 互联网上网服务营业场所经营单位违反本条例的规定，有下列行为之一的，由公安机关给予警告，可以并处15000元以下的罚款；情节严重的，责令停业整顿，直至由文化行政部门吊销《网络文化经营许可证》：

（一）利用明火照明或者发现吸烟不予制止，或者未悬挂禁止吸烟标志的；

（二）允许带入或者存放易燃、易爆物品的；

（三）在营业场所安装固定的封闭门窗栅栏的；

（四）营业期间封堵或者锁闭门窗、安全疏散通道或者安全出口的；

（五）擅自停止实施安全技术措施的。

第三十三条 违反国家有关信息网络安全、治安管理、消防管理、工商行政管理、电信管理等规定，触犯刑律的，依法追究刑事责任；尚不够刑事处罚的，由公安机关、工商行政管理部门、电信管理机构依法给予处罚；情节严重的，由原发证机关吊销许可证件。

第三十四条 互联网上网服务营业场所经营单位违反本条例的规定，被处以吊销《网络文化经营许可证》行政处罚的，应当依法到工商行政管理部门办理变更登记或者注销登记；逾期未办理的，由工商行政管理部门吊销营业执照。

第三十五条 互联网上网服务营业场所经营单位违反本条例的规定，被吊销《网络文化经营许可证》的，自被吊销《网络文化经营许可证》之日起5年内，其法定代表人或者主要负责人不得担任互联网上网服务营业场所经营单位的法定代表人或者主要负责人。

擅自设立的互联网上网服务营业场所经营单位被依法取缔的，自被取缔之日起5年内，其主要负责人不得担任互联网上网服务营业场所经营单位的法定代表人或者主要负责人。

第三十六条 依照本条例的规定实施罚款的行政处罚，应当依照有关法律、行政法规的规定，实行罚款决定与罚款收缴分离；收缴的罚款和违法所得必须全部上缴国库。

第五章 附 则

第三十七条 本条例自2002年11月15日起施行。2001年4月3日信息产业部、公安部、文化部、国家工商行政管理局发布的《互联网上网服务营业场所管理办法》同时废止。

4.1.9 《信息网络传播保护条例》

发布单位：中华人民共和国国务院

发布文号：中华人民共和国国务院令第468号

发布日期：2006-05-18

生效日期：2006-07-01

（2006年5月10日国务院第一百三十五次常务会议通过）

第一条 为保护著作权人、表演者、录音录像制作者（以下统称权利人）的信息网络传播权，鼓励有益于社会主义精神文明、物质文明建设的作品的创作和传播，根据《中华人民共和国著作权法》（以下简称著作权法），制定本条例。

第二条 权利人享有的信息网络传播权受著作权法和本条例保护。除法律、行政法规另有规定的外，任何组织或者个人将他人的作品、表演、录音录像制品通过信息网络向公众提供，应当取得权利人许可，并支付报酬。

第三条 依法禁止提供的作品、表演、录音录像制品，不受本条例保护。

权利人行使信息网络传播权，不得违反宪法和法律、行政法规，不得损害公共利益。

第四条 为了保护信息网络传播权，权利人可以采取技术措施。

任何组织或者个人不得故意避开或者破坏技术措施，不得故意制造、进口或者向公众提供主要用于避开或者破坏技术措施的装置或者部件,不得故意为他人避开或者破坏技术措施提供技术服务。但是,法律、行政法规规定可以避开的除外。

第五条 未经权利人许可,任何组织或者个人不得进行下列行为:

(一)故意删除或者改变通过信息网络向公众提供的作品、表演、录音录像制品的权利管理电子信息,但由于技术上的原因无法避免删除或者改变的除外;

(二)通过信息网络向公众提供明知或者应知未经权利人许可被删除或者改变权利管理电子信息的作品、表演、录音录像制品。

第六条 通过信息网络提供他人作品,属于下列情形的,可以不经著作权人许可,不向其支付报酬:

(一)为介绍、评论某一作品或者说明某一问题,在向公众提供的作品中适当引用已经发表的作品;

(二)为报道时事新闻,在向公众提供的作品中不可避免地再现或者引用已经发表的作品;

(三)为学校课堂教学或者科学研究,向少数教学、科研人员提供少量已经发表的作品;

(四)国家机关为执行公务,在合理范围内向公众提供已经发表的作品;

(五)将中国公民、法人或者其他组织已经发表的、以汉语言文字创作的作品翻译成的少数民族语言文字作品,向中国境内少数民族提供;

(六)不以营利为目的,以盲人能够感知的独特方式向盲人提供已经发表的文字作品;

(七)向公众提供在信息网络上已经发表的关于政治、经济问题的时事性文章;

(八)向公众提供在公众集会上发表的讲话。

第七条 图书馆、档案馆、纪念馆、博物馆、美术馆等可以不经著作权人许可,通过信息网络向本馆馆舍内服务对象提供本馆收藏的合法出版的数字作品和依法为陈列或者保存版本的需要以数字化形式复制的作品,不向其支付报酬,但不得直接或者间接获得经济利益。当事人另有约定的除外。

前款规定的为陈列或者保存版本需要以数字化形式复制的作品,应当是已经损毁或者濒临损毁、丢失或者失窃,或者其存储格式已经过时,并且在市场上无法购买或者只能以明显高于标定的价格购买的作品。

第八条 为通过信息网络实施九年制义务教育或者国家教育规划,可以不经著作权人许可,使用其已经发表作品的片断或者短小的文字作品、音乐作品或者单幅的美术作品、摄影作品制作课件,由制作课件或者依法取得课件的远程教育机构通过信息网络向注册学生提供,但应当向著作权人支付报酬。

第九条 为扶助贫困,通过信息网络向农村地区的公众免费提供中国公民、法人或者其他组织已经发表的种植养殖、防病治病、防灾减灾等与扶助贫困有关的作品和适应基本文化需求的作品,网络服务提供者应当在提供前公告拟提供的作品及其作者、拟支付报酬的标准。自公告之日起 30 日内,著作权人不同意提供的,网络服务提供者不得提供其作品;自公告之日起满 30 日，著作权人没有异议的，网络服务提供者可以提供其作品，并按照公告的标准向著作权人支付报酬。网络服务提供者提供著作权人的作品后，著作权人不同意提供的，网络服务提供者应当立即删除著作权人的作品，并按照公告的标准向著作权人支付提供作品期间的报酬。

依照前款规定提供作品的，不得直接或者间接获得经济利益。

第十条　依照本条例规定不经著作权人许可、通过信息网络向公众提供其作品的，还应当遵守下列规定：

（一）除本条例第六条第（一）项至第（六）项、第七条规定的情形外，不得提供作者事先声明不许提供的作品；

（二）指明作品的名称和作者的姓名（名称）；

（三）依照本条例规定支付报酬；

（四）采取技术措施，防止本条例第七条、第八条、第九条规定的服务对象以外的其他人获得著作权人的作品，并防止本条例第七条规定的服务对象的复制行为对著作权人利益造成实质性损害；

（五）不得侵犯著作权人依法享有的其他权利。

第十一条　通过信息网络提供他人表演、录音录像制品的，应当遵守本条例第六条至第十条的规定。

第十二条　属于下列情形的，可以避开技术措施，但不得向他人提供避开技术措施的技术、装置或者部件，不得侵犯权利人依法享有的其他权利：

（一）为学校课堂教学或者科学研究，通过信息网络向少数教学、科研人员提供已经发表的作品、表演、录音录像制品，而该作品、表演、录音录像制品只能通过信息网络获取；

（二）不以营利为目的，通过信息网络以盲人能够感知的独特方式向盲人提供已经发表的文字作品，而该作品只能通过信息网络获取；

（三）国家机关依照行政、司法程序执行公务；

（四）在信息网络上对计算机及其系统或者网络的安全性能进行测试。

第十三条　著作权行政管理部门为了查处侵犯信息网络传播权的行为，可以要求网络服务提供者提供涉嫌侵权的服务对象的姓名（名称）、联系方式、网络地址等资料。

第十四条　对提供信息存储空间或者提供搜索、链接服务的网络服务提供者，权利人认为其服务所涉及的作品、表演、录音录像制品，侵犯自己的信息网络传播权或者被删除、改变了自己的权利管理电子信息的，可以向该网络服务提供者提交书面通知，要求网络服务提供者删除该作品、表演、录音录像制品，或者断开与该作品、表演、录音录像制品的链接。通知书应当包含下列内容：

（一）权利人的姓名（名称）、联系方式和地址；

（二）要求删除或者断开链接的侵权作品、表演、录音录像制品的名称和网络地址；

（三）构成侵权的初步证明材料。

权利人应当对通知书的真实性负责。

第十五条　网络服务提供者接到权利人的通知书后,应当立即删除涉嫌侵权的作品、表演、录音录像制品,或者断开与涉嫌侵权的作品、表演、录音录像制品的链接,并同时将通知书转送提供作品、表演、录音录像制品的服务对象;服务对象网络地址不明、无法转送的,应当将通知书的内容同时在信息网络上公告。

第十六条　服务对象接到网络服务提供者转送的通知书后,认为其提供的作品、表演、录音录像制品未侵犯他人权利的,可以向网络服务提供者提交书面说明,要求恢复被删除的作品、表演、录音录像制品,或者恢复与被断开的作品、表演、录音录像制品的链接。书面说明应当包含下列内容:

(一)服务对象的姓名(名称)、联系方式和地址;

(二)要求恢复的作品、表演、录音录像制品的名称和网络地址;

(三)不构成侵权的初步证明材料。

服务对象应当对书面说明的真实性负责。

第十七条　网络服务提供者接到服务对象的书面说明后,应当立即恢复被删除的作品、表演、录音录像制品,或者可以恢复与被断开的作品、表演、录音录像制品的链接,同时将服务对象的书面说明转送权利人。权利人不得再通知网络服务提供者删除该作品、表演、录音录像制品,或者断开与该作品、表演、录音录像制品的链接。

第十八条　违反本条例规定,有下列侵权行为之一的,根据情况承担停止侵害、消除影响、赔礼道歉、赔偿损失等民事责任;同时损害公共利益的,可以由著作权行政管理部门责令停止侵权行为,没收违法所得,并可处以10万元以下的罚款;情节严重的,著作权行政管理部门可以没收主要用于提供网络服务的计算机等设备;构成犯罪的,依法追究刑事责任:

(一)通过信息网络擅自向公众提供他人的作品、表演、录音录像制品的;

(二)故意避开或者破坏技术措施的;

(三)故意删除或者改变通过信息网络向公众提供的作品、表演、录音录像制品的权利管理电子信息,或者通过信息网络向公众提供明知或者应知未经权利人许可而被删除或者改变权利管理电子信息的作品、表演、录音录像制品的;

(四)为扶助贫困通过信息网络向农村地区提供作品、表演、录音录像制品超过规定范围,或者未按照公告的标准支付报酬,或者在权利人不同意提供其作品、表演、录音录像制品后未立即删除的;

(五)通过信息网络提供他人的作品、表演、录音录像制品,未指明作品、表演、录音录像制品的名称或者作者、表演者、录音录像制作者的姓名(名称),或者未支付报酬,或者未依照本条例规定采取技术措施防止服务对象以外的其他人获得他人的作品、表演、录音录像制品,或者未防止服务对象的复制行为对权利人利益造成实质性损害的。

第十九条　违反本条例规定,有下列行为之一的,由著作权行政管理部门予以警告,没收违法所得,没收主要用于避开、破坏技术措施的装置或者部件;情节严重的,可以没收主

要用于提供网络服务的计算机等设备,并可处以 10 万元以下的罚款;构成犯罪的,依法追究刑事责任:

(一)故意制造、进口或者向他人提供主要用于避开、破坏技术措施的装置或者部件,或者故意为他人避开或者破坏技术措施提供技术服务的;

(二)通过信息网络提供他人的作品、表演、录音录像制品,获得经济利益的;

(三)为扶助贫困通过信息网络向农村地区提供作品、表演、录音录像制品,未在提供前公告作品、表演、录音录像制品的名称和作者、表演者、录音录像制作者的姓名(名称)以及报酬标准的。

第二十条 网络服务提供者根据服务对象的指令提供网络自动接入服务,或者对服务对象提供的作品、表演、录音录像制品提供自动传输服务,并具备下列条件的,不承担赔偿责任:

(一)未选择并且未改变所传输的作品、表演、录音录像制品;

(二)向指定的服务对象提供该作品、表演、录音录像制品,并防止指定的服务对象以外的其他人获得。

第二十一条 网络服务提供者为提高网络传输效率,自动存储从其他网络服务提供者获得的作品、表演、录音录像制品,根据技术安排自动向服务对象提供,并具备下列条件的,不承担赔偿责任:

(一)未改变自动存储的作品、表演、录音录像制品;

(二)不影响提供作品、表演、录音录像制品的原网络服务提供者掌握服务对象获取该作品、表演、录音录像制品的情况;

(三)在原网络服务提供者修改、删除或者屏蔽该作品、表演、录音录像制品时,根据技术安排自动予以修改、删除或者屏蔽。

第二十二条 网络服务提供者为服务对象提供信息存储空间,供服务对象通过信息网络向公众提供作品、表演、录音录像制品,并具备下列条件的,不承担赔偿责任:

(一)明确标示该信息存储空间是为服务对象所提供,并公开网络服务提供者的名称、联系人、网络地址;

(二)未改变服务对象所提供的作品、表演、录音录像制品;

(三)不知道也没有合理的理由应当知道服务对象提供的作品、表演、录音录像制品侵权;

(四)未从服务对象提供作品、表演、录音录像制品中直接获得经济利益;

(五)在接到权利人的通知书后,根据本条例规定删除权利人认为侵权的作品、表演、录音录像制品。

第二十三条 网络服务提供者为服务对象提供搜索或者链接服务,在接到权利人的通知书后,根据本条例规定断开与侵权的作品、表演、录音录像制品的链接的,不承担赔偿责任;但是,明知或者应知所链接的作品、表演、录音录像制品侵权的,应当承担共同侵权责任。

第二十四条　因权利人的通知导致网络服务提供者错误删除作品、表演、录音录像制品,或者错误断开与作品、表演、录音录像制品的链接,给服务对象造成损失的,权利人应当承担赔偿责任。

第二十五条　网络服务提供者无正当理由拒绝提供或者拖延提供涉嫌侵权的服务对象的姓名(名称)、联系方式、网络地址等资料的,由著作权行政管理部门予以警告;情节严重的,没收主要用于提供网络服务的计算机等设备。

第二十六条　本条例下列用语的含义:

信息网络传播权,是指以有线或者无线方式向公众提供作品、表演或者录音录像制品,使公众可以在其个人选定的时间和地点获得作品、表演或者录音录像制品的权利。

技术措施,是指用于防止、限制未经权利人许可浏览、欣赏作品、表演、录音录像制品的或者通过信息网络向公众提供作品、表演、录音录像制品的有效技术、装置或者部件。

权利管理电子信息,是指说明作品及其作者、表演及其表演者、录音录像制品及其制作者的信息,作品、表演、录音录像制品权利人的信息和使用条件的信息,以及表示上述信息的数字或者代码。

第二十七条　本条例自 2006 年 7 月 1 日起施行。

4.2　国务院组成部门制定的规章和规范

4.2.1　教育部制定的规章和规范

1.《高等学校知识产权保护管理规定》
发布单位:中华人民共和国教育部
发布文号:中华人民共和国教育部令第 3 号
发布日期:1998-12-01
生效日期:1999-04-08

第一章　总　则

第一条　为有效保护高等学校知识产权,鼓励广大教职员工和学生发明创造和智力创作的积极性,发挥高等学校的智力优势,促进科技成果产业化,依据国家知识产权法律、法规,制定本规定。

第二条　本规定适用于国家举办的高等学校、高等学校所属教学科研机构和企业事业单位(以下简称"所属单位")。社会力量举办的高等学校及其他教育机构参照适用本规定。

第三条　本规定所称的知识产权包括:

(一)专利权、商标权;

(二)技术秘密和商业秘密;

（三）著作权及其邻接权；

（四）高等学校的校标和各种服务标记；

（五）依照国家法律、法规规定或者依法由合同约定由高等学校享有或持有的其他知识产权。

第二章　任务和职责

第四条　高等学校知识产权保护工作的任务是：

（一）贯彻执行国家知识产权法律、法规，制定高等学校知识产权保护工作的方针、政策和规划；

（二）宣传、普及知识产权法律知识，增强高等学校知识产权保护意识和能力；

（三）进一步完善高等学校知识产权管理制度，切实加强高等学校知识产权保护工作；

（四）积极促进和规范管理高等学校科学技术成果及其他智力成果的开发、使用、转让和科技产业的发展。

第五条　国务院教育行政部门和各省、自治区、直辖市人民政府教育行政部门，在其职责范围内，负责对全国或本行政区域的高等学校知识产权工作进行领导和宏观管理，全面规划、推动、指导和监督高等学校知识产权保护工作的开展。

第六条　各高等学校在知识产权保护工作中应当履行的职责是：

（一）结合本校的实际情况，制定知识产权工作的具体规划和保护规定；

（二）加强对知识产权保护工作的组织和领导，完善本校知识产权保护制度，加强本校知识产权工作机构和队伍建设；

（三）组织知识产权法律、法规的教育和培训，开展知识产权课程教学和研究工作；

（四）组织开展本校知识产权的鉴定、申请、登记、注册、评估和管理工作；

（五）组织签订、审核本校知识产权的开发、使用和转让合同；

（六）协调解决本校内部有关知识产权的争议和纠纷；

（七）对在科技开发、技术转移以及知识产权保护工作中有突出贡献人员予以奖励；

（八）组织开展本校有关知识产权保护工作的国际交流与合作；

（九）其他在知识产权保护工作中应当履行的职责。

第三章　知识产权归属

第七条　高等学校对以下标识依法享有专用权：

（一）以高等学校名义申请注册的商标；

（二）校标；

（三）高等学校的其他服务性标记。

第八条　执行本校及其所属单位任务，或主要利用本校及其所属单位的物质技术条件所完成的发明创造或者其他技术成果，是高等学校职务发明创造或职务技术成果。

职务发明创造申请专利的权利属于高等学校。专利权被依法授予后由高等学校持有。

职务技术成果的使用权、转让权由高等学校享有。

第九条 由高等学校主持、代表高等学校意志创作、并由高等学校承担责任的作品为高等学校法人作品,其著作权由高等学校享有。

为完成高等学校的工作任务所创作的作品是职务作品,除第十条规定情况外,著作权由完成者享有。高等学校在其业务范围内对职务作品享有优先使用权。作品完成两年内,未经高等学校同意,作者不得许可第三人以与高等学校相同的方式使用该作品。

第十条 主要利用高等学校的物质技术条件创作,并由高等学校承担责任的工程设计、产品设计图纸、计算机软件、地图等职务作品以及法律、行政法规规定的或者合同约定著作权由高等学校享有的职务作品,作者享有署名权,著作权的其他权利由高等学校享有。

第十一条 在执行高等学校科研等工作任务过程中所形成的信息、资料、程序等技术秘密属于高等学校所有。

第十二条 高等学校派遣出国访问、进修、留学及开展合作项目研究的人员,对其在校已进行的研究,而在国外可能完成的发明创造、获得的知识产权,应当与派遣的高等学校签订协议,确定其发明创造及其他知识产权的归属。

第十三条 在高等学校学习、进修或者开展合作项目研究的学生、研究人员,在校期间参与导师承担的本校研究课题或者承担学校安排的任务所完成的发明创造及其他技术成果,除另有协议外,应当归高等学校享有或持有。进入博士后流动站的人员,在进站前应就知识产权问题与流动站签订专门协议。

第十四条 高等学校的离休、退休、停薪留职、调离以及被辞退的人员,在离开高等学校一年内完成的与其原承担的本职工作或任务有关的发明创造或技术成果,由高等学校享有或持有。

第十五条 职务发明创造或职务技术成果,以及职务作品的完成人依法享有在有关技术文件和作品上署名及获得奖励和报酬的权利。

第四章 知识产权管理机构

第十六条 高等学校应建立知识产权办公会议制度,逐步建立健全知识产权工作机构。有条件的高等学校,可实行知识产权登记管理制度;设立知识产权保护与管理工作机构,归口管理本单位知识产权保护工作。暂未设立知识产权保护与管理机构的高等学校,应指定科研管理机构或其他机构担负相关职责。

第十七条 高等学校科研管理机构负责本校科研项目的立项、成果和档案管理。

应用技术项目的课题组或课题研究人员,在申请立项之前应当进行专利文献及其相关文献的检索。

课题组或课题研究人员在科研工作过程中,应当做好技术资料的记录和保管工作。科研项目完成后,课题负责人应当将全部实验报告、实验记录、图纸、声像、手稿等原始技术资料收集整理后交本校科研管理机构归档。

第十八条 在科研活动中做出的职务发明创造或者形成的职务技术成果,课题负责人应当及时向本校科研管理机构(知识产权管理机构)提出申请专利的建议,并提交相关资料。高等学校的科研管理机构应当对课题负责人的建议和相关资料进行审查,对需要申请专利的应当及时办理专利申请,对不宜申请专利的技术秘密要采取措施予以保护。

第十九条　高等学校应当规范和加强有关知识产权合同的签订、审核和管理工作。

高等学校及其所属单位与国内外单位或者个人合作进行科学研究和技术开发,对外进行知识产权转让或者许可使用,应当依法签订书面合同,明确知识产权的归属以及相应的权利、义务等内容。

高等学校的知识产权管理机构负责对高等学校及其所属单位签订的知识产权合同进行审核和管理。

第二十条　高等学校所属单位对外进行知识产权转让或者许可使用前,应当经学校知识产权管理机构审查,并报学校批准。

第二十一条　高等学校的教职员工和学生凡申请非职务专利,登记非职务计算机软件的,以及进行非职务专利、非职务技术成果以及非职务作品转让和许可的,应当向本校知识产权管理机构申报,接受审核。对于符合非职务条件的,学校应出具相应证明。

第二十二条　高等学校要加强科技保密管理。高等学校的教职员工和学生,在开展国内外学术交流与合作过程中,对属于本校保密的信息和技术,要按照国家和本校的有关规定严格保密。

高等学校对在国内外科技展览会参展的项目应当加强审核和管理、做好科技保密管理工作。

第二十三条　高等学校应当重视开展知识产权的资产评估工作,加强对知识产权资产评估的组织和管理。高等学校对外进行知识产权转让、许可使用、作价投资入股或者作为对校办科技产业的投入,应当对知识产权进行资产评估。

第二十四条　高等学校可根据情况逐步实行知识产权保证书制度,与有关教职员工和学生签订保护本校知识产权的保证书,明确保护本校知识产权的义务。

第五章　奖酬与扶持

第二十五条　高等学校应当依法保护职务发明创造、职务技术成果、高等学校法人作品及职务作品的研究、创作人员的合法权益,对在知识产权的产生、发展,科技成果产业化方面做出突出贡献的人员,按照国家的有关规定给予奖励。

第二十六条　高等学校将其知识产权或职务发明创造、职务技术成果转让给他人或许可他人使用的,应当从转让或许可使用所取得的净收入中,提取不低于20%的比例,对完成该项职务发明创造、职务技术成果及其转化做出重要贡献的人员给予奖励。为促进科技成果产业化,对经学校许可,由职务发明创造、职务技术成果完成人进行产业化的,可以从转化收入中提取不低于30%的比例给予奖酬。

第二十七条　高等学校及其所属单位独立研究开发或者与其他单位合作研究开发的科技成果实施转化成功投产后,高等学校应当连续三至五年从实施该项科技成果所取得的收入中提取不低于5%的比例,对完成该项科技成果及其产业化做出重要贡献的人员给予奖酬。

采用股份制形式的高等学校科技企业,或者主要以技术向其他股份制企业投资入股的高等学校,可以将在科技成果的研究开发、产业化中做出重要贡献的有关人员的报酬或者奖励,按照国家有关规定折算为相应的股份份额或者出资比例。该持股人依据其所持股份份额或出资比例分享收益。

第二十八条 高等学校应当根据实际情况,采取有效措施,对知识产权的保护、管理工作提供必要的条件保障。高等学校应拨出专款或从技术实施收益中提取一定比例,设立知识产权专项基金,用于支持补贴专利申请,维持和知识产权保护方面的有关费用。对知识产权保护与管理做出突出贡献的单位和个人,高等学校应给予奖励,并作为工作业绩和职称评聘的重要参考。

第六章 法律责任

第二十九条 剽窃、窃取、篡改、非法占有、假冒或者以其他方式侵害由高等学校及其教职员工和学生依法享有或持有的知识产权的,高等学校有处理权的,应责令其改正,并对直接责任人给予相应的处分;对无处理权的,应提请并协助有关行政部门依法做出处理。构成犯罪的,应当依法追究刑事责任。

第三十条 在高等学校教学、科研、创作以及成果的申报、评审、鉴定、产业化活动中,采取欺骗手段,获得优惠待遇或者奖励的,高等学校应当责令改正,退还非法所得,取消其获得的优惠待遇和奖励。

第三十一条 违反本规定,泄漏本校的技术秘密,或者擅自转让、变相转让以及许可使用高等学校的职务发明创造、职务技术成果、高等学校法人作品或者职务作品的,或造成高等学校资产流失和损失的,由高等学校或其主管教育行政部门对直接责任人员给予行政处分。

第三十二条 侵犯高等学校及其教职员工和学生依法享有或持有的知识产权,造成损失、损害的,应当依法承担民事责任。

第七章 附 则

第三十三条 本规定自发布之日起施行。

2.《教育网站和网校暂行管理办法》
发布单位:中华人民共和国教育部
发布文号:中华人民共和国教育部令第5号
发布日期:2000-07-05
生效日期:2000-07-05

第一条 为了促进互联网上教育信息服务和现代远程教育健康、有序的发展,规范从事现代远程教育和通过互联网进行教育信息服务的行为,根据国家有关法律法规,制定本暂行管理办法。

第二条 现代远程教育和教育信息服务是我国社会主义教育事业的重要组成部分，开展现代远程教育和教育信息服务必须遵循国家的教育方针。

第三条 教育网站是指通过收集、加工、存储教育信息等方式建立信息库或者同时建立网上教育用平台与信息获取及搜索等工具，通过互联网服务提供单位（ISP）接入互联网或者教育电视台，向上网用户提供教学和其他有关教育公共信息服务的机构。

第四条 教育网校是指进行各级各类学历学位教育或者通过培训颁发各种证书的教育网站。

第五条 教育网站和网校凡利用卫星网络进行教育教学活动的，必须经由中国教育电视台上星。

第六条 教育网站和网校可涉及高等教育、基础教育、幼儿教育、师范教育、职业教育、成人教育、继续教育及其他种类教育和教育公共信息服务。

第七条 主管的教育行政部门按与面授教育管理对口的原则负责对教育网站和网校进行审批和管理，并报教育部信息化工作领导小组备案。

第八条 凡在中华人民共和国境内申报开办教育网站和网校，必须向主管教育行政部门申请，经审查批准后方可开办。已开办的教育网站和网校，如未经主管教育行政部门批准的，应及时补办申请、批准手续。未经主管教育行政部门批准，不得擅自开办教育网站和网校。

第九条 开办各类教育网站，必须具备下列基本条件：

（一）具有必要的资金及资金来源的有效证明。

（二）符合国家法律、法规及国家主管教育行政部门规定的其他条件。

第十条 开办教育网校，除符合本办法第九条规定的条件外，还必须是主管教育行政部门认可的、具有在中华人民共和国境内从事与所办网校相同类型教育活动资格的事业法人，或者是与该机构合作并由其提供质量保证的事业法人或者企业法人组织。

第十一条 申请开办教育网站和网校的机构（以下简称申办机构）应向主管教育行政部门提供下列材料：

（一）开办（或确认）教育网站和网校的书面申请。包括：教育网站和网校的类别、网站和网校设置地点、辅导站设置地点（如果设置）、预定开始提供服务日期和申办机构性质、通信地址、邮政编码、负责人及其身份证号码、联系人、联系电话等。

（二）本办法第十条所述基本条件证明。

（三）申办机构概况。

（四）由学校与企业合资开办教育网站和网校的，应该提供会计师事务所或者审计师事务所出具的资信证明或者验资报告。

（五）由学校与企业合资开办教育网站和网校的，应提供申办机构的公司章程、股东协议书等文件。

（六）信息安全保障措施。

第十二条　申请开办教育网校，还应提供开办教育网校的办学条件，包括教学大纲、教学管理手段、师资力量、招生对象和资信担保证明等资料。

第十三条　主管教育行政部门每年两次受理申办机构的申请材料。如发现申请材料不符合要求，应在 10 个工作日内文字通知申办机构限期补办，逾期不补办或者所补材料仍不符合要求者，视为放弃申请。主管教育行政部门经初步审查合格后正式受理申请，在正式受理之日起 20 个工作日内，做出是否批准的决定，并书面通知申办机构。

第十四条　已获准开办的教育网站和网校，如果开办者主体或者名称、地点等需要变更的，应在变更前 20 个工作日内向负责批准的原主管教育行政部门提出申请，由主管教育行政部门对新的承办主体进行资格审查，审查合格后方可办理变更报批手续。

第十五条　已获准开办的教育网站和网校应在其网络主页上标明已获主管教育行政部门批准的信息，包括批准的日期、文号等。

第十六条　凡获得批准开办的教育网站以企业形式申请境内外上市的，应事先征得教育部同意。

第十七条　已获准开办的教育网站和网校，由教育部信息化工作领导小组负责定期向社会公布。

第十八条　教育网站和网校应遵循国家有关法律、法规，不得在网络上制作、发布、传播下列信息内容：

（一）泄露国家秘密危害国家安全的；

（二）违反国家民族、宗教与教育政策的；

（三）宣扬封建迷信、邪教、黄色淫秽制品、违反社会公德、以及赌博和教唆犯罪等；

（四）煽动暴力；

（五）散布谣言、扰乱社会秩序、鼓动聚众滋事；

（六）暴露个人隐私和攻击他人与损害他人合法权益；

（七）损害社会公共利益；

（八）计算机病毒；

（九）法律和法规禁止的其他有害信息。

如发现上述有害信息内容，应及时向有关主管部门报告，并采取有效措施制止其扩散。

第十九条　凡国家法律、法规规定面向社会公开的公益信息，任何教育网站和网校不得进行有偿服务。

第二十条　未经教育部批准，教育网站和网校不得冠以"中国"字样。凡冠以政府职能部门名称的教育网站，均不得从事经营活动。

第二十一条　违反本办法第八条、第十八条、第十九条、第二十条，主管教育行政部门应根据有关行政法规的规定，视情节轻重予以警告、通报批评、取消教育网站和网校开办资格等处罚，情节严重的，依法追究法律责任。

第二十二条 境外机构在中华人民共和国境内参与教育网校建设的,根据中外合作办学的有关规定并参照本办法执行。

第二十三条 有关教育网站和网校收费标准与办法,由开办机构提出申请,所在地的教育行政部门、工商物价管理部门确定;对跨省区办学单位的收费,由开办机构商所服务区域的物价主管部门确定。

第二十四条 凡现有规定与本办法不符的,以本办法为准。

第二十五条 本办法由教育部负责解释。

第二十六条 本办法自发布之日起执行。

3.《高等学校信息公开办法》

发布单位:中华人民共和国教育部

发布文号:中华人民共和国教育部令第 29 号

发布日期:2010-04-06

生效日期:2010-09-01

第一章 总 则

第一条 为了保障公民、法人和其他组织依法获取高等学校信息,促进高等学校依法治校,根据高等教育法和政府信息公开条例的有关规定,制定本办法。

第二条 高等学校在开展办学活动和提供社会公共服务过程中产生、制作、获取的以一定形式记录、保存的信息,应当按照有关法律法规和本办法的规定公开。

第三条 国务院教育行政部门负责指导、监督全国高等学校信息公开工作。

省级教育行政部门负责统筹推进、协调、监督本行政区域内高等学校信息公开工作。

第四条 高等学校应当遵循公正、公平、便民的原则,建立信息公开工作机制和各项工作制度。

高等学校公开信息,不得危及国家安全、公共安全、经济安全、社会稳定和学校安全稳定。

第五条 高等学校应当建立健全信息发布保密审查机制,明确审查的程序和责任。高等学校公开信息前,应当依照法律法规和国家其他有关规定对拟公开的信息进行保密审查。

有关信息依照国家有关规定或者根据实际情况需要审批的,高等学校应当按照规定程序履行审批手续,未经批准不得公开。

第六条 高等学校发现不利于校园和社会稳定的虚假信息或者不完整信息的,应当在其职责范围内及时发布准确信息予以澄清。

第二章 公开的内容

第七条 高等学校应当主动公开以下信息:

(一)学校名称、办学地点、办学性质、办学宗旨、办学层次、办学规模、内部管理体制、机构设置、学校领导等基本情况;

（二）学校章程以及学校制定的各项规章制度；

（三）学校发展规划和年度工作计划；

（四）各层次、类型学历教育招生、考试与录取规定，学籍管理、学位评定办法，学生申诉途径与处理程序；毕业生就业指导与服务情况等；

（五）学科与专业设置，重点学科建设情况，课程与教学计划，实验室、仪器设备配置与图书藏量，教学与科研成果评选，国家组织的教学评估结果等；

（六）学生奖学金、助学金、学费减免、助学贷款与勤工俭学的申请与管理规定等；

（七）教师和其他专业技术人员数量、专业技术职务等级、岗位设置管理与聘用办法，教师争议解决办法等；

（八）收费的项目、依据、标准与投诉方式；

（九）财务、资产与财务管理制度，学校经费来源、年度经费预算决算方案、财政性资金、受捐赠财产的使用与管理情况，仪器设备、图书、药品等物资设备采购和重大基建工程的招投标；

（十）自然灾害等突发事件的应急处理预案、处置情况，涉及学校的重大事件的调查和处理情况；

（十一）对外交流与中外合作办学情况，外籍教师与留学生的管理制度；

（十二）法律、法规和规章规定需要公开的其他事项。

第八条　除第七条规定需要公开的信息外，高等学校应当明确其他需要主动公开的信息内容与公开范围。

第九条　除高等学校已公开的信息外，公民、法人和其他组织还可以根据自身学习、科研、工作等特殊需要，以书面形式（包括数据电文形式）向学校申请获取相关信息。

第十条　高等学校对下列信息不予公开：

（一）涉及国家秘密的；

（二）涉及商业秘密的；

（三）涉及个人隐私的；

（四）法律、法规和规章以及学校规定的不予公开的其他信息。

其中第（二）项、第（三）项所列的信息，经权利人同意公开或者高校认为不公开可能对公共利益造成重大影响的，可以予以公开。

第三章　公开的途径和要求

第十一条　高等学校校长领导学校的信息公开工作。校长（学校）办公室为信息公开工作机构，负责学校信息公开的日常工作，具体职责是：

（一）具体承办本校信息公开事宜；

（二）管理、协调、维护和更新本校公开的信息；

（三）统一受理、协调处理、统一答复向本校提出的信息公开申请；

（四）组织编制本校的信息公开指南、信息公开目录和信息公开工作年度报告；

（五）协调对拟公开的学校信息进行保密审查；

（六）组织学校信息公开工作的内部评议；

（七）推进、监督学校内设组织机构的信息公开；

（八）承担与本校信息公开有关的其他职责。

高等学校应当向社会公开信息公开工作机构的名称、负责人、办公地址、办公时间、联系电话、传真号码、电子邮箱等。

第十二条　对依照本办法规定需要公开的信息，高等学校应当根据实际情况，通过学校网站、校报校刊、校内广播等校内媒体和报刊、杂志、广播、电视等校外媒体以及新闻发布会、年鉴、会议纪要或者简报等方式予以公开；并根据需要设置公共查阅室、资料索取点、信息公告栏或者电子屏幕等场所、设施。

第十三条　高等学校应当在学校网站开设信息公开意见箱，设置信息公开专栏、建立有效链接，及时更新信息，并通过信息公开意见箱听取对学校信息公开工作的意见和建议。

第十四条　高等学校应当编制信息公开指南和目录，并及时公布和更新。信息公开指南应当明确信息公开工作机构，信息的分类、编排体系和获取方式，依申请公开的处理和答复流程等。信息公开目录应当包括信息的索引、名称、生成日期、责任部门等内容。

第十五条　高等学校应当将学校基本的规章制度汇编成册，置于学校有关内部组织机构的办公地点、档案馆、图书馆等场所，提供免费查阅。

高等学校应当将学生管理制度、教师管理制度分别汇编成册，在新生和新聘教师报到时发放。

第十六条　高等学校完成信息制作或者获取信息后，应当及时明确该信息是否公开。确定公开的，应当明确公开的受众；确定不予公开的，应当说明理由；难以确定是否公开的，应当及时报请高等学校所在地省级教育行政部门或者上级主管部门审定。

第十七条　属于主动公开的信息，高等学校应当自该信息制作完成或者获取之日起20个工作日内予以公开。公开的信息内容发生变更的，应当在变更后20个工作日内予以更新。

学校决策事项需要征求教师、学生和学校其他工作人员意见的，公开征求意见的期限不得少于10个工作日。

法律法规对信息内容公开的期限另有规定的，从其规定。

第十八条　对申请人的信息公开申请，高等学校根据下列情况在15个工作日内分别做出答复：

（一）属于公开范围的，应当告知申请人获取该信息的方式和途径；

（二）属于不予公开范围的，应当告知申请人并说明理由；

（三）不属于本校职责范围的或者该信息不存在的，应当告知申请人，对能够确定该信息的职责单位的，应当告知申请人该单位的名称、联系方式；

（四）申请公开的信息含有不应当公开的内容但能够区分处理的，应当告知申请人并提

供可以公开的信息内容,对不予公开的部分,应当说明理由;

(五)申请内容不明确的,应当告知申请人做出更改、补充;申请人逾期未补正的,视为放弃本次申请;

(六)同一申请人无正当理由重复向同一高等学校申请公开同一信息,高等学校已经做出答复且该信息未发生变化的,应当告知申请人,不再重复处理;

(七)高等学校根据实际情况做出的其他答复。

第十九条 申请人向高等学校申请公开信息的,应当出示有效身份证件或者证明文件。

申请人有证据证明高等学校提供的与自身相关的信息记录不准确的,有权要求该高等学校予以更正;该高等学校无权更正的,应当转送有权更正的单位处理,并告知申请人。

第二十条 高等学校向申请人提供信息,可以按照学校所在地省级价格部门和财政部门规定的收费标准收取检索、复制、邮寄等费用。收取的费用应当纳入学校财务管理。

高等学校不得通过其他组织、个人以有偿方式提供信息。

第二十一条 高等学校应当健全内部组织机构的信息公开制度,明确其信息公开的具体内容。

第四章 监督和保障

第二十二条 国务院教育行政部门开展对全国高等学校推进信息公开工作的监督检查。

省级教育行政部门应当加强对本行政区域内高等学校信息公开工作的日常监督检查。

高等学校主管部门应当将信息公开工作开展情况纳入高等学校领导干部考核内容。

第二十三条 省级教育行政部门和高等学校应当将信息公开工作纳入干部岗位责任考核内容。考核工作可与年终考核结合进行。

高等学校内设监察部门负责组织对本校信息公开工作的监督检查,监督检查应当有教师、学生和学校其他工作人员代表参加。

第二十四条 高等学校应当编制学校上一学年信息公开工作年度报告,并于每年10月底前报送所在地省级教育行政部门。中央部门所属高校,还应当报送其上级主管部门。

第二十五条 省级教育行政部门应当建立健全高等学校信息公开评议制度,聘请人大代表、政协委员、家长、教师、学生等有关人员成立信息公开评议委员会或者以其他形式,定期对本行政区域内高等学校信息公开工作进行评议,并向社会公布评议结果。

第二十六条 公民、法人和其他组织认为高等学校未按照本办法规定履行信息公开义务的,可以向学校内设监察部门、省级教育行政部门举报;对于中央部委所属高等学校,还可向其上级主管部门举报。收到举报的部门应当及时处理,并以适当方式向举报人告知处理结果。

第二十七条 高等学校违反有关法律法规或者本办法规定,有下列情形之一的,由省级教育行政部门责令改正;情节严重的,由省级教育行政部门或者国务院教育行政部门予以通报批评;对高等学校直接负责的主管领导和其他直接责任人员,由高等学校主管部门依据有关规定给予处分：

（一）不依法履行信息公开义务的；

（二）不及时更新公开的信息内容、信息公开指南和目录的；

（三）公开不应当公开的信息的；

（四）在信息公开工作中隐瞒或者捏造事实的；

（五）违反规定收取费用的；

（六）通过其他组织、个人以有偿服务方式提供信息的；

（七）违反有关法律法规和本办法规定的其他行为的。

高等学校上述行为侵害当事人合法权益，造成损失的，应当依法承担民事责任。

第二十八条　高等学校应当将开展信息公开工作所需经费纳入年度预算，为学校信息公开工作提供经费保障。

第五章　附　　则

第二十九条　本办法所称的高等学校，是指大学、独立设置的学院和高等专科学校，其中包括高等职业学校和成人高等学校。

高等学校以外其他高等教育机构的信息公开，参照本办法执行。

第三十条　已经移交档案工作机构的高等学校信息的公开，依照有关档案管理的法律、法规和规章执行。

第三十一条　省级教育行政部门可以根据需要制订实施办法。高等学校应当依据本办法制定实施细则。

第三十二条　本办法自 2010 年 9 月 1 日起施行。

4.2.2　科学技术部制定的规章和规范

《科学技术保密规定》

发布单位：国家科学技术委员会、国家保密局

发布文号：国家科学技术委员会令第 20 号

发布日期：1995-01-06

生效日期：1995-01-06

第一章　总　　则

第一条　根据《中华人民共和国保守国家秘密法》和《中华人民共和国科学技术进步法》，制定本规定。

第二条　科学技术保密工作既要保障国家科学技术秘密的安全，又要促进科学技术的发展，有利于解放和发展生产力。

第三条　科学技术保密应当突出重点，确保重要国家科学技术秘密的安全，有控制地放宽一般国家科学技术秘密的交流与应用。

第四条　科学技术保密工作应当与科学技术管理工作相结合，是科技管理部门的重要职责。做好科学技术保密工作应当依靠广大科学工作者。

第五条　国家科学技术委员会（以下简称国家科委）按照职责管理全国的科学技术保密工作。各省、自治区、直辖市科技主管部门按照职责管理本地区的科学技术保密工作，中央国家机关各部门的科技主管机构按照职责管理本部门或者本系统的科学技术保密工作。

第六条　各级保密工作部门对科学技术保密工作负有指导、协调、监督和检查的职责。

第二章　国家科学技术秘密的范围和密级

第七条　关系国家的安全和利益，一旦泄露会造成下列后果之一的科学技术，应当列入国家科学技术秘密范围：

（一）削弱国家的防御和治安能力；

（二）影响我国技术在国际上的先进程度；

（三）失去我国技术的独有性；

（四）影响技术的国际竞争能力；

（五）损害国家声誉、权益和对外关系。

第八条　国家科学技术秘密的密级：

（一）绝密级

1．国际领先，并且对国防建设或者经济建设具有特别重大影响的；

2．能够导致高新技术领域突破的；

3．能够整体反映国家防御和治安实力的。

（二）机密级

1．处于国际先进水平，并且具有军事用途或者对经济建设具有重要影响的；

2．能够局部反映国家防御和治安实力的；

3．我国独有、不受自然条件因素制约、能体现民族特色的精华，并且社会效益或者经济效益显著的传统工艺。

（三）秘密级

1．处于国际先进水平，并且与国外相比在主要技术方面具有优势，社会效益或者经济效益较大的；

2．我国独有、受一定自然条件因素制约，并且社会效益或者经济效益很大的传统工艺。

第九条　有下列情形之一的，不列入国家科学技术秘密的范围：

（一）国外已经公开；

（二）在国际上无竞争能力且不涉及国家防御和治安能力；

（三）纯基础理论研究成果；

（四）在国内已经流传或者当地群众基本能够掌握的传统工艺；

（五）主要受当地气候、资源等自然条件因素制约且很难模拟其生产条件的传统工艺。

第十条　属于国家科学技术秘密的民用科学技术，原则上不定为绝密级。确需定为绝密级的应当符合本规定第八条关于绝密级的规定,并报国家科委审批。

第三章　国家科学技术秘密密级的确定、变更及其解密

第十一条　国家科学技术秘密事项,应当依照下列规定确定密级:

(一)产生单位按照规定第八条的规定及时确定密级;

(二)按照本规定第七条、第八条的规定,对科学技术成果难以确定其是否属于国家秘密和属于何种密级的,由产生单位按照《科技成果国家秘密密级评价方法》,及时确定密级;

(三)制定科研计划、规划时,有关单位应当按照本规定及时确定项目或者课题的密级。科技成果完成的同时,应当对其密级进行评价;

(四)有关单位应当在国家科学技术秘密事项的密级确定后三十日内,按照行政隶属关系上报省、自治区、直辖市的科技主管部门或者中央国家机关各部门的科技主管机构。

确定国家科学技术秘密事项的密级,应当同时确定其保密期限和保密要点。

第十二条　个人完成的科学技术成果,由其所在省、自治区、直辖市的科技主管部门确定密级,并按照本规定予以管理。

第十三条　国家科学技术秘密事项,有下列情形之一的,应当及时变更密级:

(一)知悉范围拟做较大改变的;

(二)一旦泄露对国家安全和利益的损害程度会发生明显变化的。

国家科学技术秘密事项密级的变更,由确定其密级的机关、单位决定。

第十四条　国家科学技术秘密事项,有下列情形之一的,应当及时解密:

(一)技术趋向陈旧,失去保密价值的;

(二)为使我国占领国际市场,且已有接替技术或者国外即将研究成功的;

(三)已经扩散而很难采取补救措施的;

(四)已在大范围试验推广,可保性较差的;

(五)可以从公开产品中获得的。

国家科学技术秘密事项保密期限届满的,自行解密。

对需在保密期限内解密的国家科学技术秘密事项,有关单位和个人可以提出解密建议。秘密级的报省、自治区、直辖市的科技主管部门或者中央国家机关各部门的科技主管机构审定;机密级、绝密级的报国家科委审定。审定结果应当在接到报告后的三十日内通知有关单位和个人。

第十五条　国家科委,各省、自治区、直辖市的科技主管部门,中央国家机关各部门的科技主管机构,以及确定密级的机关、单位对认为需要继续保密的,可以做出延长保密期限的决定,并在保密期限届满前三十日通知有关单位和个人。

第十六条　国家科委,各省、自治区、直辖市的科技主管部门和中央国家机关各部门的科技主管机构对国家科学秘密事项的确定、变更及解密不符合国家有关保密法规和本规定的行为,有权予以纠正。

第十七条　各省、自治区、直辖市的科技主管部门和中央国家机关各部门的科技主管机

构应当将本地区、本部门确定和变更国家秘密技术的密级及其解密的情况按年度报国家科委,由国家科委组织专家进行审核,并会同国家保密工作部门定期发布。

第四章 国家科学技术秘密保密管理

第十八条 国家科委管理全国科学技术保密工作,具体职责如下:

(一)制定或者会同有关部门制定科学技术保密工作的规章制度;

(二)指导国家科学技术秘密事项的确定和调整工作;

(三)按规定审查或者审批涉外的国家科学技术秘密事项;

(四)协助国家保密工作部门对科学技术保密工作进行检查和查处重大科学技术泄密事件;

(五)开展科技技术保密宣传教育,组织科学技术保密干部培训;

(六)表彰、奖励科学保密办公室,负责科学技术保密管理的日常工作。

第十九条 各省、自治区、直辖市的科技主管部门和中央国家机关各部门的科技主管机构,在国家科委和本地区、本部门的保密工作部门的指导下,负责管理本地区、本部门或者本系统的科学技术保密工作。其主要职责如下:

(一)贯彻执行国家科学技术保密工作的方针、政策,制定本地区、本部门或者本系统的科学技术保密规章制度;

(二)指导本地区、本部门或者本系统国家科学技术秘密事项的确定和调整工作;

(三)按规定审查或者审批涉外的国家科学技术秘密事项;

(四)参与本地区、本部门或者本系统的重大科学技术活动和涉外科学技术活动,配合有关部门制定专项保密方案;

(五)协助保密工作部门检查本地区、本部门或者本系统的科学技术保密工作和查处科学技术泄密事件;

(六)表彰、奖励本地区、本部门或者本系统的科学技术保密先进单位和个人。

各省、自治区、直辖市的科技主管部门和中央国家机关各部门的科技主管机构,应当设立专门机构或者指定专人负责科学技术管理的日常工作。

第二十条 各级机关、单位、社会团体及个人,在下列科学技术合作与交流活动中,不得涉及国家科学技术秘密:

(一)进行公开的科学技术讲学、进修、考察、合作研究等活动;

(二)利用广播、电影、电视以及公开发行的报刊、书籍、图文资料和声像制品进行宣传或者发表论文;

(三)进行公开的科学技术展览、技术表演等活动。

第二十一条 在对外科学技术交流合作中,确需对外提供国家科学技术秘密的,应当按照国家有关规定办理审批手续。

因工作确需携运国家科学技术秘密资料、物品出境,应当按照国家有关规定进行保密审查,并办理出境手续。

第二十二条　接待境外人员参观国家科学技术秘密事项,应当由接待单位按照行政隶属关系报省、自治区、直辖市的科技主管部门或者中央国家机关各部门的科技主管机构审查批准。

第二十三条　国家秘密技术在国内转让,应当经技术完成单位的上级主管部门批准,并在合同中明确该项技术的密级、保密期限及受让方承担的保密义务。

第二十四条　国家秘密技术出口,应当依照国家秘密技术出口审查的有关规定办理审批手续。

第二十五条　以国家秘密技术在境内同境外的企业、其他经济组织和个人开办合营合资企业的,应当在立项前按行政隶属关系报省、自治区、直辖市的科技主管部门或者中央国家机关各部门的科技主管机构审批;在境外合办企业的,视同国家秘密技术出口,应当依照国家秘密技术出口审查的有关规定办理审批手续。

第二十六条　推广应用国家秘密技术,应当选择有相应保密条件的单位进行,有关人员均负有保守国家秘密的义务。

第二十七条　对参与国家秘密技术研制的科技人员,有关机关、单位不得因其成果不宜公开发表、交流、推广而影响其评奖、表彰和职称的评定。

对确因保密而不能在境内外公开刊物上发表的论文,有关机关、单位应对论文的实际水平给予评价。

第二十八条　各级机关、单位应当按照有关规定做好国家科学技术秘密档案的管理工作。

第二十九条　绝密级国家秘密技术在保密期限内不得申请专利或者保密专利。

机密级、秘密级国家秘密技术在保密期限内可申请保密专利,但机密级的应当报国家科委批准,秘密级的应当报省、自治区、直辖市的科技主管部门或者中央国家机关各部门的科技主管机构批准。

机密级、秘密级国家秘密技术申请专利或者由保密专利转为专利的,应当按照本规定第十四条的规定先行办理解密手续。

第三十条　各级机关、单位对于为科学技术保密工作做出贡献、成绩显著的集体和个人,应当给予奖励;对于违反国家保密法规的行为,应当给予批评教育;对于情节严重,给国家安全和利益造成损害的,应当依照有关法律、法规给予有关责任人员以行政处分,触犯刑律的,交由司法机关追究其刑事责任。

第五章　附　则

第三十一条　以国防为目的或者为主要目的的科学技术保密规定,由国防科学技术工业委员会依照国家规定的职责范围另行制定。

第三十二条　各省、自治区、直辖市的科技主管部门和中央国家机关各部门的科技主管机构可以根据本规定制定具体规定。

第三十三条　本规定由国家科委解释。

第三十四条　本规定自发布之日起施行。经国务院批准，1981 年颁布的《科学技术保密条例》同时废止。

4.2.3　工业和信息化部制定的规章和规范

1.《计算机信息网络国际联网出入口信道管理办法》
发布单位：中华人民共和国邮电部
发布文号：中华人民共和国邮电部[1996]492 号
发布日期：1996-04-09
生效日期：1996-04-09
（1996 年 4 月 8 日第八十四次部长办公会议审议通过）

第一条　为加强对计算机信息网络国际联网出入口的管理，根据《中华人民共和国计算机信息网络国际联网管理暂行规定》，制定本办法。

第二条　我国境内的计算机信息网络直接进行国际联网，必须使用邮电部国家公用电信网提供的国际出入口信道。

任何单位和个人不得自行建立或者使用其他信道（含卫星信道）进行国际联网。

第三条　邮电部责成中国邮电电信总局（以下简称电信总局）设置计算机信息网络国际联网出入口局（以下简称国际出入口局）及其网络管理中心，并负责国际联网出入口信道的提供和管理。

第四条　直接进行国际联网的计算机信息网络运行单位（以下简称为互联单位），应向邮电部申请办理使用国际出入口信道手续。

互联单位在办理手续时，应提供有效批准文件及有关网络规模、应用范围、接入单位、所需信道等相关资料。

互联单位在办理手续后，应将前款事项变更情况，每半年向邮电部申报一次。

第五条　邮电部对互联单位的申请进行审核，对符合规定条件的，由电信总局在 30 日内提供所需的国际出入口信道。

未经邮电部批准，任何单位不得为计算机信息网络国际联网提供出入口信道。

第六条　电信总局应加强国际出入口局和出入口信道的管理，向互联单位提供优质可靠的服务。

第七条　互联单位使用专用国际信道，按照现行国际出租电路标准收费；对教育、科研部门内部使用的国际信道资费实行优惠。

第八条　国际出入口局对国家有关部门依法实施的信息安全检查和采取的相应措施，应予以配合。

第九条　违反本办法第二条规定的，提请公安机关依据《中华人民共和国计算机信息网络国际联网管理暂行规定》给予处罚。

第十条　违反本办法第五条第二款规定的，由邮电部责令其停止提供信道，并建议其主管部门给相关责任人及其负责人以行政处分。

第十一条　本办法自发布之日起施行。

2.《中国公用计算机互联网国际联网管理办法》

发布单位：中华人民共和国邮电部

发布文号：中华人民共和国邮电部[1996]第493号

发布日期：1996-04-09

生效日期：1996-04-09

（1996年4月8日第八十四次部长办公会议审议通过）

第一条　为加强对中国公用计算机互联网国际联网的管理，促进国际信息交流的健康发展，根据《中华人民共和国计算机信息网络国际联网管理暂行规定》，制定本办法。

第二条　中国公用计算机互联网（即Chinanet，以下简称中国公用互联网），是指由中国邮电电信总局（以下简称电信总局）负责建设、运营和管理，面向公众提供计算机国际联网服务，并承担普遍服务义务的互联网络。

第三条　中国公用互联网根据需要分级建立网络管理中心、信息服务中心。

第四条　接入中国公用互联网的接入单位应具备下列条件：

（一）依法设立的企业、事业单位或机关、团体；

（二）具有由计算机主机和在线信息终端组成的局域网络及相应的联网装备；

（三）具有相应的技术人员和管理人员；

（四）具有健全的安全保密管理制度和技术保护措施；

（五）符合国家法律、法规和邮电部规定的其他条件。

第五条　要求接入中国公用互联网的接入单位，应经其主管部门或主管单位的审核同意，到电信总局办理接入手续。办理接入手续时，接入单位应报送接入网络的系统构成、应用范围、联网主机数量、域名地址及终端用户数据等资料。接入运行后，上述事项发生变更时，应及时向电信总局申报。

第六条　个人、法人和其他组织（以下统称用户）的计算机和其他通信终端进行国际联网，必须通过接入网络进行。用户可以通过专线或通过公用电信交换网进入接入网络。

第七条　电信总局作为中国公用互联网的互联单位，负责互联网内接入单位和用户的联网管理，并为其提供性能良好、安全可靠的服务。

第八条　接入单位负责对其接入网内用户的管理，并按规定与用户签订协议，明确双方的权利、义务和责任。

第九条　接入单位和用户应遵守国家法律、法规，加强信息安全教育，严格执行国家保密制度，并对所提供的信息内容负责。

第十条　任何组织或个人，不得利用计算机国际联网从事危害国家安全、泄露国家秘密等犯罪活动；不得利用计算机国际联网查阅、复制、制造和传播危害国家安全、妨碍社会治安和淫秽色情的信息；发现上述违法犯罪行为和有害信息，应及时向有关主管机关报告。

第十一条　任何组织或个人,不得利用计算机国际联网从事危害他人信息系统和网络安全、侵犯他人合法权益的活动。

第十二条　互联单位、接入单位和用户对国家有关部门依法进行国际联网信息安全的监督检查,应予配合,并提供必要的资料和条件。

第十三条　凡利用国际互联网络信息资源,在国内经营计算机信息服务的,按放开经营电信业务的有关规定审批。

第十四条　接入单位和用户违反本办法第五条、第六条规定,未经批准,擅自接入中国公用互联网进行国际联网的,由电信总局停止接入服务;情节严重的,提请公安机关依法予以处罚。

第十五条　违反本办法第九条和第十条、第十一条规定的,由邮电部或邮电管理局给予警告、撤销批准文件并通知公用电信企业停止其联网接续的处罚。情节严重的,由公安机关依法予以处罚;构成犯罪的,提请由司法机关依法追究刑事责任。

第十六条　违反第十三条规定的,由邮电部或邮电管理局按有关规定予以处罚。

第十七条　本办法自发布之日起施行。

3.《计算机信息系统集成资质管理办法(试行)》

发布单位:中华人民共和国信息产业部

发布文号:信部规[1999]1047号

发布日期:1999-11-12

生效日期:2000-01-01

第一章　总　　则

第一条　为适应我国信息化建设和信息产业发展需要,加强计算机信息系统集成市场的规范化管理,保证计算机信息系统工程质量,依据国家有关规定,特制定本办法。

第二条　计算机信息系统集成是指从事计算机应用系统工程和网络系统工程的总体策划、设计、开发、实施、服务及保障。

第三条　计算机信息系统集成的资质是指从事计算机信息系统集成的综合能力,包括技术水平、管理水平、服务水平、质量保证能力、技术装备、系统建设质量、人员构成与素质、经营业绩、资产状况等要素。

第四条　凡从事计算机信息系统集成业务的单位,必须经过资质认证并取得《计算机信息系统集成资质证书》(以下简称《资质证书》)。

第五条　凡需要建设计算机信息系统的单位,应选择具有相应等级《资质证书》的计算机信息系统集成单位来承建计算机信息系统。

第二章　认证组织管理

第六条　信息产业部负责计算机信息系统集成资质认证管理工作,包括指定和管理资质认证机构、发布管理办法和标准、审批和发布资质认证结果。

第七条 信息产业部设立计算机信息系统集成资质认证管理委员会（简称资质认证管理委员会），全面负责协调、管理资质认证工作。资质认证管理委员会下设：计算机信息系统集成资质认证专家委员会（简称资质认证专家委员会），提供技术咨询，参与资质评审；计算机信息系统集成资质认证工作办公室（简称资质认证工作办公室），是资质认证工作的日常办事机构，负责具体组织实施资质认证工作。

第八条 信息产业部计算机信息系统集成资质认证工作办公室暂设在中国软件评测中心。

第九条 从事资质认证工作的人员应具有胜任本岗位工作的能力，坚持公正、科学、实事求是的原则。

第三章 资质等级

第十条 计算机信息系统集成资质等级分一、二、三、四级。

第十一条 各等级所对应的承担工程的能力：

一级：具有独立承担国家级、省(部)级、行业级、地(市)级(及其以下)、大、中、小型企业级等各类计算机信息系统建设的能力。

二级：具有独立承担省(部)级、行业级、地(市)级(及其以下)、大、中、小型企业级或合作承担国家级的计算机信息系统建设的能力。

三级：具有独立承担中、小型企业级或合作承担大型企业级(或相当规模)的计算机信息系统建设的能力。

四级：具有独立承担小型企业级或合作承担中型企业级(或相当规模)的计算机信息系统建设的能力。

第四章 资质申请与评审

第十二条 申请资质认证的单位应具备的条件：

（一）具有独立法人地位。

（二）独立或合作从事计算机信息系统集成业务两年以上(含两年)。

（三）具有从事计算机信息系统集成的能力，并完成过三个以上(含三个)计算机信息系统集成项目。

（四）具有胜任计算机信息系统集成的专职人员队伍和组织管理体系。

（五）具有固定的工作场所和先进的信息系统开发、集成的设备环境。

第十三条 申请资质认证的单位可对照《计算机信息系统集成资质等级标准》(另行发布)确定申请的资质级别。

第十四条 申请资质认证的单位应如实填写并提供下列材料：

（一）《计算机信息系统集成资质认证申请表》

（二）《计算机信息系统集成资质情况登记表》

第十五条 申请一、二级资质的单位将申报材料提交到部资质认证工作办公室，资质评审按下列程序进行：

（一）资质认证工作办公室对申请单位的申报材料审查合格后，组织调查组对其资质条件进行现场调查审核，对其所完成的计算机信息系统集成的典型项目进行调查。

（二）资质认证工作办公室组织专家委员会的有关专家，根据对申请单位资质的调查报告以及计算机信息系统集成典型项目调查报告等进行评审，提出评审意见。

第十六条　申请三、四级资质的单位将申报资料提交到各省（市、自治区）信息产业主管部门，由各省（市、自治区）信息产业主管部门所属的资质认证机构组织资质评审后，将评审结果报部资质认证工作办公室。

第十七条　资质认证工作办公室将资质评审结果报请信息产业部审批后，颁发《资质证书》。《资质证书》分为正本和副本，正本和副本具有同等法律效力。

第五章　资质监督管理

第十八条　资质监督管理是指对获证单位资质保持的监督检查和资质变更的管理。

第十九条　《资质证书》有效期为四年。获证单位应每年进行一次自查，并将自查结果报资质认证工作办公室备案；资质认证工作办公室对获证单位每两年进行一次年检，每四年进行一次换证检查和必要的非例行监督检查。

第二十条　换证检查工作按以下程序进行：

（一）申请换证的单位在规定时间内向资质认证工作办公室提交《计算机信息系统集成资质证书换证申请表》、《计算机信息系统集成资质证书》、《企业法人营业执照》复印件、过去四年信息系统集成项目完成情况和资产运营情况、各类管理及工程技术人员变化情况等资料。

（二）资质认证工作办公室根据资料审查和有效期内监督检查结果，对其资质做出检查结论，记录在《资质证书》（副本）的检查记录栏内。

第二十一条　年检工作按以下程序进行：

（一）获证单位向资质认证工作办公室提交《资质证书》（副本）和《计算机信息系统集成资质年度检查表》，检查表内容必须真实可靠，如有质量事故或用户投诉，必须及时向资质认证工作办公室报告。

（二）资质认证工作办公室对获证单位资质进行年检，并在年检合格者的《资质证书》（副本）上加盖年检合格章。

第二十二条　检查结论分为"通过"、"降级"、"取消"三种。对于检查结论为"通过"或"降级"的单位，将换发新的《资质证书》（正本）；对于检查结论为"取消"的单位，将收回其《资质证书》。

第二十三条　没有按时申请换证检查或拒绝接受监督检查的单位，视为自动放弃资格，其《资质证书》予以注销。

第二十四条　凡申请资质升级的单位，应向资质认证工作办公室提出申请，按照本办法第四章办理。

第二十五条　获证单位发生分立、合并后，原有《资质证书》应交由资质认证工作办公室重新审查。

第二十六条　获证单位变更名称、地址、法人、技术负责人等，应在变更内容发生后的一个月内，向资质认证工作办公室报告变更情况，资质认证工作办公室根据实际情况决定是否重新审核其资质。

第六章　罚　　则

第二十七条　如因计算机信息系统主建单位没有按规定选择具有相应等级《资质证书》的信息系统集成单位而出现工程质量问题的，将由有关部门追究信息系统主建单位和承建单位的责任。

第二十八条　申请单位在申请资质认证或资质监督检查中，采取弄虚作假、行贿等不正当手段虚报资质条件或有关资料的，资质认证工作办公室除应严格按照资质等级标准对其重新核定资质外，对情节严重的，可给予停止使用《资质证书》三至六个月、降级、直至吊销《资质证书》的处罚。

第二十九条　获证单位必须正确理解与宣传计算机信息系统集成资质认证制度，正确使用《资质证书》。对于涂改、伪造、出借、转让或出卖《资质证书》的将给予警告、停止使用或吊销《资质证书》的处罚；情节严重构成犯罪的，由相关部门追究其法律责任。

第三十条　所有从事资质认证工作的机构和人员在认证过程中必须坚持公正、科学的原则。在工作中严重失职、索贿、受贿或者侵害企业合法权益的，由所在单位给予行政处分；情况严重构成犯罪的，由相关部门追究其法律责任。

第七章　公　　布

第三十一条　计算机信息系统集成资质的认证和监督检查结果实行公布制度。资质认证工作办公室通过指定媒体向社会公布资质认证结果和监督检查结果。

第三十二条　获证单位遗失《资质证书》，必须通过由资质认证工作办公室指定的媒体声明作废后，方可申请补领。

第三十三条　资质认证工作办公室设立专门的公布网页和查询电话，社会各界可通过指定的网站和电话，查询资质认证和年检结果。

第八章　附　　则

第三十四条　对于特殊行业（如，国防、公安等），按相应行业的规定执行。

第三十五条　本办法由信息产业部负责解释。

4.《互联网电子公告服务管理规定》

发布单位：中华人民共和国信息产业部

发布文号：中华人民共和国信息产业部令第 3 号

发布日期：2000-10-08

生效日期：2000-10-08

(2000年10月8日第四次部务会议通过)

第一条 为了加强对互联网电子公告服务(以下简称电子公告服务)的管理,规范电子公告信息发布行为,维护国家安全和社会稳定,保障公民、法人和其他组织的合法权益,根据《互联网信息服务管理办法》的规定,制定本规定。

第二条 在中华人民共和国境内开展电子公告服务和利用电子公告发布信息,适用本规定。

本规定所称电子公告服务,是指在互联网上以电子布告牌、电子白板、电子论坛、网络聊天室、留言板等交互形式为上网用户提供信息发布条件的行为。

第三条 电子公告服务提供者开展服务活动,应当遵守法律、法规,加强行业自律,接受信息产业部及省、自治区、直辖市电信管理机构和其他有关主管部门依法实施的监督检查。

第四条 上网用户使用电子公告服务系统,应当遵守法律、法规,并对所发布的信息负责。

第五条 从事互联网信息服务,拟开展电子公告服务的,应当在向省、自治区、直辖市电信管理机构或者信息产业部申请经营性互联网信息服务许可或者办理非经营性互联网信息服务备案时,提出专项申请或者专项备案。

省、自治区、直辖市电信管理机构或者信息产业部经审查符合条件的,应当在规定时间内连同互联网信息服务一并予以批准或者备案,并在经营许可证或备案文件中专项注明;不符合条件的,不予批准或者不予备案,书面通知申请人并说明理由。

第六条 开展电子公告服务,除应当符合《互联网信息服务管理办法》规定的条件外,还应当具备下列条件:

(一)有确定的电子公告服务类别和栏目;

(二)有完善的电子公告服务规则;

(三)有电子公告服务安全保障措施,包括上网用户登记程序、上网用户信息安全管理制度、技术保障设施;

(四)有相应的专业管理人员和技术人员,能够对电子公告服务实施有效管理。

第七条 已取得经营许可或者已履行备案手续的互联网信息服务提供者,拟开展电子公告服务的,应当向原许可或者备案机关提出专项申请或者专项备案。

省、自治区、直辖市电信管理机构或者信息产业部,应当自收到专项申请或者专项备案材料之日起60日内进行审查完毕。经审查符合条件的,予以批准或者备案,并在经营许可证或备案文件中专项注明;不符合条件的,不予批准或者不予备案,书面通知申请人并说明理由。

第八条 未经专项批准或者专项备案手续,任何单位或者个人不得擅自开展电子公告服务。

第九条 任何人不得在电子公告服务系统中发布含有下列内容之一的信息:

(一)反对宪法所确定的基本原则的;

(二) 危害国家安全,泄露国家秘密,颠覆国家政权,破坏国家统一的;

(三) 损害国家荣誉和利益的;

(四) 煽动民族仇恨、民族歧视,破坏民族团结的;

(五) 破坏国家宗教政策,宣扬邪教和封建迷信的;

(六) 散布谣言,扰乱社会秩序,破坏社会稳定的;

(七) 散布淫秽、色情、赌博、暴力、凶杀、恐怖或者教唆犯罪的;

(八) 侮辱或者诽谤他人,侵害他人合法权益的;

(九) 含有法律、行政法规禁止的其他内容的。

第十条 电子公告服务提供者应当在电子公告服务系统的显著位置刊载经营许可证编号或者备案编号、电子公告服务规则,并提示上网用户发布信息需要承担的法律责任。

第十一条 电子公告服务提供者应当按照经批准或者备案的类别和栏目提供服务,不得超出类别或者另设栏目提供服务。

第十二条 电子公告服务提供者应当对上网用户的个人信息保密,未经上网用户同意不得向他人泄露,但法律另有规定的除外。

第十三条 电子公告服务提供者发现其电子公告服务系统中出现明显属于本办法第九条所列的信息内容之一的,应当立即删除,保存有关记录,并向国家有关机关报告。

第十四条 电子公告服务提供者应当记录在电子公告服务系统中发布的信息内容及其发布时间、互联网地址或者域名。记录备份应当保存 60 日,并在国家有关机关依法查询时,予以提供。

第十五条 互联网接入服务提供者应当记录上网用户的上网时间、用户账号、互联网地址或者域名、主叫电话号码等信息,记录备份应保存 60 日,并在国家有关机关依法查询时,予以提供。

第十六条 违反本规定第八条、第十一条的规定,擅自开展电子公告服务或者超出经批准或者备案的类别、栏目提供电子公告服务的,依据《互联网信息服务管理办法》第十九条的规定处罚。

第十七条 在电子公告服务系统中发布本规定第九条规定的信息内容之一的,依据《互联网信息服务管理办法》第二十条的规定处罚。

第十八条 违反本规定第十条的规定,未刊载经营许可证编号或者备案编号、未刊载电子公告服务规则或者未向上网用户作发布信息需要承担法律责任提示的,依据《互联网信息服务管理办法》第二十二条的规定处罚。

第十九条 违反本规定第十二条的规定,未经上网用户同意,向他人非法泄露上网用户个人信息的,由省、自治区、直辖市电信管理机构责令改正;给上网用户造成损害或者损失的,依法承担法律责任。

第二十条 未履行本规定第十三条、第十四条、第十五条规定的义务的,依据《互联网信息服务管理办法》第二十一条、第二十三条的规定处罚。

第二十一条 在本规定施行以前已开展电子公告服务的,应当自本规定施行之日起60日内,按照本规定办理专项申请或者专项备案手续。

第二十二条 本规定自发布之日起施行。

5.《公用电信网间互联管理规定》

发布单位：中华人民共和国信息产业部

发布文号：中华人民共和国信息产业部令第9号

发布日期：2001-05-10

生效日期：2001-05-10

(2001年4月29日第六次部务会议通过)

第一章 总 则

第一条 为了维护国家利益和电信用户的合法权益,保护电信业务经营者之间公平、有效竞争,保障公用电信网间及时、合理地互联,根据《中华人民共和国电信条例》,制定本规定。

第二条 本规定适用于中华人民共和国境内经营基础电信业务的经营者在下列电信网间的互联：

（一）固定本地电话网；

（二）国内长途电话网；

（三）国际电话网；

（四）IP电话网；

（五）陆地蜂窝移动通信网；

（六）卫星移动通信网；

（七）互联网骨干网；

（八）信息产业部规定的其他电信网。

第三条 电信网之间应当按照技术可行、经济合理、公平公正、相互配合的原则实现互联。

第四条 信息产业部和省、自治区、直辖市通信管理局（以下合称"电信主管部门"）是电信网间互联的主管部门。信息产业部负责本规定在全国范围内的实施工作,省、自治区、直辖市通信管理局负责本规定在本行政区域内的实施工作。

第五条 本规定下列用语的含义是：

（一）互联,是指建立电信网间的有效通信连接,以使一个电信业务经营者的用户能够与另一个电信业务经营者的用户相互通信或者能够使用另一个电信业务经营者的各种电信业务。互联包括两个电信网网间直接相联实施业务互通的方式,以及两个电信网通过第三方的网络转接实现业务互通的方式。

（二）互联点,是指两个电信网网间直接相联时的物理接口点。

（三）主导的电信业务经营者,是指控制必要的基础电信设施,并且所经营的固定本地电话业务占本地网范围内同类业务市场50%以上的市场份额，能够对其他电信业务经营者进入电信业务市场构成实质性影响的经营者。

（四）非主导的电信业务经营者，是指主导的电信业务经营者以外的电信业务经营者。

第二章　电信业务经营者的互联义务

第六条　电信业务经营者应当设立互联工作机构负责互联工作。互联工作机构应当建立正常的工作联系制度，保证电信业务经营者与电信主管部门之间以及电信业务经营者之间工作渠道的畅通。

第七条　主导的电信业务经营者应当根据本规定制定包括网间互联的程序、时限、互联点的数量、用于网间互联的交换机局址、非捆绑网络元素提供或出租的目录及费用等内容的互联规程。互联规程报信息产业部批准后执行。互联规程对主导的电信业务经营者的互联互通活动具有约束力。

第八条　电信业务经营者不得拒绝其他电信业务经营者提出的互联要求，不得违反国家有关规定擅自限制用户选择其他电信业务经营者依法开办的电信业务。

第九条　主导的电信业务经营者有义务向非主导的电信业务经营者提供与互联有关的网络功能（含网络组织、信令方式、计费方式、同步方式等）、设备配置（光端机、交换机等）的信息，以及与互联有关的管道（孔）、杆路、线缆引入口及槽道、光缆（纤）、带宽、电路等通信设施的使用信息。

非主导的电信业务经营者有义务向主导的电信业务经营者提供与互联有关的网络功能、设备配置的计划和规划信息。

双方应当对对方提供的信息保密，并不得利用该信息从事与互联无关的活动。

第十条　非主导的电信业务经营者的电信网与主导的电信业务经营者的电信网网间互联，互联传输线路必须经由主导的电信业务经营者的管道（孔）、杆路、线缆引入口及槽道等通信设施的，主导的电信业务经营者应当予以配合提供使用，并不得附加任何不合理的条件。

两个非主导的电信业务经营者的电信网网间直接相联，互相传输线路必须经由主导的电信业务经营者的楼层院落、管道（孔）、杆路、线缆引入口及槽道等通信设施的，主导的电信业务经营者应当予以配合提供使用，并不得附加任何不合理的条件。

前款主导的电信业务经营者的通信设施经省、自治区、直辖市通信管理局确认无法提供使用的，非主导的电信业务经营者可以通过架空、直埋等其他方式解决互联传输线路问题。

第十一条　主导的电信业务经营者应当在规定的互联时限内提供互联，非主导的电信业务经营者应当在规定的互联时限内实施互联。双方均不得无故拖延互联时间。

第十二条　电信业务经营者应当执行信息产业部制定的相关网间互联技术规范、技术规定。

网间通信质量应当符合国家有关标准。电信业务经营者应当保证网间通信质量不低于其网络内部同类业务的通信质量。

第十三条　应非主导的电信业务经营者要求,主导的电信业务经营者应当向对方网的用户提供电话号码查询业务,并经双方协商后,可按查号规则查询到对方网的可查询用户号码。非主导的电信业务经营者应当按查号规则向对方提供本网的可查询用户号码资料。

应非主导的电信业务经营者的要求,主导的电信业务经营者应当向对方网的用户提供火警、匪警、医疗急救、交通事故报警等紧急特种业务。非主导的电信业务经营者应当每日进行紧急特种业务的拨叫例测。双方应当共同保证紧急特种业务的通信质量。

第十四条　电信业务经营者向本网开放的各种电信业务接入号码(含短号码)、其他特种业务号码(含电信业务经营者所用的业务号码、政府公务类业务号码、社会服务类业务号码)、智能业务号码等,应一方的要求,应当及时向对方网开放,并保证通信质量。

第十五条　两个非主导的电信业务经营者的电信网网间直接相联,由双方协商解决。

两个非主导的电信业务经营者的电信网网间未直接相联的,其网间业务应当经第三方的固定本地电话网或信息产业部指定的机构的网络转接实现互通。非主导电信业务经营者选择主导的电信业务经营者的固定本地电话网作为第三方的网络时,主导的电信业务经营者不得拒绝提供转接,并应当保证转接的通信质量。

第三章　互联点的设置与互联费用的分摊与结算

第十六条　非主导的电信业务经营者的电信网与主导的电信业务经营者的电信网网间互联时,互联点应当设置在互联传输线路的一端,即远离非主导的电信业务经营者外侧的设备的一端(例如,当互联传输线路为光缆时,互联点设置在主导的电信业务经营者光配线架外侧)。

两个非主导的电信业务经营者的电信网网间直接相联时,互联点的具体位置由双方协商确定。

第十七条　互联点数量应当根据双方业务发展以及网间通信安全的需要协商确定。在一个本地网内各电信网网间互联原则上应当有两个以上(含两个)互联点。

互联点两侧的电信设备可以由各电信网共用,也可以由各电信网分设。当互联点两侧的电信设备由各电信网共用时,如果各电信网网间结算标准不一致,对方又不易采用技术手段进行计费核查的,互联中继电路可以分群设置。

第十八条　非主导的电信业务经营者的电信网与主导的电信业务经营者的电信网网间互联的,互联传输线路及管道由双方各自承担一半。

两个非主导的电信业务经营者的电信网网间直接相联的,互联传输线路的费用分摊由双方协商确定。

第十九条　互联点两侧的电信设备(含各自网内的电信设备,下同)的建设、扩容改造的费用(含信令方式、局数据修改、软件版本升级等费用)由双方各自承担。

互联点两侧的电信设备的配套设施(含机房、空调、电源、测试仪器、计费设备及其他配套设施)的费用由双方各自承担。

第二十条　互联传输线路经由主导的电信业务经营者的管道(孔)、杆路、线缆引入口及槽道等通信设施的，主导的电信业务经营者应当按规定标准收取租用费。暂无规定标准的，相关费用以建设成本为基础由双方协商解决。

第二十一条　电信业务经营者在互联互通中应当执行信息产业部制定的《电信网间通话费结算办法》，不得在规定标准以外加收费用。

电信业务经营者应当按互联协议规定的结算周期进行网间结算，不得无故拖延应向双方结算的费用。

第二十二条　电信业务经营者应当按国家有关规定核算本网与互联有关的收支情况及互联成本，经相关中介机构审查验证后，于每年3月31日前将上一年度的数据报信息产业部。

网间结算标准应当以成本为基础核定。在电信业务经营者互联成本尚未确定之前，网间结算标准暂以资费为基础核定。

第四章　互联协议与工程建设

第二十三条　互联协议应当由电信业务经营者省级以上（含省级）机构之间签订（含修订）。电信业务经营者省级以下机构不再另行签订互联协议。互联双方应当本着友好合作和相互配合的原则协商互联协议。

第二十四条　互联协商的主要内容包括：签订协议的依据、互联工程进度时间表、互通的业务、互联技术方案（包括互联点的设置、互联点两侧的设备设置、拨号方式、路由组织、中继容量，以及信令、计费、同步、传输质量等）、与互联有关的网络功能及通信设施的提供、与互联有关的设置配置、互联费用的分摊、互联后的网络管理（包括互联双方维护范围、网间通信质量相互通报制度、网间通信障碍处理制度、网间通信重大障碍报告制度、网间通信应急方案等）、网间结算、违约责任等。

第二十五条　互联双方省级以上机构应当按照《中华人民共和国合同法》及国家有关规定签订互联协议，互联协议不得含有歧视性内容和损害第三方利益的内容。

第二十六条　互联双方省级以上机构应当自协议签订之日起15日内将协议发至各自下属机构，并向电信主管部门备案。

第二十七条　互联双方应当在规定的互联时限内，根据商定的互联工程进度、互联技术方案，在各自的建设范围内组织施工建设，并协同组织互联测试，全部工程初验合格后即可开通业务。

第五章　互联时限与互联监管

第二十八条　涉及全国范围（跨省、自治区、直辖市）同步实施的网间互联，非主导的电信业务经营者应当根据本网工程进度情况或网络运行情况，向主导的电信业务经营者当面提交互联的书面要求，并向信息产业部备案后，互联工作开始启动。

互联双方应当从互联启动之日起两个月内签订互联协议。

涉及全国范围同步实施的网间互联需要新设互联点的，应当自互联启动之日起七个月内实现业务开通。

涉及全国范围同步实施的网间互联不需新设互联点，只需进行网络扩容改造的，应当自互联启动之日起四个月内实现业务开通。

涉及全国范围同步实施的网间互联只涉及局数据修改的，应当自互联启动之日起两个月内实现业务开通。

必要时，信息产业部对涉及全国范围同步实施的网间互联提出具体的业务开通时间要求。

第二十九条 不涉及全国范围同步实施的网间互联，非主导的电信业务经营者省级以上机构应当根据本网工程进度情况或者网络运行情况，向主导的电信业务经营者省级机构当面提交互联的书面要求，并向省、自治区、直辖市通信管理局备案后，互联工作开始启动。主导的电信业务经营者省级机构不得拒收对方提交的互联书面要求。

互联双方应当在互联工程实施以前签订工程协议，工程协议的签订应当不影响整个互联工程的进度。双方应当在业务开通前签订网间业务互通、互联后的网络管理以及网间结算协议。协议的协商可与工程实施同步进行。

网间互联需新设互联点的，应当自互联启动之日起七个月内实现业务开通。

网间互联不需新设互联点，只需进行网络扩容改造的，应当自互联启动之日起四个月内实现业务开通。

网间互联只涉及局数据修改的，应当自互联启动之日起一个月内实现业务开通。

必要时，省、自治区、直辖市通信管理局对网间互联提出具体的业务开通时间要求。

第三十条 互联实施中，因客观原因致使互联不能在规定的互联时限内完成的，经互联双方认可并向电信主管部门备案后，可以顺延互联时间。

第三十一条 互联双方应当在业务开通后 30 日内，将互联启动日期、业务开通日期及业务开通后 3 日内的网间通信质量情况，以书面形式向电信主管部门报告。电信主管部门根据具体情况以适当方式予以公布。

第三十二条 电信主管部门应当定期或不定期地召开相关电信业务经营者的互联协调会，督促解决互联实施过程中存在的问题。

信息产业部电信管理局应当向省、自治区、直辖市通信管理局及相关电信业务经营者通报互联工作情况。

第六章 互联后的网络管理

第三十三条 在信息产业部确定的用于网间互联的交换机局址上实施的互联，互联点应当保持相对稳定，已设互联点原则上不允许变更。

主导的电信业务经营者对已设互联点单方面提出变更要求的，应当事先向相关电信业务经营者提交拟变更的方案，经与对方协商一致后，方可启动改造工程。改造工程应当在七个月内完成。改造工程的费用原则上由主导的电信业务经营者承担。

第三十四条 互联一方因网内扩容改造、可能影响对方网的用户通信的，应当提前三个月以书面形式向对方通报情况。

互联一方因网内发生路由组织、中继电路、信令方式、局数据、软件版本等的调整,可能影响到对方网的用户通信的,应当提前15日内以书面形式向对方通报情况。

第三十五条　电信业务经营者对网间路由组织、中继电路、信令方式、局数据、软件版本等的调整应当予以配合,保证网间通信质量符合要求。

第三十六条　电信业务经营者应当明确划分网间运行维护责任,定期协同分析网间通信质量,建立网间通信质量相互通报制度,并定期向电信主管部门报告。电信主管部门根据具体情况组织召开通信质量协调会。

第三十七条　电信业务经营者应当建立网间通信障碍处理制度,互联一方发现网间通信障碍时,应当及时通知对方,双方相互配合共同处理网间通信障碍。网间通信障碍的处理时限与本网处理同类障碍的时限相同。

第三十八条　未经信息产业部批准,电信业务经营者不得擅自中断网间通信。电信业务经营者应当建立网间通信重大障碍报告制度。发生网间通信中断或网间通信严重不畅时,电信业务经营者应当立即采取有效措施恢复通信,并及时向电信主管部门报告。

前款所称网间通信严重不畅,是指网间接通率(应答试呼比)低于20%,以及用户有明显感知的时延、断话、杂音等情况。

第七章　互联争议的协调与处理

第三十九条　电信主管部门应当依据信息产业部制定的电信网间互联争议解决办法解决电信业务经营者之间的互联争议。

第四十条　在互联实施中,电信业务经营者发生下列争议致使互联不能继续进行,或者互联后电信业务经营者发生下列争议影响网间业务互通时,任何一方均可以向电信主管部门申请协调:

(一) 互联技术方案;

(二) 与互联有关的网络功能及通信设施的提供;

(三) 互联时限;

(四) 电信业务的提供;

(五) 网间通信质量;

(六) 与互联有关的费用;

(七) 其他需要协调的问题。

第四十一条　电信主管部门收到协调申请后,对申请的内容进行初步审核。经审核发现申请的内容与国家有关规定明显不符或者超出电信主管部门职责权限的,应当书面答复不予受理。经审查申请的内容符合要求的,电信主管部门正式开始协调工作。

第四十二条　电信主管部门组织相关人员对电信业务经营者的互联争议进行协调。

协调应当自开始协调之日起45日内结束。

第四十三条　协调结束后,争议双方不能达成一致意见的,电信主管部门应当随机邀请电信技术、经济、法律方面的专家进行公开论证。电信主管部门根据论证意见或建议对互联争议做出决定,强制争议双方执行。

第四十四条　决定应当在协调结束之日起45日内做出。省、自治区、直辖市通信管理局做出的决定应当向信息产业部备案。电信主管部门对做出的决定以适当方式向社会公布。

第四十五条　决定做出后,争议双方应当在决定规定的时限内予以履行。

争议一方或双方对决定不服,可以依法申请行政复议或者提起行政诉讼。复议或诉讼期间,决定不停止执行。

第八章　罚　　则

第四十六条　违反本规定第九条、第十条、第十一条、第十二条第一款、第十三条、第十四条、第十五条、第二十一条第二款、第三十三条、第三十五条、第三十六条、第三十七条规定的,由电信主管部门视情节轻重,依据职权责令改正,处五千元以上三万元以下罚款。

因违反前款规定给其他电信业务经营者造成直接经济损失的,应当予以经济赔偿。

第四十七条　违反本规定第八条、第十二条第二款和第四十五条规定的,由电信主管部门依据职权责令改正,并按《中华人民共和国电信条例》中的有关规定处以罚款。

第四十八条　违反本规定第二十一条第一款、第三十八条的,由电信主管部门依据职权责令改正,有违法所得的,没收违法所得,并按《中华人民共和国电信条例》的有关规定处以罚款。

第九章　附　　则

第四十九条　本规定自发布之日起施行。1999年9月7日信息产业部发布的《电信网间互联管理暂行规定》同时废止。

6.《电信经营许可证管理办法》

发布单位:中华人民共和国信息产业部

发布文号:中华人民共和国信息产业部令第19号

发布日期:2001-12-26

生效日期:2002-01-01

(2001年11月8日第八次部务会议通过)

第一章　总　　则

第一条　为规范电信业务经营许可证的管理,根据《中华人民共和国电信条例》及其他法律、行政法规的规定,制定本办法。

第二条　在中华人民共和国境内申请、审批和管理电信业务经营许可证(以下简称"经营许可证"),适用本办法。国家另有规定的,从其规定。

采用招标等方式颁发基础电信业务经营许可证的具体办法,由信息产业部另行制定。

第三条　信息产业部和省、自治区、直辖市通信管理局(以下统称"电信主管部门")是电信业务经营许可证的审批管理机构。

电信主管部门在电信业务经营许可证审批管理中应当遵循公开、公平、公正的原则。

第四条 电信业务经营者在电信业务经营活动中,应当遵守电信业务经营许可证的规定,接受电信主管部门的监督管理。

电信业务经营者按照电信业务经营许可证的规定经营电信业务受国家法律保护。

第二章 经营许可证的申请

第五条 申请经营基础电信业务的,应当符合《中华人民共和国电信条例》第十条的规定和下列条件:

(一)在省、自治区、直辖市范围内经营的,其注册资本最低限额为2亿元人民币;在全国或跨省、自治区、直辖市范围内经营的,其注册资本最低限额为20亿元人民币;

(二)最近三年内未发生过重大违法行为。

第六条 申请经营增值电信业务的,应当符合《中华人民共和国电信条例》第十三条的规定和下列条件:

(一)在省、自治区、直辖市范围内经营的,其注册资本最低限额为100万元人民币;在全国或跨省、自治区、直辖市范围内经营的,其注册资本最低限额为1000万元人民币;

(二)有可行性研究报告和相关技术方案;

(三)有必要的场地和设施;

(四)最近三年内未发生过重大违法行为。

第七条 申请基础电信业务经营许可证的,应当向信息产业部提交下列申请材料:

(一)公司法定代表人签署的经营基础电信业务的书面申请。内容包括:申请经营电信业务的种类、业务覆盖范围、公司名称、公司通信地址、邮政编码、联系人、联系电话、电子信箱地址等;

(二)公司的企业法人营业执照副本及复印件;

(三)公司概况。包括公司基本情况,拟从事电信业务的机构设置和管理情况、技术力量和经营管理人员情况,与从事经营活动相适应的场地、设施等情况;

(四)公司最近经会计师事务所审计的企业法人年度财务会计报告或验资报告及信息产业部规定的其他相关会计资料;

(五)公司章程,公司股权结构及股东的有关情况;

(六)业务发展可行性研究报告。包括:申请经营电信业务的业务发展和实施计划、服务项目、业务覆盖范围、市场调研与分析、收费方案、预期服务质量、投资分析、社会效益和经济效益分析等;

(七)组网技术方案。包括:网络结构、网络规模、网络建设计划、网络互联方案、技术标准、电信设备的配置、电信资源使用方案等;

(八)为用户提供长期服务和质量保障的措施;

(九)网络与信息安全保障措施;

（十）证明公司信誉的有关材料；

（十一）公司法定代表人签署的公司依法经营电信业务的承诺书。

申请经营无线电通信业务的，应当提交国家无线电管理机构出具的无线电频率资源预指配意见。

尚未获得企业法人营业执照的申请者，应当提交公司的企业名称预先核准通知书，无需提交第一款第（二）、（十）项规定的内容。第一款第（一）项规定的书面申请和第（十一）项规定的承诺书，拟成立有限责任公司的，应当由全体股东签署；拟成立股份有限公司的，应当由全体发起人签署。

第八条　申请增值电信业务经营许可证的，应当向电信主管部门提交下列申请材料：

（一）公司法定代表人签署的经营增值电信业务的书面申请。内容包括：申请电信业务的种类、业务覆盖范围、公司名称、通信地址、邮政编码、联系人、联系电话、电子信箱地址等；

（二）公司的企业法人营业执照副本及复印件；

（三）公司概况。包括：公司基本情况，拟从事增值电信业务的人员、场地和设施等情况；

（四）公司最近经会计师事务所审计的企业法人年度财务会计报告或验资报告及电信主管部门规定的其他相关会计资料；

（五）公司章程，公司股权结构及股东的有关情况；

（六）业务发展可行性研究报告和技术方案。包括：申请经营电信业务的业务发展和实施计划、技术方案、服务项目、业务覆盖范围、市场调研与分析、收费方案、预期服务质量、投资分析、社会效益和经济效益等；

（七）为用户提供长期服务和质量保障的措施；

（八）信息安全保障措施；

（九）证明公司信誉的有关材料；

（十）公司法定代表人签署的公司依法经营电信业务的承诺书；

（十一）申请经营的电信业务依照法律、行政法规及国家有关规定须经有关主管部门事先审核同意的，应当提交有关主管部门审核同意的文件。

申请经营无线电通信业务的，应当提交国家或者省级无线电管理机构出具的无线电频率资源预指配意见。

尚未获得企业法人营业执照的申请者，应当提交公司的企业名称预先核准通知书，无需提交第一款第（二）、（九）项中规定的材料。第一款第（一）项规定的书面申请和第（十）项规定的承诺书，拟成立有限责任公司的，应当由全体股东签署；拟成立股份有限公司的，应当由全体发起人签署。

第三章　经营许可证的审批

第九条　电信业务经营许可证分为《基础电信业务经营许可证》和《增值电信业务经营

许可证》两类。其中《增值电信业务经营许可证》中又分为《跨地区增值电信业务经营许可证》和省、自治区、直辖市范围内的《增值电信业务经营许可证》。

《基础电信业务经营许可证》和《跨地区增值电信业务经营许可证》，由信息产业部负责审批。省、自治区、直辖市范围内的《增值电信业务经营许可证》，由省、自治区、直辖市通信管理局负责审批。

外商投资电信企业的电信业务经营许可证，根据《外商投资电信企业管理规定》第十七条的规定，由信息产业部负责审批。

第十条　信息产业部应当自收到经营基础电信业务的申请材料之日起15日内，完成对材料的初步审查。对申请材料齐备的，向申请者发出受理申请通知书。对申请材料不齐备的，书面通知申请者补齐，申请者将材料补齐后，信息产业部应当在15日内向申请者发出受理申请通知书。

信息产业部在发出受理申请通知书之后，应当组织专家对第七条第（六）、第（七）项申请材料进行评审，并根据专家评审意见做出批准或者不予批准的决定。信息产业部的审查工作应当在发出受理申请通知书之日起180日内完成。

对已经依法设立公司的申请者，予以批准的，颁发《基础电信业务经营许可证》。

对尚未获得企业法人营业执照的申请者，予以批准的，应当向申请者发出批准文件，同意其向工商行政管理部门申请设立公司经营该项基础电信业务，申请者持该批准文件到工商行政管理部门办理公司设立登记手续。在申请者取得企业法人营业执照后，信息产业部向其颁发《基础电信业务经营许可证》。

对申请不予批准的，应当书面通知申请者并说明理由。

审查中，对申请材料不符合要求的，应当通知申请者修改和补充，申请者应当自通知发出之日起30日内按要求完成，否则视为放弃申请。申请者修改和补充材料的时间不计算在审查工作时限内。

第十一条　电信主管部门应当自收到经营增值电信业务的申请材料之日起15日内，完成对材料的初步审查。对申请材料齐备的，向申请者发出受理申请通知书。对申请材料不齐备的，书面通知申请者补齐，申请者将材料补齐后，电信主管部门应当在15日内向申请者发出受理申请通知书。

电信主管部门应当自发出受理申请通知书之日起60日内完成审查工作，做出批准或者不予批准的决定。

对已经依法设立的公司的申请，予以批准的，颁发《跨地区增值电信业务经营许可证》或者省、自治区、直辖市范围内的《增值电信业务经营许可证》。

对尚未获得企业法人营业执照的申请者，予以批准的，应当向申请者发出批准文件，同意其向工商行政管理部门申请设立公司经营该项增值电信业务，申请者持该批准文件到工商行政管理部门办理公司设立登记手续。在申请者取得企业法人营业执照后，电信主管部门向其颁发《跨地区增值电信业务经营许可证》或者省、自治区、直辖市范围内的《增值电信业务经营许可证》。

对申请不予批准的，应当书面通知申请者并说明理由。

审查中，对申请材料不符合要求的，应当通知申请者修改和补充，申请者应当自通知发出之日起 30 日内按要求完成，否则视为放弃申请。申请者修改和补充材料的时间不计算在审查工作时限内。

第十二条　经营许可证由正文部分和附件部分组成。

经营许可证的正文部分应当载明公司名称、法定代表人、注册住所、业务种类、业务覆盖范围、有效期限、发证机关和发证日期、签发人、经营许可证编号等内容。

经营许可证的附件部分包括经营许可证使用规定、经营者的权利和义务、特别规定事项和年检情况记录表等附件。原发证机关根据管理需要可以按照信息产业部的规定增发经营许可证附件。

电信业务经营许可证的具体内容在本办法附件中列出。信息产业部根据实际情况，可以调整电信业务经营许可证附件的内容，重新公布。

第十三条　《基础电信业务经营许可证》的有效期限，根据电信业务种类分为 5 年、10 年。

《跨地区增值电信业务经营许可证》和省、自治区、直辖市范围内的《增值电信业务经营许可证》的有效期限为 5 年。

第十四条　《基础电信业务经营许可证》、《跨地区增值电信业务经营许可证》以及外商投资电信企业的电信业务经营许可证由信息产业部部长签发。

省、自治区、直辖市范围内的《增值电信业务经营许可证》由省、自治区、直辖市通信管理局局长签发，并报信息产业部备案。

第十五条　电信业务经营许可证由公司法定代表人领取，或者由其委托的其他人凭委托书领取。

第十六条　电信主管部门在审查电信业务经营许可申请时，发现申请者提交虚假证明文件的，应当不批准其申请，并在 3 年内不再受理其经营电信业务的申请。

第四章　经营许可证的使用

第十七条　获准经营电信业务的公司，应当按照经营许可证正文中所载明的电信业务种类，在规定的业务覆盖范围和期限内，按照经营许可证的规定经营电信业务。

第十八条　获准经营电信业务的公司，持经营许可证到工商行政管理部门办理公司变更登记手续。

获准经营无线电通信业务的，持经营许可证到无线电管理机构申请办理无线电频率使用手续。

第十九条　获准跨地区经营电信业务的公司，应当在经营许可证载明的业务覆盖范围所在省、自治区和直辖市设立分公司或子公司等相应机构经营电信业务。

经营基础电信业务公司的子公司，国有股权或者股份的比例应当符合国家有关电信的法律、行政法规规定。

第二十条 获准经营电信业务的公司，经发证机关批准，可以授权其持有股份不少于51％并符合经营电信业务条件的子公司经营其获准经营的电信业务。该子公司的名称、法定代表人、注册住所、业务种类、业务覆盖范围等内容，由发证机关在获准经营电信业务公司的经营许可证正文附页中载明。在一个地区不能授权两家或两家以上子公司经营同一项电信业务。

第二十一条 获准经营基础电信业务或在两个以上省、自治区、直辖市范围内经营增值电信业务的公司，应当凭经营许可证到相关省、自治区、直辖市通信管理局办理备案手续，并提交下列备案材料：

（一）在当地开展业务的书面报告。内容包括：公司在当地设立的分公司或子公司等相应机构的名称、通信地址、邮政编码、联系人、联系电话、电子信箱地址等；

（二）经营许可证复印件；

（三）公司在当地设有分公司或子公司等相应机构的公司批准文件、分公司或子公司的营业执照（复印件）、章程、股权结构等有关材料；

（四）在当地开展业务的方案。

省、自治区、直辖市通信管理局在收到前款规定的备案材料后，对材料齐备的，应当在15日内向备案者发出备案确认书，并向信息产业部报告。对材料不齐备的，应当在15日内书面通知备案者。待材料补齐后，应当在10日内向备案者发出备案确认书。

未办理备案手续的，不得在当地经营电信业务。

第一款所列四项材料发生变化的，分公司或子公司等相应机构应当在变化后20日内，向当地省、自治区、直辖市通信管理局备案。

第二十二条 除经营许可证中有特别规定外，电信业务经营者取得经营许可证后，应当在1年内按照经营许可证规定的业务种类和业务覆盖范围提供电信服务。不能在1年内提供电信服务的，应当在申请经营许可证时提出，说明理由，报电信主管部门批准，并在经营许可证中做出特别规定。

对未在经营许可证规定时限内提供电信服务的，原发证机关可以注销其经营许可证，或者取消其未提供电信服务的业务覆盖范围。

第二十三条 相关基础电信业务经营者应当按照电信主管部门的规定，及时为取得经营许可证的公司提供经营电信业务所需的电路、设施等。

基础电信业务经营者不得为无经营许可证的公司提供用于经营电信业务的电路、设施等。

第二十四条 任何单位和个人不得伪造、涂改、冒用、租借、买卖和转让经营许可证。

第五章 经营许可证的变更和注销

第二十五条 经营许可证有效期届满，需要继续经营的，应当提前90日，向原发证机关提出续办经营许可证的申请。不再继续经营的，应当提前90日向原发证机关报告，并做好善后工作。

第二十六条 取得电信业务经营许可证的公司或者其获准授权经营电信业务的子公司,遇有合并或分立、有限责任公司股东变化、业务经营权转移等涉及经营主体需要变更的情形,或者业务覆盖范围需要变化的,应当自公司做出决定之日起 30 日内向原发证机关提出申请,经批准后方可实施。

第二十七条 在经营许可证有效期内,变更公司名称、注册住所、法定代表人的,应当在完成公司的工商变更登记手续后 30 日内向原发证机关办理电信业务经营许可证的变更手续。

第二十八条 在经营许可证有效期内,电信业务经营者需要终止经营的,应当自公司做出决定之日起 30 日内向原发证机关提出申请,在做好用户善后处理工作后,原发证机关为其办理经营许可证注销手续。

第二十九条 电信业务经营者被国家行政、司法机关依法处罚,不能继续经营电信业务的,原发证机关应当将其经营许可证收回注销。

提交虚假证明文件或者采取其他欺诈手段,取得电信业务经营许可证的,由原发证机关将经营许可证收回注销。并在 3 年内不再受理其经营电信业务的申请。

第三十条 发证机关吊销或注销电信业务经营者的经营许可证后,应当通知相应的工商行政管理部门,并向社会公布。

被吊销或注销经营许可证的公司,应当及时到相应工商行政管理部门办理手续。

第六章 经营许可证的年检

第三十一条 发证机关对经营许可证实行年检制度。电信业务经营者应当在报告年的次年第一季度向原发证机关报送下列年检材料:

(一)公司的年检报告,包括:本年度的电信业务经营情况;网络建设、业务发展、人员及机构变动情况;服务质量情况;执行国家和电信主管部门有关规定的情况等;

(二)电信业务经营许可证原件;

(三)公司的企业法人营业执照复印件;

(四)公司年度财务会计报告及电信主管部门规定的其他相关会计资料;

(五)发证机关要求报送的其他有关材料。

业务覆盖范围在两个省、自治区、直辖市以上的,还须提供各地分公司或子公司等相应机构及全网业务的经营管理情况。

各地分公司或子公司等相应机构应当向当地省、自治区、直辖市通信管理局报送在当地开展电信业务的年度报告;分公司或子公司的营业执照复印件;财务报表等有关材料。年度报告内容包括:本年度的电信业务经营情况;网络建设、业务发展、人员及机构变动情况;服务质量情况;执行国家和电信主管部门有关规定的情况等。

第三十二条 省、自治区、直辖市通信管理局对跨地区电信业务经营者在当地的相应机构进行年度检查,并将结果报告信息产业部。

第三十三条　发证机关进行经营许可证年检时,应当对电信业务经营者报送的材料进行全面审核,并对其经营主体、经营行为、电信设施建设、电信资费和服务质量等进行必要的检查。对年检合格的在年检情况记录表上加盖印章;对未按规定参加年检的或年检中发现有不符合规定要求的,限期整改;整改仍不合格的,将经营许可证收回注销,通知相应工商行政管理部门,并向社会公布。

第七章　罚　　则

第三十四条　违反本办法第十七条、第二十六条和第三十一条规定的,依照《中华人民共和国电信条例》第七十条规定予以处罚。

第三十五条　违反本办法第二十四条规定的,依照《中华人民共和国电信条例》第六十九条规定予以处罚。

第三十六条　违反本办法第四条第一款、第十九条、第二十条、第二十一条第三款、第四款、第二十三条、第二十五条、第二十七条和第二十八条规定的,由电信主管部门责令改正,予以警告,并处 5000 元以上 3 万元以下罚款。

第三十七条　当事人对电信主管部门做出的行政审批和行政处罚决定不服的,可以依法申请行政复议或者提起行政诉讼。

当事人逾期不申请行政复议也不提起行政诉讼,又不履行行政处罚决定的,由做出行政处罚决定的机关申请人民法院强制执行。

第三十八条　电信主管部门的工作人员在经营许可证管理工作中,玩忽职守、滥用职权、徇私舞弊,构成犯罪的,提请司法机关依法追究刑事责任;尚不构成犯罪的,由所在单位或者上级主管部门给予行政处分。

第八章　附　　则

第三十九条　经营许可证由信息产业部统一印制。

第四十条　本办法自 2002 年 1 月 1 日起施行。

附件一:电信业务经营许可证使用规定

一、电信业务经营许可证是电信业务经营者经营电信业务的法定凭证。电信业务经营许可证不得伪造、涂改、冒用、租借、买卖和转让。

二、电信业务经营许可证分为《基础电信业务经营许可证》和《增值电信业务经营许可证》两类。《增值电信业务经营许可证》中分为《跨地区增值电信业务经营许可证》和省、自治区、直辖市范围内的《增值电信业务经营许可证》两种。《基础电信业务经营许可证》的有效期限分为 5 年、10 年。《跨地区增值电信业务经营许可证》和省、自治区、直辖市范围内的《增值电信业务经营许可证》的有效期限为 5 年。

三、电信业务经营许可证在有效期限内对其规定的业务种类和业务覆盖范围生效。

四、电信业务经营许可证有效期届满,电信业务经营者需要继续经营的,应当提前 90 日,按本办法的规定续办电信业务经营许可证。不再继续经营的,应提前 90 日向电信主管部门报告，并做好善后工作。

五、电信业务经营许可证有效期内，电信业务经营者需要终止经营的，应当自公司做出决定之日起 30 日内向原发证机关提出申请，在做好善后工作后，由原发证机关为其办理电信业务经营许可证注销手续。

六、电信业务经营者变更公司名称、注册住所、法定代表人的，应当在变更后 30 日内向原发证机关办理变更手续。

七、取得电信业务经营许可证的公司遇有合并或分立、有限责任公司股东变化、业务经营权转移等，涉及经营主体需要变更的情形，或者业务覆盖范围需要变化的，应当自公司做出决定之日起 30 日内向原发证机关提出申请，经批准后方可实施。

八、电信业务经营者取得经营许可证后，应当在一年内或者电信业务经营许可证特别规定的时限内，按照电信业务经营许可证规定的业务种类和业务覆盖范围提供电信服务。

不能在一年内提供电信服务的，应当在申办电信业务经营许可证时提出，说明理由，报电信主管部门批准，并由电信主管部门在经营许可证中做出特别规定。

对未在电信业务经营许可证规定时限内提供电信服务的，原发证机关可以注销其经营许可证，或将其未提供电信服务的业务覆盖范围取消。

九、电信主管部门对电信业务经营许可证实行年检制度。电信业务经营者应当在报告年次年的第一季度向电信主管部门报送下列材料：

（一）公司的年检报告。包括本年度的电信业务经营情况；网络建设、业务发展、人员及机构变动情况；服务质量情况；执行国家和电信主管部门有关规定的情况等；

（二）电信业务经营许可证原件；

（三）公司企业法人营业执照复印件；

（四）公司年度财务会计报告；

（五）发证机关要求报送的其他有关材料。

业务覆盖范围在两个以上省、自治区、直辖市的，还须提供其各地分公司或子公司等相应机构及全网业务的经营管理情况。

电信业务经营者各地相应机构应当向当地省、自治区、直辖市通信管理局报送相应的年检材料。

发证机关对年检合格的电信业务经营者，在年检情况记录表上加盖印章；年检中发现有不符合规定要求的，限期整改；整改仍不合格的，将经营许可证收回注销，并向社会公布。

十、电信业务经营者持电信业务经营许可证向工商行政管理部门办理企业登记或变更手续，向无线电管理机构办理无线电频率使用手续，向其他相关单位办理开展业务的手续。

十一、电信业务经营者被国家行政、司法机关依法处罚，不能继续从事电信业务经营活动的，电信主管部门将其经营许可证收回注销。

十二、电信业务经营许可证由正文和附件组成。附件包括：电信业务经营许可证使用规定（附件一）；电信业务经营者的权利和义务（附件二）；特别规定事项（附件三）；电信业务经营许可证年检情况记录表(附件四)及颁发经营许可证后发证机关增发的附件。

附件二：电信业务经营者的权利和义务

电信业务经营者(以下简称经营者)享有法律赋予的各项权利,并应当履行法律规定的各项义务,其合法权益和依法开展的经营活动受法律保护。在电信业务经营活动中,经营者应严格遵守国家有关的法律法规以及电信行业管理的各项规定,接受信息产业部和省、自治区、直辖市通信管理局(以下统称电信主管部门)的行业管理和监督检查,维护国家的整体利益和用户的合法权益。经营者有权对电信主管部门及其工作人员提出批评和建议,对电信主管部门做出的具体行政行为不服的,有权依法申请行政复议或者提起行政诉讼。具体权利义务如下：

一、电信业务市场方面

(一)经营者享有平等竞争、公平交易的权利,应遵守经营许可证(包括正文和附件)的各项规定,遵循公平、诚实、信用的原则,遵守商业道德。

(二)经营者有权按照经营许可证正文中所载明的电信业务种类,在规定的业务覆盖范围内经营电信业务。

经营者不得超出经营许可证规定的业务种类和业务覆盖范围擅自经营电信业务。未经许可,严禁采取租用国际电信专线、设置电信转接设备或者其他方法,经营国际或者香港特别行政区、澳门特别行政区和台湾地区电信业务。

(三)未经发证机关批准,经营者不得转让或变相转让电信业务经营权。

(四)经营者取得经营许可证后,应当在一年内或者经营许可证特别规定的时限内,按照经营许可证规定的业务种类和业务覆盖范围,建设电信设施或者组建电信网络,提供电信服务。

对未在经营许可证规定时限内提供电信服务的经营者,原发证机关可以注销其经营许可证,或将其未提供电信服务的业务覆盖范围取消。

(五)获准跨地区经营的经营者,应在经营许可证载明的业务覆盖范围所在省、自治区和直辖市设立分公司、子公司等相应分支机构,分支机构名称应统一、规范。获准跨地区经营的经营者在子公司中的股权或者股份应不少于51％,国有股权或者股份的比例应当符合国家有关电信的法律法规规定。

(六)获准经营电信业务的公司经发证机关批准,可以授权其持有股份不少于51％并符合经营电信业务条件的子公司经营其获准经营的电信业务。该子公司的有关情况由发证机关在获准经营电信业务公司的经营许可证正文附页中载明。在一个地区不能授权多家子公司经营同一项电信业务。

(七)获准跨地区经营的经营者,应凭经营许可证到相关省、自治区、直辖市通信管理局办理备案手续。未经省、自治区、直辖市通信管理局备案的,不得在当地开展电信业务。

(八)经营者有权按照规定向基础电信业务经营者申请使用开展经营活动所需的网络基础设施和数据传送等电信服务,基础电信业务经营者有义务如实告知相关使用信息,并按规定为其及时提供。

基础电信业务经营者应当认真核验申请者所持电信业务经营许可证的内容,对于无电信业务经营许可证或超出经营许可证规定范围擅自经营电信业务以及未向省、自治区、直辖市通信管理局办理备案手续的申请者,基础电信业务经营者有权拒绝为其提供相应的电信服务。

经营者开展电信业务经营活动时不得使用非电信业务经营者提供的网络基础设施和数据传送等电信服务。

(九)利用境外组织或个人的卫星转发器等电信资源和电信线路等电信设施在国内经营电信业务的,应当按规定报信息产业部批准。

(十)经营者应当在业务开通后30日内,将开展业务的有关情况报告电信主管部门。

开展经营许可证的申办材料中未提及的新的服务内容时,经营者应当提前30日向电信主管部门报告。

(十一)经营者根据业务发展需要,可以委托其他组织和个人代理其实施电信业务市场销售、技术服务等直接面向用户的服务性工作,但必须规范代理行为,依法承担相应的民事责任。代理者在提供代理服务时,应以经营许可证持证者名义向用户提供电信服务,不得采取组建电信网络或启用新的电信服务号码等方式自行向用户提供电信业务。经营者与代理者应当签订书面委托代理协议,明确责、权、利,保证电信业务代理经营活动的正常开展。

经营者应明确要求代理者执行国家的资费政策,代理者违反国家资费政策的责任由相应的被代理经营者承担。

(十二)经营者应当自觉规范经营行为,在经营电信业务时不得进行下列活动:

1. 利用在电信业务市场中的主导地位,对其他单位或个人提出不合理要求,影响其他经营者的正常经营活动;

2. 以排挤竞争对手为目的,采用低于成本的价格等方式经营电信业务,进行不正当竞争;

3. 限制用户选择其他经营者依法提供的电信业务或者强迫用户使用其指定的电信业务;

4. 以捏造、散布虚假消息,损害竞争对手的商业信誉等不正当手段,扰乱其他经营者的正常经营活动;

5. 擅自停止经营已核准经营的电信业务。

当经营者发生上述行为时,其他经营者有权向电信主管部门报告,要求予以制止。

(十三)经营者有权按规定在经营许可证有效期内终止经营电信业务,但应当自公司做出决定之日起30日内向原发证机关提出申请,经批准后方可实施。在做好用户的善后处理工作后,由原发证机关为其办理经营许可证注销手续。

(十四)经营者有权依法开展电信业务宣传,有权依法制作和发布广告,宣传内容应当准确真实,符合经营许可证规定的业务种类和业务覆盖范围。

经营者进行业务宣传时应当标明电信业务经营许可证编号。不得制作、发布虚假广告或对电信业务的种类、功能、服务范围等作引人误解的宣传。

（十五）电信主管部门依法开展监督管理工作时，经营者应当给予积极配合。

（十六）经营者应当向电信主管部门如实提供下列材料：

1. 根据电信主管部门制定的经营者会计资料报送制度，向电信主管部门报送本企业的财务会计报告和电信主管部门要求的其他会计资料；

2. 按照电信主管部门制定的统计制度向电信主管部门报送统计资料；

3. 电信主管部门按规定要求经营者提交的其他资料。

经营者应当保证所提供资料的真实性、完整性。

经营者应当使用电信主管部门规定的软件和格式进行相关资料的编报工作。

电信主管部门的工作人员应当遵守纪律，按规定使用并妥善保管经营者报送的资料。

（十七）接受会计监管的经营者的权利和义务：

1. 执行国家统一会计制度和电信企业财务会计有关规定；

2. 按照电信企业财务会计有关规定建立本企业的分业务会计核算系统，向电信主管部门报送分业务报表和电信业务成本数据及相关信息；

3. 主动配合电信主管部门对电信企业财务会计有关规定执行情况的监督检查工作；

4. 有权对电信企业财务会计有关规定提出修改建议。

（十八）经营者申请在境内外上市或者与外商合资经营电信业务，应当向电信主管部门和国家有关部门办理审批手续。

二、电信服务方面

（一）经营者应当根据国家有关电信的法律法规和电信主管部门颁布的电信服务标准的规定，为电信用户提供迅速、准确、安全、方便和价格合理的电信服务，并采取有效措施，保证所提供的服务质量得以持续提高。

（二）经营者应当加强对经营电信业务的技术管理、业务管理和用户管理，完善技术保障手段，建立健全规章制度，向用户提供符合规定要求的电信服务。

（三）经营者应当保护用户通信自由和通信秘密，除国家法律另有规定外，不得向他人提供用户使用电信网络所传输信息的内容。

（四）经营者必须按照国家有关规定履行相应的电信普遍服务义务。

电信主管部门可以采取招标或者指定的方式确定具体承担电信普遍服务义务的经营者。

具体承担电信普遍服务义务的经营者按照有关法律法规规定提供规定的电信服务后，有权获得电信普遍服务成本补偿。

（五）经营者应当向社会公布其提供电信服务的种类、网络覆盖及服务范围、资费标准和时限，并报电信主管部门备案。应当按照公布的服务标准和时限提供电信服务。

（六）提供基础电信业务的经营者应当按照电信主管部门的规定，根据合法经营者的申请,及时为其提供经营电信业务所需要的网络基础设施和公共数据传送等电信服务,并签订服务合同。

(七)经营者在用户办理电信业务时,应当向用户提供使用该项业务的说明资料,包括业务功能、费用收取办法及交费时间、障碍申告、咨询服务电话等,并以书面形式明确经营者与用户双方的权利和义务。

经营者制定和使用的格式条款应当报电信主管部门备案。所使用的格式条款,应当遵循公平原则,全面、准确地界定与用户间的权利和义务,并应采取合理的方式提请用户注意免除或限制其责任的条款,并有义务应对方的要求对该条款予以说明。根据业务发展情况,经营者应当及时规范和调整格式条款的有关内容。

(八)经营者应当在其公布的时限内为申请安装、移装电信终端设备的用户开通业务。由于经营者的原因逾期未能开通的,应当每日按照收取的安装费、移装费或者其他费用数额1‰的比例,向用户支付违约金。

(九)经营者应当执行国家制定的电信业务资费政策和标准,做到明码标价,严禁乱收费。经营者应当在营业场所明显位置公布收费项目和资费标准。

(十)经营者应当向用户提供业务咨询、查询和障碍申告受理等服务项目。应用户要求,应当免费提供通信费用查询和长途通信、移动通信及信息服务等收费清单。用户对通信费用有异议时,在计费原始数据保存期限内,经营者应当提供查询方便,做好解释工作并协助用户查找原因。经营者应当保存对与用户发生争议、尚未解决的申诉的相关原始资料。

电信用户出现异常的巨额电信费用时,经营者一经发现,应当尽可能迅速告知用户,并采取相应的措施。

(十一)经营者有权要求逾期不交纳电信费用的用户交纳费用,并可以根据规定按照所欠费用的一定比例收取违约金。

对超过收费约定期限 30 日仍不交纳电信费用的用户,经营者有权暂停向其提供电信服务。用户在经营者暂停服务 60 日内仍未补交电信费用和违约金的,经营者有权终止提供服务,并可依法追缴欠费和违约金。

移动电话业务经营者可按照与用户约定的交费期限、方式收缴话费和做欠费处理,不受前款规定期限的限制。

经营者应当在延迟交纳电信费用的用户补足电信费用、违约金后的 48 小时内,恢复暂停的电信服务。

(十二)电信用户违反规定或合同改变消费用途,经书面通知要求其纠正,仍不改正的,经营者可暂停向其提供电信服务。

经营者因自身的工程施工、网络调测、网络建设等可预测的原因,影响或者可能影响正常电信服务的,必须按照规定的时限及时告知用户(包括作为用户的其他经营者),并向当地电信主管部门书面报告。

因前款原因中断电信服务的,经营者应当相应减免用户在电信服务中断期间的相关费用。

出现本条第二款规定的情形，经营者未按规定履行告知义务的，应当赔偿由此给用户造成的损失。

（十三）经营固定本地电话业务和移动电话业务的经营者，应当免费向用户提供火警、匪警、医疗急救、交通事故报警等公益性电信服务，并保障通信畅通。

（十四）经营者应当建立健全电信服务质量保证体系，规范电信服务的业务流程，制定并公布施行不低于国家规定的电信服务标准的企业标准，使服务工作规范化、制度化、程序化，不断提高电信用户对服务的满意率。

（十五）经营者应当配备受理用户投诉的人员，公布投诉电话等，并保证投诉受理平台运行良好；对收到的用户投诉应在15个工作日内予以答复，不得互相推诿。经营者应当采取各种形式广泛听取电信用户意见，接受社会监督。

（十六）经营者应当配合电信主管部门的检查和调查工作，如实提供有关资料和情况，不得采用不正当手段干扰调查活动。对电信主管部门督办的电信服务事宜，应在规定的时限内将处理结果或处理进程向电信主管部门报告。

（十七）经营者应当定期按照电信主管部门颁布的电信服务标准进行自查，并按规定将自查情况向电信主管部门报告。

对《电信服务标准（试行）》中规定的重大通信障碍阻断，经营者要及时向电信主管部门报告，并应建立相应的重大通信障碍报告制度。

（十八）经营者在电信服务中不得有下列行为：

1. 限制用户自备并获得进网许可的电信终端设备进网使用，或者强迫用户购买其指定的电信终端设备；

2. 违反国家规定，擅自改变或者变相改变资费标准，擅自增加或者变相增加收费项目；

3. 无正当理由拒绝、拖延或者中止对用户的电信服务；

4. 对电信用户不履行公开做出的承诺或者做容易引人误解的虚假宣传；

5. 以不正当手段刁难电信用户或者对投诉的电信用户打击报复。

（十九）经营者委托其他组织或个人代理其电信业务的市场销售、技术服务及公用电话代办的服务质量，由委托的经营者负责，并负责监督管理。

三、电信安全方面

（一）经营者在经营电信业务中，应当根据国家有关电信安全的法律法规及其他有关规定做好电信网络安全和信息安全工作。

（二）经营者应当按照国家有关电信网络和信息安全的规定，建立健全内部安全保障制度，实行安全保障责任制。

（三）经营者在电信网络的设计、建设和运行中，应当做到与国家安全和电信网络安全的需求同步规划，同步建设，同步运行。

（四）经营者及其工作人员不得利用电信网络制作、复制、发布、传播含有下列内容的信息：
1. 反对宪法所确定的基本原则的；
2. 危害国家安全，泄露国家秘密，颠覆国家政权，破坏国家统一的；
3. 损害国家荣誉和利益的；
4. 煽动民族仇恨、民族歧视，破坏民族团结的；
5. 破坏国家宗教政策，宣扬邪教和封建迷信的；
6. 散布谣言，扰乱社会秩序，破坏社会稳定的；
7. 散布淫秽、色情、赌博、暴力、凶杀、恐怖或者教唆犯罪的；
8. 侮辱或者诽谤他人，侵害他人合法权益的；
9. 含有法律、行政法规禁止的其他内容的。

经营者在提供公共信息服务中，若发现电信网络中传输的信息明显属于上述内容的，应当立即停止传输，保存有关记录，并向国家有关机关报告。

（五）经营者及其工作人员不得有下列危害电信网络安全和信息安全的行为：
1. 对电信网的功能或者存储、处理、传输的数据和应用程序进行删除或者修改；
2. 利用电信网从事窃取或者破坏他人信息、损害他人合法权益的活动；
3. 故意制作、复制、传播计算机病毒或者以其他方式攻击他人电信网络等电信设施；
4. 危害电信网络安全和信息安全的其他行为。

（六）除因国家安全或者追查刑事犯罪的需要，由公安机关、国家安全机关或者人民检察院依照法律规定的程序对电信内容进行检查外，任何组织或者个人不得以任何理由对电信内容进行检查。

经营者及其工作人员不得擅自向他人提供或者协助他人获取电信用户使用电信网络所传输信息的内容。

（七）在发生重大自然灾害等紧急情况下，经国务院批准，信息产业部可以调用经营者的各种电信设施，经营者要确保重要通信畅通。

（八）在中华人民共和国境内从事国际通信业务，必须通过信息产业部批准设立的国际通信出入口局进行。

（九）经营者在规划、设计、建设和维护电信网络时，应当保证电信网络的安全，对可能发生的自然灾害（包括：水灾、火灾、风灾、雷击和地震等）、人为损害（包括：人为过失破坏，盗窃通信器材，施工挖断光、电缆，误操作等）等安全隐患应当采取相应的防范措施。

（十）经营者要有必要的保证通信信息安全的措施，对本企业职工进行保密教育。对容易造成泄密的通信方式，应当主动向用户申明或提醒用户注意。

（十一）经营者要有防止盗用服务和资源的措施。教育职工遵守职业道德，不利用网络为自己和他人实现盗用服务。要有保护用户号码、卡号、密码等专有标识不被泄露或盗用的措施。

（十二）经营者的各种电信管理网所使用的网管系统（如网络级的网管、子网级的网管）

应有必要的安全措施,并报信息产业部审核通过后方可运行。需要国外供货商远程登录到网管系统直接操作或其他类似操作时,应经信息产业部核准后,方可实施。

(十三)经营者要加强网管软件版本管理。高层网管尽量采取自行开发的网管产品,或采用委托国内可靠机构开发的网管产品。需要采用国外厂商网管产品的,应当对产品的安全性进行评估,使用时采取必要的安全措施。

(十四)经营者对购置的系统和设备,如交换机、路由器、交叉连接设备等,在合同中应要求供货商承诺在软件中不得设置、预留非常隧道。对可能的软件攻击、病毒攻击、非法入侵保持警惕。对软件版本管理、升级必须有相应制度。防止使用有安全隐患的软件。

已经在网上运行的软件,如果在使用过程中发现安全隐患,除立即采取措施外,还应书面报告其上级主管部门处理。

(十五)经营者对同步网、信令网等支撑网络要做到可靠运行,要有安全应急措施。

(十六)经营者应当配合国家相关部门进行信息安全管理和打击网络犯罪。依法配合有关部门进行安全防范和管理。

(十七)经营者的业务网应有防范和抵御局部地区突发业务量可能产生的网络拥塞和网络瘫痪的能力。

四、电信设备进网使用方面

(一)经营者应当遵守国家关于电信设备进网管理的各项规定。

(二)经营者或用户使用的电信终端设备、无线电通信设备和涉及网间互联的设备,必须符合国家规定的标准,并取得信息产业部颁发的进网许可证。电信设备上应有进网许可标志。

未取得进网许可证的电信设备,不得接入公用电信网。

(三)对于用户自行接入未取得进网许可证的终端设备的,经营者有权拒绝为其提供电信服务。

五、电信网间互联方面

(一)经营者应严格遵守国家有关电信网间互联互通管理的各项规定。

(二)经营者有权提出电信网间互联互通的要求,不得拒绝其他经营者和专用网运营单位提出的网间互联互通要求。经营者有义务按照技术可行、经济合理、公平公正、相互配合的原则,实现电信网间互联互通。

(三)电信网间互联双方应按照电信主管部门发布的电信网间互联管理规定进行协商,并签订网间互联协议。

互联双方自签订网间互联协议之日起 15 日内向电信主管部门备案。

(四)互联双方必须在协议约定或者电信主管部门的行政决定所规定的时限内实现互联互通。

根据确定的互联技术方案,互联双方在各自的建设责任范围内委托设计单位进行工程设计,并由互联双方共同组织设计会审。

互联双方各自组织设备订货,设备到货后应及时安装调测,全部工程初验后,互联双方应共同组织互联测试,符合规定要求后应及时开通业务。

(五)自一方提出互联要求之日起60日内,双方经协商未能达成网间互联协议的,任何一方均有权向电信主管部门申请协调。

网络覆盖多个省(自治区、直辖市)、涉及全网技术和网间结算问题的互联任一方,可向信息产业部电信管理局申请协调网间互联中出现的争议,其他问题向省、自治区、直辖市通信管理局申请协调。

自网间互联一方或者双方申请协调之日起45日内,经协调仍不能达成协议的,由电信主管部门邀请电信技术专家和其他有关方面专家进行公开论证并提出网间互联方案,电信主管部门据此做出行政决定,强制实现网间互联互通。

(六)互联双方应执行信息产业部发布的网间互联的费用分摊与网间结算办法,不得在规定标准之外加收费用。

(七)网间互联技术方案应符合国家电信技术标准和网间互联技术规范,互联应有利于经营者的业务开展、方便网络管理、便于网间结算,并保证网间通信的安全可靠。

(八)网间互联的通信质量应符合国家有关标准。未经信息产业部批准,任何一方不得擅自中断网间互联。网间互联遇有通信技术障碍时,双方应当立即采取有效措施予以解决。

在技术可行的前提下,互联任一方应其他经营者的要求,应及时向其他经营者的用户提供为本网用户提供的各种电信业务(含各经营者所使用的特种业务、政府公务类业务、社会服务类业务、智能业务等),并保证网间通信质量不低于其网络内部同类业务的通信质量。

(九)主导电信业务经营者在电信网间互联中负有以下义务:

1. 按照非歧视和透明化的原则,制定包括网间互联的工作程序、时限、非捆绑网络元素目录等内容的互联规程,并报信息产业部审查同意,互联规程对主导电信业务经营者的互联互通活动具有约束力;

2. 向其他经营者提供的网间互联,其服务质量不得低于本网内同类业务的质量和向其子公司或分公司提供的同类业务质量;

3. 根据网间互联的需要,配置、改造、扩容其网络,以保证与其他经营者各种类型互联的实现;

4. 向要求互联的经营者提供与互联有关的网络设备功能、机房、管线等信息;

5. 应其他经营者的要求,主导电信业务经营者应向其他经营者的用户提供号码查询业务,并经互联双方协商后,可按查号规则查询到其他经营者的可查询用户号码。

其他经营者应主动、及时地按查号规则向主导电信业务经营者提供本网可查询用户号码的资料;

6. 应其他经营者的要求,主导电信业务经营者应向其他经营者的用户提供火警、匪警、急救、道路交通事故报警等紧急特种业务,并保证服务质量。

(十)两个非主导的经营者的电信网网间未直接相联,当选择主导的电信业务经营者网络进行转接实现业务互通时,主导的电信业务经营者应当提供转接服务,并保证转接的通信质量。

(十一)要求互联的经营者应向主导电信业务经营者提供有关电信网间互联的计划、规划等信息,以为两网互联互通提供方便,主导电信业务经营者不得将这些信息另做他用。

六、电信资源使用方面

(一)经营者应当遵守国家有关电信资源使用管理的法律法规和有关规定,涉及无线电频率、卫星轨道位置等电信资源的应当遵守《中华人民共和国无线电管理条例》及其相关规定。

(二)经营者在取得电信业务经营许可证后,有权根据需要,申请开展经营活动所需的电信资源,相应电信资源主管部门应根据有关规定为其办理电信资源审批手续。

(三)电信资源属国家所有,业经指配的电信资源,电信资源主管部门可以按照国家有关规定调整或者收回。经营者对被指配的电信资源在经营许可证有效期内享有使用权,经营者可按照有关规定自主使用电信资源,其合法的使用权受法律保护。

(四)经营者在取得电信资源的使用权后,电信主管部门、无线电管理机构及相关经营者应当采取必要的措施,配合其及时启用电信资源。

(五)经营者取得电信资源使用权后,应当在一年内或者经营许可证特别规定的时限内启用电信资源主管部门所指配的资源,并达到最低的使用规模;在规定时限内未启用的电信资源,由相应电信资源主管部门收回。未经电信资源主管部门批准,不得擅自使用、转让、出租电信资源或者改变电信资源的用途。

(六)经营者取得电信资源使用权后,应有效使用电信资源,并按照电信资源主管部门的要求报告使用情况。

(七)经营者取得码号资源使用权后,应当严格按照规定的结构、位长、用途和使用范围使用码号,未经批准不得将码号转让、出租或改变用途,不得将码号作为商标进行注册。

(八)经营者使用电信主管部门核配的码号提供业务时,应保障电信用户的码号使用权益,不得随意更改码号。

(九)经营者在使用码号资源中与相关单位或用户发生争议时,应服从电信主管部门的协调和管理。

(十)对电信主管部门开展的码号升位、调整变更及有关码号监督检查工作,经营者应认真配合。

(十一)国家对电信资源实行有偿使用制度。经营者占有、使用电信资源应按规定缴纳电信资源费。

(十二)经营者在变更经营主体后,应到电信资源主管部门办理变更电信资源使用主体的手续。经营者的经营许可证注销后,其电信资源由相应电信资源主管部门收回。

七、电信资费方面

电信资费,是指经营者为电信用户提供电信服务所收取的费用。

（一）经营者应当遵守《中华人民共和国价格法》、《中华人民共和国电信条例》和国家有关电信资费的法律法规及其他有关规定，接受电信主管部门的依法管理。

（二）经营者应当认真执行国家有关电信资费的各项规定，不得有下列行为：

1. 相互串通，订立价格联盟，损害其他经营者或者电信用户的合法权益；
2. 对其经营的不同业务进行不合理的交叉补贴；
3. 在提供相同的电信服务时，对具有同等交易条件的电信用户或者其他经营者实行价格歧视；
4. 擅自散布涨价或者降价信息，扰乱电信业务市场秩序；
5. 对实行政府定价、政府指导价的电信业务或者服务项目擅自设立收费标准；
6. 以排挤竞争对手为目的，低于成本提供电信业务或者服务，搞不正当竞争；
7. 擅自改变计费方式，直接或者变相改变国家规定的资费标准；
8. 擅自将不同电信业务捆绑销售，以规避政府定价、政府指导价。

当经营者发生上述行为时，其他经营者有权向电信主管部门报告，申请予以制止。

（三）除实行政府定价、政府指导价的电信业务和电信服务项目外，经营者享有自主制定电信资费的权利。对于新型电信业务，经营者应当提前向信息产业部申请实行政府定价、政府指导价或市场调节价。

（四）经营者应当在营业场所标明电信业务的计费单元、资费标准、收费方式、服务项目等情况。

（五）经营者在接受电信主管部门有关电信资费的依法监督检查时，应当如实提供检查所需的计费系统数据、账簿、单据、凭证、文件等资料。

（六）对实行政府指导价的电信资费，经营者有权在国家规定的幅度内制定电信资费。

（七）经营者有权依法向电信主管部门提出政府定价、政府指导价的电信资费调整建议及调整方案。

（八）经营者在实行政府定价、政府指导价的电信服务项目基础上，开展新的电信服务项目的资费标准，由经营者提出方案，报电信主管部门批准后执行。

（九）经营者有义务及时、准确、真实地上报电信资费监测所需各项数据。经营者申请调整政府定价、政府指导价，应根据电信主管部门的规定报送成本、业务量、收入等资料。

经营者应根据电信主管部门的要求，定期报送有关资费情况。政府或者政府委托科研单位、社会中介机构和其他研究部门进行电信业务成本调查时，经营者应给予必要的支持，提供便利条件。

八、电信设施建设方面

（一）经营者在进行电信网络或电信设施建设（包括自建、联合建设、改建、扩建、产权转移）时，应当接受电信主管部门的统筹规划和行业管理，遵守国家有关建设的法律、法规和有关规定，严格执行国家电信技术体制、国家电信技术标准及电信工程建设标准、建设规范。

（二）经营者在取得电信业务经营许可证后，方可按规定建设与经营许可证规定的业务范围相适应的电信网络和电信设施。

（三）经营者在取得电信业务经营许可证以后，应按照国家和电信主管部门的要求按时上报企业发展规划。其中，经营者的综合五年规划、传输网五年专题规划和综合滚动规划应上报备案，传输网滚动专题规划应上报审批。

（四）经营者进行跨省电信网络及其组成部分、海缆项目或者国家规定限额以上电信项目建设，须经电信主管部门初审，初审同意的项目方可建设。

（五）基础电信业务经营者有权在电信业务经营许可证规定的范围内投资建设传输网网络（包括通信管道等，以下同）。只有具有网络元素出租、出售业务许可证的经营者可以经营传输网网络资源的出租、出售业务。经营者不得从无网络元素出租、出售业务许可证的企业或单位购买、租用传输网网络资源。

（六）拥有国际通信信道出入口设置权的电信业务经营者，可以按照国际通信建设管理规定，建设、购买和租用国际传输信道；拥有国际通信业务出入口设置权的电信业务经营者，可以按照国际通信建设管理规定，建设和租用国际通信业务出入口和边境地区国际通信业务出入口。其中，限额以上项目须报信息产业部初审同意后，报国家计委或国家经贸委审批；限额以下项目须报信息产业部审批。其他任何部门无权审批。

（七）经营者设置、使用无线电台（站），从事微波通信建设，应按国家无线电管理的有关规定向国家无线电管理机构办理设台审批手续，领取电台执照，其微波传输通道应向当地城市规划部门备案。

建设微波通信设施、移动通信基站等无线通信设施不得妨碍已建通信设施的通信畅通。妨碍已建无线通信设施的通信畅通的，由当地省、自治区、直辖市无线电管理机构责令其改正。

（八）经营者应接受电信主管部门或其委托的通信工程质量监督机构对电信建设工程质量的监督管理。经营者应当按要求提供有关电信建设的文件和资料，配合有关人员进入工作现场进行检查。

（九）经营者从事电信建设活动应当按国家和电信主管部门关于招标投标管理的规定进行招标投标，对按规定必须进行招标的电信建设项目实行招标备案制。

（十）经营者从事电信建设活动应当遵守国家和电信通信工程建设强制性标准，并接受电信主管部门对通信工程建设强制性标准执行情况的监督管理。

（十一）经营者有权按照许可证规定在民用建筑物上设置小型天线、移动通信基站等公用电信设施，但必须满足建筑物荷载等条件，不得破坏建筑物的安全性。

（十二）经营者建设地下、水底等隐蔽电信设施，应当设置标志并注明产权人。其中光缆线路建设应当按照通信工程建设标准的有关规定设置光缆线路标石和水线标志牌；海缆登录点处应设置明显的海缆登录标志，海缆路由应向国家海洋管理部门和港监部门备案。标志受损或丢失的，应及时修复、补齐。

（十三）经营者依法从事电信设施建设和向用户提供电信服务受国家法律保护。除国家规定禁止或者限制进入的区域外,任何组织和个人不得阻止或者妨碍经营者依法从事电信网络或设施建设和向用户提供电信服务。

(十四)经营者的电信线路及其他电信基础设施,任何单位或者个人不得擅自改动或者迁移,遇有特殊情况必须迁改的,应当征得经营者的同意,并签订协议。在迁改过程中,双方应采取措施尽量保证通信不中断。迁改费用、保证通信不中断所发生的费用以及中断通信造成的损失,由提出迁改要求的单位或者个人承担或赔偿,割接期间的中断除外。

(十五)经营者从事电信线路建设,在路由选择时应尽量避开已建电信线路,并根据通信工程建设标准的有关规定与已建的电信线路保持必要的安全距离,避免同路由、近距离敷设。受地形限制必须近距离甚至同沟敷设或者线路必须交越的,电信线路建设项目的建设单位应当与已建电信线路的产权人协商并签订协议,制定安全措施,在双方监督下进行施工,确保已建电信线路的畅通。

经协商不能达成协议的,根据电信线路建设情况,跨省线路由信息产业部协调解决,省内线路由相关省、自治区、直辖市通信管理局协调解决。

(十六)从事施工、生产、种植树木等活动,应与电信线路或者其他电信设施保持一定的安全距离,不得危及电信线路等电信设施的安全或者妨碍线路畅通。可能危及电信安全时,应当事先通知有关电信业务经营者,并由从事该活动的单位或者个人负责采取必要的安全防护措施。

建筑物、其他设施、树木等与电信线路及其他电信设施的最小安全距离应根据通信工程建设标准的有关规定确定。

(十七)经营者应遵守电信主管部门关于电信建设市场准入的相关规定,不得选择未经电信主管部门审查同意或未取得电信建设资质证书的设计、施工、监理、咨询、系统集成、用户管线建设、招投标代理单位承担电信建设项目。

(十八)经营者在抗震设防七烈度及以上地区进行电信设施建设应当遵守电信主管部门有关电信设备抗震性能检测管理的规定,不得选用按规定应取得而未取得相应烈度等级电信设备抗震性能检测合格证的电信设备。

(十九)经营者应按照《中华人民共和国统计法》和《中华人民共和国统计法实施细则》及电信行业统计的规定,按时准确地上报行业管理需要的统计资料和信息。

7.《信息系统工程监理暂行规定》
发布单位:中华人民共和国信息产业部
发布文号:信部信[2002]570号
发布日期:2002-12-15
生效日期:2002-12-15

第一章 总 则

第一条 为推进国民经济和社会信息化建设,确保信息系统工程的安全和质量,规范信息系统工程监理行为,依据国家有关规定,制定本规定。

第二条 在中华人民共和国境内从事信息系统工程监理活动，必须遵守本规定。

第三条 本规定所称信息系统工程是指信息化工程建设中的信息网络系统、信息资源系统和信息应用系统的新建、升级、改造工程。

（一）信息网络系统是指以信息技术为主要手段建立的信息处理、传输、交换和分发的计算机网络系统；

（二）信息资源系统是指以信息技术为主要手段建立的信息资源采集、存储、处理的资源系统；

（三）信息应用系统是指以信息技术为主要手段建立的各类业务管理的应用系统。

第四条 本规定所称信息系统工程监理是指依法设立且具备相应资质的信息系统工程监理单位（以下简称监理单位），受业主单位委托，依据国家有关法律法规、技术标准和信息系统工程监理合同，对信息系统工程项目实施的监督管理。

第五条 本规定所称监理单位是指具有独立企业法人资格，并具备规定数量的监理工程师和注册资金、必要的软硬件设备、完善的管理制度和质量保证体系、固定的工作场所和相关的监理工作业绩，取得信息产业部颁发的《信息系统工程监理资质证书》，从事信息系统工程监理业务的单位。

监理单位资质分为甲、乙、丙三级。

第二章 主管部门及其职责

第六条 信息产业部负责全国信息系统工程监理的管理工作，其主要职责是：

（一）制定、发布信息系统工程监理法规，并监督实施；

（二）审批及管理甲级、乙级信息系统工程监理单位资质；

（三）负责信息系统监理工程师的资格管理；

（四）监督并指导全国信息系统工程监理工作。

第七条 省、自治区、直辖市信息产业主管部门负责本行政区域内信息系统工程监理的管理工作，其主要职责是：

（一）执行国家信息系统工程监理法规和行政规章；

（二）审批及管理本行政区域内丙级信息系统工程监理单位资质，初审本行政区域内甲级、乙级信息系统工程监理单位；

（三）负责本行政区域内信息系统工程监理工程师的管理工作；

（四）监督本行政区域内的信息系统工程监理工作。

第三章 监理范围和监理内容

第八条 下列信息系统工程应当实施监理：

（一）国家级、省部级、地市级的信息系统工程；

（二）使用国家政策性银行或者国有商业银行贷款，规定需要实施监理的信息系统工程；

（三）使用国家财政性资金的信息系统工程；

（四）涉及国家安全、生产安全的信息系统工程；

（五）国家法律、法规规定应当实施监理的其他信息系统工程。

第九条　监理的主要内容是对信息系统工程的质量、进度和投资进行监督，对项目合同和文档资料进行管理，协调有关单位间的工作关系。

第四章　监理活动

第十条　从事信息系统工程监理活动，应当遵循守法、公平、公正、独立的原则。

第十一条　信息系统工程监理业务可以由业主单位直接委托监理单位承担，也可以采用招标方式选择监理单位。

第十二条　监理单位承担信息系统监理业务，应当与业主单位签订监理合同，合同内容包括：

（一）监理业务内容；

（二）双方的权利和义务；

（三）监理费用的计取和支付方式；

（四）违约责任及争议的解决办法；

（五）双方约定的其他事项。

第十三条　监理费用计取标准应当结合信息系统工程监理的特点，由双方协商确定。

第十四条　信息系统工程实行总监理工程师负责制。总监理工程师行使合同赋予监理单位的权限，全面负责受委托的监理工作。

第十五条　信息系统工程监理按下列程序进行：

（一）组建信息系统工程监理机构，监理机构由总监理工程师、监理工程师和其他监理人员组成；

（二）编制监理计划，并与业主单位协商确认；

（三）编制工程阶段监理细则；

（四）实施监理；

（五）参与工程验收并签署监理意见；

（六）监理业务完成后，向业主单位提交最终监理档案资料。

第十六条　实施监理前，业主单位应将所委托的监理单位、监理机构、监理内容书面通知承建单位。

承建单位应当提供必要的资料，为监理工作的开展提供方便。

第十七条　监理活动中产生的争议，应当依据监理合同相关条款协商解决，或者依法进行仲裁，或者依法提起诉讼。

第五章　监理单位和监理工程师

第十八条　监理单位的权利和义务：

（一）应按照"守法、公平、公正、独立"的原则，开展信息系统工程监理工作，维护业主单位与承建单位的合法权益；

（二）按照监理合同取得监理收入；

（三）不得承包信息系统工程；

（四）不得与被监理项目的承建单位存在隶属关系和利益关系，不得作为其投资者或合伙经营者；

（五）不得以任何形式侵害业主单位和承建单位的知识产权；

（六）在监理过程中因违犯国家法律、法规，造成重大质量、安全事故的，应承担相应的经济责任和法律责任。

第十九条　信息系统工程监理工程师应当是经培训考试合格、并取得《信息系统工程监理工程师资格证书》的专业技术人员。

第二十条　监理工程师的权利和义务：

（一）根据监理合同独立执行工程监理业务；

（二）保守承建单位的技术秘密和商业秘密；

（三）不得同时从事与被监理项目相关的技术和业务活动。

第六章　附　　则

第二十一条　信息系统工程监理单位资质管理办法和信息系统工程监理工程师资格管理办法另行制定。

第二十二条　本规定自 2002 年 12 月 15 日起实施。

8.《中国互联网络域名管理办法》

发布单位：中华人民共和国信息产业部

发布文号：中华人民共和国信息产业部令第 30 号

发布日期：2004-11-05

生效日期：2004-12-20

（2004 年 9 月 28 日第八次部务会议审议通过）

第一章　总　　则

第一条　为促进中国互联网络的健康发展，保障中国互联网络域名系统安全、可靠地运行，规范中国互联网络域名系统管理和域名注册服务，根据国家有关规定，参照国际上互联网络域名管理准则，制定本办法。

第二条　在中华人民共和国境内从事域名注册服务及相关活动，应当遵守本办法。

第三条　本办法下列用语的含义是：

（一）域名：是互联网络上识别和定位计算机的层次结构式的字符标识，与该计算机的互联网协议（IP）地址相对应。

（二）中文域名：是指含有中文文字的域名。

（三）域名根服务器：是指承担域名体系中根节点功能的服务器。

（四）域名根服务器运行机构：是指承担运行、维护和管理域名根服务器的机构。

（五）顶级域名：是指域名体系中根节点下的第一级域的名称。

（六）域名注册管理机构：是指承担顶级域名系统的运行、维护和管理工作的机构。

（七）域名注册服务机构：是指受理域名注册申请，直接完成域名在国内顶级域名数据库中注册、直接或间接完成域名在国外顶级域名数据库中注册的机构。

第四条　信息产业部负责中国互联网络域名的管理工作，主要职责是：

（一）制定互联网络域名管理的规章及政策；

（二）制定国家（或地区）顶级域名 CN 和中文域名体系；

（三）管理在中华人民共和国境内设置并运行域名根服务器（含镜像服务器）的域名根服务器运行机构；

（四）管理在中华人民共和国境内设立的域名注册管理机构和域名注册服务机构；

（五）监督管理域名注册活动；

（六）负责与域名有关的国际协调。

第五条　任何组织或者个人不得采取任何手段妨碍中华人民共和国境内互联网域名系统的正常运行。

第二章　域名管理

第六条　我国互联网的域名体系由信息产业部以公告形式予以公布。根据域名发展的实际情况，信息产业部可以对互联网的域名体系进行调整，并发布更新公告。

第七条　中文域名是我国域名体系的重要组成部分。信息产业部鼓励和支持中文域名系统的技术研究和逐步推广应用。

第八条　在中华人民共和国境内设置域名根服务器及设立域名根服务器运行机构，应当经信息产业部批准。

第九条　申请设置互联网域名根服务器及设立域名根服务器运行机构，应当具备以下条件：

（一）具有相应的资金和专门人员；

（二）具有保障域名根服务器安全可靠运行的环境条件和技术能力；

（三）具有健全的网络与信息安全保障措施；

（四）符合互联网络发展以及域名系统稳定运行的需要；

（五）符合国家其他有关规定。

第十条　申请设置域名根服务器及设立域名根服务器运行机构，应向信息产业部提交以下书面申请材料：

（一）申请单位的基本情况；

（二）拟运行维护的域名根服务器情况；

（三）网络技术方案；

（四）网络与信息安全技术保障措施的证明；

第十一条　在中华人民共和国境内设立域名注册管理机构和域名注册服务机构,应当经信息产业部批准。

第十二条　申请成为域名注册管理机构,应当具备以下条件:

(一)在中华人民共和国境内设置顶级域名服务器(不含镜像服务器),且相应的顶级域名符合国际互联网域名体系和我国互联网域名体系;

(二)有与从事域名注册有关活动相适应的资金和专业人员;

(三)有从事互联网域名等相关服务的良好业绩和运营经验;

(四)有为用户提供长期服务的信誉或者能力;

(五)有业务发展计划和相关技术方案;

(六)有健全的域名注册服务监督机制和网络与信息安全保障措施;

(七)符合国家其他有关规定。

第十三条　申请成为域名注册管理机构的,应当向信息产业部提交下列材料:

(一)有关资金和人员的说明材料;

(二)对境内的顶级域名服务器实施有效管理的证明材料;

(三)证明申请人信誉的材料;

(四)业务发展计划及相关技术方案;

(五)域名注册服务监督机制和网络与信息安全技术保障措施;

(六)拟与域名注册服务机构签署的协议范本;

(七)法定代表人签署的遵守国家有关法律、政策和我国域名体系的承诺书。

第十四条　从事域名注册服务活动,应当具备下列条件:

(一)是依法设立的企业法人或事业法人;

(二)注册资金不得少于人民币100万元,在中华人民共和国境内设置有域名注册服务系统,且有专门从事域名注册服务的技术人员和客户服务人员;

(三)有为用户提供长期服务的信誉或者能力;

(四)有业务发展计划及相关技术方案;

(五)有健全的网络与信息安全保障措施;

(六)有健全的域名注册服务退出机制;

(七)符合国家其他有关规定。

第十五条　申请成为域名注册服务机构,应当向信息产业部提交以下书面材料:

(一)法人资格证明;

(二)拟提供注册服务的域名项目及技术人员、客户服务人员的情况说明;

(三)与相关域名注册管理机构或境外的域名注册服务机构签订的合作意向书或协议;

(四)用户服务协议范本;

(五)业务发展计划及相关技术方案;

(六)网络与信息安全技术保障措施的证明;

（七）证明申请人信誉的有关材料；

（八）法定代表人签署的遵守国家有关法律、政策的承诺书。

第十六条　对申请材料齐全、符合法定形式的，信息产业部应当向申请人发出受理申请通知书；对申请材料不齐全或者不符合法定形式的，应当当场或在五日内一次性书面告知申请人需要补齐的全部内容；对不予受理的，应当向申请人出具不予受理通知书，并说明理由。

第十七条　信息产业部应当自发出受理申请通知书之日起二十个工作日内完成审查工作，做出批准或者不予批准的决定。二十个工作日内不能做出决定的，经信息产业部负责人批准，可以延长十个工作日，并将延长期限的理由告知申请人。

予以批准的，出具批准意见书；不予批准的，书面通知申请人并说明理由。

第十八条　域名注册管理机构应当自觉遵守国家相关的法律、行政法规和规章，保证域名系统安全、可靠地运行，公平、合理地为域名注册服务机构提供安全、方便的域名服务。

无正当理由，域名注册管理机构不得擅自中断域名注册服务机构的域名注册服务。

第十九条　域名注册服务机构应当自觉遵守国家相关法律、行政法规和规章，公平、合理地为用户提供域名注册服务。

域名注册服务机构不得采用欺诈、胁迫等不正当的手段要求用户注册域名。

第二十条　域名注册服务机构的名称、地址、法定代表人等登记信息发生变更或者域名注册服务机构与其域名注册管理机构的合作关系发生变更或终止时，域名注册服务机构应当在变更或终止后三十日内报信息产业部备案。

第二十一条　域名注册管理机构应当配置必要的网络和通信应急设备，制定切实有效的网络通信保障应急预案，健全网络与信息安全应急制度。

因国家安全和处置紧急事件的需要，域名注册管理机构和域名注册服务机构应当服从信息产业部的统一指挥与协调，遵守并执行信息产业部的管理要求。

第二十二条　信息产业部应当加强对域名注册管理机构和域名注册服务机构的监督检查，纠正监督检查过程中发现的违法行为。

第三章　域　名　注　册

第二十三条　域名注册管理机构应当根据本办法制定相应的域名注册实施细则，报信息产业部备案后施行。

第二十四条　域名注册服务遵循"先申请先注册"原则。

第二十五条　为维护国家利益和社会公众利益，域名注册管理机构可以对部分保留字进行必要保护，报信息产业部备案后施行。

除前款规定外，域名注册管理机构和注册服务机构不得预留或变相预留域名。域名注册管理机构和注册服务机构在提供域名注册服务过程中不得代表任何实际或潜在的域名持有者。

第二十六条　域名注册管理机构和域名注册服务机构应当公布域名注册服务的内容、

时限、费用,提供域名注册信息的公共查询服务,保证域名注册服务的质量,并有义务向信息产业部提供域名注册信息。

未经用户同意,域名注册管理机构和域名注册服务机构不得将域名注册信息用于前款规定以外的其他用途,但国家法律、行政法规另有规定的除外。

第二十七条 任何组织或个人注册和使用的域名,不得含有下列内容:

(一)反对宪法所确定的基本原则的;

(二)危害国家安全,泄露国家秘密,颠覆国家政权,破坏国家统一的;

(三)损害国家荣誉和利益的;

(四)煽动民族仇恨、民族歧视,破坏民族团结的;

(五)破坏国家宗教政策,宣扬邪教和封建迷信的;

(六)散布谣言,扰乱社会秩序,破坏社会稳定的;

(七)散布淫秽、色情、赌博、暴力、凶杀、恐怖或者教唆犯罪的;

(八)侮辱或者诽谤他人,侵害他人合法权益的;

(九)含有法律、行政法规禁止的其他内容的。

第二十八条 域名注册申请者应当提交真实、准确、完整的域名注册信息,并与域名注册服务机构签订用户注册协议。

域名注册完成后,域名注册申请者即成为其注册域名的持有者。

第二十九条 域名持有者应当遵守国家有关互联网络的法律、行政法规和规章。

因持有或使用域名而侵害他人合法权益的责任,由域名持有者承担。

第三十条 注册域名应当按期缴纳域名运行费用。域名注册管理机构应当制定具体的域名运行费用收费办法,并报信息产业部备案。

第三十一条 域名注册信息发生变更的,域名持有者应当在变更后三十日内向域名注册服务机构申请变更注册信息。

第三十二条 域名持有者可以选择和变更域名注册服务机构。域名持有者变更域名注册服务机构的,原域名注册服务机构应当承担转移域名持有者注册信息的义务。

无正当理由,域名注册服务机构不得阻止域名持有者变更域名注册服务机构。

第三十三条 域名注册管理机构应当设立用户投诉受理热线或采取其他必要措施,及时处理用户对域名注册服务机构提出的意见;难以及时处理的,必须向用户说明理由和相关处理时限。

对于向域名注册管理机构投诉没有处理结果或对处理结果不满意,或者对域名注册管理机构的服务不满意的,用户或域名注册服务机构可以向信息产业部提出申诉。

第三十四条 已注册的域名出现下列情形之一时,原域名注册服务机构应当予以注销,并以书面形式通知域名持有者:

(一)域名持有者或其代理人申请注销域名的;

(二)域名持有者提交的域名注册信息不真实、不准确、不完整的;

（三）域名持有者未按照规定缴纳相应费用的；

（四）依据人民法院、仲裁机构或域名争议解决机构做出的裁判，应当注销的；

（五）违反相关法律、行政法规及本办法规定的。

第三十五条　域名注册管理机构和域名注册服务机构有义务配合国家主管部门开展网站检查工作，必要时按要求暂停或停止相关的域名解析服务。

第四章　域名争议

第三十六条　域名注册管理机构可以指定中立的域名争议解决机构解决域名争议。

第三十七条　任何人就已经注册或使用的域名向域名争议解决机构提出投诉，并且符合域名争议解决办法规定的条件的，域名持有者应当参与域名争议解决程序。

第三十八条　域名争议解决机构做出的裁决只涉及争议域名持有者信息的变更。

域名争议解决机构做出的裁决与人民法院或者仲裁机构已经发生法律效力的裁判不一致的，域名争议解决机构的裁决服从于人民法院或者仲裁机构发生法律效力的裁判。

第三十九条　域名争议在人民法院、仲裁机构或域名争议解决机构处理期间，域名持有者不得转让有争议的域名，但域名受让方以书面形式同意接受人民法院裁判、仲裁裁决或争议解决机构裁决约束的除外。

第五章　罚　则

第四十条　违反本办法第八条、第十一条的规定，未经行政许可擅自设置域名根服务器或者设立域名根服务器运行机构、擅自设立域名注册管理机构和域名注册服务机构的，信息产业部应当根据《中华人民共和国行政许可法》第八十一条的规定，采取措施制止其开展业务或者提供服务，并视情节轻重，予以警告或处三万元以下罚款。

第四十一条　域名注册服务机构超出批准的项目范围提供域名注册服务的，由信息产业部责令限期改正；逾期不改正的，信息产业部应当根据《中华人民共和国行政许可法》第八十一条的规定，采取措施制止其提供超范围的服务，并视情节轻重，予以警告或处三万元以下罚款。

第四十二条　违反本办法第五条、第十八条、第十九条、第二十条、第二十五条、第二十六条、第三十二条、第三十五条规定的，由信息产业部责令限期改正，并视情节轻重，予以警告或处三万元以下罚款。

第四十三条　违反本办法第二十七条的规定，构成犯罪的，依法追究刑事责任；尚不构成犯罪的，由国家有关机关依照有关法律、行政法规的规定予以处罚。

第六章　附　则

第四十四条　在本办法施行前已经开展互联网域名注册服务的域名注册管理机构和域名注册服务机构，应当自本办法施行之日起六十日内，到信息产业部办理登记手续。

第四十五条　本办法自 2004 年 12 月 20 日起施行。2002 年 8 月 1 日公布的《中国互联网络域名管理办法》(信息产业部令第 24 号)同时废止。

9.《非经营性互联网信息服务备案管理办法》

发布单位：中华人民共和国信息产业部
发布文号：中华人民共和国信息产业部令第 33 号
发布日期：2005-02-08
生效日期：2005-03-20
(2005 年 1 月 28 日第十二次部务会议审议通过)

第一条　为规范非经营性互联网信息服务备案及备案管理，促进互联网信息服务业的健康发展，根据《互联网信息服务管理办法》、《中华人民共和国电信条例》及其他相关法律、行政法规的规定，制定本办法。

第二条　在中华人民共和国境内提供非经营性互联网信息服务，履行备案手续，实施备案管理，适用本办法。

第三条　中华人民共和国信息产业部（以下简称"信息产业部"）对全国非经营性互联网信息服务备案管理工作进行监督指导，省、自治区、直辖市通信管理局（以下简称"省通信管理局"）具体实施非经营性互联网信息服务的备案管理工作。

拟从事非经营性互联网信息服务的，应当向其住所所在地省通信管理局履行备案手续。

第四条　省通信管理局在备案管理中应当遵循公开、公平、公正的原则，提供便民、优质、高效的服务。

非经营性互联网信息服务提供者从事非经营性互联网信息服务时，应当遵守国家的有关规定，接受有关部门依法实施的监督管理。

第五条　在中华人民共和国境内提供非经营性互联网信息服务，应当依法履行备案手续。

未经备案，不得在中华人民共和国境内从事非经营性互联网信息服务。

本办法所称在中华人民共和国境内提供非经营性互联网信息服务，是指在中华人民共和国境内的组织或个人利用通过互联网域名访问的网站或者利用仅能通过互联网 IP 地址访问的网站，提供非经营性互联网信息服务。

第六条　省通信管理局通过信息产业部备案管理系统，采用网上备案方式进行备案管理。

第七条　拟从事非经营性互联网信息服务的，应当通过信息产业部备案管理系统如实填报《非经营性互联网信息服务备案登记表》（以下简称"《备案登记表》"，格式见本办法附录），履行备案手续。

信息产业部根据实际情况，对《备案登记表》进行调整和公布。

第八条　拟通过接入经营性互联网络从事非经营性互联网信息服务的，可以委托因特网接入服务业务经营者、因特网数据中心业务经营者和以其他方式为其网站提供接入服务的电信业务经营者代为履行备案、备案变更、备案注销等手续。

第九条　拟通过接入中国教育和科研计算机网、中国科学技术网、中国国际经济贸易互联网、中国长城互联网等公益性互联网络从事非经营性互联网信息服务的,可以由为其网站提供互联网接入服务的公益性互联网络单位代为履行备案、备案变更、备案注销等手续。

第十条　因特网接入服务业务经营者、因特网数据中心业务经营者以及以其他方式为网站提供接入服务的电信业务经营者和公益性互联网络单位(以下统称"互联网接入服务提供者")不得在已知或应知拟从事非经营性互联网信息服务的组织或者个人的备案信息不真实的情况下,为其代为履行备案、备案变更、备案注销等手续。

第十一条　拟从事新闻、出版、教育、医疗保健、药品和医疗器械、文化、广播电影电视节目等互联网信息服务,根据法律、行政法规以及国家有关规定应经有关主管部门审核同意的,在履行备案手续时,还应向其住所所在地省通信管理局提交相关主管部门审核同意的文件。

拟从事电子公告服务的,在履行备案手续时,还应当向其住所所在地省通信管理局提交电子公告服务专项备案材料。

第十二条　省通信管理局在收到备案人提交的备案材料后,材料齐全的,应在二十个工作日内予以备案,向其发放备案电子验证标识和备案编号,并通过信息产业部备案管理系统向社会公布有关备案信息;材料不齐全的,不予备案,在二十个工作日内通知备案人并说明理由。

第十三条　非经营性互联网信息服务提供者应当在其网站开通时在主页底部的中央位置标明其备案编号,并在备案编号下方按要求链接信息产业部备案管理系统网址,供公众查询核对。

非经营性互联网信息服务提供者应当在其网站开通时,按照信息产业部备案管理系统的要求,将备案电子验证标识放置在其网站的指定目录下。

第十四条　非经营性互联网信息服务提供者在备案有效期内需要变更其《备案登记表》中填报的信息的,应当提前三十日登录信息产业部备案系统向原备案机关履行备案变更手续。

第十五条　非经营性互联网信息服务提供者在备案有效期内需要终止提供服务的,应当在服务终止之日登录信息产业部备案系统向原备案机关履行备案注销手续。

第十六条　非经营性互联网信息服务提供者应当保证所提供的信息内容合法。

本办法所称非经营性互联网信息服务提供者提供的信息内容,是指互联网信息服务提供者的网站的互联网域名或 IP 地址下所包括的信息内容。

第十七条　省通信管理局应当建立信誉管理、社会监督、情况调查等管理机制,对非经营性互联网信息服务活动实施监督管理。

第十八条　互联网接入服务提供者不得为未经备案的组织或者个人从事非经营性互联网信息服务提供互联网接入服务。

对被省通信管理局处以暂时关闭网站或关闭网站处罚的非经营性互联网信息服务提供者或者非法从事非经营性互联网信息服务的组织或者个人,互联网接入服务提供者应立即暂停或终止向其提供互联网接入服务。

第十九条　互联网接入服务提供者应当记录其接入的非经营性互联网信息服务提供者的备案信息。

互联网接入服务提供者应当依照国家有关规定做好用户信息动态管理、记录留存、有害信息报告等网络信息安全管理工作，根据信息产业部和省通信管理局的要求对所接入用户进行监督。

第二十条　省通信管理局依法对非经营性互联网信息服务备案实行年度审核。

省通信管理局通过信息产业部备案管理系统，采用网上方式进行年度审核。

第二十一条　非经营性互联网信息服务提供者应当在每年规定时间登录信息产业部备案管理系统，履行年度审核手续。

第二十二条　违反本办法第五条的规定，未履行备案手续提供非经营性互联网信息服务的，由住所所在地省通信管理局责令限期改正，并处一万元罚款；拒不改正的，关闭网站。

超出备案的项目提供服务的，由住所所在地省通信管理局责令限期改正，并处五千元以上一万元以下罚款；拒不改正的，关闭网站并注销备案。

第二十三条　违反本办法第七条第一款的规定，填报虚假备案信息的，由住所所在地省通信管理局关闭网站并注销备案。

第二十四条　违反本办法第十条、第十八条、第十九条的规定的，由违法行为发生地省通信管理局责令改正，并处一万元罚款。

第二十五条　违反本办法第十三条的规定，未在其备案编号下方链接信息产业部备案管理系统网址的，或未将备案电子验证标识放置在其网站指定目录下的，由住所所在地省通信管理局责令改正，并处五千元以上一万元以下罚款。

第二十六条　违反本办法第十四条、第十五条的规定，未在规定时间履行备案变更手续，或未依法履行备案注销手续的，由住所所在地省通信管理局责令限期改正，并处一万元罚款。

第二十七条　非经营性信息服务提供者违反国家有关法律规定，依法应暂停或终止服务的，省通信管理局可根据法律、行政法规授权的同级机关的书面认定意见，暂时关闭网站，或关闭网站并注销备案。

第二十八条　在年度审核时，非经营性互联网信息服务提供者有下列情况之一的，由其住所所在地的省通信管理局通过信息产业部备案系统等媒体通告责令其限期改正；拒不改正的，关闭网站并注销备案：

（一）未在规定时间登录备案网站提交年度审核信息的；

（二）新闻、教育、公安、安全、文化、广播电影电视、出版、保密等国家部门依法对各自主管的专项内容提出年度审核否决意见的。

第二十九条　本办法自 2005 年 3 月 20 日起施行。

10.《互联网 IP 地址备案管理办法》

发布单位：中华人民共和国信息产业部
发布文号：中华人民共和国信息产业部令第 34 号
发布日期：2005-01-28
生效日期：2005-03-20
(2005 年 1 月 28 日第十二次部务会议审议通过)

第一条　为加强对互联网 IP 地址资源使用的管理,保障互联网络的安全,维护广大互联网用户的根本利益,促进互联网业的健康发展,制定本办法。

第二条　在中华人民共和国境内直接从亚太互联网信息中心等具有 IP 地址管理权的国际机构获得 IP 地址的单位和具有分配 IP 地址供其他单位或者个人使用的单位,适用本办法。

第三条　直接从亚太互联网信息中心等具有 IP 地址管理权的国际机构获得 IP 地址自用或分配给其他用户使用的单位统称为第一级 IP 地址分配机构。

直接从第一级 IP 地址分配机构获得 IP 地址除自用外还分配给本单位互联网用户以外的其他用户使用的单位为第二级 IP 地址分配机构(以下各级 IP 地址分配机构的级别依此类推)。

第四条　国家对 IP 地址的分配使用实行备案管理。

第五条　中华人民共和国信息产业部(以下简称"信息产业部")对基础电信业务经营者、公益性互联网络单位和中国互联网络信息中心的 IP 地址备案实施监督管理。

各省、自治区、直辖市通信管理局(以下简称"省通信管理局")对本行政区域内其他各级 IP 地址分配机构的 IP 地址备案活动实施监督管理。

第六条　信息产业部统一建设并管理全国的互联网 IP 地址数据库,制定和调整 IP 地址分配机构需报备的 IP 地址信息；各省通信管理局通过使用全国互联网 IP 地址数据库管理本行政区域内各级 IP 地址分配机构报备的 IP 地址信息。

第七条　各级 IP 地址分配机构应当通过信息产业部指定的网站,按照 IP 地址备案的要求以电子形式报备 IP 地址信息。

第八条　各级 IP 地址分配机构在进行 IP 地址备案时,应当如实、完整地报备 IP 地址信息(需报备的 IP 地址信息参见本办法附录)。

第九条　各级 IP 地址分配机构应自取得 IP 地址之日起二十个工作日内完成 IP 地址信息的第一次报备。

第十条　各级 IP 地址分配机构申请和分配使用的 IP 地址信息发生变化的,IP 地址分配机构应自变化之日起五个工作日内通过信息产业部指定的网站,按照 IP 地址备案的要求以电子形式提交变更后的 IP 地址信息。

各级 IP 地址分配机构的联系人或联系方式发生变更的,应自变更之日起十个工作日内报备变更后的信息。

第十一条　基础电信业务经营者 IP 地址信息的报备,由各基础电信业务经营者集团公司(总公司)和基础电信业务经营者的省级公司(省级分支机构)共同完成。

各基础电信业务经营者集团公司(总公司)按照本办法的规定完成由其申请、使用和分配到省级公司(省级分支机构)的 IP 地址信息的报备。各基础电信业务经营者的省级公司(省级分支机构)按照本办法的规定统一完成该省级公司(省级分支机构)及其所属公司(分支机构)申请、使用和分配的 IP 地址信息的报备。

第十二条　中国教育和科研计算机网、中国科学技术网、中国国际经济贸易互联网、中国长城互联网等公益性互联网的网络管理单位应当按照本办法的规定,统一完成其申请、使用和分配的 IP 地址信息的报备。

第十三条　IP 地址分配机构同时是互联网接入服务提供者的,应当如实记录和保存由其提供接入服务的使用自带 IP 地址的用户的 IP 地址信息,并自提供接入服务之日起五日内,填报 IP 地址备案信息,进行备案。

第十四条　各级 IP 地址分配机构应当建立健全本单位的 IP 地址管理制度。

第十五条　各级 IP 地址分配机构分配 IP 地址时,应当通知其下一级 IP 地址分配机构报备 IP 地址信息。

第十六条　信息产业部和省通信管理局及其工作人员对 IP 地址分配机构报备的 IP 地址信息,有保密的义务。

信息产业部和省通信管理局及其工作人员不得向他人提供 IP 地址分配机构报备的 IP 地址信息,但法律、行政法规另有规定的除外。

第十七条　违反本办法第八条、第九条、第十条、第十三条的规定的,由信息产业部或者省通信管理局依据职权责令限期改正;逾期不改的,给予警告或者处人民币一万元罚款,或者同时处以上两种处罚。

第十八条　违反本办法第十四条规定,未建立 IP 地址管理制度的,由信息产业部或者省通信管理局依据职权责令限期改正;逾期不改的,给予警告或者处人民币五千元以上一万元以下罚款,或者同时处以上两种处罚。

第十九条　本办法实施前直接从亚太互联网信息中心等具有 IP 地址管理权的国际机构获得 IP 地址供本单位使用或者分配 IP 地址供其他单位或个人使用的,应自本办法施行之日起四十五个工作日内,按照本办法的规定完成备案手续。

第二十条　本办法自 2005 年 3 月 20 日起实施。

附录:

需报备的 IP 地址信息

一、备案单位基本情况,包括备案单位名称、备案单位地址、备案单位性质、电信业务经营许可证编号、联系人姓名、联系人电话、联系人电子邮件等。

二、备案单位的 IP 地址来源信息,包括 IP 地址来源机构名称、IP 地址总量、各 IP 地址段起止地址码等。

三、备案单位的 IP 地址分配使用信息，包括：

（一）本单位自用的 IP 地址信息，包括 IP 地址总量、各 IP 地址段起止 IP 地址码、IP 地址使用方式、网关 IP 地址、网关所在地址；

（二）尚未分配的 IP 地址信息，包括 IP 地址总量、各 IP 地址段起止地址码；

（三）向其他用户分配的 IP 地址信息，包括所分配的用户基本信息（包括用户名称、单位类别、单位所属行业、单位详细地址、联系人姓名、联系人电话、联系人电子邮件）、所分配的 IP 地址总量、各 IP 地址段起止地址码、网关 IP 地址、网关所在地址、IP 地址使用方式。

四、自带 IP 地址的互联网接入用户信息，包括用户基本信息（含用户名称、单位类别、单位所属行业、单位详细地址、联系人姓名、联系人电话、联系人电子邮件）、自带 IP 地址总量、IP 地址段起止地址码、自带 IP 地址的来源、网关 IP 地址、网关所在地址、IP 地址使用方式等。

11.《电子认证服务管理办法》

发布单位：中华人民共和国信息产业部
发布文号：中华人民共和国信息产业部令第 35 号
发布日期：2005-02-08
生效日期：2005-04-01

（2005 年 1 月 28 日第十二次部务会议审议通过）

第一章 总 则

第一条 为了规范电子认证服务行为，对电子认证服务提供者实施监督管理，依照《中华人民共和国电子签名法》和其他法律、行政法规的规定，制定本办法。

第二条 本办法所称电子认证服务，是指为电子签名相关各方提供真实性、可靠性验证的公众服务活动。

本办法所称电子认证服务提供者，是指为电子签名人和电子签名依赖方提供电子认证服务的第三方机构（以下称为"电子认证服务机构"）。

第三条 在中华人民共和国境内设立电子认证服务机构和为电子签名提供电子认证服务，适用本办法。

第四条 中华人民共和国信息产业部（以下简称"信息产业部"）依法对电子认证服务机构和电子认证服务实施监督管理。

第二章 电子认证服务机构

第五条 电子认证服务机构，应当具备下列条件：

（一）具有独立的企业法人资格；

（二）从事电子认证服务的专业技术人员、运营管理人员、安全管理人员和客户服务人员不少于三十名；

（三）注册资金不低于人民币三千万元；

（四）具有固定的经营场所和满足电子认证服务要求的物理环境；

（五）具有符合国家有关安全标准的技术和设备；

（六）具有国家密码管理机构同意使用密码的证明文件；

（七）法律、行政法规规定的其他条件。

第六条 申请电子认证服务许可的，应当向信息产业部提交下列材料：

（一）书面申请；

（二）专业技术人员和管理人员证明；

（三）资金和经营场所证明；

（四）国家有关认证检测机构出具的技术设备、物理环境符合国家有关安全标准的凭证；

（五）国家密码管理机构同意使用密码的证明文件。

第七条 信息产业部对提交的申请材料进行形式审查，依法做出是否受理的决定。

第八条 信息产业部对决定受理的申请材料进行实质审查。需要对有关内容进行核实的，指派两名以上工作人员实地进行核查。

第九条 信息产业部对与申请人有关事项书面征求中华人民共和国商务部等有关部门的意见。

第十条 信息产业部自接到申请之日起四十五日内做出许可或者不予许可的书面决定。不予许可的，说明理由并书面通知申请人；准予许可的，颁发《电子认证服务许可证》，并公布下列信息：

（一）《电子认证服务许可证》编号；

（二）电子认证服务机构名称；

（三）发证机关和发证日期。

电子认证服务许可相关信息发生变更的，信息产业部应当及时公布。

《电子认证服务许可证》的有效期为五年。

第十一条 取得电子认证服务许可的，应当持《电子认证服务许可证》到工商行政管理机关办理相关手续。

第十二条 取得认证资格的电子认证服务机构，在提供电子认证服务之前，应当通过互联网公布下列信息：

（一）机构名称和法定代表人；

（二）机构住所和联系办法；

（三）《电子认证服务许可证》编号；

（四）发证机关和发证日期；

（五）《电子认证服务许可证》有效期的起止时间。

第十三条 电子认证服务机构在《电子认证服务许可证》的有效期内变更法人名称、住所、注册资本、法定代表人的，应自完成相关变更手续之日起五日内按照本办法第十二条的规定公布变更后的信息,并自公布之日起十五日内向信息产业部备案。

第十四条 《电子认证服务许可证》的有效期届满要求续展的,电子认证服务机构应在许可证有效期届满三十日前向信息产业部申请办理续展手续,并自办结之日起五日内按照本办法第十二条的规定公布相关信息。

第三章 电子认证服务

第十五条 电子认证服务机构应当按照信息产业部公布的《电子认证业务规则规范》的要求,制定本机构的电子认证业务规则,并在提供电子认证服务前予以公布,向信息产业部备案。

电子认证业务规则发生变更的,电子认证服务机构应当予以公布,并自公布之日起三十日内向信息产业部备案。

第十六条 电子认证服务机构应当按照公布的电子认证业务规则提供电子认证服务。

第十七条 电子认证服务机构应当保证提供下列服务:

(一)制作、签发、管理电子签名认证证书;

(二)确认签发的电子签名认证证书的真实性;

(三)提供电子签名认证证书目录信息查询服务;

(四)提供电子签名认证证书状态信息查询服务。

第十八条 电子认证服务机构应当履行下列义务:

(一)保证电子签名认证证书内容在有效期内完整、准确;

(二)保证电子签名依赖方能够证实或者了解电子签名认证证书所载内容及其他有关事项;

(三)妥善保存与电子认证服务相关的信息。

第十九条 电子认证服务机构应当建立完善的安全管理和内部审计制度,并接受信息产业部的监督管理。

第二十条 电子认证服务机构应当遵守国家的保密规定,建立完善的保密制度。

电子认证服务机构对电子签名人和电子签名依赖方的资料,负有保密的义务。

第二十一条 电子认证服务机构在受理电子签名认证证书申请前,应当向申请人告知下列事项:

(一)电子签名认证证书和电子签名的使用条件;

(二)服务收费的项目和标准;

(三)保存和使用证书持有人信息的权限和责任;

(四)电子认证服务机构的责任范围;

(五)证书持有人的责任范围;

(六)其他需要事先告知的事项。

第二十二条 电子认证服务机构受理电子签名认证申请后,应当与证书申请人签订合同,明确双方的权利义务。

第四章 电子认证服务的暂停、终止

第二十三条 电子认证服务机构在《电子认证服务许可证》的有效期内拟终止电子认证服务的,应在终止服务六十日前向信息产业部报告,同时向信息产业部申请办理证书注销手续,并持信息产业部的相关证明文件向工商行政管理机关申请办理注销登记或者变更登记。

第二十四条 电子认证服务机构拟暂停或者终止电子认证服务的,应在暂停或者终止电子认证服务九十日前,就业务承接及其他有关事项通知有关各方。

电子认证服务机构拟暂停或者终止电子认证服务的,应当在暂停或者终止电子认证服务六十日前向信息产业部报告,并与其他电子认证服务机构就业务承接进行协商,做出妥善安排。

第二十五条 电子认证服务机构拟暂停或者终止电子认证服务,未能就业务承接事项与其他电子认证服务机构达成协议的,应当申请信息产业部安排其他电子认证服务机构承接其业务。

第二十六条 电子认证服务机构被依法吊销电子认证服务许可的,其业务承接事项的处理按照信息产业部的规定进行。

第二十七条 电子认证服务机构有根据信息产业部的安排承接其他机构开展的电子认证服务业务的义务。

第五章 电子签名认证证书

第二十八条 电子签名认证证书应当准确载明下列内容:
(一)签发电子签名认证证书的电子认证服务机构名称;
(二)证书持有人名称;
(三)证书序列号;
(四)证书有效期;
(五)证书持有人的电子签名验证数据;
(六)电子认证服务机构的电子签名;
(七)信息产业部规定的其他内容。

第二十九条 有下列情况之一的,电子认证服务机构可以撤销其签发的电子签名认证证书:
(一)证书持有人申请撤销证书;
(二)证书持有人提供的信息不真实;
(三)证书持有人没有履行双方合同规定的义务;
(四)证书的安全性不能得到保证;
(五)法律、行政法规规定的其他情况。

第三十条 有下列情况之一的,电子认证服务机构应当对申请人提供的证明身份的有关材料进行查验,并对有关材料进行审查:

（一）申请人申请电子签名认证证书；

（二）证书持有人申请更新证书；

（三）证书持有人申请撤销证书。

第三十一条　电子认证服务机构更新或者撤销电子签名认证证书时，应当予以公告。

第六章　监督管理

第三十二条　信息产业部对电子认证服务机构进行年度检查并公布检查结果。

年度检查采取报告审查和现场核查相结合的方式。

第三十三条　取得电子认证服务许可的电子认证服务机构，在电子认证服务许可的有效期内不得降低其设立时所应具备的条件。

第三十四条　电子认证服务机构应当按照信息产业部信息统计的要求，按时和如实报送认证业务开展情况及有关资料。

第三十五条　电子认证服务机构应当对其从业人员进行岗位培训。

第三十六条　信息产业部根据监督管理工作的需要，可以委托有关省、自治区和直辖市的信息产业主管部门承担具体的监督管理事项。

第七章　罚　则

第三十七条　电子认证服务机构向信息产业部隐瞒有关情况、提供虚假材料或者拒绝提供反映其活动的真实材料的，由信息产业部依据职权责令改正，并处警告或者五千元以上一万元以下罚款。

第三十八条　信息产业部和省、自治区和直辖市的信息产业主管部门的工作人员，不依法履行监督管理职责的，由信息产业部或者省、自治区和直辖市的信息产业主管部门依据职权视情节轻重，分别给予警告、记过、记大过、降级、撤职、开除的行政处分；构成犯罪的，依法追究刑事责任。

第三十九条　电子认证服务机构违反本办法第十六条、第二十七条的规定的，由信息产业部依据职权责令限期改正，并处警告或一万元以下的罚款，或者同时处以以上两种处罚。

第四十条　电子认证服务机构违反本办法第三十三条的规定的，由信息产业部依据职权责令限期改正，并处三万元以下罚款。

第八章　附　则

第四十一条　本办法施行前已从事电子认证服务的机构拟继续从事电子认证服务的，应在2005年9月30日前依照本办法取得电子认证服务许可；拟终止电子认证服务的，应当对终止业务的相关事项做出妥善安排。自2005年10月1日起，未取得电子认证服务许可的，不得继续从事电子认证服务。

第四十二条　经信息产业部根据有关协议或者对等原则核准后，中华人民共和国境外的电子认证服务机构在境外签发的电子签名认证证书与依照本办法设立的电子认证服务机构签发的电子签名认证证书具有同等的法律效力。

第四十三条　本办法自 2005 年 4 月 1 日起施行。

12.《互联网电子邮件服务管理办法》

发布单位：中华人民共和国信息产业部
发布文号：中华人民共和国信息产业部令第 38 号
发布日期：2005-11-07
生效日期：2006-03-30

（2005 年 11 月 7 日第十五次部务会议审议通过）

第一条　为了规范互联网电子邮件服务，保障互联网电子邮件服务使用者的合法权利，根据《中华人民共和国电信条例》和《互联网信息服务管理办法》等法律、行政法规的规定，制定本办法。

第二条　在中华人民共和国境内提供互联网电子邮件服务以及为互联网电子邮件服务提供接入服务和发送互联网电子邮件，适用本办法。

本办法所称互联网电子邮件服务，是指设置互联网电子邮件服务器，为互联网用户发送、接收互联网电子邮件提供条件的行为。

第三条　公民使用互联网电子邮件服务的通信秘密受法律保护。除因国家安全或者追查刑事犯罪的需要，由公安机关或者检察机关依照法律规定的程序对通信内容进行检查外，任何组织或者个人不得以任何理由侵犯公民的通信秘密。

第四条　提供互联网电子邮件服务，应当事先取得增值电信业务经营许可或者依法履行非经营性互联网信息服务备案手续。

未取得增值电信业务经营许可或者未履行非经营性互联网信息服务备案手续，任何组织或者个人不得在中华人民共和国境内开展互联网电子邮件服务。

第五条　互联网接入服务提供者等电信业务提供者，不得为未取得增值电信业务经营许可或者未履行非经营性互联网信息服务备案手续的组织或者个人开展互联网电子邮件服务提供接入服务。

第六条　国家对互联网电子邮件服务提供者的电子邮件服务器 IP 地址实行登记管理。互联网电子邮件服务提供者应当在电子邮件服务器开通前二十日将互联网电子邮件服务器所使用的 IP 地址向中华人民共和国信息产业部（以下简称"信息产业部"）或者省、自治区、直辖市通信管理局（以下简称"通信管理局"）登记。

互联网电子邮件服务提供者拟变更电子邮件服务器 IP 地址的，应当提前三十日办理变更手续。

第七条　互联网电子邮件服务提供者应当按照信息产业部制定的技术标准建设互联网电子邮件服务系统，关闭电子邮件服务器匿名转发功能，并加强电子邮件服务系统的安全管理，发现网络安全漏洞后应当及时采取安全防范措施。

第八条　互联网电子邮件服务提供者向用户提供服务，应当明确告知用户服务内容和使用规则。

第九条　互联网电子邮件服务提供者对用户的个人注册信息和互联网电子邮件地址，负有保密的义务。

互联网电子邮件服务提供者及其工作人员不得非法使用用户的个人注册信息资料和互联网电子邮件地址；未经用户同意，不得泄露用户的个人注册信息和互联网电子邮件地址，但法律、行政法规另有规定的除外。

第十条　互联网电子邮件服务提供者应当记录经其电子邮件服务器发送或者接收的互联网电子邮件的发送或者接收时间、发送者和接收者的互联网电子邮件地址及 IP 地址。上述记录应当保存六十日，并在国家有关机关依法查询时予以提供。

第十一条　任何组织或者个人不得制作、复制、发布、传播包含《中华人民共和国电信条例》第五十七条规定内容的互联网电子邮件。

任何组织或者个人不得利用互联网电子邮件从事《中华人民共和国电信条例》第五十八条禁止的危害网络安全和信息安全的活动。

第十二条　任何组织或者个人不得有下列行为：

（一）未经授权利用他人的计算机系统发送互联网电子邮件；

（二）将采用在线自动收集、字母或者数字任意组合等手段获得的他人的互联网电子邮件地址用于出售、共享、交换或者向通过上述方式获得的电子邮件地址发送互联网电子邮件。

第十三条　任何组织或者个人不得有下列发送或者委托发送互联网电子邮件的行为：

（一）故意隐匿或者伪造互联网电子邮件信封信息；

（二）未经互联网电子邮件接收者明确同意，向其发送包含商业广告内容的互联网电子邮件；

（三）发送包含商业广告内容的互联网电子邮件时，未在互联网电子邮件标题信息前部注明"广告"或者"AD"字样。

第十四条　互联网电子邮件接收者明确同意接收包含商业广告内容的互联网电子邮件后，拒绝继续接收的，互联网电子邮件发送者应当停止发送。双方另有约定的除外。

互联网电子邮件服务发送者发送包含商业广告内容的互联网电子邮件，应当向接收者提供拒绝继续接收的联系方式，包括发送者的电子邮件地址，并保证所提供的联系方式在 30 日内有效。

第十五条　互联网电子邮件服务提供者、为互联网电子邮件服务提供接入服务的电信业务提供者应当受理用户对互联网电子邮件的举报，并为用户提供便捷的举报方式。

第十六条　互联网电子邮件服务提供者、为互联网电子邮件服务提供接入服务的电信业务提供者应当按照下列要求处理用户举报：

（一）发现被举报的互联网电子邮件明显含有本办法第十一条第一款规定的禁止内容的，应当及时向国家有关机关报告；

（二）本条第（一）项规定之外的其他被举报的互联网电子邮件，应当向信息产业部委托

中国互联网协会设立的互联网电子邮件举报受理中心(以下简称"互联网电子邮件举报受理中心")报告;

(三)被举报的互联网电子邮件涉及本单位的,应当立即开展调查,采取合理有效的防范或处理措施,并将有关情况和调查结果及时向国家有关机关或者互联网电子邮件举报受理中心报告。

第十七条 互联网电子邮件举报受理中心依照信息产业部制定的工作制度和流程开展以下工作:

(一)受理有关互联网电子邮件的举报;

(二)协助信息产业部或者通信管理局认定被举报的互联网电子邮件是否违反本办法有关条款的规定,并协助追查相关责任人;

(三)协助国家有关机关追查违反本办法第十一条规定的相关责任人。

第十八条 互联网电子邮件服务提供者、为互联网电子邮件服务提供接入服务的电信业务提供者,应当积极配合国家有关机关和互联网电子邮件举报受理中心开展调查工作。

第十九条 违反本办法第四条规定,未取得增值电信业务经营许可或者未履行非经营性互联网信息服务备案手续开展互联网电子邮件服务的,依据《互联网信息服务管理办法》第十九条的规定处罚。

第二十条 违反本办法第五条规定的,由信息产业部或者通信管理局依据职权责令改正,并处一万元以下的罚款。

第二十一条 未履行本办法第六条、第七条、第八条、第十条规定义务的,由信息产业部或者通信管理局依据职权责令改正,并处五千元以上一万元以下的罚款。

第二十二条 违反本办法第九条规定的,由信息产业部或者通信管理局依据职权责令改正,并处一万元以下的罚款;有违法所得的,并处三万元以下的罚款。

第二十三条 违反本办法第十一条规定的,依据《中华人民共和国电信条例》第六十七条的规定处理。

互联网电子邮件服务提供者等电信业务提供者有本办法第十一条规定的禁止行为的,信息产业部或者通信管理局依据《中华人民共和国电信条例》第七十八条、《互联网信息服务管理办法》第二十条的规定处罚。

第二十四条 违反本办法第十二条、第十三条、第十四条规定的,由信息产业部或者通信管理局依据职权责令改正,并处一万元以下的罚款;有违法所得的,并处三万元以下的罚款。

第二十五条 违反本办法第十五条、第十六条和第十八条规定的,由信息产业部或者通信管理局依据职权予以警告,并处五千元以上一万元以下的罚款。

第二十六条 本办法所称互联网电子邮件地址是指由一个用户名与一个互联网域名共同构成的、可据此向互联网电子邮件用户发送电子邮件的全球唯一性的终点标识。

本办法所称互联网电子邮件信封信息是指附加在互联网电子邮件上,用于标识互联网电子邮件发送者、接收者和传递路由等反映互联网电子邮件来源、终点和传递过程的信息。

本办法所称互联网电子邮件标题信息是指附加在互联网电子邮件上,用于标识互联网电子邮件内容主题的信息。

13.《中国互联网络信息中心域名争议解决办法》

发布单位:中国互联网络信息中心

发布文号:----------

发布日期:2006-02-14

生效日期:2006-03-17

第一条　为了解决互联网络域名争议,根据有关法律、行政法规及《中国互联网络域名管理办法》的规定,制订本办法。

第二条　本办法适用于因互联网络域名的注册或者使用而引发的争议。所争议域名应当限于由中国互联网络信息中心负责管理的 CN 域名和中文域名。但是,所争议域名注册期限满两年的,域名争议解决机构不予受理。

第三条　域名争议由中国互联网络信息中心认可的争议解决机构受理解决。

争议解决机构应当根据本办法和《中国互联网络信息中心域名争议解决办法程序规则》,制订相应的补充规则。

第四条　争议解决机构实行专家组负责争议解决的制度。专家组由一名或三名掌握互联网络及相关法律知识,具备较高职业道德,能够独立并中立地对域名争议做出裁决的专家组成。域名争议解决机构通过在线方式公布可供投诉人和被投诉人选择的专家名册。

第五条　任何机构或个人认为他人已注册的域名与该机构或个人的合法权益发生冲突的,均可以向争议解决机构提出投诉。

争议解决机构受理投诉后,应当按照程序规则的规定组成专家组,并由专家组根据本办法及程序规则,遵循"独立、中立、便捷"的原则,在专家组成立之日起 14 日内对争议做出裁决。

第六条　域名争议解决程序使用的语言为中文,但投诉人和被投诉人另有约定,或者专家组决定采用其他语言的除外。

第七条　投诉人和被投诉人应当对各自的主张承担举证责任。

第八条　符合下列条件的,投诉应当得到支持:

(一)被投诉的域名与投诉人享有民事权益的名称或者标志相同,或者具有足以导致混淆的近似性;

(二)被投诉的域名持有人对域名或者其主要部分不享有合法权益;

(三)被投诉的域名持有人对域名的注册或者使用具有恶意。

第九条　被投诉的域名持有人具有下列情形之一的,其行为构成恶意注册或者使用域名:

(一)注册或受让域名的目的是为了向作为民事权益所有人的投诉人或其竞争对手出

售、出租或者以其他方式转让该域名,以获取不正当利益;

(二)多次将他人享有合法权益的名称或者标志注册为自己的域名,以阻止他人以域名的形式在互联网上使用其享有合法权益的名称或者标志;

(三)注册或者受让域名是为了损害投诉人的声誉,破坏投诉人正常的业务活动,或者混淆与投诉人之间的区别,误导公众;

(四)其他恶意的情形。

第十条 被投诉人在接到争议解决机构送达的投诉书之前具有下列情形之一的,表明其对该域名享有合法权益:

(一)被投诉人在提供商品或服务的过程中已善意地使用该域名或与该域名相对应的名称;

(二)被投诉人虽未获得商品商标或有关服务商标,但所持有的域名已经获得一定的知名度;

(三)被投诉人合理地使用或非商业性地合法使用该域名,不存在为获取商业利益而误导消费者的意图。

第十一条 投诉人针对同一被投诉人的多个域名提出争议的,投诉人或者被投诉人可以请求争议解决机构将多个争议合并为一个争议案件,由同一个专家组处理。是否合并处理,由专家组决定。

第十二条 在专家组就有关争议做出裁决之前,投诉人或者被投诉人认为专家组成员与对方当事人有利害关系,有可能影响案件的公正裁决的,可以向争议解决机构提出要求专家回避的请求,但应当说明提出回避请求所依据的具体事实和理由,并举证。是否回避,由争议解决机构决定。

第十三条 在域名争议解决程序中,除域名注册服务机构根据争议解决机构的要求提供与域名注册及使用有关的信息外,中国互联网络信息中心和域名注册服务机构不以任何身份或者方式参与争议解决程序。

第十四条 专家组根据投诉人和被投诉人提供的证据及争议涉及的事实,对争议进行裁决。专家组认定投诉成立的,应当裁决注销已经注册的域名,或者裁决将注册域名转移给投诉人。专家组认定投诉不成立的,应当裁决驳回投诉。

第十五条 在依据本办法提出投诉之前,争议解决程序进行中,或者专家组做出裁决后,投诉人或者被投诉人均可以就同一争议向中国互联网络信息中心所在地的中国法院提起诉讼,或者基于协议提请中国仲裁机构仲裁。

第十六条 争议解决机构裁决注销域名或者裁决将域名转移给投诉人的,自裁决公布之日起满10日的,域名注册服务机构予以执行。但被投诉人自裁决公布之日起10日内提供有效证据证明有管辖权的司法机关或者仲裁机构已经受理相关争议的,争议解决机构的裁决暂停执行。

对于暂停执行的争议解决机构的裁决,域名注册服务机构视情况作如下处理:

（一）有证据表明，争议双方已经达成和解的，执行和解协议；

（二）有证据表明，有关起诉或者仲裁申请已经被驳回或者撤回的，执行争议解决机构的裁决；

（三）有关司法机关或者仲裁机构做出裁判，且已发生法律效力的，执行该裁判。

第十七条　在域名争议解决期间以及裁决公布 10 日内，域名持有人不得申请转让或者注销处于争议状态的域名，但受让人以书面形式同意接受争议解决裁决约束的除外。

第十八条　争议解决机构建立专门的互联网络网站，通过在线方式接受有关域名争议的投诉，并发布与域名争议有关的资料。但经投诉人或者被投诉人请求，争议解决机构认为发布后有可能损害投诉人或者被投诉人利益的资料和信息，可不予发布。

第十九条　中国互联网络信息中心可以根据互联网络及域名技术的发展，以及中国有关法律、行政法规及政策的变化等情况对本办法加以修改。修改后的办法将通过网站公布，且于公布之日起 30 日后实施。本办法修改前已经提交到争议解决机构的域名争议不适用新办法。

修改后的办法将自动成为域名持有人与域名注册服务机构之间已经存在的域名注册协议的一部分。域名持有人不同意接受争议解决办法或者其修改后的文本约束的，应当及时通知域名注册服务机构。收到通知后，域名注册服务机构将为其保留 30 日域名服务；30 日后，有关域名将予注销。

第二十条　本办法由中国互联网络信息中心负责解释。

第二十一条　本办法自 2006 年 3 月 17 日起施行。2002 年 9 月 30 日施行的原《中国互联网络信息中心域名争议解决办法》同时废止。

14.《互联网网络安全信息通报实施办法》

发布单位：中华人民共和国工业和信息化部

发布文号：工信部保[2009]156 号

发布日期：2009-04-13

生效日期：2009-06-01

第一条　为规范通信行业互联网网络安全信息通报工作，促进网络安全信息共享，提高网络安全预警、防范和应急水平，依据《互联网网络安全应急预案》制定本办法。

第二条　本办法适用于通信行业互联网等 IP 网络和系统的网络安全信息通报（以下简称信息通报）工作。

第三条　工业和信息化部指导、监督、检查全国信息通报工作，工业和信息化部通信保障局（以下简称通信保障局）负责信息通报具体工作。

省、自治区、直辖市通信管理局（以下简称通信管理局）指导、监督、检查本行政区域内信息通报工作。

第四条　通信管理局、基础电信业务经营者、跨省经营的增值电信业务经营者、国家计算机网络应急技术处理协调中心（以下简称 CNCERT）、互联网域名注册管理机构、互联网域名注册服务机构、中国互联网协会为信息报送单位。

第五条 通信保障局委托 CNCERT 收集、汇总、分析、发布互联网网络安全信息（以下简称信息）。

第六条 信息报送应遵循及时、客观、真实、准确、完整的原则，不得迟报、谎报、瞒报、漏报。

第七条 基础电信业务经营者、跨省经营的增值电信业务经营者、CNCERT、互联网域名注册管理机构、互联网域名注册服务机构应建立并完善本单位信息监测机制，提高监测能力，自主监测涉及本单位管理范围内的信息。

第八条 信息报送单位应制定并完善本单位信息通报机制，明确负责信息通报工作的主管领导和承担信息通报工作的责任部门、负责人和联络人，及时汇总本单位内部不同部门、不同渠道掌握的网络安全信息。信息报送单位应将本单位信息通报机制报通信保障局备案。

第九条 各单位需要报送的信息项目见附件一，通信保障局负责对项目内容进行调整。

第十条 报送的信息分为事件信息和预警信息。

事件信息是指已经发生的网络安全事件信息。

预警信息是指存在潜在安全威胁或隐患但尚未造成实际危害和影响的信息，或者对事件信息分析后得出的预防性信息。

第十一条 事件信息分为特别重大、重大、较大、一般共四级。预警信息分为一级、二级、三级、四级，分别用红色、橙色、黄色、蓝色标识，一级为最高级。具体分级规范见附件二，通信保障局负责对分级规范进行修订。

第十二条 信息报送单位应按照本办法第十条、第十一条规定对信息进行分类、分级，并根据本办法的相应规定报送信息。

基础电信业务经营者集团公司负责汇总、核实、报送省级分公司/子公司的信息。省级分公司/子公司将信息同时抄送当地通信管理局。

第十三条 对于特别重大、重大事件信息以及一级、二级预警信息，信息报送单位应于2小时内向通信保障局及相关通信管理局报告，抄送 CNCERT。

对于较大事件信息以及三级预警信息，信息报送单位应当于4小时内向相关通信管理局报告，抄送 CNCERT；对于跨省（自治区、直辖市）的较大事件信息，应同时向通信保障局报告。

对于一般事件信息，信息报送单位应按月及时汇总，于次月5个工作日内报送 CNCERT，抄送相关通信管理局；对于四级预警信息，信息报送单位应当于发现或得知预警信息后5个工作日内报送 CNCERT，抄送相关通信管理局。

第十四条 事件信息报送的内容应包括：

（一）事件发生单位概况；

（二）事件发生时间；

（三）事件简要经过；
（四）初步估计的危害和影响；
（五）已采取的措施；
（六）其他应当报告的情况。

第十五条 预警信息报送的内容应包括：
（一）信息基本情况描述；
（二）可能产生的危害及程度；
（三）可能影响的用户及范围；
（四）截至信息报送时，已知晓该信息的单位/人员范围；
（五）建议应采取的应对措施及建议。

第十六条 事件发生后出现新情况的，信息报送单位应当及时补报。
CNCERT 在接到预警信息后，应立即组织对预警信息进行跟踪、分析，有重要情况应及时向通信保障局报告。

第十七条 通信保障局根据信息性质、内容、紧急程度等，必要时组织相关单位、专家对信息进行研判。

第十八条 各单位应以书面形式报送信息，并加盖单位公章。紧急情况可以先电话联系，后补书面报告。

第十九条 对于特别重大、重大、较大事件信息以及一级、二级、三级预警信息，由通信保障局审核后，根据有关规定直接或委托 CNCERT 及时通告相关单位、人员或互联网用户，并抄送各通信管理局。

对于一般事件信息，由 CNCERT 负责汇总、分析全部信息，于次月 10 个工作日内将当月信息向通信保障局报送，向相关单位、人员通告，并抄送各通信管理局；对于四级预警信息，由 CNCERT 根据实际情况及时向相关单位、人员通告，并抄送各通信管理局。

第二十条 事件信息通告内容主要包括：事件统计情况、造成的危害、影响程度、态势分析、典型案例。

预警信息通告内容主要包括：受影响的系统、可能产生的危害和危害程度、可能影响的用户及范围、建议应采取的应对措施及建议。

第二十一条 信息报送单位应将本单位信息通报工作主管领导、责任部门负责人、联系人、联系方式报送通信保障局，抄送 CNCERT。以上信息发生变更时，应在 3 个工作日内报送变更情况。

第二十二条 通信保障局建立会商制度，通报当前网络安全情况，与相关单位和专家研讨网络安全形势、网络安全问题及其应对策略等。

第二十三条 CNCERT 应与网络安全研究机构、网络安全技术支撑单位、非经营性互联单位、网络安全企业、国际网络安全组织等广泛合作，积极拓展网络安全信息获取渠道。

第二十四条 国家网络安全保障专项工作对信息通报工作另有规定的，从其规定。

第二十五条　通信管理局应参照本办法制定本行政区域信息通报管理办法。

第二十六条　本办法自 2009 年 6 月 1 日起实施。

15.《木马和僵尸网络监测与处置机制》

发布单位：中华人民共和国工业和信息化部

发布文号：工信部保[2009]157 号

发布日期：2009-04-13

生效日期：2009-06-01

第一条　为有效防范和处置木马和僵尸网络引发的网络安全隐患，规范监测和处置行为，净化网络环境，维护我国公共互联网安全，依据《中华人民共和国电信条例》、《互联网网络安全应急预案》，制定本办法。

第二条　木马是指由攻击者安装在受害者计算机上秘密运行并用于窃取信息及远程控制的程序。僵尸网络是指由攻击者通过控制服务器控制的受害计算机群。木马和僵尸网络对网络信息安全造成危害和威胁，是造成个人隐私泄露、失泄密、垃圾邮件和大规模拒绝服务攻击的重要原因。

第三条　本办法适用于对危害公共互联网安全的木马和僵尸网络控制端（以下简称木马和僵尸网络）及其使用的 IP 地址和恶意域名的监测和处置。

第四条　工业和信息化部指导、组织、监督全国木马和僵尸网络的监测和处置工作。工业和信息化部通信保障局（以下简称通信保障局）负责具体工作。

各省、自治区、直辖市通信管理局（以下简称通信管理局）指导、组织、监督本行政区域内木马和僵尸网络的监测和处置工作。

国家计算机网络应急技术处理协调中心（以下简称 CNCERT）受通信保障局委托，负责对木马和僵尸网络的规模、类型、活跃程度、危害等情况进行监测、汇总、分析、核实，组织开展通报工作，协调处置木马和僵尸网络 IP 地址和恶意域名。

基础电信运营企业负责对本单位网内木马和僵尸网络进行监测、核实，对 CNCERT 汇总通报的涉及本单位的木马和僵尸网络进行处置和反馈。

互联网域名注册管理机构负责对 CNCERT 通报的由自身管理的恶意域名进行处置。对于由国内互联网域名注册服务机构注册的由境外域名注册管理机构管理的域名，由 CNCERT 直接协调国内互联网域名注册服务机构进行处置。

第五条　基础电信运营企业、互联网接入服务提供商、IDC 服务提供商、互联网域名注册管理机构、国内互联网域名注册服务机构在提供互联网接入服务、域名解析服务时，应在与用户签订的服务协议、合同中告知用户承担的网络安全保障责任。

第六条　CNCERT、基础电信运营企业应不断提高木马和僵尸网络的监测能力。CNCERT、基础电信运营企业、互联网域名注册管理机构、国内互联网域名注册服务机构应建立健全本单位的处置机制，协同配合、快速处置，共同做好木马和僵尸网络的监测和处置工作。

第七条　木马和僵尸网络事件分为特别重大、重大、较大、一般共四级。

特别重大事件：涉及全国范围或省级行政区域，单个木马和僵尸网络规模超过 100 万个 IP 地址，对社会造成特别重大影响。

重大事件：涉及全国范围或省级行政区域，同一时期存在一个或多个木马和僵尸网络，总规模超过 50 万个 IP 地址，对社会造成重大影响。

较大事件：涉及全国范围或省级行政区域，同一时期存在一个或多个木马和僵尸网络，总规模超过 10 万个 IP 地址，对社会造成较大影响。

一般事件：涉及全国范围或省级行政区域，发生木马和僵尸网络事件，对社会造成一定影响，但未造成上述后果。

通信保障局负责对分级规范进行修订。

第八条　监测和通报：

（一）CNCERT、基础电信运营企业负责对木马和僵尸网络进行监测。

（二）基础电信运营企业按照本机制第七条对监测到的事件进行分级，特别重大、重大、较大事件应在发现后 2 小时内报送通信保障局，同时抄报 CNCERT；一般事件应在发现后 5 个工作日内报送 CNCERT。

报送内容包括：控制端 IP 地址、端口、发现时间及其使用的恶意域名。

（三）CNCERT 汇总自主监测、基础电信运营企业报送和从其他渠道收集的事件，进行综合分析、分级。对于特别重大、重大、较大事件，CNCERT 应在 2 小时内向通信保障局报告，并及时通报相关通信管理局。通信保障局认为必要时，组织有关单位和专家进行研判。事件情况及研判结果由通信保障局直接或委托 CNCERT 通报相关单位。对于一般事件，CNCERT 应在发现后 5 个工作日内通报相关单位。

事件通报内容包括：

1．威胁较大的木马和僵尸网络 IP 地址、端口、发现时间、所属基础电信运营企业。

2．木马和僵尸网络使用的恶意域名。

3．木马和僵尸网络的规模和潜在危害。

监测和通报流程图见附件一。

第九条　处置和反馈：

基础电信运营企业、互联网域名注册管理机构、互联网域名注册服务机构接到 CNCERT 木马和僵尸网络事件通报后，应按如下流程处理：

（一）通知与木马和僵尸网络 IP 地址和恶意域名相关的具体用户进行清除，并跟踪用户处置情况。

对于域名注册信息不真实、不准确、不完整的，互联网域名注册管理机构、互联网域名注册服务机构根据《中国互联网域名管理办法》有关规定进行处置。

（二）反馈用户的处置情况。特别重大、重大、较大事件的处置情况应在接到事件通报后 4 小时内向 CNCERT 反馈，一般事件的处置情况应在 5 个工作日内向 CNCERT 反馈。

反馈内容包括：用户已处置的 IP 地址和恶意域名、单位名称、用户未处置的 IP 地址和恶意域名及未处置的原因。

（三）监测单位验证处置情况。

对于 CNCERT 自主监测的事件，由 CNCERT 对处置情况进行验证。特别重大、重大、较大事件应在接到处置单位反馈后 2 小时内向处置单位反馈验证结果，一般事件应在 5 个工作日内反馈验证结果。

对于基础电信运营企业监测到的事件由基础电信运营企业自行验证。特别重大、重大、较大事件应在接到 CNCERT 事件通报后 6 小时内向 CNCERT 反馈验证结果，一般事件应在 10 个工作日内向 CNCERT 反馈验证结果。

（四）对于未处置或经验证仍存在恶意连接的木马和僵尸网络 IP 地址和恶意域名，按如下方式处置：

对于重要信息系统单位，向通信保障局反馈用户相关情况，抄报 CNCERT，由通信保障局或当地通信管理局书面通知其主管部门。

对于其他单位用户和个人用户，应依据与用户签署的服务协议、合同等进行处置。

（五）对于特别重大、重大、较大事件的处置情况，CNCERT 应在接到处置单位反馈后 2 小时内向通信保障局和相关通信管理局反馈处置结果，一般事件处置情况由 CNCERT 每月汇总，按照互联网网络安全信息通报有关办法通报监测和处置情况。

处置和反馈流程见附件二。

第十条　CNCERT、基础电信运营企业、互联网域名注册管理机构、国内互联网域名注册服务机构应留存木马和僵尸网络相关数据或资料以备查验。数据或资料保存时间为 60 天。

第十一条　CNCERT、基础电信运营企业、互联网域名注册管理机构、国内域名注册服务机构应保护用户正当权益，规范处置流程，建立用户申诉机制，妥善解决用户争议。

第十二条　通信保障局通过会商制度，组织相关单位和专家研讨木马和僵尸网络相关问题及其应对策略。

第十三条　事件通报和反馈应按照统一表格以书面方式报送（报送格式见附件三）。紧急情况下，可以先电话联系，后补表格。

第十四条　对于国家举办重要活动等特殊时期，对木马和僵尸网络监测和处置工作另有要求的，从其规定。

第十五条　相关单位应将本单位木马和僵尸网络监测和处置工作主管领导、责任部门负责人、联系人、联系方式报送通信保障局，抄送 CNCERT。以上信息发生变更，应在 3 个工作日内报送变更情况。

第十六条　CNCERT 应与非经营性互联单位合作，协调非经营性互联单位处置其网内木马和僵尸网络；应与网络安全研究机构、网络安全技术支撑单位、网络安全企业、病毒厂商等单位合作，建立研究、分析机制。

本机制中非经营性互联单位指中国教育和科研计算机网、中国科技网、中国国际经济贸易网、中国长城互联网。

第十七条　对于涉嫌犯罪的木马和僵尸网络事件，应报请公安机关依法调查处理。

第十八条　通信管理局应参照本办法制定本行政区域内木马和僵尸网络监测和处置机制。

基础电信运营企业集团公司应督促本单位省级公司按照当地通信管理局要求，及时反馈木马和僵尸网络事件监测处置情况，接受当地通信管理局的监督管理。

第十九条　本办法中重要信息系统指政府部门、军队以及银行、海关、税务、电力、铁路、证券、保险、民航等关系国计民生的重要行业使用的信息系统。

第二十条　本办法自2009年6月1日起实施。

16.《通信网络安全防护管理办法》

发布单位：中华人民共和国工业和信息化部
发布文号：中华人民共和国工业和信息化部令第11号
发布日期：2010-01-21
生效日期：2010-03-01

(2009年12月29日第八次部务会议审议通过)

第一条　为了加强对通信网络安全的管理，提高通信网络安全防护能力，保障通信网络安全畅通，根据《中华人民共和国电信条例》，制定本办法。

第二条　中华人民共和国境内的电信业务经营者和互联网域名服务提供者(以下统称"通信网络运行单位")管理和运行的公用通信网和互联网(以下统称"通信网络")的网络安全防护工作，适用本办法。

本办法所称互联网域名服务，是指设置域名数据库或者域名解析服务器，为域名持有者提供域名注册或者权威解析服务的行为。

本办法所称网络安全防护工作，是指为防止通信网络阻塞、中断、瘫痪或者被非法控制，以及为防止通信网络中传输、存储、处理的数据信息丢失、泄露或者被篡改而开展的工作。

第三条　通信网络安全防护工作坚持积极防御、综合防范、分级保护的原则。

第四条　中华人民共和国工业和信息化部(以下简称工业和信息化部)负责全国通信网络安全防护工作的统一指导、协调和检查，组织建立健全通信网络安全防护体系，制定通信行业相关标准。

各省、自治区、直辖市通信管理局(以下简称通信管理局)依据本办法的规定，对本行政区域内的通信网络安全防护工作进行指导、协调和检查。

工业和信息化部与通信管理局统称"电信管理机构"。

第五条　通信网络运行单位应当按照电信管理机构的规定和通信行业标准开展通信网络安全防护工作，对本单位通信网络安全负责。

第六条　通信网络运行单位新建、改建、扩建通信网络工程项目，应当同步建设通信网络安全保障设施,并与主体工程同时进行验收和投入运行。

通信网络安全保障设施的新建、改建、扩建费用,应当纳入本单位建设项目概算。

第七条　通信网络运行单位应当对本单位已正式投入运行的通信网络进行单元划分,并按照各通信网络单元遭到破坏后可能对国家安全、经济运行、社会秩序、公众利益的危害程度,由低到高分别划分为一级、二级、三级、四级、五级。

电信管理机构应当组织专家对通信网络单元的分级情况进行评审。

通信网络运行单位应当根据实际情况适时调整通信网络单元的划分和级别,并按照前款规定进行评审。

第八条　通信网络运行单位应当在通信网络定级评审通过后三十日内,将通信网络单元的划分和定级情况按照以下规定向电信管理机构备案:

(一)基础电信业务经营者集团公司向工业和信息化部申请办理其直接管理的通信网络单元的备案;基础电信业务经营者各省(自治区、直辖市)子公司、分公司向当地通信管理局申请办理其负责管理的通信网络单元的备案;

(二)增值电信业务经营者向做出电信业务经营许可决定的电信管理机构备案;

(三)互联网域名服务提供者向工业和信息化部备案。

第九条　通信网络运行单位办理通信网络单元备案,应当提交以下信息:

(一)通信网络单元的名称、级别和主要功能;

(二)通信网络单元责任单位的名称和联系方式;

(三)通信网络单元主要负责人的姓名和联系方式;

(四)通信网络单元的拓扑架构、网络边界、主要软硬件及型号和关键设施位置;

(五)电信管理机构要求提交的涉及通信网络安全的其他信息。

前款规定的备案信息发生变化的,通信网络运行单位应当自信息变化之日起三十日内向电信管理机构变更备案。

通信网络运行单位报备的信息应当真实、完整。

第十条　电信管理机构应当对备案信息的真实性、完整性进行核查,发现备案信息不真实、不完整的,通知备案单位予以补正。

第十一条　通信网络运行单位应当落实与通信网络单元级别相适应的安全防护措施,并按照以下规定进行符合性评测:

(一)三级及三级以上通信网络单元应当每年进行一次符合性评测;

(二)二级通信网络单元应当每两年进行一次符合性评测。

通信网络单元的划分和级别调整的,应当自调整完成之日起九十日内重新进行符合性评测。

通信网络运行单位应当在评测结束后三十日内,将通信网络单元的符合性评测结果、整改情况或者整改计划报送通信网络单元的备案机构。

第十二条　通信网络运行单位应当按照以下规定组织对通信网络单元进行安全风险评

估,及时消除重大网络安全隐患:

(一)三级及三级以上通信网络单元应当每年进行一次安全风险评估;

(二)二级通信网络单元应当每两年进行一次安全风险评估。

国家重大活动举办前,通信网络单元应当按照电信管理机构的要求进行安全风险评估。

通信网络运行单位应当在安全风险评估结束后三十日内,将安全风险评估结果、隐患处理情况或者处理计划报送通信网络单元的备案机构。

第十三条 通信网络运行单位应当对通信网络单元的重要线路、设备、系统和数据等进行备份。

第十四条 通信网络运行单位应当组织演练,检验通信网络安全防护措施的有效性。

通信网络运行单位应当参加电信管理机构组织开展的演练。

第十五条 通信网络运行单位应当建设和运行通信网络安全监测系统,对本单位通信网络的安全状况进行监测。

第十六条 通信网络运行单位可以委托专业机构开展通信网络安全评测、评估、监测等工作。

工业和信息化部应当根据通信网络安全防护工作的需要,加强对前款规定的受托机构的安全评测、评估、监测能力指导。

第十七条 电信管理机构应当对通信网络运行单位开展通信网络安全防护工作的情况进行检查。

电信管理机构可以采取以下检查措施:

(一)查阅通信网络运行单位的符合性评测报告和风险评估报告;

(二)查阅通信网络运行单位有关网络安全防护的文档和工作记录;

(三)向通信网络运行单位工作人员询问了解有关情况;

(四)查验通信网络运行单位的有关设施;

(五)对通信网络进行技术性分析和测试;

(六)法律、行政法规规定的其他检查措施。

第十八条 电信管理机构可以委托专业机构开展通信网络安全检查活动。

第十九条 通信网络运行单位应当配合电信管理机构及其委托的专业机构开展检查活动,对于检查中发现的重大网络安全隐患,应当及时整改。

第二十条 电信管理机构对通信网络安全防护工作进行检查,不得影响通信网络的正常运行,不得收取任何费用,不得要求接受检查的单位购买指定品牌或者指定单位的安全软件、设备或者其他产品。

第二十一条 电信管理机构及其委托的专业机构的工作人员对于检查工作中获悉的国家秘密、商业秘密和个人隐私,有保密的义务。

第二十二条 违反本办法第六条第一款、第七条第一款和第三款、第八条、第九条、第十一条、第十二条、第十三条、第十四条、第十五条、第十九条规定的,由电信管理机构依据职权责令改正；拒不改正的，给予警告，并处五千元以上三万元以下的罚款。

第二十三条　电信管理机构的工作人员违反本办法第二十条、第二十一条规定的，依法给予行政处分；构成犯罪的，依法追究刑事责任。

第二十四条　本办法自 2010 年 3 月 1 日起施行。

17.《规范互联网信息服务市场秩序若干规定》

发布单位：中华人民共和国工业和信息化部

发布文号：中华人民共和国工业和信息化部令第 20 号

发布日期：2011-12-29

生效日期：2012-03-15

（2011 年 12 月 7 日中华人民共和国工业和信息化部第二十二次部务会议审议通过）

第一条　为了规范互联网信息服务市场秩序，保护互联网信息服务提供者和用户的合法权益，促进互联网行业的健康发展，根据《中华人民共和国电信条例》、《互联网信息服务管理办法》等法律、行政法规的规定，制定本规定。

第二条　在中华人民共和国境内从事互联网信息服务及与互联网信息服务有关的活动，应当遵守本规定。

第三条　工业和信息化部和各省、自治区、直辖市通信管理局（以下统称"电信管理机构"）依法对互联网信息服务活动实施监督管理。

第四条　互联网信息服务提供者应当遵循平等、自愿、公平、诚信的原则提供服务。

第五条　互联网信息服务提供者不得实施下列侵犯其他互联网信息服务提供者合法权益的行为：

（一）恶意干扰用户终端上其他互联网信息服务提供者的服务，或者恶意干扰与互联网信息服务相关的软件等产品（"与互联网信息服务相关的软件等产品"以下简称"产品"）的下载、安装、运行和升级；

（二）捏造、散布虚假事实损害其他互联网信息服务提供者的合法权益，或者诋毁其他互联网信息服务提供者的服务或者产品；

（三）恶意对其他互联网信息服务提供者的服务或者产品实施不兼容；

（四）欺骗、误导或者强迫用户使用或者不使用其他互联网信息服务提供者的服务或者产品；

（五）恶意修改或者欺骗、误导、强迫用户修改其他互联网信息服务提供者的服务或者产品参数；

（六）其他违反国家法律规定，侵犯其他互联网信息服务提供者合法权益的行为。

第六条　对互联网信息服务提供者的服务或者产品进行评测，应当客观公正。

评测方公开或者向用户提供评测结果的，应当同时提供评测实施者、评测方法、数据来源、用户原始评价、评测手段和评测环境等与评测活动相关的信息。评测结果应当真实准确，与评测活动相关的信息应当完整全面。被评测的服务或者产品与评测方的服务或者产品相同或者功能类似的,评测结果中不得含有评测方的主观评价。

被评测方对评测结果有异议的,可以自行或者委托第三方就评测结果进行再评测,评测方应当予以配合。

评测方不得利用评测结果,欺骗、误导、强迫用户对被评测方的服务或者产品做出处置。

本规定所称评测,是指提供平台供用户评价,或者以其他方式对互联网信息服务或者产品的性能等进行评价和测试。

第七条　互联网信息服务提供者不得实施下列侵犯用户合法权益的行为:

(一)无正当理由拒绝、拖延或者中止向用户提供互联网信息服务或者产品;

(二)无正当理由限定用户使用或者不使用其指定的互联网信息服务或者产品;

(三)以欺骗、误导或者强迫等方式向用户提供互联网信息服务或者产品;

(四)提供的互联网信息服务或者产品与其向用户所作的宣传或者承诺不符;

(五)擅自改变服务协议或者业务规程,降低服务质量或者加重用户责任;

(六)与其他互联网信息服务提供者的服务或者产品不兼容时,未主动向用户提示和说明;

(七)未经提示并由用户主动选择同意,修改用户浏览器配置或者其他设置;

(八)其他违反国家法律规定,侵犯用户合法权益的行为。

第八条　互联网信息服务提供者在用户终端上进行软件下载、安装、运行、升级、卸载等操作的,应当提供明确、完整的软件功能等信息,并事先征得用户同意。

互联网信息服务提供者不得实施下列行为:

(一)欺骗、误导或者强迫用户下载、安装、运行、升级、卸载软件;

(二)未提供与软件安装方式同等或者更便捷的卸载方式;

(三)在未受其他软件影响和人为破坏的情况下,未经用户主动选择同意,软件卸载后有可执行代码或者其他不必要的文件驻留在用户终端。

第九条　互联网信息服务终端软件捆绑其他软件的,应当以显著的方式提示用户,由用户主动选择是否安装或者使用,并提供独立的卸载或者关闭方式,不得附加不合理条件。

第十条　互联网信息服务提供者在用户终端弹出广告或者其他与终端软件功能无关的信息窗口的,应当以显著的方式向用户提供关闭或者退出窗口的功能标识。

第十一条　未经用户同意,互联网信息服务提供者不得收集与用户相关、能够单独或者与其他信息结合识别用户的信息(以下简称"用户个人信息"),不得将用户个人信息提供给他人,但是法律、行政法规另有规定的除外。

互联网信息服务提供者经用户同意收集用户个人信息的,应当明确告知用户收集和处理用户个人信息的方式、内容和用途,不得收集其提供服务所必需以外的信息,不得将用户个人信息用于其提供服务之外的目的。

第十二条　互联网信息服务提供者应当妥善保管用户个人信息;保管的用户个人信息

泄露或者可能泄露时，应当立即采取补救措施；造成或者可能造成严重后果的，应当立即向准予其互联网信息服务许可或者备案的电信管理机构报告，并配合相关部门进行的调查处理。

第十三条 互联网信息服务提供者应当加强系统安全防护，依法维护用户上载信息的安全，保障用户对上载信息的使用、修改和删除。

互联网信息服务提供者不得有下列行为：

（一）无正当理由擅自修改或者删除用户上载信息；

（二）未经用户同意，向他人提供用户上载信息，但是法律、行政法规另有规定的除外；

（三）擅自或者假借用户名义转移用户上载信息，或者欺骗、误导、强迫用户转移其上载信息；

（四）其他危害用户上载信息安全的行为。

第十四条 互联网信息服务提供者应当以显著的方式公布有效联系方式，接受用户及其他互联网信息服务提供者的投诉，并自接到投诉之日起十五日内做出答复。

第十五条 互联网信息服务提供者认为其他互联网信息服务提供者实施违反本规定的行为，侵犯其合法权益并对用户权益造成或者可能造成重大影响的，应当立即向准予该其他互联网信息服务提供者互联网信息服务许可或者备案的电信管理机构报告。

电信管理机构应当对报告或者发现的可能违反本规定的行为的影响进行评估；影响特别重大的，相关省、自治区、直辖市通信管理局应当向工业和信息化部报告。电信管理机构在依据本规定做出处理决定前，可以要求互联网信息服务提供者暂停有关行为，互联网信息服务提供者应当执行。

第十六条 互联网信息服务提供者违反本规定第五条、第七条或者第十三条的规定，由电信管理机构依据职权责令改正，处以警告，可以并处一万元以上三万元以下的罚款，向社会公告；其中，《中华人民共和国电信条例》或者《互联网信息服务管理办法》规定法律责任的，依照其规定处理。

第十七条 评测方违反本规定第六条的规定的，由电信管理机构依据职权处以警告，可以并处一万元以上三万元以下的罚款，向社会公告。

第十八条 互联网信息服务提供者违反本规定第八条、第九条、第十条、第十一条、第十二条或者第十四条的规定的，由电信管理机构依据职权处以警告，可以并处一万元以上三万元以下的罚款，向社会公告。

第十九条 互联网信息服务提供者违反本规定第十五条规定，不执行电信管理机构暂停有关行为的要求的，由电信管理机构依据职权处以警告，向社会公告。

第二十条 互联网信息服务提供者违反其他法律、行政法规规定的，依照其规定处理。

第二十一条 本规定自2012年3月15日起施行。

4.2.4 公安部制定的规章和规范

1.《计算机信息系统安全专用产品检测和销售许可证管理办法》

发布单位：中华人民共和国公安部
发布文号：中华人民共和国公安部令第 32 号
发布日期：1997-12-12
生效日期：1997-12-12

(1997 年 6 月 28 日公安部部长办公会议通过)

第一章　总　　则

第一条　为了加强计算机信息系统安全专用产品(以下简称安全专用产品)的管理，保证安全专用产品的安全功能，维护计算机信息系统的安全，根据《中华人民共和国计算机信息系统安全保护条例》第十六条的规定，制定本办法。

第二条　本办法所称计算机信息系统安全专用产品，是指用于保护计算机信息系统安全的专用硬件和软件产品。

第三条　中华人民共和国境内的安全专用产品进入市场销售，实行销售许可证制度。安全专用产品的生产者在其产品进入市场销售之前，必须申领《计算机信息系统安全专用产品销售许可证》(以下简称销售许可证)。

第四条　安全专用产品的生产者申领销售许可证，必须对其产品进行安全功能检测和认定。

第五条　公安部计算机管理监察部门负责销售许可证的审批颁发工作和安全专用产品安全功能检测机构(以下简称检测机构)的审批工作。

地(市)级以上人民政府公安机关负责销售许可证的监督检查工作。

第二章　检测机构的申请与批准

第六条　经省级以上技术监督行政主管部门或者其授权的部门考核合格的检测机构，可以向公安部计算机管理监察部门提出承担安全专用产品检测任务的申请。

第七条　公安部计算机管理监察部门对提出申请的检测机构的检测条件和能力进行审查，经审查合格的，批准其承担安全专用产品检测任务。

第八条　检测机构应当履行下列职责：

(一) 严格执行公安部计算机管理监察部门下达的检测任务；

(二) 按照标准格式填写安全专用产品检测报告；

(三) 出具检测结果报告；

(四) 接受公安部计算机管理监察部门对检测过程的监督及查阅检测机构内部验证和审核试验的原始测试记录；

(五) 保守检测产品的技术秘密，并不得非法占有他人科技成果；

（六）不得从事与检测产品有关的开发和对外咨询业务。

第九条　公安部计算机管理监察部门对承担检测任务的检测机构每年至少进行一次监督检查。

第十条　被取消检测资格的检测机构，两年后方准许重新申请承担安全专用产品的检测任务。

第三章　安全专用产品的检测

第十一条　安全专用产品的生产者应当向经公安部计算机管理监察部门批准的检测机构申请安全功能检测。

对在国内生产的安全专用产品，由其生产者负责送交检测；对境外生产在国内销售的安全专用产品，由国外生产者指定的国内具有法人资格的企业或单位负责送交检测。

当安全专用产品的安全功能发生改变时，安全专用产品应当进行重新检测。

第十二条　送交安全专用产品检测时，应当向检测机构提交以下材料：

（一）安全专用产品的安全功能检测申请；

（二）营业执照（复印件）；

（三）样品；

（四）产品功能及性能的中文说明；

（五）证明产品功能及性能的有关材料；

（六）采用密码技术的安全专用产品必须提交国家密码管理部门的审批文件；

（七）根据有关规定需要提交的其他材料。

第十三条　检测机构收到检测申请、样品及其他有关材料后，应当按照安全专用产品的功能说明，检测其是否具有计算机信息系统安全保护功能。

第十四条　检测机构应当及时检测，并将检测报告报送公安部计算机管理监察部门备案。

第四章　销售许可证的审批与颁发

第十五条　安全专用产品的生产者申领销售许可证，应当向公安部计算机管理监察部门提交以下材料：

（一）营业执照（复印件）；

（二）安全专用产品检测结果报告；

（三）防治计算机病毒的安全专用产品须提交公安机关颁发的计算机病毒防治研究的备案证明。

第十六条　公安部计算机管理监察部门自接到申请之日起，应当在十五日内对安全专用产品做出审核结果，特殊情况可延至三十日；经审核合格的，颁发销售许可证和安全专用产品"销售许可"标记；不合格的，书面通知申领者，并说明理由。

第十七条　已取得销售许可证的安全专用产品，生产者应当在固定位置标明"销售许可"标记。

任何单位和个人不得销售无"销售许可"标记的安全专用产品。

第十八条　销售许可证只对所申请销售的安全专用产品有效。

当安全专用产品的功能发生改变时,必须重新申领销售许可证。

第十九条　销售许可证自批准之日起两年内有效。期满需要延期的,应当于期满前三十日内向公安部计算机管理监察部门申请办理延期手续。

第五章　罚　　则

第二十条　生产企业违反本办法的规定,有下列情形之一的,视为未经许可出售安全专用产品,由公安机关根据《中华人民共和国计算机信息系统安全保护条例》的规定予以处罚:

(一)没有申领销售许可证而将生产的安全专用产品进入市场销售的;

(二)安全专用产品的功能发生改变,而没有重新申领销售许可证进行销售的;

(三)销售许可证有效期满,未办理延期申领手续而继续销售的;

(四)提供虚假的安全专用产品检测报告或者虚假的计算机病毒防治研究的备案证明,骗取销售许可证的;

(五)销售的安全专用产品与送检样品安全功能不一致的;

(六)未在安全专用产品上标明"销售许可"标记而销售的;

(七)伪造、变造销售许可证和"销售许可"标记的。

第二十一条　检测机构违反本办法的规定,情节严重的,取消检测资格。

第二十二条　安全专用产品中含有有害数据危害计算机信息系统安全的,依据《中华人民共和国计算机信息系统安全保护条例》第二十三条的规定处罚;构成犯罪的,依法追究刑事责任。

第二十三条　依照本办法做出的行政处罚,应当由县级以上(含县级)公安机关决定,并填写行政处罚决定书,向被处罚人宣布。

第六章　附　　则

第二十四条　安全专用产品的检测通告和经安全功能检测确认的安全专用产品目录,由公安部计算机管理监察部门发布。

第二十五条　检测机构申请书、检测机构批准书、《计算机信息系统安全专用产品销售许可证》、"销售许可"标记,由公安部制定式样,统一监制。

第二十六条　本办法自 1997 年 12 月 12 日起施行。

2.《计算机信息网络国际联网安全保护管理办法》

发布单位:中华人民共和国公安部

发布文号:中华人民共和国公安部令第 33 号

发布日期:1997-12-16

生效日期:1997-12-30

(1997年12月11日中华人民共和国国务院批准)

第一章 总 则

第一条 为了加强对计算机信息网络国际联网的安全保护，维护公共秩序和社会稳定，根据《中华人民共和国计算机信息系统安全保护条例》、《中华人民共和国计算机信息网络国际联网管理暂行规定》和其他法律、行政法规的规定，制定本办法。

第二条 中华人民共和国境内的计算机信息网络国际联网安全保护管理，适用本办法。

第三条 公安部计算机管理监察机构负责计算机信息网络国际联网的安全保护管理工作。

公安机关计算机管理监察机构应当保护计算机信息网络国际联网的公共安全，维护从事国际联网业务的单位和个人的合法权益和公众利益。

第四条 任何单位和个人不得利用国际联网危害国家安全、泄露国家秘密，不得侵犯国家的、社会的、集体的利益和公民的合法权益，不得从事违法犯罪活动。

第五条 任何单位和个人不得利用国际联网制作、复制、查阅和传播下列信息：

(一) 煽动抗拒、破坏宪法和法律、行政法规实施的；

(二) 煽动颠覆国家政权，推翻社会主义制度的；

(三) 煽动分裂国家、破坏国家统一的；

(四) 煽动民族仇恨、民族歧视，破坏民族团结的；

(五) 捏造或者歪曲事实，散布谣言，扰乱社会秩序的；

(六) 宣扬封建迷信、淫秽、色情、赌博、暴力、凶杀、恐怖，教唆犯罪的；

(七) 公然侮辱他人或者捏造事实诽谤他人的；

(八) 损害国家机关信誉的；

(九) 其他违反宪法和法律、行政法规的。

第六条 任何单位和个人不得从事下列危害计算机信息网络安全的活动：

(一) 未经允许，进入计算机信息网络或者使用计算机信息网络资源的；

(二) 未经允许，对计算机信息网络功能进行删除、修改或者增加的；

(三) 未经允许，对计算机信息网络中存储、处理或者传输的数据和应用程序进行删除、修改或者增加的；

(四) 故意制作、传播计算机病毒等破坏性程序的；

(五) 其他危害计算机信息网络安全的。

第七条 用户的通信自由和通信秘密受法律保护。任何单位和个人不得违反法律规定，利用国际联网侵犯用户的通信自由和通信秘密。

第二章 安全保护责任

第八条 从事国际联网业务的单位和个人应当接受公安机关的安全监督、检查和指导，如实向公安机关提供有关安全保护的信息、资料及数据文件，协助公安机关查处通过国际联网的计算机信息网络的违法犯罪行为。

第九条 国际出入口信道提供单位、互联单位的主管部门或者主管单位,应当依照法律和国家有关规定负责国际出入口信道、所属互联网络的安全保护管理工作。

第十条 互联单位、接入单位及使用计算机信息网络国际联网的法人和其他组织应当履行下列安全保护职责:

(一)负责本网络的安全保护管理工作,建立健全安全保护管理制度;

(二)落实安全保护技术措施,保障本网络的运行安全和信息安全;

(三)负责对本网络用户的安全教育和培训;

(四)对委托发布信息的单位和个人进行登记,并对所提供的信息内容按照本办法第五条进行审核;

(五)建立计算机信息网络电子公告系统的用户登记和信息管理制度;

(六)发现有本办法第四条、第五条、第六条、第七条所列情形之一的,应当保留有关原始记录,并在 24 小时内向当地公安机关报告;

(七)按照国家有关规定,删除本网络中含有本办法第五条内容的地址、目录或者关闭服务器。

第十一条 用户在接入单位办理入网手续时,应当填写用户备案表。备案表由公安部监制。

第十二条 互联单位、接入单位、使用计算机信息网络国际联网的法人和其他组织(包括跨省、自治区、直辖市联网的单位和所属的分支机构),应当自网络正式联通之日起 30 日内,到所在地区的省、自治区、直辖市人民政府公安机关指定的受理机关办理备案手续。

前款所列单位应当负责将接入本网络的接入单位和用户情况报当地公安机关备案,并及时报告本网络中接入单位和用户的变更情况。

第十三条 使用公用账号的注册者应当加强对公用账号的管理,建立账号使用登记制度。用户账号不得转借、转让。

第十四条 涉及国家事务、经济建设、国防建设、尖端科学技术等重要领域的单位办理备案手续时,应当出具其行政主管部门的审批证明。

前款所列单位的计算机信息网络与国际联网,应当采取相应的安全保护措施。

第三章 安 全 监 督

第十五条 省、自治区、直辖市公安厅(局),地(市)、县(市)公安局,应当有相应机构负责国际联网的安全保护管理工作。

第十六条 公安机关计算机管理监察机构应当掌握互联单位、接入单位和用户的备案情况,建立备案档案,进行备案统计,并按照国家有关规定逐级上报。

第十七条 公安机关计算机管理监察机构应当督促互联单位、接入单位及有关用户建立健全安全保护管理制度。监督、检查网络安全保护管理以及技术措施的落实情况。

公安机关计算机管理监察机构在组织安全检查时,有关单位应当派人参加。公安机关计算机管理监察机构对安全检查发现的问题,应当提出改进意见,做出详细记录,存档备查。

第十八条　公安机关计算机管理监察机构发现含有本办法第五条所列内容的地址、目录或者服务器时,应当通知有关单位关闭或者删除。

第十九条　公安机关计算机管理监察机构应当负责追踪和查处通过计算机信息网络的违法行为和针对计算机信息网络的犯罪案件,对违反本办法第四条、第七条规定的违法犯罪行为,应当按照国家有关规定移送有关部门或者司法机关处理。

第四章　法律责任

第二十条　违反法律、行政法规,有本办法第五条、第六条所列行为之一的,由公安机关给予警告,有违法所得的,没收违法所得,对个人可以并处五千元以下的罚款,对单位可以并处一万五千元以下的罚款;情节严重的,并可以给予六个月以内停止联网、停机整顿的处罚,必要时可以建议原发证、审批机构吊销经营许可证或者取消联网资格;构成违反治安管理行为的,依照治安管理处罚条例的规定处罚;构成犯罪的,依法追究刑事责任。

第二十一条　有下列行为之一的,由公安机关责令限期改正,给予警告,有违法所得的,没收违法所得;在规定的限期内未改正的,对单位的主管负责人员和其他直接责任人员可以并处五千元以下的罚款,对单位可以并处一万五千元以下的罚款;情节严重的,并可以给予六个月以内的停止联网、停机整顿的处罚,必要时可以建议原发证、审批机构吊销经营许可证或者取消联网资格。

（一）未建立安全保护管理制度的;

（二）未采取安全技术保护措施的;

（三）未对网络用户进行安全教育和培训的;

（四）未提供安全保护管理所需信息、资料及数据文件,或者所提供内容不真实的;

（五）对委托其发布的信息内容未进行审核或者对委托单位和个人未进行登记的;

（六）未建立电子公告系统的用户登记和信息管理制度的;

（七）未按照国家有关规定,删除网络地址、目录或者关闭服务器的;

（八）未建立公用账号使用登记制度的;

（九）转借、转让用户账号的。

第二十二条　违反本办法第四条、第七条规定的,依照有关法律、法规予以处罚。

第二十三条　违反本办法第十一条、第十二条规定,不履行备案职责的,由公安机关给予警告或者停机整顿不超过六个月的处罚。

第五章　附　则

第二十四条　与香港特别行政区和台湾、澳门地区联网的计算机信息网络的安全保护管理,参照本办法执行。

第二十五条　本办法自 1997 年 12 月 30 日起施行。

3.《计算机病毒防治管理办法》

发布单位：中华人民共和国公安部
发布文号：中华人民共和国公安部令第 51 号
发布日期：2000-04-26
生效日期：2000-04-26
（2000 年 3 月 30 日公安部部长办公会议通过）

  第一条 为了加强对计算机病毒的预防和治理，保护计算机信息系统安全，保障计算机的应用与发展，根据《中华人民共和国计算机信息系统安全保护条例》的规定，制定本办法。

  第二条 本办法所称的计算机病毒，是指编制或者在计算机程序中插入的破坏计算机功能或者毁坏数据，影响计算机使用，并能自我复制的一组计算机指令或者程序代码。

  第三条 中华人民共和国境内的计算机信息系统以及未联网计算机的计算机病毒防治管理工作，适用本办法。

  第四条 公安部公共信息网络安全监察部门主管全国的计算机病毒防治管理工作。

地方各级公安机关具体负责本行政区域内的计算机病毒防治管理工作。

  第五条 任何单位和个人不得制作计算机病毒。

  第六条 任何单位和个人不得有下列传播计算机病毒的行为：

（一）故意输入计算机病毒，危害计算机信息系统安全；

（二）向他人提供含有计算机病毒的文件、软件、媒体；

（三）销售、出租、附赠含有计算机病毒的媒体；

（四）其他传播计算机病毒的行为。

  第七条 任何单位和个人不得向社会发布虚假的计算机病毒疫情。

  第八条 从事计算机病毒防治产品生产的单位，应当及时向公安部公共信息网络安全监察部门批准的计算机病毒防治产品检测机构提交病毒样本。

  第九条 计算机病毒防治产品检测机构应当对提交的病毒样本及时进行分析、确认，并将确认结果上报公安部公共信息网络安全监察部门。

  第十条 对计算机病毒的认定工作，由公安部公共信息网络安全监察部门批准的机构承担。

  第十一条 计算机信息系统的使用单位在计算机病毒防治工作中应当履行下列职责：

（一）建立本单位的计算机病毒防治管理制度；

（二）采取计算机病毒安全技术防治措施；

（三）对本单位计算机信息系统使用人员进行计算机病毒防治教育和培训；

（四）及时检测、清除计算机信息系统中的计算机病毒，并备有检测、清除的记录；

（五）使用具有计算机信息系统安全专用产品销售许可证的计算机病毒防治产品；

（六）对因计算机病毒引起的计算机信息系统瘫痪、程序和数据严重破坏等重大事故及时向公安机关报告，并保护现场。

第十二条　任何单位和个人在从计算机信息网络上下载程序、数据或者购置、维修、借入计算机设备时，应当进行计算机病毒检测。

第十三条　任何单位和个人销售、附赠的计算机病毒防治产品，应当具有计算机信息系统安全专用产品销售许可证，并贴有"销售许可"标记。

第十四条　从事计算机设备或者媒体生产、销售、出租、维修行业的单位和个人，应当对计算机设备或者媒体进行计算机病毒检测、清除工作，并备有检测、清除的记录。

第十五条　任何单位和个人应当接受公安机关对计算机病毒防治工作的监督、检查和指导。

第十六条　在非经营活动中有违反本办法第五条、第六条第二、三、四项规定行为之一的，由公安机关处以一千元以下罚款。

在经营活动中有违反本办法第五条、第六条第二、三、四项规定行为之一，没有违法所得的，由公安机关对单位处以一万元以下罚款，对个人处以五千元以下罚款；有违法所得的，处以违法所得三倍以下罚款，但是最高不得超过三万元。

违反本办法第六条第一项规定的，依照《中华人民共和国计算机信息系统安全保护条例》第二十三条的规定处罚。

第十七条　违反本办法第七条、第八条规定行为之一的，由公安机关对单位处以一千元以下罚款，对单位直接负责的主管人员和直接责任人员处以五百元以下罚款；对个人处以五百元以下罚款。

第十八条　违反本办法第九条规定的，由公安机关处以警告，并责令其限期改正；逾期不改正的，取消其计算机病毒防治产品检测机构的检测资格。

第十九条　计算机信息系统的使用单位有下列行为之一的，由公安机关处以警告，并根据情况责令其限期改正；逾期不改正的，对单位处以一千元以下罚款，对单位直接负责的主管人员和直接责任人员处以五百元以下罚款：

（一）未建立本单位计算机病毒防治管理制度的；

（二）未采取计算机病毒安全技术防治措施的；

（三）未对本单位计算机信息系统使用人员进行计算机病毒防治教育和培训的；

（四）未及时检测、清除计算机信息系统中的计算机病毒，对计算机信息系统造成危害的；

（五）未使用具有计算机信息系统安全专用产品销售许可证的计算机病毒防治产品，对计算机信息系统造成危害的。

第二十条　违反本办法第十四条规定，没有违法所得的，由公安机关对单位处以一万元以下罚款，对个人处以五千元以下罚款；有违法所得的，处以违法所得三倍以下罚款，但是最高不得超过三万元。

第二十一条　本办法所称计算机病毒疫情，是指某种计算机病毒爆发、流行的时间、范围、破坏特点、破坏后果等情况的报告或者预报。

本办法所称媒体，是指计算机软盘、硬盘、磁带、光盘等。

第二十二条　本办法自发布之日起施行。

4.《联网单位安全员管理办法》

发布单位：中华人民共和国公安部第十一局

发布文号：公信安[2000]260号

发布日期：2000-09-29

生效日期：2000-09-29

第一条　为了进一步做好信息网络安全保护工作，加强联网单位安全员制度和安全责任制的落实，规范安全员的管理，充分发挥安全员在维护网络安全和信息安全中的作用，依据国家有关法律法规，结合工作实际，特制定本管理办法。

第二条　安全员是公安机关公共信息网络安全监察部门以公开管理的形式，依据国家有关法律法规，要求联网单位指定的负责本单位网络安全管理工作的专职或兼职人员。安全员隶属本单位领导，在公安机关的指导下开展工作。

第三条　安全员的职责是：

（一）依据国家有关法规政策，从事本单位的信息网络安全保护工作，确保网络安全运行。

（二）在公安机关公共信息网络安全监察部门的监督、指导下进行信息网络安全检查和安全宣传工作。

（三）向公安机关及时报告发生在本单位网上的有关信息、安全事故和违法犯罪案件，并协助公安机关做好现场保护和技术取证工作。

（四）有关危害信息网络安全的计算机病毒、黑客等方面的情报信息及时向公安机关报告。

（五）与信息网络安全保护有关的其他工作。

第四条　安全员应具备以下条件：

（一）遵守国家法律法规，无违法犯罪纪录；

（二）具有一定的计算机网络专业技术知识；

（三）经过计算机安全员培训，并考试合格。基本掌握国家信息网络安全方面的法律法规和有关政策。

第五条　以下单位应建立安全员制度：

（一）国际互联网接入单位、信息服务单位和专线用户单位；

（二）涉及国家事务、经济建设、国防建设、尖端科学技术等重要领域计算机信息系统的单位；

（三）提供网络信息服务的场所；

（四）其他重要联网单位。

县以上国家重要领域计算机信息系统使用单位，应成立计算机信息系统安全保护领导小组,由主管领导人任组长,并确定专职部门负责日常的信息网络安全保护工作。

第六条　安全员必须由所在单位以书面形式向当地公安机关公共信息网络安全监察部门申请、备案。

第七条　公安机关要按照有关规定对安全员进行培训,经培训考试合格的才能确定为安全员,并发给《信息网络安全员证》,安全员实行持证上岗。

第八条　公安机关公共信息网络安全监察部门对各联网单位上报的安全员必须建立健全档案管理。对安全员的工作要定期考核,考核情况要记入档案。

第九条　安全员每半年要向当地公安机关提供一份本单位信息网络安全状况的综合报告。

第十条　公安机关要指定专人负责与安全员联络,并指导他们的工作。对安全员要加强业务训练和法律法规的教育。

第十一条　安全员在工作中有下列情形之一者,应当给予表扬或奖励:

(一)工作积极主动、能够积极向公安机关反映情况,出色完成本单位的安全保护工作,对保障国家重要计算机信息系统安全做出重大贡献的;

(二)所提供重要情报信息,对维护国家安全和社会政治稳定发挥重要作用的;

(三)积极协助公安机关的调查工作,在侦破案件中发挥重要作用的;

(四)提供其他重要情报信息的。

第十二条　对安全员考核中发现具有下列情形之一者,应视情节轻重,分别给予批评教育或取消其安全员资格;触犯刑律的依法追究刑事责任:

(一)不履行安全员的职责,本单位信息网络安全管理混乱,经常发生安全事故;

(二)故意夸大、隐瞒或谎报情况,造成一定危害的;

(三)利用安全员工作之便招摇撞骗的;

(四)捏造事实,陷害他人的;

(五)有违法犯罪行为或包庇违法犯罪分子的;

(六)长期不起作用或不愿为公安机关反映情况。

第十三条　本办法自发布之日起开始施行。

5.《互联网安全保护技术措施规定》

发布单位:中华人民共和国公安部

发布文号:中华人民共和国公安部令第82号

发布日期:2005-12-13

生效日期:2006-03-01

(2005年11月23日公安部部长办公会议通过)

第一条　为加强和规范互联网安全技术防范工作,保障互联网网络安全和信息安全,促进互联网健康、有序发展,维护国家安全、社会秩序和公共利益,根据《计算机信息网络国际联网安全保护管理办法》,制定本规定。

第二条　本规定所称互联网安全保护技术措施,是指保障互联网网络安全和信息安全、防范违法犯罪的技术设施和技术方法。

第三条　互联网服务提供者、联网使用单位负责落实互联网安全保护技术措施,并保障互联网安全保护技术措施功能的正常发挥。

第四条　互联网服务提供者、联网使用单位应当建立相应的管理制度。未经用户同意不得公开、泄露用户注册信息,但法律、法规另有规定的除外。

互联网服务提供者、联网使用单位应当依法使用互联网安全保护技术措施,不得利用互联网安全保护技术措施侵犯用户的通信自由和通信秘密。

第五条　公安机关公共信息网络安全监察部门负责对互联网安全保护技术措施的落实情况依法实施监督管理。

第六条　互联网安全保护技术措施应当符合国家标准。没有国家标准的,应当符合公共安全行业技术标准。

第七条　互联网服务提供者和联网使用单位应当落实以下互联网安全保护技术措施:

(一)防范计算机病毒、网络入侵和攻击破坏等危害网络安全事项或者行为的技术措施;

(二)重要数据库和系统主要设备的冗灾备份措施;

(三)记录并留存用户登录和退出时间、主叫号码、账号、互联网地址或域名、系统维护日志的技术措施;

(四)法律、法规和规章规定应当落实的其他安全保护技术措施。

第八条　提供互联网接入服务的单位除落实本规定第七条规定的互联网安全保护技术措施外,还应当落实具有以下功能的安全保护技术措施:

(一)记录并留存用户注册信息;

(二)使用内部网络地址与互联网网络地址转换方式为用户提供接入服务的,能够记录并留存用户使用的互联网网络地址和内部网络地址对应关系;

(三)记录、跟踪网络运行状态,监测、记录网络安全事件等安全审计功能。

第九条　提供互联网信息服务的单位除落实本规定第七条规定的互联网安全保护技术措施外,还应当落实具有以下功能的安全保护技术措施:

(一)在公共信息服务中发现、停止传输违法信息,并保留相关记录;

(二)提供新闻、出版以及电子公告等服务的,能够记录并留存发布的信息内容及发布时间;

(三)开办门户网站、新闻网站、电子商务网站的,能够防范网站、网页被篡改,被篡改后能够自动恢复;

(四)开办电子公告服务的,具有用户注册信息和发布信息审计功能;

(五)开办电子邮件和网上短信息服务的,能够防范、清除以群发方式发送伪造、隐匿信息发送者真实标记的电子邮件或者短信息。

第十条　提供互联网数据中心服务的单位和联网使用单位除落实本规定第七条规定的互联网安全保护技术措施外，还应当落实具有以下功能的安全保护技术措施：

（一）记录并留存用户注册信息；

（二）在公共信息服务中发现、停止传输违法信息，并保留相关记录；

（三）联网使用单位使用内部网络地址与互联网网络地址转换方式向用户提供接入服务的，能够记录并留存用户使用的互联网网络地址和内部网络地址对应关系。

第十一条　提供互联网上网服务的单位，除落实本规定第七条规定的互联网安全保护技术措施外，还应当安装并运行互联网公共上网服务场所安全管理系统。

第十二条　互联网服务提供者依照本规定采取的互联网安全保护技术措施应当具有符合公共安全行业技术标准的联网接口。

第十三条　互联网服务提供者和联网使用单位依照本规定落实的记录留存技术措施，应当具有至少保存六十天记录备份的功能。

第十四条　互联网服务提供者和联网使用单位不得实施下列破坏互联网安全保护技术措施的行为：

（一）擅自停止或者部分停止安全保护技术设施、技术手段运行；

（二）故意破坏安全保护技术设施；

（三）擅自删除、篡改安全保护技术设施、技术手段运行程序和记录；

（四）擅自改变安全保护技术措施的用途和范围；

（五）其他故意破坏安全保护技术措施或者妨碍其功能正常发挥的行为。

第十五条　违反本规定第七条至第十四条规定的，由公安机关依照《计算机信息网络国际联网安全保护管理办法》第二十一条的规定予以处罚。

第十六条　公安机关应当依法对辖区内互联网服务提供者和联网使用单位安全保护技术措施的落实情况进行指导、监督和检查。

公安机关在依法监督检查时，互联网服务提供者、联网使用单位应当派人参加。公安机关对监督检查发现的问题，应当提出改进意见，通知互联网服务提供者、联网使用单位及时整改。

公安机关在监督检查时，监督检查人员不得少于二人，并应当出示执法身份证件。

第十七条　公安机关及其工作人员违反本规定，有滥用职权，徇私舞弊行为的，对直接负责的主管人员和其他直接责任人员依法给予行政处分；构成犯罪的，依法追究刑事责任。

第十八条　本规定所称互联网服务提供者，是指向用户提供互联网接入服务、互联网数据中心服务、互联网信息服务和互联网上网服务的单位。

本规定所称联网使用单位，是指为本单位应用需要连接并使用互联网的单位。

本规定所称提供互联网数据中心服务的单位，是指提供主机托管、租赁和虚拟空间租用等服务的单位。

第十九条　本规定自2006年3月1日起施行。

6.《信息安全等级保护管理办法》

发布单位：中华人民共和国公安部、国家保密局、国家密码管理局、国家信息化办公室
发布文号：公通字[2007]43号
发布日期：2007-06-22
生效日期：2007-06-22

第一章 总 则

第一条 为规范信息安全等级保护管理，提高信息安全保障能力和水平，维护国家安全、社会稳定和公共利益，保障和促进信息化建设，根据《中华人民共和国计算机信息系统安全保护条例》等有关法律法规，制定本办法。

第二条 国家通过制定统一的信息安全等级保护管理规范和技术标准，组织公民、法人和其他组织对信息系统分等级实行安全保护，对等级保护工作的实施进行监督、管理。

第三条 公安机关负责信息安全等级保护工作的监督、检查、指导。国家保密工作部门负责等级保护工作中有关保密工作的监督、检查、指导。国家密码管理部门负责等级保护工作中有关密码工作的监督、检查、指导。涉及其他职能部门管辖范围内的事项，由有关职能部门依照国家法律法规的规定进行管理。国务院信息化工作办公室及地方信息化领导小组办事机构负责等级保护工作的部门间协调。

第四条 信息系统主管部门应当依照本办法及相关标准规范，督促、检查、指导本行业、本部门或者本地区信息系统运营、使用单位的信息安全等级保护工作。

第五条 信息系统的运营、使用单位应当依照本办法及其相关标准规范，履行信息安全等级保护的义务和责任。

第二章 等级划分与保护

第六条 国家信息安全等级保护坚持自主定级、自主保护的原则。信息系统的安全保护等级应当根据信息系统在国家安全、经济建设、社会生活中的重要程度，信息系统遭到破坏后对国家安全、社会秩序、公共利益以及公民、法人和其他组织的合法权益的危害程度等因素确定。

第七条 信息系统的安全保护等级分为以下五级：

第一级，信息系统受到破坏后，会对公民、法人和其他组织的合法权益造成损害，但不损害国家安全、社会秩序和公共利益。

第二级，信息系统受到破坏后，会对公民、法人和其他组织的合法权益产生严重损害，或者对社会秩序和公共利益造成损害，但不损害国家安全。

第三级，信息系统受到破坏后，会对社会秩序和公共利益造成严重损害，或者对国家安全造成损害。

第四级，信息系统受到破坏后，会对社会秩序和公共利益造成特别严重损害，或者对国家安全造成严重损害。

第五级,信息系统受到破坏后,会对国家安全造成特别严重损害。

第八条　信息系统运营、使用单位依据本办法和相关技术标准对信息系统进行保护,国家有关信息安全监管部门对其信息安全等级保护工作进行监督管理。

第一级信息系统运营、使用单位应当依据国家有关管理规范和技术标准进行保护。

第二级信息系统运营、使用单位应当依据国家有关管理规范和技术标准进行保护。国家信息安全监管部门对该级信息系统信息安全等级保护工作进行指导。

第三级信息系统运营、使用单位应当依据国家有关管理规范和技术标准进行保护。国家信息安全监管部门对该级信息系统信息安全等级保护工作进行监督、检查。

第四级信息系统运营、使用单位应当依据国家有关管理规范、技术标准和业务专门需求进行保护。国家信息安全监管部门对该级信息系统信息安全等级保护工作进行强制监督、检查。

第五级信息系统运营、使用单位应当依据国家管理规范、技术标准和业务特殊安全需求进行保护。国家指定专门部门对该级信息系统信息安全等级保护工作进行专门监督、检查。

第三章　等级保护的实施与管理

第九条　信息系统运营、使用单位应当按照《信息系统安全等级保护实施指南》具体实施等级保护工作。

第十条　信息系统运营、使用单位应当依据本办法和《信息系统安全等级保护定级指南》确定信息系统的安全保护等级。有主管部门的,应当经主管部门审核批准。

跨省或者全国统一联网运行的信息系统可以由主管部门统一确定安全保护等级。

对拟确定为第四级以上信息系统的,运营、使用单位或者主管部门应当请国家信息安全保护等级专家评审委员会评审。

第十一条　信息系统的安全保护等级确定后,运营、使用单位应当按照国家信息安全等级保护管理规范和技术标准,使用符合国家有关规定,满足信息系统安全保护等级需求的信息技术产品,开展信息系统安全建设或者改建工作。

第十二条　在信息系统建设过程中,运营、使用单位应当按照《计算机信息系统安全保护等级划分准则》(GB17859—1999)、《信息系统安全等级保护基本要求》等技术标准,参照《信息安全技术　信息系统通用安全技术要求》(GB/T20271—2006)、《信息安全技术　网络基础安全技术要求》(GB/T20270—2006)、《信息安全技术　操作系统安全技术要求》(GB/T20272—2006)、《信息安全技术　数据库管理系统安全技术要求》(GB/T20273—2006)、《信息安全技术　服务器技术要求》、《信息安全技术　终端计算机系统安全等级技术要求》(GA/T671—2006)等技术标准同步建设符合该等级要求的信息安全设施。

第十三条　运营、使用单位应当参照《信息安全技术　信息系统安全管理要求》(GB/T20269—2006)、《信息安全技术　信息系统安全工程管理要求》(GB/T20282—2006)、《信息系统安全等级保护基本要求》等管理规范,制定并落实符合本系统安全保护等级要求的安全管理制度。

第十四条 信息系统建设完成后,运营、使用单位或者其主管部门应当选择符合本办法规定条件的测评机构,依据《信息系统安全等级保护测评要求》等技术标准,定期对信息系统安全等级状况开展等级测评。第三级信息系统应当每年至少进行一次等级测评,第四级信息系统应当每半年至少进行一次等级测评,第五级信息系统应当依据特殊安全需求进行等级测评。

信息系统运营、使用单位及其主管部门应当定期对信息系统安全状况、安全保护制度及措施的落实情况进行自查。第三级信息系统应当每年至少进行一次自查,第四级信息系统应当每半年至少进行一次自查,第五级信息系统应当依据特殊安全需求进行自查。

经测评或者自查,信息系统安全状况未达到安全保护等级要求的,运营、使用单位应当制定方案进行整改。

第十五条 已运营(运行)的第二级以上信息系统,应当在安全保护等级确定后30日内,由其运营、使用单位到所在地设区的市级以上公安机关办理备案手续。

新建第二级以上信息系统,应当在投入运行后30日内,由其运营、使用单位到所在地设区的市级以上公安机关办理备案手续。

隶属于中央的在京单位,其跨省或者全国统一联网运行并由主管部门统一定级的信息系统,由主管部门向公安部办理备案手续。跨省或者全国统一联网运行的信息系统在各地运行、应用的分支系统,应当向当地设区的市级以上公安机关备案。

第十六条 办理信息系统安全保护等级备案手续时,应当填写《信息系统安全等级保护备案表》,第三级以上信息系统应当同时提供以下材料:

(一)系统拓扑结构及说明;
(二)系统安全组织机构和管理制度;
(三)系统安全保护设施设计实施方案或者改建实施方案;
(四)系统使用的信息安全产品清单及其认证、销售许可证明;
(五)测评后符合系统安全保护等级的技术检测评估报告;
(六)信息系统安全保护等级专家评审意见;
(七)主管部门审核批准信息系统安全保护等级的意见。

第十七条 信息系统备案后,公安机关应当对信息系统的备案情况进行审核,对符合等级保护要求的,应当在收到备案材料之日起的10个工作日内颁发信息系统安全等级保护备案证明;发现不符合本办法及有关标准的,应当在收到备案材料之日起的10个工作日内通知备案单位予以纠正;发现定级不准的,应当在收到备案材料之日起的10个工作日内通知备案单位重新审核确定。

运营、使用单位或者主管部门重新确定信息系统等级后,应当按照本办法向公安机关重新备案。

第十八条 受理备案的公安机关应当对第三级、第四级信息系统的运营、使用单位的信息安全等级保护工作情况进行检查。对第三级信息系统每年至少检查一次,对第四级信息系统每半年至少检查一次。对跨省或者全国统一联网运行的信息系统的检查，应当会同其主管部门进行。

对第五级信息系统，应当由国家指定的专门部门进行检查。

公安机关、国家指定的专门部门应当对下列事项进行检查：

（一）信息系统安全需求是否发生变化，原定保护等级是否准确；

（二）运营、使用单位安全管理制度、措施的落实情况；

（三）运营、使用单位及其主管部门对信息系统安全状况的检查情况；

（四）系统安全等级测评是否符合要求；

（五）信息安全产品使用是否符合要求；

（六）信息系统安全整改情况；

（七）备案材料与运营、使用单位、信息系统的符合情况；

（八）其他应当进行监督检查的事项。

第十九条　信息系统运营、使用单位应当接受公安机关、国家指定的专门部门的安全监督、检查、指导，如实向公安机关、国家指定的专门部门提供下列有关信息安全保护的信息资料及数据文件：

（一）信息系统备案事项变更情况；

（二）安全组织、人员的变动情况；

（三）信息安全管理制度、措施变更情况；

（四）信息系统运行状况记录；

（五）运营、使用单位及主管部门定期对信息系统安全状况的检查记录；

（六）对信息系统开展等级测评的技术测评报告；

（七）信息安全产品使用的变更情况；

（八）信息安全事件应急预案，信息安全事件应急处置结果报告；

（九）信息系统安全建设、整改结果报告。

第二十条　公安机关检查发现信息系统安全保护状况不符合信息安全等级保护有关管理规范和技术标准的，应当向运营、使用单位发出整改通知。运营、使用单位应当根据整改通知要求，按照管理规范和技术标准进行整改。整改完成后，应当将整改报告向公安机关备案。必要时，公安机关可以对整改情况组织检查。

第二十一条　第三级以上信息系统应当选择使用符合以下条件的信息安全产品：

（一）产品研制、生产单位是由中国公民、法人投资或者国家投资或者控股的，在中华人民共和国境内具有独立的法人资格；

（二）产品的核心技术、关键部件具有我国自主知识产权；

（三）产品研制、生产单位及其主要业务、技术人员无犯罪记录；

（四）产品研制、生产单位声明没有故意留有或者设置漏洞、后门、木马等程序和功能；

（五）对国家安全、社会秩序、公共利益不构成危害；

（六）对已列入信息安全产品认证目录的，应当取得国家信息安全产品认证机构颁发的认证证书。

第二十二条　第三级以上信息系统应当选择符合下列条件的等级保护测评机构进行测评：

（一）在中华人民共和国境内注册成立（港澳台地区除外）；

（二）由中国公民投资、中国法人投资或者国家投资的企事业单位（港澳台地区除外）；

（三）从事相关检测评估工作两年以上，无违法记录；

（四）工作人员仅限于中国公民；

（五）法人及主要业务、技术人员无犯罪记录；

（六）使用的技术装备、设施应当符合本办法对信息安全产品的要求；

（七）具有完备的保密管理、项目管理、质量管理、人员管理和培训教育等安全管理制度；

（八）对国家安全、社会秩序、公共利益不构成威胁。

第二十三条　从事信息系统安全等级测评的机构，应当履行下列义务：

（一）遵守国家有关法律法规和技术标准，提供安全、客观、公正的检测评估服务，保证测评的质量和效果；

（二）保守在测评活动中知悉的国家秘密、商业秘密和个人隐私，防范测评风险；

（三）对测评人员进行安全保密教育，与其签订安全保密责任书，规定应当履行的安全保密义务和承担的法律责任，并负责检查落实。

第四章　涉及国家秘密信息系统的分级保护管理

第二十四条　涉密信息系统应当依据国家信息安全等级保护的基本要求，按照国家保密工作部门有关涉密信息系统分级保护的管理规定和技术标准，结合系统实际情况进行保护。

非涉密信息系统不得处理国家秘密信息。

第二十五条　涉密信息系统按照所处理信息的最高密级，由低到高分为秘密、机密、绝密三个等级。

涉密信息系统建设使用单位应当在信息规范定密的基础上，依据涉密信息系统分级保护管理办法和国家保密标准BMB17—2006《涉及国家秘密的计算机信息系统分级保护技术要求》确定系统等级。对于包含多个安全域的涉密信息系统，各安全域可以分别确定保护等级。

保密工作部门和机构应当监督指导涉密信息系统建设使用单位准确、合理地进行系统定级。

第二十六条　涉密信息系统建设使用单位应当将涉密信息系统定级和建设使用情况，及时上报业务主管部门的保密工作机构和负责系统审批的保密工作部门备案，并接受保密部门的监督、检查、指导。

第二十七条　涉密信息系统建设使用单位应当选择具有涉密集成资质的单位承担或者参与涉密信息系统的设计与实施。

涉密信息系统建设使用单位应当依据涉密信息系统分级保护管理规范和技术标准，按照秘密、机密、绝密三级的不同要求，结合系统实际进行方案设计，实施分级保护，其保护水平总体上不低于国家信息安全等级保护第三级、第四级、第五级的水平。

第二十八条　涉密信息系统使用的信息安全保密产品原则上应当选用国产品，并应当通过国家保密局授权的检测机构依据有关国家保密标准进行的检测，通过检测的产品由国家保密局审核发布目录。

第二十九条　涉密信息系统建设使用单位在系统工程实施结束后，应当向保密工作部门提出申请，由国家保密局授权的系统测评机构依据国家保密标准BMB22—2007《涉及国家秘密的计算机信息系统分级保护测评指南》，对涉密信息系统进行安全保密测评。

涉密信息系统建设使用单位在系统投入使用前，应当按照《涉及国家秘密的信息系统审批管理规定》，向设区的市级以上保密工作部门申请进行系统审批，涉密信息系统通过审批后方可投入使用。已投入使用的涉密信息系统，其建设使用单位在按照分级保护要求完成系统整改后，应当向保密工作部门备案。

第三十条　涉密信息系统建设使用单位在申请系统审批或者备案时，应当提交以下材料：

（一）系统设计、实施方案及审查论证意见；

（二）系统承建单位资质证明材料；

（三）系统建设和工程监理情况报告；

（四）系统安全保密检测评估报告；

（五）系统安全保密组织机构和管理制度情况；

（六）其他有关材料。

第三十一条　涉密信息系统发生涉密等级、连接范围、环境设施、主要应用、安全保密管理责任单位变更时，其建设使用单位应当及时向负责审批的保密工作部门报告。保密工作部门应当根据实际情况，决定是否对其重新进行测评和审批。

第三十二条　涉密信息系统建设使用单位应当依据国家保密标准BMB20—2007《涉及国家秘密的信息系统分级保护管理规范》，加强涉密信息系统运行中的保密管理，定期进行风险评估，消除泄密隐患和漏洞。

第三十三条　国家和地方各级保密工作部门依法对各地区、各部门涉密信息系统分级保护工作实施监督管理，并做好以下工作：

（一）指导、监督和检查分级保护工作的开展；

（二）指导涉密信息系统建设使用单位规范信息定密，合理确定系统保护等级；

（三）参与涉密信息系统分级保护方案论证，指导建设使用单位做好保密设施的同步规划设计；

（四）依法对涉密信息系统集成资质单位进行监督管理；

（五）严格进行系统测评和审批工作，监督检查涉密信息系统建设使用单位分级保护管理制度和技术措施的落实情况；

（六）加强涉密信息系统运行中的保密监督检查。对秘密级、机密级信息系统每两年至少进行一次保密检查或者系统测评，对绝密级信息系统每年至少进行一次保密检查或者系统测评；

（七）了解掌握各级各类涉密信息系统的管理使用情况，及时发现和查处各种违规违法行为和泄密事件。

第五章 信息安全等级保护的密码管理

第三十四条 国家密码管理部门对信息安全等级保护的密码实行分类分级管理。根据被保护对象在国家安全、社会稳定、经济建设中的作用和重要程度，被保护对象的安全防护要求和涉密程度，被保护对象被破坏后的危害程度以及密码使用部门的性质等，确定密码的等级保护准则。

信息系统运营、使用单位采用密码进行等级保护的，应当遵照《信息安全等级保护密码管理办法》、《信息安全等级保护商用密码技术要求》等密码管理规定和相关标准。

第三十五条 信息系统安全等级保护中密码的配备、使用和管理等，应当严格执行国家密码管理的有关规定。

第三十六条 信息系统运营、使用单位应当充分运用密码技术对信息系统进行保护。采用密码对涉及国家秘密的信息和信息系统进行保护的，应报经国家密码管理局审批，密码的设计、实施、使用、运行维护和日常管理等，应当按照国家密码管理有关规定和相关标准执行；采用密码对不涉及国家秘密的信息和信息系统进行保护的，须遵守《商用密码管理条例》和密码分类分级保护有关规定与相关标准，其密码的配备使用情况应当向国家密码管理机构备案。

第三十七条 运用密码技术对信息系统进行系统等级保护建设和整改的，必须采用经国家密码管理部门批准使用或者准于销售的密码产品进行安全保护，不得采用国外引进或者擅自研制的密码产品；未经批准不得采用含有加密功能的进口信息技术产品。

第三十八条 信息系统中的密码及密码设备的测评工作由国家密码管理局认可的测评机构承担，其他任何部门、单位和个人不得对密码进行评测和监控。

第三十九条 各级密码管理部门可以定期或者不定期对信息系统等级保护工作中密码配备、使用和管理的情况进行检查和测评，对重要涉密信息系统的密码配备、使用和管理情况每两年至少进行一次检查和测评。在监督检查过程中，发现存在安全隐患或者违反密码管理相关规定或者未达到密码相关标准要求的，应当按照国家密码管理的相关规定进行处置。

第六章 法律责任

第四十条 第三级以上信息系统运营、使用单位违反本办法规定，有下列行为之一的，由公安机关、国家保密工作部门和国家密码工作管理部门按照职责分工责令其限期改正；逾期不改正的，给予警告，并向其上级主管部门通报情况，建议对其直接负责的主管人员和其他直接责任人员予以处理，并及时反馈处理结果：

（一）未按本办法规定备案、审批的；

（二）未按本办法规定落实安全管理制度、措施的；

（三）未按本办法规定开展系统安全状况检查的；

（四）未按本办法规定开展系统安全技术测评的；

（五）接到整改通知后，拒不整改的；

（六）未按本办法规定选择使用信息安全产品和测评机构的；

（七）未按本办法规定如实提供有关文件和证明材料的；

（八）违反保密管理规定的；

（九）违反密码管理规定的；

（十）违反本办法其他规定的。

违反前款规定，造成严重损害的，由相关部门依照有关法律、法规予以处理。

第四十一条　信息安全监管部门及其工作人员在履行监督管理职责中，玩忽职守、滥用职权、徇私舞弊的，依法给予行政处分；构成犯罪的，依法追究刑事责任。

第七章　附　　则

第四十二条　已运行信息系统的运营、使用单位自本办法施行之日起 180 日内确定信息系统的安全保护等级；新建信息系统在设计、规划阶段确定安全保护等级。

第四十三条　本办法所称"以上"包含本数（级）。

第四十四条　本办法自发布之日起施行，《信息安全等级保护管理办法（试行）》（公通字[2006]7 号）同时废止。

4.2.5　商务部制定的规章和规范

《商业特许经营备案管理办法》

发布单位：中华人民共和国商务部

发布文号：中华人民共和国商务部令 2011 年第 5 号

发布日期：2011-12-12

生效日期：2012-02-01

（2011 年 11 月 7 日商务部第五十六次部务会议审议通过）

第一条　为加强对商业特许经营活动的管理，规范特许经营市场秩序，根据《商业特许经营管理条例》（以下简称《条例》）的有关规定，制定本办法。

第二条　在中华人民共和国境内（以下简称中国境内）从事商业特许经营活动，适用本办法。

第三条　商务部及省、自治区、直辖市人民政府商务主管部门是商业特许经营的备案机关。在省、自治区、直辖市范围内从事商业特许经营活动的,向特许人所在地省、自治区、直辖市人民政府商务主管部门备案;跨省、自治区、直辖市范围从事特许经营活动的,向商务部备案。

商业特许经营实行全国联网备案。符合《条例》规定的特许人,依据本办法规定通过商务部设立的商业特许经营信息管理系统进行备案。

第四条 商务部可以根据有关规定,将跨省、自治区、直辖市范围从事商业特许经营的备案工作委托有关省、自治区、直辖市人民政府商务主管部门完成。受委托的省、自治区、直辖市人民政府商务主管部门应当自行完成备案工作,不得再委托其他任何组织和个人备案。

受委托的省、自治区、直辖市人民政府商务主管部门未依法行使备案职责的,商务部可以直接受理特许人的备案申请。

第五条 任何单位或者个人对违反本办法规定的行为,有权向商务主管部门举报,商务主管部门应当依法处理。

第六条 申请备案的特许人应当向备案机关提交以下材料:

(一)商业特许经营基本情况。

(二)中国境内全部被特许人的店铺分布情况。

(三)特许人的市场计划书。

(四)企业法人营业执照或其他主体资格证明。

(五)与特许经营活动相关的商标权、专利权及其他经营资源的注册证书。

(六)符合《条例》第七条第二款规定的证明文件。

在 2007 年 5 月 1 日前已经从事特许经营活动的特许人在提交申请商业特许经营备案材料时不适用于上款的规定。

(七)与中国境内的被特许人订立的第一份特许经营合同。

(八)特许经营合同样本。

(九)特许经营操作手册的目录(须注明每一章节的页数和手册的总页数,对于在特许系统内部网络上提供此类手册的,须提供估计的打印页数)。

(十)国家法律法规规定经批准方可开展特许经营的产品和服务,须提交相关主管部门的批准文件。

外商投资企业应当提交《外商投资企业批准证书》,《外商投资企业批准证书》经营范围中应当包括"以特许经营方式从事商业活动"项目。

(十一)经法定代表人签字盖章的特许人承诺。

(十二)备案机关认为应当提交的其他资料。

以上文件在中华人民共和国境外形成的,需经所在国公证机关公证(附中文译本),并经中华人民共和国驻所在国使领馆认证,或者履行中华人民共和国与所在国订立的有关条约中规定的证明手续。在香港、澳门、台湾地区形成的,应当履行相关的证明手续。

第七条 特许人应当在与中国境内的被特许人首次订立特许经营合同之日起 15 日内

向备案机关申请备案。

第八条　特许人的以下备案信息有变化的,应当自变化之日起 30 日内向备案机关申请变更:

(一) 特许人的工商登记信息。

(二) 经营资源信息。

(三) 中国境内全部被特许人的店铺分布情况。

第九条　特许人应当在每年 3 月 31 日前将其上一年度订立、撤销、终止、续签的特许经营合同情况向备案机关报告。

第十条　特许人应认真填写所有备案事项的信息,并确保所填写内容真实、准确和完整。

第十一条　备案机关应当自收到特许人提交的符合本办法第六条规定的文件、资料之日起 10 日内予以备案,并在商业特许经营信息管理系统予以公告。

特许人提交的文件、资料不完备的,备案机关可以要求其在 7 日内补充提交文件、资料。备案机关在特许人材料补充齐全之日起 10 日内予以备案。

第十二条　已完成备案的特许人有下列行为之一的,备案机关可以撤销备案,并在商业特许经营信息管理系统予以公告:

(一) 特许人注销工商登记,或因特许人违法经营,被主管登记机关吊销营业执照的。

(二) 备案机关收到司法机关因为特许人违法经营而做出的关于撤销备案的司法建议书。

(三) 特许人隐瞒有关信息或者提供虚假信息,造成重大影响的。

(四) 特许人申请撤销备案并经备案机关同意的。

(五) 其他需要撤销备案的情形。

第十三条　各省、自治区、直辖市人民政府商务主管部门应当将备案及撤销备案的情况在 10 日内反馈商务部。

第十四条　备案机关应当完整准确地记录和保存特许人的备案信息材料,依法为特许人保守商业秘密。

特许人所在地的(省、自治区、直辖市或设区的市级)人民政府商务主管部门可以向通过备案的特许人出具备案证明。

第十五条　公众可通过商业特许经营信息管理系统查询以下信息:

(一) 特许人的企业名称及特许经营业务使用的注册商标、企业标志、专利、专有技术等经营资源。

(二) 特许人的备案时间。

(三) 特许人的法定经营场所地址与联系方式、法定代表人姓名。

(四) 中国境内被特许人全部的店铺分布情况。

第十六条　特许人未按照《条例》和本办法的规定办理备案的,由设区的市级以上商务主管部门责令限期备案,并处1万元以上5万元以下罚款;逾期仍不备案的,处5万元以上10万元以下罚款,并予以公告。

第十七条 特许人违反本办法第九条规定的,由设区的市级以上商务主管部门责令改正,可以处1万元以下的罚款;情节严重的,处1万元以上5万元以下的罚款,并予以公告。

第十八条 国外特许人在中国境内从事特许经营活动,按照本办法执行。香港、澳门特别行政区及台湾地区特许人参照本办法执行。

第十九条 相关协会组织应当依照本办法规定,加强行业自律,指导特许人依法备案。

第二十条 本办法由商务部负责解释。

第二十一条 本办法自2012年2月1日起施行。2007年5月1日施行的《商业特许经营备案管理办法》(商务部2007年第15号令)同时废止。

4.2.6 文化部制定的规章和规范

《互联网文化管理暂行规定》
发布单位:中华人民共和国文化部
发布文号:中华人民共和国文化部令第51号
发布日期:2011-02-11
生效日期:2011-04-01

第一条 为了加强对互联网文化的管理,保障互联网文化单位的合法权益,促进我国互联网文化健康、有序地发展,根据《全国人民代表大会常务委员会关于维护互联网安全的决定》和《互联网信息服务管理办法》以及国家法律法规有关规定,制定本规定。

第二条 本规定所称互联网文化产品是指通过互联网生产、传播和流通的文化产品,主要包括:

(一)专门为互联网而生产的网络音乐娱乐、网络游戏、网络演出剧(节)目、网络表演、网络艺术品、网络动漫等互联网文化产品;

(二)将音乐娱乐、游戏、演出剧(节)目、表演、艺术品、动漫等文化产品以一定的技术手段制作、复制到互联网上传播的互联网文化产品。

第三条 本规定所称互联网文化活动是指提供互联网文化产品及其服务的活动,主要包括:

(一)互联网文化产品的制作、复制、进口、发行、播放等活动;

(二)将文化产品登载在互联网上,或者通过互联网、移动通信网等信息网络发送到计算机、固定电话机、移动电话机、电视机、游戏机等用户端以及网吧等互联网上网服务营业场所,供用户浏览、欣赏、使用或者下载的在线传播行为;

(三)互联网文化产品的展览、比赛等活动。

互联网文化活动分为经营性和非经营性两类。经营性互联网文化活动是指以营利为目的,通过向上网用户收费或者以电子商务、广告、赞助等方式获取利益,提供互联网文化产品及其服务的活动。非经营性互联网文化活动是指不以营利为目的向上网用户提供互联网文化产品及其服务的活动。

第四条　本规定所称互联网文化单位，是指经文化行政部门和电信管理机构批准或者备案，从事互联网文化活动的互联网信息服务提供者。

在中华人民共和国境内从事互联网文化活动，适用本规定。

第五条　从事互联网文化活动应当遵守宪法和有关法律、法规，坚持为人民服务、为社会主义服务的方向，弘扬民族优秀文化，传播有益于提高公众文化素质、推动经济发展、促进社会进步的思想道德、科学技术和文化知识，丰富人民的精神生活。

第六条　文化部负责制定互联网文化发展与管理的方针、政策和规划，监督管理全国互联网文化活动。

省、自治区、直辖市人民政府文化行政部门对申请从事经营性互联网文化活动的单位进行审批，对从事非经营性互联网文化活动的单位进行备案。

县级以上人民政府文化行政部门负责本行政区域内互联网文化活动的监督管理工作。县级以上人民政府文化行政部门或者文化市场综合执法机构对从事互联网文化活动违反国家有关法规的行为实施处罚。

第七条　申请设立经营性互联网文化单位，应当符合《互联网信息服务管理办法》的有关规定，并具备以下条件：

（一）单位的名称、住所、组织机构和章程；

（二）确定的互联网文化活动范围；

（三）适应互联网文化活动需要并取得相应从业资格的8名以上业务管理人员和专业技术人员；

（四）适应互联网文化活动需要的设备、工作场所以及相应的经营管理技术措施；

（五）不低于100万元的注册资金，其中申请从事网络游戏经营活动的应当具备不低于1000万元的注册资金；

（六）符合法律、行政法规和国家有关规定的条件。

审批设立经营性互联网文化单位，除依照前款所列条件外，还应当符合互联网文化单位总量、结构和布局的规划。

第八条　申请设立经营性互联网文化单位，应当向所在地省、自治区、直辖市人民政府文化行政部门提出申请，由省、自治区、直辖市人民政府文化行政部门审核批准。

第九条　申请设立经营性互联网文化单位，应当提交下列文件：

（一）申请书；

（二）企业名称预先核准通知书或者营业执照和章程；

（三）资金来源、数额及其信用证明文件；

（四）法定代表人、主要负责人及主要经营管理人员、专业技术人员的资格证明和身份证明文件；

（五）工作场所使用权证明文件；

（六）业务发展报告；

（七）依法需要提交的其他文件。

对申请设立经营性互联网文化单位的，省、自治区、直辖市人民政府文化行政部门应当自受理申请之日起 20 日内做出批准或者不批准的决定。批准的，核发《网络文化经营许可证》，并向社会公告；不批准的，应当书面通知申请人并说明理由。

《网络文化经营许可证》有效期为 3 年。有效期届满，需继续从事经营的，应当于有效期届满 30 日前申请续办。

第十条　非经营性互联网文化单位，应当自设立之日起 60 日内向所在地省、自治区、直辖市人民政府文化行政部门备案，并提交下列文件：

（一）备案报告书；

（二）章程；

（三）资金来源、数额及其信用证明文件；

（四）法定代表人或者主要负责人、主要经营管理人员、专业技术人员的资格证明和身份证明文件；

（五）工作场所使用权证明文件；

（六）需要提交的其他文件。

第十一条　申请设立经营性互联网文化单位经批准后，应当持《网络文化经营许可证》，按照《互联网信息服务管理办法》的有关规定，到所在地电信管理机构或者国务院信息产业主管部门办理相关手续。

第十二条　互联网文化单位应当在其网站主页的显著位置标明文化行政部门颁发的《网络文化经营许可证》编号或者备案编号，标明国务院信息产业主管部门或者省、自治区、直辖市电信管理机构颁发的经营许可证编号或者备案编号。

第十三条　经营性互联网文化单位变更单位名称、网站名称、网站域名、法定代表人、注册地址、经营地址、注册资金、股权结构以及许可经营范围的，应当自变更之日起 20 日内到所在地省、自治区、直辖市人民政府文化行政部门办理变更手续。

非经营性互联网文化单位变更名称、地址、法定代表人或者主要负责人、业务范围的，应当自变更之日起 60 日内到所在地省、自治区、直辖市人民政府文化行政部门办理备案手续。

第十四条　经营性互联网文化单位终止互联网文化活动的，应当自终止之日起 30 日内到所在地省、自治区、直辖市人民政府文化行政部门办理注销手续。

经营性互联网文化单位自取得《网络文化经营许可证》并依法办理企业登记之日起满 180 日未开展互联网文化活动的，由原审核的省、自治区、直辖市人民政府文化行政部门注销《网络文化经营许可证》，同时通知相关省、自治区、直辖市电信管理机构。

非经营性互联网文化单位停止互联网文化活动的，由原备案的省、自治区、直辖市人民政府文化行政部门注销备案，同时通知相关省、自治区、直辖市电信管理机构。

第十五条　经营进口互联网文化产品的活动应当由取得文化行政部门核发的《网络文化经营许可证》的经营性互联网文化单位实施,进口互联网文化产品应当报文化部进行内容审查。

文化部应当自受理内容审查申请之日起20日内(不包括专家评审所需时间)做出批准或者不批准的决定。批准的,发给批准文件;不批准的,应当说明理由。

经批准的进口互联网文化产品应当在其显著位置标明文化部的批准文号,不得擅自变更产品名称或者增删产品内容。自批准之日起一年内未在国内经营的,进口单位应当报文化部备案并说明原因;决定终止进口的,文化部撤销其批准文号。

经营性互联网文化单位经营的国产互联网文化产品应当自正式经营起30日内报省级以上文化行政部门备案,并在其显著位置标明文化部备案编号,具体办法另行规定。

第十六条　互联网文化单位不得提供载有以下内容的文化产品:
(一)反对宪法确定的基本原则的;
(二)危害国家统一、主权和领土完整的;
(三)泄露国家秘密、危害国家安全或者损害国家荣誉和利益的;
(四)煽动民族仇恨、民族歧视,破坏民族团结,或者侵害民族风俗、习惯的;
(五)宣扬邪教、迷信的;
(六)散布谣言,扰乱社会秩序,破坏社会稳定的;
(七)宣扬淫秽、赌博、暴力或者教唆犯罪的;
(八)侮辱或者诽谤他人,侵害他人合法权益的;
(九)危害社会公德或者民族优秀文化传统的;
(十)有法律、行政法规和国家规定禁止的其他内容的。

第十七条　互联网文化单位提供的文化产品,使公民、法人或者其他组织的合法利益受到侵害的,互联网文化单位应当依法承担民事责任。

第十八条　互联网文化单位应当建立自审制度,明确专门部门,配备专业人员负责互联网文化产品内容和活动的自查与管理,保障互联网文化产品内容和活动的合法性。

第十九条　互联网文化单位发现所提供的互联网文化产品含有本规定第十六条所列内容之一的,应当立即停止提供,保存有关记录,向所在地省、自治区、直辖市人民政府文化行政部门报告并抄报文化部。

第二十条　互联网文化单位应当记录备份所提供的文化产品内容及其时间、互联网地址或者域名;记录备份应当保存60日,并在国家有关部门依法查询时予以提供。

第二十一条　未经批准,擅自从事经营性互联网文化活动的,由县级以上人民政府文化行政部门或者文化市场综合执法机构依据《无照经营查处取缔办法》的规定予以查处。

第二十二条　非经营性互联网文化单位违反本规定第十条,逾期未办理备案手续的,由县级以上人民政府文化行政部门或者文化市场综合执法机构责令限期改正;拒不改正的,责令停止互联网文化活动,并处1000元以下罚款。

第二十三条　经营性互联网文化单位违反本规定第十二条的，由县级以上人民政府文化行政部门或者文化市场综合执法机构责令限期改正，并可根据情节轻重处 10 000 元以下罚款。

非经营性互联网文化单位违反本规定第十二条的，由县级以上人民政府文化行政部门或者文化市场综合执法机构责令限期改正；拒不改正的，责令停止互联网文化活动，并处 500 元以下罚款。

第二十四条　经营性互联网文化单位违反本规定第十三条的，由县级以上人民政府文化行政部门或者文化市场综合执法机构责令改正，没收违法所得，并处 10 000 元以上 30 000 元以下罚款；情节严重的，责令停业整顿直至吊销《网络文化经营许可证》；构成犯罪的，依法追究刑事责任。

非经营性互联网文化单位违反本规定第十三条的，由县级以上人民政府文化行政部门或者文化市场综合执法机构责令限期改正；拒不改正的，责令停止互联网文化活动，并处 1000 元以下罚款。

第二十五条　经营性互联网文化单位违反本规定第十五条，经营进口互联网文化产品未在其显著位置标明文化部批准文号、经营国产互联网文化产品未在其显著位置标明文化部备案编号的，由县级以上人民政府文化行政部门或者文化市场综合执法机构责令改正，并可根据情节轻重处 10 000 元以下罚款。

第二十六条　经营性互联网文化单位违反本规定第十五条，擅自变更进口互联网文化产品的名称或者增删内容的，由县级以上人民政府文化行政部门或者文化市场综合执法机构责令停止提供，没收违法所得，并处 10 000 元以上 30 000 元以下罚款；情节严重的，责令停业整顿直至吊销《网络文化经营许可证》；构成犯罪的，依法追究刑事责任。

第二十七条　经营性互联网文化单位违反本规定第十五条，经营国产互联网文化产品逾期未报文化行政部门备案的，由县级以上人民政府文化行政部门或者文化市场综合执法机构责令改正，并可根据情节轻重处 20 000 元以下罚款。

第二十八条　经营性互联网文化单位提供含有本规定第十六条禁止内容的互联网文化产品，或者提供未经文化部批准进口的互联网文化产品的，由县级以上人民政府文化行政部门或者文化市场综合执法机构责令停止提供，没收违法所得，并处 10 000 元以上 30 000 元以下罚款；情节严重的，责令停业整顿直至吊销《网络文化经营许可证》；构成犯罪的，依法追究刑事责任。

非经营性互联网文化单位，提供含有本规定第十六条禁止内容的互联网文化产品，或者提供未经文化部批准进口的互联网文化产品的，由县级以上人民政府文化行政部门或者文化市场综合执法机构责令停止提供，处 1000 元以下罚款；构成犯罪的，依法追究刑事责任。

第二十九条　经营性互联网文化单位违反本规定第十八条的，由县级以上人民政府文化行政部门或者文化市场综合执法机构责令改正，并可根据情节轻重处 20 000 元以下罚款。

第三十条　经营性互联网文化单位违反本规定第十九条的，由县级以上人民政府文化行政部门或者文化市场综合执法机构予以警告，责令限期改正，并处10 000元以下罚款。

第三十一条　违反本规定第二十条的，由省、自治区、直辖市电信管理机构责令改正；情节严重的，由省、自治区、直辖市电信管理机构责令停业整顿或者责令暂时关闭网站。

第三十二条　本规定所称文化市场综合执法机构是指依照国家有关法律、法规和规章的规定，相对集中地行使文化领域行政处罚权以及相关监督检查权、行政强制权的行政执法机构。

第三十三条　文化行政部门或者文化市场综合执法机构查处违法经营活动，依照实施违法经营行为的企业注册地或者企业实际经营地进行管辖；企业注册地和实际经营地无法确定的，由从事违法经营活动网站的信息服务许可地或者备案地进行管辖；没有许可或者备案的，由该网站服务器所在地管辖；网站服务器设置在境外的，由违法行为发生地进行管辖。

第三十四条　本规定自2011年4月1日起施行。2003年5月10日发布、2004年7月1日修订的《互联网文化管理暂行规定》同时废止。

4.2.7　人民银行制定的规章和规范

1.《个人信用信息基础数据库管理暂行办法》

发布单位：中国人民银行

发布文号：中国人民银行令[2005]第3号

发布日期：2005-08-18

生效日期：2005-10-01

第一章　总　　则

第一条　为维护金融稳定，防范和降低商业银行的信用风险，促进个人信贷业务的发展，保障个人信用信息的安全和合法使用，根据《中华人民共和国中国人民银行法》等有关法律规定，制定本办法。

第二条　中国人民银行负责组织商业银行建立个人信用信息基础数据库（以下简称个人信用数据库），并负责设立征信服务中心，承担个人信用数据库的日常运行和管理。

第三条　个人信用数据库采集、整理、保存个人信用信息，为商业银行和个人提供信用报告查询服务，为货币政策制定、金融监管和法律、法规规定的其他用途提供有关信息服务。

第四条　本办法所称个人信用信息包括个人基本信息、个人信贷交易信息以及反映个人信用状况的其他信息。

前款所称个人基本信息是指自然人身份识别信息、职业和居住地址等信息；个人信贷交易信息是指商业银行提供的自然人在个人贷款、贷记卡、准贷记卡、担保等信用活动中形成的交易记录；反映个人信用状况的其他信息是指除信贷交易信息之外的反映个人信用状况的相关信息。

第五条　中国人民银行、商业银行及其工作人员应当为在工作中知悉的个人信用信息保密。

第二章　报送和整理

第六条　商业银行应当遵守中国人民银行发布的个人信用数据库标准及其有关要求，准确、完整、及时地向个人信用数据库报送个人信用信息。

第七条　商业银行不得向未经信贷征信主管部门批准建立或变相建立的个人信用信息基础数据库提供个人信用信息。

第八条　征信服务中心应当建立完善的规章制度和采取先进的技术手段确保个人信用信息安全。

第九条　征信服务中心根据生成信用报告的需要，对商业银行报送的个人信用信息进行客观整理、保存，不得擅自更改原始数据。

第十条　征信服务中心认为有关商业银行报送的信息可疑时，应当按有关规定的程序及时向该商业银行发出复核通知。

商业银行应当在收到复核通知之日起5个工作日内给予答复。

第十一条　商业银行发现其所报送的个人信用信息不准确时，应当及时报告征信服务中心，征信服务中心收到纠错报告应当立即进行更正。

第三章　查　询

第十二条　商业银行办理下列业务，可以向个人信用数据库查询个人信用报告：

（一）审核个人贷款申请的；

（二）审核个人贷记卡、准贷记卡申请的；

（三）审核个人作为担保人的；

（四）对已发放的个人信贷进行贷后风险管理的；

（五）受理法人或其他组织的贷款申请或其作为担保人，需要查询其法定代表人及出资人信用状况的。

第十三条　除本办法第十二条第（四）项规定之外，商业银行查询个人信用报告时应当取得被查询人的书面授权。书面授权可以通过在贷款、贷记卡、准贷记卡以及担保申请书中增加相应条款取得。

第十四条　商业银行应当制定贷后风险管理查询个人信用报告的内部授权制度和查询管理程序。

第十五条　征信服务中心可以根据个人申请有偿提供其本人信用报告。

征信服务中心应当制定相应的处理程序，核实申请人身份。

第四章　异议处理

第十六条　个人认为本人信用报告中的信用信息存在错误(以下简称异议信息)时，可以通过所在地中国人民银行征信管理部门或直接向征信服务中心提出书面异议申请。

中国人民银行征信管理部门应当在收到异议申请的2个工作日内将异议申请转交征信服务中心。

第十七条　征信服务中心应当在接到异议申请的2个工作日内进行内部核查。

征信服务中心发现异议信息是由于个人信用数据库信息处理过程造成的,应当立即进行更正,并检查个人信用数据库处理程序和操作规程存在的问题。

第十八条　征信服务中心内部核查未发现个人信用数据库处理过程存在问题的,应当立即书面通知提供相关信息的商业银行进行核查。

第十九条　商业银行应当在接到核查通知的10个工作日内向征信服务中心做出核查情况的书面答复。异议信息确实有误的,商业银行应当采取以下措施:

(一)应当向征信服务中心报送更正信息;

(二)检查个人信用信息报送的程序;

(三)对后续报送的其他个人信用信息进行检查,发现错误的,应当重新报送。

第二十条　征信服务中心收到商业银行重新报送的更正信息后,应当在2个工作日内对异议信息进行更正。

异议信息确实有误,但因技术原因暂时无法更正的,征信服务中心应当对该异议信息作特殊标注,以有别于其他异议信息。

第二十一条　经过核查,无法确认异议信息存在错误的,征信服务中心不得按照异议申请人要求更改相关个人信用信息。

第二十二条　征信服务中心应当在接受异议申请后15个工作日内,向异议申请人或转交异议申请的中国人民银行征信管理部门提供书面答复;异议信息得到更正的,征信服务中心同时提供更正后的信用报告。

异议信息确实有误,但因技术原因暂时无法更正异议信息的,征信服务中心应当在书面答复中予以说明,待异议信息更正后,提供更正后的信用报告。

第二十三条　转交异议申请的中国人民银行征信管理部门应当自接到征信服务中心书面答复和更正后的信用报告之日起2个工作日内,向异议申请人转交。

第二十四条　对于无法核实的异议信息,征信服务中心应当允许异议申请人对有关异议信息附注100字以内的个人声明。个人声明不得包含与异议信息无关的内容,异议申请人应当对个人声明的真实性负责。

征信服务中心应当妥善保存个人声明原始档案,并将个人声明载入异议人信用报告。

第二十五条　征信服务中心应当对处于异议处理期的信息予以标注。

第五章　安全管理

第二十六条　商业银行应当根据中国人民银行的有关规定,制定相关信用信息报送、查询、使用、异议处理、安全管理等方面的内部管理制度和操作规程,并报中国人民银行备案。

第二十七条　商业银行应当建立用户管理制度,明确管理员用户、数据上报用户和信息查询用户的职责及操作规程。

商业银行管理员用户、数据上报用户和查询用户不得互相兼职。

第二十八条　商业银行管理员用户应当根据操作规程,为得到相关授权的人员创建相应用户。管理员用户不得直接查询个人信用信息。

管理员用户应当加强对同级查询用户、数据上报用户与下一级管理员用户的日常管理。查询用户工作人员调离,该用户应当立即予以停用。

第二十九条　商业银行管理员用户、数据上报用户和查询用户须报中国人民银行征信管理部门和征信服务中心备案。

前款用户工作人员发生变动,商业银行应当在2个工作日内向中国人民银行征信管理部门和征信服务中心变更备案。

第三十条　商业银行应当制定管理员用户和查询用户的口令控制制度,并定期检查口令控制执行情况。

第三十一条　商业银行应当建立保证个人信用信息安全的管理制度,确保只有得到内部授权的人员才能接触个人信用报告,不得将个人信用报告用于本办法第十二条规定以外的其他用途。

第三十二条　征信服务中心应当制定信用信息采集、整理、保存、查询、异议处理、用户管理、安全管理等方面的管理制度和操作规程,明确岗位职责,完善内控制度,保障个人信用数据库的正常运行和个人信用信息的安全。

第三十三条　征信服务中心及其工作人员不得违反法律、法规及本办法的规定,篡改、毁损、泄露或非法使用个人信用信息,不得与自然人、法人、其他组织恶意串通,提供虚假信用报告。

第三十四条　征信服务中心应当建立个人信用数据库内部运行和外部访问的监控制度,监督个人信用数据库用户和商业银行用户的操作,防范对个人信用数据库的非法入侵。

第三十五条　征信服务中心应当建立灾难备份系统,采取必要的安全保障措施,防止系统数据丢失。

第三十六条　征信服务中心应当对商业银行的所有查询进行记录,并及时向商业银行反馈。

第三十七条　商业银行应当经常对个人信用数据库的查询情况进行检查,确保所有查询符合本办法的规定,并定期向中国人民银行及征信服务中心报告查询检查结果。

征信服务中心应当定期核查商业银行对个人信用数据库的查询情况。

第六章　罚　　则

第三十八条　商业银行未按照本办法规定建立相应管理制度及操作规程的,由中国人民银行责令改正,逾期不改正的,给予警告,并处以三万元罚款。

第三十九条　商业银行有下列情形之一的,由中国人民银行责令改正,并处一万元以上三万元以下罚款;涉嫌犯罪的,依法移交司法机关处理:

(一)违反本办法规定,未准确、完整、及时报送个人信用信息的;

（二）违反本办法第七条规定的；

（三）越权查询个人信用数据库的；

（四）将查询结果用于本办法规定之外的其他目的的；

（五）违反异议处理规定的；

（六）违反本办法安全管理要求的。

第四十条　商业银行有本办法第三十八条至第三十九条规定情形的，中国人民银行可以建议商业银行对直接负责的董事、高级管理人员和其他直接责任人员给予纪律处分；涉嫌犯罪的，依法移交司法机关处理。

第四十一条　征信服务中心工作人员有下列情形之一的，由中国人民银行依法给予行政处分；涉嫌犯罪的，依法移交司法机关处理：

（一）违反本办法规定，篡改、毁损、泄露或非法使用个人信用信息的；

（二）与自然人、法人、其他组织恶意串通，提供虚假信用报告的。

第四十二条　中国人民银行其他工作人员有违反本办法规定的行为，造成个人信用信息被泄露的，依法给予行政处分；涉嫌犯罪的，依法移交司法机关处理。

第七章　附　　则

第四十三条　本办法所称商业银行，是指在中华人民共和国境内设立的商业银行、城市信用合作社、农村信用合作社以及经国务院银行业监督管理机构批准的专门从事信贷业务的其他金融机构。

第四十四条　本办法由中国人民银行负责解释。

第四十五条　本办法自 2005 年 10 月 1 日起施行。

2. 《金融机构客户身份识别和客户身份资料及交易记录保存管理办法》

发布单位：中国人民银行

发布文号：中国人民银行令[2007]第 2 号

发布日期：2007-06-21

生效日期：2007-08-01

第一章　总　　则

第一条　为了预防洗钱和恐怖融资活动，规范金融机构客户身份识别、客户身份资料和交易记录保存行为，维护金融秩序，根据《中华人民共和国反洗钱法》等法律、行政法规的规定，制定本办法。

第二条　本办法适用于在中华人民共和国境内依法设立的下列金融机构：

（一）政策性银行、商业银行、农村合作银行、城市信用合作社、农村信用合作社。

（二）证券公司、期货公司、基金管理公司。

（三）保险公司、保险资产管理公司。

（四）信托公司、金融资产管理公司、财务公司、金融租赁公司、汽车金融公司、货币经纪公司。

（五）中国人民银行确定并公布的其他金融机构。

从事汇兑业务、支付清算业务和基金销售业务的机构履行客户身份识别、客户身份资料和交易记录保存义务适用本办法。

第三条　金融机构应当勤勉尽责，建立健全和执行客户身份识别制度，遵循"了解你的客户"的原则，针对具有不同洗钱或者恐怖融资风险特征的客户、业务关系或者交易，采取相应的措施，了解客户及其交易目的和交易性质，了解实际控制客户的自然人和交易的实际受益人。

金融机构应当按照安全、准确、完整、保密的原则，妥善保存客户身份资料和交易记录，确保能足以重现每项交易，以提供识别客户身份、监测分析交易情况、调查可疑交易活动和查处洗钱案件所需的信息。

第四条　金融机构应当根据反洗钱和反恐怖融资方面的法律规定，建立和健全客户身份识别、客户身份资料和交易记录保存等方面的内部操作规程，指定专人负责反洗钱和反恐怖融资合规管理工作，合理设计业务流程和操作规范，并定期进行内部审计，评估内部操作规程是否健全、有效，及时修改和完善相关制度。

第五条　金融机构应当对其分支机构执行客户身份识别制度、客户身份资料和交易记录保存制度的情况进行监督管理。

金融机构总部、集团总部应对客户身份识别、客户身份资料和交易记录保存工作做出统一要求。

金融机构应要求其境外分支机构和附属机构在驻在国家（地区）法律规定允许的范围内，执行本办法的有关要求，驻在国家（地区）有更严格要求的，遵守其规定。如果本办法的要求比驻在国家（地区）的相关规定更为严格，但驻在国家（地区）法律禁止或者限制境外分支机构和附属机构实施本办法，金融机构应向中国人民银行报告。

第六条　金融机构与境外金融机构建立代理行或者类似业务关系时，应当充分收集有关境外金融机构业务、声誉、内部控制、接受监管等方面的信息，评估境外金融机构接受反洗钱监管的情况和反洗钱、反恐怖融资措施的健全性和有效性，以书面方式明确本金融机构与境外金融机构在客户身份识别、客户身份资料和交易记录保存方面的职责。

金融机构与境外金融机构建立代理行或者类似业务关系应当经董事会或者其他高级管理层的批准。

第二章　客户身份识别制度

第七条　政策性银行、商业银行、农村合作银行、城市信用合作社、农村信用合作社等金融机构和从事汇兑业务的机构，在以开立账户等方式与客户建立业务关系，为不在本机构开立账户的客户提供现金汇款、现钞兑换、票据兑付等一次性金融服务且交易金额单笔人民币1万元以上或者外币等值1000美元以上的，应当识别客户身份，了解实际控制客户的自然人和交易的实际受益人，核对客户的有效身份证件或者其他身份证明文件，登记客户身份基本信息,并留存有效身份证件或者其他身份证明文件的复印件或者影印件。

如客户为外国政要,金融机构为其开立账户应当经高级管理层的批准。

第八条 商业银行、农村合作银行、城市信用合作社、农村信用合作社等金融机构为自然人客户办理人民币单笔5万元以上或者外币等值1万美元以上现金存取业务的,应当核对客户的有效身份证件或者其他身份证明文件。

第九条 金融机构提供保管箱服务时,应了解保管箱的实际使用人。

第十条 政策性银行、商业银行、农村合作银行、城市信用合作社、农村信用合作社等金融机构和从事汇兑业务的机构为客户向境外汇出资金时,应当登记汇款人的姓名或者名称、账号、住所和收款人的姓名、住所等信息,在汇兑凭证或者相关信息系统中留存上述信息,并向接收汇款的境外机构提供汇款人的姓名或者名称、账号、住所等信息。汇款人没有在本金融机构开户,金融机构无法登记汇款人账号的,可登记并向接收汇款的境外机构提供其他相关信息,确保该笔交易的可跟踪稽核。境外收款人住所不明确的,金融机构可登记接收汇款的境外机构所在地名称。

接收境外汇入款的金融机构,发现汇款人姓名或者名称、汇款人账号和汇款人住所三项信息中任何一项缺失的,应要求境外机构补充。如汇款人没有在办理汇出业务的境外机构开立账户,接收汇款的境内金融机构无法登记汇款人账号的,可登记其他相关信息,确保该笔交易的可跟踪稽核。境外汇款人住所不明确的,境内金融机构可登记资金汇出地名称。

第十一条 证券公司、期货公司、基金管理公司以及其他从事基金销售业务的机构在办理以下业务时,应当识别客户身份,了解实际控制客户的自然人和交易的实际受益人,核对客户的有效身份证件或者其他身份证明文件,登记客户身份基本信息,并留存有效身份证件或者其他身份证明文件的复印件或者影印件:

(一)资金账户开户、销户、变更,资金存取等。

(二)开立基金账户。

(三)代办证券账户的开户、挂失、销户或者期货客户交易编码的申请、挂失、销户。

(四)与客户签订期货经纪合同。

(五)为客户办理代理授权或者取消代理授权。

(六)转托管,指定交易、撤销指定交易。

(七)代办股份确认。

(八)交易密码挂失。

(九)修改客户身份基本信息等资料。

(十)开通网上交易、电话交易等非柜面交易方式。

(十一)与客户签订融资融券等信用交易合同。

(十二)办理中国人民银行和中国证券监督管理委员会确定的其他业务。

第十二条 对于保险费金额人民币1万元以上或者外币等值1000美元以上且以现金形式缴纳的财产保险合同,单个被保险人保险费金额人民币2万元以上或者外币等值2000

美元以上且以现金形式缴纳的人身保险合同,保险费金额人民币20万元以上或者外币等值2万美元以上且以转账形式缴纳的保险合同,保险公司在订立保险合同时,应确认投保人与被保险人的关系,核对投保人和人身保险被保险人、法定继承人以外的指定受益人的有效身份证件或者其他身份证明文件,登记投保人、被保险人、法定继承人以外的指定受益人的身份基本信息,并留存有效身份证件或者其他身份证明文件的复印件或者影印件。

第十三条　在客户申请解除保险合同时,如退还的保险费或者退还的保险单的现金价值金额为人民币1万元以上或者外币等值1000美元以上的,保险公司应当要求退保申请人出示保险合同原件或者保险凭证原件,核对退保申请人的有效身份证件或者其他身份证明文件,确认申请人的身份。

第十四条　在被保险人或者受益人请求保险公司赔偿或者给付保险金时,如金额为人民币1万元以上或者外币等值1000美元以上,保险公司应当核对被保险人或者受益人的有效身份证件或者其他身份证明文件,确认被保险人、受益人与投保人之间的关系,登记被保险人、受益人身份基本信息,并留存有效身份证件或者其他身份证明文件的复印件或者影印件。

第十五条　信托公司在设立信托时,应当核对委托人的有效身份证件或者其他身份证明文件,了解信托财产的来源,登记委托人、受益人的身份基本信息,并留存委托人的有效身份证件或者其他身份证明文件的复印件或者影印件。

第十六条　金融资产管理公司、财务公司、金融租赁公司、汽车金融公司、货币经纪公司、保险资产管理公司以及中国人民银行确定的其他金融机构在与客户签订金融业务合同时,应当核对客户的有效身份证件或者其他身份证明文件,登记客户身份基本信息,并留存有效身份证件或者其他身份证明文件的复印件或者影印件。

第十七条　金融机构利用电话、网络、自动柜员机以及其他方式为客户提供非柜台方式的服务时,应实行严格的身份认证措施,采取相应的技术保障手段,强化内部管理程序,识别客户身份。

第十八条　金融机构应按照客户的特点或者账户的属性,并考虑地域、业务、行业、客户是否为外国政要等因素,划分风险等级,并在持续关注的基础上,适时调整风险等级。在同等条件下,来自于反洗钱、反恐怖融资监管薄弱国家(地区)客户的风险等级应高于来自于其他国家(地区)的客户。

金融机构应当根据客户或者账户的风险等级,定期审核本金融机构保存的客户基本信息,对风险等级较高客户或者账户的审核应严于对风险等级较低客户或者账户的审核。对本金融机构风险等级最高的客户或者账户,至少每半年进行一次审核。

金融机构的风险划分标准应报送中国人民银行。

第十九条　在与客户的业务关系存续期间,金融机构应当采取持续的客户身份识别措施,关注客户及其日常经营活动、金融交易情况,及时提示客户更新资料信息。

对于高风险客户或者高风险账户持有人,金融机构应当了解其资金来源、资金用途、经济状况或者经营状况等信息,加强对其金融交易活动的监测分析。客户为外国政要的,金融机构应采取合理措施了解其资金来源和用途。

客户先前提交的身份证件或者身份证明文件已过有效期的,客户没有在合理期限内更新且没有提出合理理由的,金融机构应中止为客户办理业务。

第二十条　金融机构应采取合理方式确认代理关系的存在,在按照本办法的有关要求对被代理人采取客户身份识别措施时,应当核对代理人的有效身份证件或者身份证明文件,登记代理人的姓名或者名称、联系方式、身份证件或者身份证明文件的种类、号码。

第二十一条　除信托公司以外的金融机构了解或者应当了解客户的资金或者财产属于信托财产的,应当识别信托关系当事人的身份,登记信托委托人、受益人的姓名或者名称、联系方式。

第二十二条　出现以下情况时,金融机构应当重新识别客户:

(一)客户要求变更姓名或者名称、身份证件或者身份证明文件种类、身份证件号码、注册资本、经营范围、法定代表人或者负责人的。

(二)客户行为或者交易情况出现异常的。

(三)客户姓名或者名称与国务院有关部门、机构和司法机关依法要求金融机构协查或者关注的犯罪嫌疑人、洗钱和恐怖融资分子的姓名或者名称相同的。

(四)客户有洗钱、恐怖融资活动嫌疑的。

(五)金融机构获得的客户信息与先前已经掌握的相关信息存在不一致或者相互矛盾的。

(六)先前获得的客户身份资料的真实性、有效性、完整性存在疑点的。

(七)金融机构认为应重新识别客户身份的其他情形。

第二十三条　金融机构除核对有效身份证件或者其他身份证明文件外,可以采取以下的一种或者几种措施,识别或者重新识别客户身份:

(一)要求客户补充其他身份资料或者身份证明文件。

(二)回访客户。

(三)实地查访。

(四)向公安、工商行政管理等部门核实。

(五)其他可依法采取的措施。

银行业金融机构履行客户身份识别义务时,按照法律、行政法规或部门规章的规定需核对相关自然人的居民身份证的,应通过中国人民银行建立的联网核查公民身份信息系统进行核查。其他金融机构核实自然人的公民身份信息时,可以通过中国人民银行建立的联网核查公民身份信息系统进行核查。

第二十四条　金融机构委托其他金融机构向客户销售金融产品时,应在委托协议中明确双方在识别客户身份方面的职责,相互间提供必要的协助,相应采取有效的客户身份识别措施。

符合下列条件时,金融机构可信赖销售金融产品的金融机构所提供的客户身份识别结果,不再重复进行已完成的客户身份识别程序,但仍应承担未履行客户身份识别义务的责任:

(一)销售金融产品的金融机构采取的客户身份识别措施符合反洗钱法律、行政法规和本办法的要求。

(二)金融机构能够有效获得并保存客户身份资料信息。

第二十五条　金融机构委托金融机构以外的第三方识别客户身份的,应当符合下列要求:

(一)能够证明第三方按反洗钱法律、行政法规和本办法的要求,采取了客户身份识别和身份资料保存的必要措施。

(二)第三方为本金融机构提供客户信息,不存在法律制度、技术等方面的障碍。

(三)本金融机构在办理业务时,能立即获得第三方提供的客户信息,还可在必要时从第三方获得客户的有效身份证件、身份证明文件的原件、复印件或者影印件。

委托第三方代为履行识别客户身份的,金融机构应当承担未履行客户身份识别义务的责任。

第二十六条　金融机构在履行客户身份识别义务时,应当向中国反洗钱监测分析中心和中国人民银行当地分支机构报告以下可疑行为:

(一)客户拒绝提供有效身份证件或者其他身份证明文件的。

(二)对向境内汇入资金的境外机构提出要求后,仍无法完整获得汇款人姓名或者名称、汇款人账号和汇款人住所及其他相关替代性信息的。

(三)客户无正当理由拒绝更新客户基本信息的。

(四)采取必要措施后,仍怀疑先前获得的客户身份资料的真实性、有效性、完整性的。

(五)履行客户身份识别义务时发现的其他可疑行为。

金融机构报告上述可疑行为参照《金融机构大额交易和可疑交易报告管理办法》(中国人民银行令[2006]第2号发布)及相关规定执行。

第三章　客户身份资料和交易记录保存

第二十七条　金融机构应当保存的客户身份资料包括记载客户身份信息、资料以及反映金融机构开展客户身份识别工作情况的各种记录和资料。

金融机构应当保存的交易记录包括关于每笔交易的数据信息、业务凭证、账簿以及有关规定要求的反映交易真实情况的合同、业务凭证、单据、业务函件和其他资料。

第二十八条　金融机构应采取必要管理措施和技术措施,防止客户身份资料和交易记录的缺失、损毁,防止泄漏客户身份信息和交易信息。

金融机构应采取切实可行的措施保存客户身份资料和交易记录,便于反洗钱调查和监督管理。

第二十九条　金融机构应当按照下列期限保存客户身份资料和交易记录:

（一）客户身份资料，自业务关系结束当年或者一次性交易记账当年计起至少保存 5 年。

（二）交易记录，自交易记账当年计起至少保存 5 年。

如客户身份资料和交易记录涉及正在被反洗钱调查的可疑交易活动，且反洗钱调查工作在前款规定的最低保存期届满时仍未结束的，金融机构应将其保存至反洗钱调查工作结束。

同一介质上存有不同保存期限客户身份资料或者交易记录的，应当按最长期限保存。同一客户身份资料或者交易记录采用不同介质保存的，至少应当按照上述期限要求保存一种介质的客户身份资料或者交易记录。

法律、行政法规和其他规章对客户身份资料和交易记录有更长保存期限要求的，遵守其规定。

第三十条　金融机构破产或者解散时，应当将客户身份资料和交易记录移交中国银行业监督管理委员会、中国证券监督管理委员会或者中国保险监督管理委员会指定的机构。

第四章　法律责任

第三十一条　金融机构违反本办法的，由中国人民银行按照《中华人民共和国反洗钱法》第三十一条、第三十二条的规定予以处罚；区别不同情形，向中国银行业监督管理委员会、中国证券监督管理委员会或者中国保险监督管理委员会建议采取下列措施：

（一）责令金融机构停业整顿或者吊销其经营许可证。

（二）取消金融机构直接负责的董事、高级管理人员和其他直接责任人员的任职资格、禁止其从事有关金融行业的工作。

（三）责令金融机构对直接负责的董事、高级管理人员和其他直接责任人员给予纪律处分。

中国人民银行县（市）支行发现金融机构违反本办法的，应当报告上一级中国人民银行分支机构，由上一级分支机构按照前款规定进行处罚或者提出建议。

第五章　附　　则

第三十二条　保险公司在办理再保险业务时，履行客户身份识别义务不适用本办法。

第三十三条　本办法下列用语的含义如下：

自然人客户的"身份基本信息"包括客户的姓名、性别、国籍、职业、住所地或者工作单位地址、联系方式，身份证件或者身份证明文件的种类、号码和有效期限。客户的住所地与经常居住地不一致的，登记客户的经常居住地。

法人、其他组织和个体工商户客户的"身份基本信息"包括客户的名称、住所、经营范围、组织机构代码、税务登记证号码；可证明该客户依法设立或者可依法开展经营、社会活动的执照、证件或者文件的名称、号码和有效期限；控股股东或者实际控制人、法定代表人、负责人和授权办理业务人员的姓名、身份证件或者身份证明文件的种类、号码、有效期限。

第三十四条　本办法由中国人民银行会同中国银行业监督管理委员会、中国证券监督管理委员会、中国保险监督管理委员会解释。

第三十五条　本办法自 2007 年 8 月 1 日起施行。

4.2.8　审计署制定的规章和规范

《审计机关封存资料资产规定》

发布单位：中华人民共和国审计署

发布文号：中华人民共和国审计署令第 9 号

发布日期：2010-12-28

生效日期：2011-02-01

第一条　为了规范审计机关封存被审计单位有关资料和违反国家规定取得的资产的行为，保障审计机关和审计人员严格依法行使审计监督职权，提高依法审计水平，维护国家利益和被审计单位的合法权益，根据审计法、审计法实施条例和其他有关法律法规，制定本规定。

第二条　审计机关对被审计单位有关资料和违反国家规定取得的资产采取封存措施适用本规定。

审计机关在审计证据可能灭失或者以后难以取得的情况下，采取的先行登记保存措施，依照行政处罚法和有关行政法规的规定执行。

第三条　审计机关采取封存措施，应当遵循合法、谨慎的原则。

审计机关应当严格依照审计法、审计法实施条例和本规定确定的条件、程序采取封存措施，不得滥用封存权。

审计机关通过制止被审计单位违法行为、及时取证或者采取先行登记保存措施可以达到审计目的的，不必采取封存措施。

第四条　有下列情形之一的，审计机关可以采取封存措施：

（一）被审计单位正在或者可能转移、隐匿、篡改、毁弃会计凭证、会计账簿、财务会计报告以及其他与财政收支或者财务收支有关的资料的；

（二）被审计单位正在或者可能转移、隐匿违反国家规定取得的资产的。

第五条　审计机关依法对被审计单位的下列资料进行封存：

（一）会计凭证、会计账簿、财务会计报告等会计资料；

（二）合同、文件、会议记录等与被审计单位财政收支或者财务收支有关的其他资料。

上述资料存储在磁、光、电等介质上的，审计机关可以依法封存相关存储介质。

第六条　审计机关依法对被审计单位违反国家规定取得的现金、实物等资产或者有价证券、权属证明等资产凭证进行封存。

第七条　审计机关采取封存措施，应当经县级以上人民政府审计机关（含县级人民政府审计机关和省级以上人民政府审计机关派出机构，下同）负责人批准，由两名审计人员实施。

第八条　审计机关采取封存措施,应当向被审计单位送达封存通知书。

封存通知书包括下列内容:

(一)被审计单位名称;

(二)封存依据;

(三)封存资料或者资产的名称、数量等;

(四)封存期限;

(五)被审计单位申请行政复议或者提起行政诉讼的途径和期限;

(六)审计机关的名称、印章和日期。

在被审计单位正在转移、隐匿、篡改、毁弃有关资料或者正在转移、隐匿违反国家规定取得的资产等紧急情况下,审计人员报经县级以上人民政府审计机关负责人口头批准,可以采取必要措施,当场予以封存,再补送封存通知书。

第九条　审计机关采取封存措施时,审计人员应当会同被审计单位相关人员对有关资料或者资产进行清点,开列封存清单。

封存清单一般登记封存资料的名称、数量,封存资产的名称、规格、型号、数量等。封存资料存储在磁、光、电等介质上的,还应当列明存储介质的名称、规格等。

封存清单一式两份,由审计人员和被审计单位相关人员核对后签名或者盖章,双方各执一份。

第十条　审计机关应当对存放封存资料或者资产的文件柜、保险柜、档案室、库房等加贴封条。

封条上应当注明审计机关名称、封存日期并加盖审计机关印章。

第十一条　审计机关具备保管条件的,可以自行保管封存的资料或者资产;不具备保管条件的,可以指定被审计单位对存放封存资料、资产的设备或者设施进行保管或者看管;特殊情况下,也可以委托与被审计单位无利害关系的第三人保管。

审计机关指定被审计单位保管或者看管存放封存资料、资产的设备或者设施的,应当在封存通知书中一并载明被审计单位的保管责任。

第十二条　被审计单位或者受托保管的第三人应当履行保管责任,除本规定第十三条规定的情形外,不得擅自启封,不得损毁或者转移存放封存资料、资产的设备或者设施。

第十三条　遇有自然灾害等突发事件,可能导致封存的资料或者资产损毁的,负有保管责任的被审计单位或者第三人,应当将封存的资料或者资产转移到安全的地方,并将情况及时报告采取封存措施的审计机关。

第十四条　封存的期限一般不得超过7个工作日;有特殊情况需要延长的,经县级以上人民政府审计机关负责人批准,可以适当延长,但延长的期限不得超过7个工作日。

第十五条　审计机关封存资料或者资产后,审计人员应当及时进行审查,获取审计证据,或者提请有关主管部门对被审计单位违反国家规定取得的资产进行处理。

第十六条　审计机关在封存期限届满或者在封存期限内完成对有关资料或者资产处

理的，审计人员应当与被审计单位相关人员共同清点封存的资料或者资产后予以退还，并在双方持有的封存清单上注明解除封存日期和退还的资料或者资产，由双方签名或者盖章。

第十七条　审计机关违反规定采取封存措施，给国家利益或者被审计单位的合法权益造成重大损害的，依照有关法律法规的规定追究相关人员的责任。

第十八条　被审计单位或者负有保管责任的第三人有下列行为之一的，依照有关法律法规的规定追究相关人员的责任：

（一）除本规定第十三条规定的情形外，擅自启封的；

（二）故意或者未尽保管责任，导致封存的资料被转移、隐匿、篡改、毁弃的；

（三）故意或者未尽保管责任，导致封存的资产被转移、隐匿、损毁的。

第十九条　本规定由审计署负责解释。

第二十条　本规定自2011年2月1日起施行。

4.3　国务院直属特设机构制定的规章和规范

《中央企业商业秘密保护暂行规定》

发布单位：国务院国有资产监督管理委员会

发布文号：国资发〔2010〕41号

发布日期：2010-03-25

生效日期：2010-03-25

第一章　总　　则

第一条　为加强中央企业商业秘密保护工作，保障中央企业利益不受侵害，根据《中华人民共和国保守国家秘密法》和《中华人民共和国反不正当竞争法》等法律法规，制定本规定。

第二条　本规定所称的商业秘密，是指不为公众所知悉、能为中央企业带来经济利益、具有实用性并经中央企业采取保密措施的经营信息和技术信息。

第三条　中央企业经营信息和技术信息中属于国家秘密范围的，必须依法按照国家秘密进行保护。

第四条　中央企业商业秘密中涉及知识产权内容的，按国家知识产权有关法律法规进行管理。

第五条　中央企业商业秘密保护工作，实行依法规范、企业负责、预防为主、突出重点、便利工作、保障安全的方针。

第二章　机构与职责

第六条　中央企业商业秘密保护工作按照统一领导、分级管理的原则，实行企业法定代表人负责制。

第七条　各中央企业保密委员会是商业秘密保护工作的工作机构,负责贯彻国家有关法律、法规和规章,落实上级保密机构、部门的工作要求,研究决定企业商业秘密保护工作的相关事项。

各中央企业保密办公室作为本企业保密委员会的日常办事机构,负责依法组织开展商业秘密保护教育培训、保密检查、保密技术防护和泄密事件查处等工作。

第八条　中央企业保密办公室应当配备专职保密工作人员,负责商业秘密保护管理。

第九条　中央企业科技、法律、知识产权等业务部门按照职责分工,负责职责范围内商业秘密的保护和管理工作。

第三章　商业秘密的确定

第十条　中央企业依法确定本企业商业秘密的保护范围,主要包括:战略规划、管理方法、商业模式、改制上市、并购重组、产权交易、财务信息、投融资决策、产购销策略、资源储备、客户信息、招投标事项等经营信息;设计、程序、产品配方、制作工艺、制作方法、技术诀窍等技术信息。

第十一条　因国家秘密范围调整,中央企业商业秘密需要变更为国家秘密的,必须依法定程序将其确定为国家秘密。

第十二条　中央企业商业秘密及其密级、保密期限和知悉范围,由产生该事项的业务部门拟定,主管领导审批,保密办公室备案。

第十三条　中央企业商业秘密的密级,根据泄露会使企业的经济利益遭受损害的程度,确定为核心商业秘密、普通商业秘密两级,密级标注统一为"核心商密"、"普通商密"。

第十四条　中央企业自行设定商业秘密的保密期限。可以预见时限的以年、月、日计,不可以预见时限的应当定为"长期"或者"公布前"。

第十五条　中央企业商业秘密的密级和保密期限一经确定,应当在秘密载体上做出明显标志。标志由权属(单位规范简称或者标识等)、密级、保密期限三部分组成。

第十六条　中央企业根据工作需要严格确定商业秘密知悉范围。知悉范围应当限定到具体岗位和人员,并按照涉密程度实行分类管理。

第十七条　商业秘密需变更密级、保密期限、知悉范围或者在保密期限内解密的,由业务部门拟定,主管领导审批,保密办公室备案。保密期限已满或者已公开的,自行解密。

第十八条　商业秘密的密级、保密期限变更后,应当在原标明位置的附近做出新标志,原标志以明显方式废除。保密期限内解密的,应当以能够明显识别的方式标明"解密"的字样。

第四章　保护措施

第十九条　中央企业与员工签订的劳动合同中应当含有保密条款。

中央企业与涉密人员签订的保密协议中,应当明确保密内容和范围、双方的权利与义务、协议期限、违约责任。

中央企业应当根据涉密程度等与核心涉密人员签订竞业限制协议,协议中应当包含经济补偿条款。

第二十条　中央企业因工作需要向各级国家机关,具有行政管理职能的事业单位、社会团体等提供商业秘密资料,应当以适当方式向其明示保密义务。所提供涉密资料,由业务部门拟定,主管领导审批,保密办公室备案。

第二十一条　中央企业涉及商业秘密的咨询、谈判、技术评审、成果鉴定、合作开发、技术转让、合资入股、外部审计、尽职调查、清产核资等活动,应当与相关方签订保密协议。

第二十二条　中央企业在涉及境内外发行证券、上市及上市公司信息披露过程中,要建立和完善商业秘密保密审查程序,规定相关部门、机构、人员的保密义务。

第二十三条　加强中央企业重点工程、重要谈判、重大项目的商业秘密保护,建立保密工作先期进入机制,关系国家安全和利益的应当向国家有关部门报告。

第二十四条　对涉密岗位较多、涉密等级较高的部门(部位)及区域,应当确定为商业秘密保护要害部门(部位)或者涉密区域,加强防范与管理。

第二十五条　中央企业应当对商业秘密载体的制作、收发、传递、使用、保存、销毁等过程实施控制,确保秘密载体安全。

第二十六条　中央企业应当加强涉及商业秘密的计算机信息系统、通讯及办公自动化等信息设施、设备的保密管理,保障商业秘密信息安全。

第二十七条　中央企业应当将商业秘密保护工作纳入风险管理,制定泄密事件应急处置预案,增强风险防范能力。发现商业秘密载体被盗、遗失、失控等事件,要及时采取补救措施,发生泄密事件要及时查处并报告国务院国资委保密委员会。

第二十八条　中央企业应当对侵犯本单位商业秘密的行为,依法主张权利,要求停止侵权,消除影响,赔偿损失。

第二十九条　中央企业应当保证用于商业秘密保密教育、培训、检查、奖励及保密设施、设备购置等工作的经费。

第五章　奖励与惩处

第三十条　中央企业在商业秘密保护工作中,对成绩显著或做出突出贡献的部门和个人,应当给予表彰和奖励。

第三十一条　中央企业发生商业秘密泄密事件,由本企业保密委员会负责组织有关部门认定责任,相关部门依法依规进行处理。

第三十二条　中央企业员工泄露或者非法使用商业秘密,情节较重或者给企业造成较大损失的,应当依法追究相关法律责任。涉嫌犯罪的,依法移送司法机关处理。

第六章　附　　则

第三十三条　中央企业应当结合企业实际,依据本规定制定本企业商业秘密保护实施办法或者工作细则。

第三十四条 本规定自发布之日起施行。

4.4 国务院直属机构制定的规章和规范

4.4.1 国家质量监督检验检疫总局制定的规章和规范

《信息安全产品测评认证管理办法》

发布单位：国家质量监督检验检疫总局

发布文号：国家质量监督检验检疫总局认函[1999]28号

发布日期：1999-02-11

生效日期：1999-02-11

第一部分 总 则

1.1 为规范国家信息安全测评认证活动，根据《中华人民共和国标准化法》、《中华人民共和国产品质量法》、《中华人民共和国产品质量认证管理条例》和国家有关信息安全的法律、法规、行政规章制订本办法。

1.2 本办法经中国国家信息安全测评认证管理委员会审查，并经国务院产品质量监督行政主管部门批准。

1.3 本办法为信息产品安全测评认证的基本依据，从事信息产品安全测评认证的机构和人员须遵守本办法的规定。

1.4 本办法规定了用户申请信息产品安全测评认证的基本要求和通用程序，申请认证的用户应遵守本办法的相应规定。

第二部分 认 证 类 型

2.1 根据认证对象和认证要素的不同，本办法将认证分为4种类型，即产品形式认证、产品认证、信息系统安全认证、信息安全服务认证。

2.2 产品形式认证。

2.2.1 产品形式认证属于产品质量认证的一种，其特点是仅包括质量认证基本要素中的"形式试验"和"监督检验"两个要素。

2.2.2 产品形式认证的基本要求是：对认证申请者送达的样品进行形式试验(测试评估)，若符合标准要求，即予认证。获取证书后，认证中心再从市场和/或工厂(车间)抽样，对其进行核查试验即监督检验，若检验合格即维持认证，否则取消认证。

2.3 产品认证。

2.3.1 产品认证属于典型完整的产品质量认证，其特点是包括了质量认证的全部基本要素,即包括了"形式试验"、"质量体系检查"、"监督检验"和"监督检查"。

2.3.2 产品认证的基本要求是:对认证申请者送达的样品进行形式试验(测试评估),同时对申请者的质量体系(即质量保证能力)进行检查、评审。这两方面都符合有关标准要求,则予以认证。获取证书后,认证中心再从市场和/或工厂(车间)抽样进行核查试验,即监督检验,同时对其质量体系进行监督性复查,若两方面都合格,即维持认证,否则取消认证。

2.4 信息系统安全认证。

2.4.1 信息系统安全认证属于产品质量认证的综合型式,包括了构成信息系统的物理网络及其有关产品的质量(安全)认证和信息系统的运行过程、信息系统提供的服务以及这种过程与服务中的管理、保证能力(相当于信息系统本身的质量体系)的安全认证。

2.4.2 信息系统安全认证的基本要求是:对认证申请者的信息系统设计方案和安全设计方案进行静态评估,对构成信息系统的物理网络及其有关产品进行认证(由产品生产商另行申请)、对信息系统的运行和服务进行实际测试评估,对信息系统的管理和保障体系进行评估验证。上述四方面若均符合有关标准和规范要求,则予以认证。获得证书后,对上述四方面进行监督检验、监督检查,若监督检验、检查合格,则维持认证,否则取消认证。

2.5 信息安全服务认证。

2.5.1 信息安全服务认证属于产品质量认证的特殊形式,其对象是向社会提供信息安全服务的企事业机构,其实质是对这些机构的能力与资源进行认证。信息安全服务的内容包括信息安全产品的研制,生产和/或信息安全产品经营、信息安全技术和管理咨询培训、信息安全系统(网络)集成以及其他信息安全的中介性服务。

2.5.2 信息安全服务认证的基本要求是:对认证申请者的技术、资源、法律、管理等方面的资质、能力和稳定性、可靠性进行评估,对其质量体系进行评审,若符合有关标准、规范,则予以认证,获取证书后,对上述各方面进行监督性核查、验证,核查、验证合格,即维持认证,否则取消认证。

2.6 中国国家信息安全测评认证中心开展四类认证活动,其有关细节,在认证中心和认证管理委员会的有关程序文件及规范指南中详细规定。

第三部分 认证依据

3.1 信息产品安全测评认证活动严格依据有关标准进行。

3.2 依据的标准为:国家标准、有关行业标准和认证管理委员会确认的国际标准和其他补充技术要求。

第四部分 认证通用程序

4.1 上述四种类型认证的通用程序为:申请认证—产品形式试验—质量体系评定—颁发证书—证后监督(现场抽样检验和质量体系现场检查,每年至少一次)—复评(三年一次)。

4.2 证书的有效期为三年。

4.3 本办法中的四种类型认证,由于其对象与要素均不相同,其具体程序环节、内容及其表述称谓,与4.1通用程序有相应的增减和变通。

4.4 不同类型认证的具体程序,在中国国家信息安全测评认证中心相应的程序文件中规定。

第五部分 证书、标志及其使用

5.1 本办法仅规定不同类型的认证证书的名称、标志图形及其使用条件。对获取认证后的证书标志管理办法,由中国国家信息安全测评认证中心在相应的程序文件中规定。

5.2 产品形式认证。获得产品形式认证的产品,由认证中心颁发"中国国家信息安全产品形式认证证书",其认证标志图形为:在标志通用图形下方(方圆接合处)标注英文单词"形式"TYPE的缩写TYP。

5.3 产品认证。获得产品认证的产品,由认证中心颁发"中国国家信息安全产品认证证书",其认证标志为:在标志通用图形的下方(方圆接合处),标注英文单词"产品"PRODUCT的缩写PRD。

5.4 信息系统安全认证。获得信息系统安全认证的系统,由认证中心颁发"中国国家信息安全信息系统安全认证证书",其认证标志为:在标志通用图形的下方(方圆接合处),标注英文单词"系统"SYSTEM的缩写SYS。

5.5 信息安全服务认证。获得信息安全服务认证的企事业机构,由认证中心颁发"中国国家信息安全服务认证证书",其认证标志为:在标志通用图形的下方(方圆接合处),标注英文单词"服务"SERVICE的缩写SRV。

5.6 获取产品形式认证的产品,按中国国家信息安全测评认证中心"认证证书和认证标志管理办法"使用证书,但不能在该产品外表、合格证、说明书、包装以及其他媒体上使用认证图形标志。

5.7 获得产品认证、信息系统安全认证和信息安全服务认证的产品、系统和有关机构,按照中国国家信息安全测评认证中心"认证证书和认证标志管理办法"使用认证证书和标志图形。

第六部分 附 则

6.1 信息产品安全测评认证的收费,按国家有关规定收取。

6.2 本办法自国务院产品质量监督行政主管部门批准之日起实施。

6.3 本办法由中国国家信息安全测评认证管理委员会负责解释。

6.4 本办法由中国国家信息安全测评认证管理委员会修订并报国务院产品质量监督行政管理部门审批。

4.4.2 国家广播电影电视总局制定的规章和规范

《互联网等信息网络传播视听节目管理办法》

发布单位：国家广播电影电视总局
发布文号：国家广播电影电视总局令第 39 号
发布日期：2004-07-06
生效日期：2004-10-11

(2004 年 6 月 15 日国家广播电影电视总局局务会议通过)

第一章 总 则

第一条 为规范互联网等信息网络传播视听节目秩序，加强监督管理，促进社会主义精神文明建设，制定本办法。

第二条 本办法适用于以互联网协议(IP)作为主要技术形态，以计算机、电视机、手机等各类电子设备为接收终端，通过移动通信网、固定通信网、微波通信网、有线电视网、卫星或其他城域网、广域网、局域网等信息网络，从事开办、播放(含点播、转播、直播)、集成、传输、下载视听节目服务等活动。

本办法所称视听节目(包括影视类音像制品)，是指利用摄影机、摄像机、录音机和其他视音频摄制设备拍摄、录制的，由可连续运动的图像或可连续收听的声音组成的视音频节目。

第三条 国家广播电影电视总局(以下简称广电总局)负责全国互联网等信息网络传播视听节目(以下简称信息网络传播视听节目)的管理工作。

县级以上地方广播电视行政部门负责本辖区内互联网等信息网络传播视听节目的管理工作。

第四条 国家对从事信息网络传播视听节目业务实行许可制度。

第五条 国家鼓励地(市)级以上广播电台、电视台通过国际互联网传播视听节目。

第二章 业务许可

第六条 从事信息网络传播视听节目业务，应取得《信息网络传播视听节目许可证》。

《信息网络传播视听节目许可证》由广电总局按照信息网络传播视听节目的业务类别、接收终端、传输网络等项目分类核发。

业务类别分为播放自办节目、转播节目和提供节目集成运营服务等。

接收终端分为计算机、电视机、手机及其他各类电子设备。

传输网络分为移动通信网、固定通信网、微波通信网、有线电视网、卫星或其他城域网、广域网、局域网等。

第七条 外商独资、中外合资、中外合作机构，不得从事信息网络传播视听节目业务。

经广电总局批准设立的广播电台、电视台或依法享有互联网新闻发布资格的网站可以申请开办信息网络传播新闻类视听节目业务，其他机构和个人不得开办信息网络传播新闻类视听节目业务。

经广电总局批准设立的省、自治区、直辖市及省会市、计划单列市级以上广播电台、电视台、广播影视集团（总台），可以申请自行或设立机构从事以电视机作为接收终端的信息网络传播视听节目集成运营服务。其他机构和个人不得开办此类业务。

第八条　申请《信息网络传播视听节目许可证》，应当具备下列条件：

（一）符合广电总局确定的信息网络传播视听节目的总体规划和布局；

（二）符合国家规定的行业规范和技术标准；

（三）有与业务规模相适应的自有资金、设备、场所及必要的专业人员；

（四）拥有与业务规模相适应并符合国家规定的视听节目资源；

（五）拥有与业务规模相适应的服务信誉、技术能力和网络资源；

（六）有健全的节目内容审查制度、播出管理制度；

（七）有可行的节目监控方案；

（八）其他法律、行政法规规定的条件。

第九条　申请《信息网络传播视听节目许可证》，须提交以下材料：

（一）申请报告，内容应包括：业务类别（自办节目、转播、集成等）、播出标识（从事信息网络传播视听节目业务的专用标识）、传播方式（频道播出、点播、下载定制、轮播、数据广播等）、传输网络、传播载体、传播范围、接收终端、节目类别、集成内容等；

（二）《信息网络传播视听节目许可证》申请表；

（三）从事信息网络传播视听节目业务的内容规划、技术方案、运营方案、管理制度；

（四）向政府监管部门提供监控信号的监控方案；

（五）人员、设备、场所的证明资料；

（六）申办机构的基本情况及与开展业务有关的证明（网站注册文件、广播电台、电视台许可证、广播电视节目制作经营许可证、从事登载新闻业务许可文件等）；

（七）公司章程、营业执照、验资证明（申请人为企业的）。

第十条　申请《信息网络传播视听节目许可证》的机构，应向所在地县级以上广播电视行政部门提出申请，并提交符合第九条规定的书面材料，经逐级审核同意后，报广电总局审批。

中央所属企事业单位，可直接向广电总局提出申请。

符合条件的，广电总局予以颁发《信息网络传播视听节目许可证》。

第十一条　负责受理的广播电视行政部门应按照行政许可法规定的期限和权限，履行受理、审核职责。申请人的申请符合法定标准的，有权做出决定的广播电视行政部门应做出准予行政许可的书面决定。依法做出不予行政许可决定的，应当书面通知申请人并说明理由。

第十二条　《信息网络传播视听节目许可证》有效期为两年。有效期届满，需继续从事信息网络传播视听节目业务的,应于期满六个月前按本办法规定的审批程序办理续办手续。

第十三条 获得《信息网络传播视听节目许可证》的机构(以下简称持证机构)应当按照《信息网络传播视听节目许可证》载明的开办主体、业务类别、标识、传播方式、传输网络、传播载体、传播范围、接收终端、节目类别和集成内容等事项从事信息网络传播视听节目业务。

第十四条 持证机构变更注册资本、股东和持股比例及许可证载明的开办主体、业务类别、标识、传播方式、传播载体、传播范围、接收终端、节目类别和集成内容等事项的,应提前六十日报广电总局批准并办理许可证登载事项变更手续。

持证机构地址、网址、网站名、法定代表人等事项发生变更的,应当在变更后三十日内向广电总局备案并办理许可证登载事项变更手续。

第十五条 持证机构应当在领取《信息网络传播视听节目许可证》九十日内开通业务。如因特殊理由不能如期开通,应经发证机关同意,否则按终止业务处理。

第十六条 持有《信息网络传播视听节目许可证》的机构需终止业务的,应提前六十日向原发证机关申报,其《信息网络传播视听节目许可证》由原发证机关予以公告注销。

第三章 业务监管

第十七条 用于通过信息网络向公众传播的新闻类视听节目,限于境内广播电台、电视台、广播电视台以及经批准的新闻网站制作、播放的节目。

用于通过信息网络向公众传播的影视剧类视听节目,必须取得《电视剧发行许可证》、《电影公映许可证》。

第十八条 通过信息网络传播视听节目,应符合《著作权法》的规定。

第十九条 禁止通过信息网络传播有以下内容的视听节目:

(一)反对宪法确定的基本原则的;
(二)危害国家统一、主权和领土完整的;
(三)泄露国家秘密、危害国家安全或者损害国家荣誉和利益的;
(四)煽动民族仇恨、民族歧视,破坏民族团结,或者侵害民族风俗、习惯的;
(五)宣扬邪教、迷信的;
(六)扰乱社会秩序,破坏社会稳定的;
(七)宣扬淫秽、赌博、暴力或者教唆犯罪的;
(八)侮辱或者诽谤他人,侵害他人合法权益的;
(九)危害社会公德或者民族优秀文化传统的;
(十)有法律、行政法规和国家规定禁止的其他内容的。

第二十条 持证机构应建立健全节目审查、安全播出的管理制度,实行节目总编负责制,配备节目审查员,对其播放的节目内容进行审查。

第二十一条 信息网络的经营机构不得向未持有《信息网络传播视听节目许可证》的机构提供与传播视听节目业务有关的服务。

第二十二条 传播视听节目的名称、内容概要、播出时间、时长、来源等信息,持证机构应当至少保留三十日。

第二十三条 利用信息网络转播视听节目，只能转播广播电台、电视台播出的广播电视节目，不得转播非法开办的广播电视节目，不得转播境外广播电视节目。

利用信息网络链接或集成视听节目，只能链接或集成取得《信息网络传播视听节目许可证》机构开办的视听节目，不得链接或集成境外互联网站的视听节目。

第二十四条 省级以上广播电视行政部门应设立视听节目监控系统、建立公众监督举报制度，加强对信息网络传播视听节目的监督管理。

持证机构应当为视听节目监控系统提供必要的信号接入条件。

第四章 罚 则

第二十五条 违反本办法规定，未经批准，擅自从事信息网络传播视听节目业务的，由县级以上广播电视行政部门予以取缔，可以并处一万元以上三万元以下的罚款；构成犯罪的，依法追究刑事责任。

第二十六条 违反本办法规定，有下列行为之一的，由县级以上广播电视行政部门责令停止违法活动、给予警告、限期整改，可以并处三万元以下的罚款；构成犯罪的，依法追究刑事责任。

（一）未按《信息网络传播视听节目许可证》载明的事项从事信息网络传播视听节目业务的；

（二）未经批准，擅自变更许可证载明事项、持证机构注册资本、股东和持股比例的；

（三）违反本办法第十六条、第十八条规定的；

（四）传播本办法第十九条规定禁止传播的视听节目的；

（五）向未持有《信息网络传播视听节目许可证》的机构提供与传播视听节目业务有关服务的；

（六）未按规定保留视听节目播放记录的；

（七）利用信息网络转播境外广播电视节目，转播非法开办的广播电视节目的；

（八）非法链接、集成境外广播电视节目以及非法链接、集成境外网站传播的视听节目的。

第二十七条 违反本办法规定，开办机构的法定代表人、节目总编或节目审查员未履行应尽职责，出现三次以上违规内容的，省级以上广播电视行政部门对开办机构予以警告，可以并处一千元以下罚款。

第五章 附 则

第二十八条 本办法实施前已领取《网上传播视听节目许可证》的机构，应在本办法实施之日起六个月内按照本办法规定申换许可证。

第二十九条 本办法自2004年10月11日起施行。广电总局《互联网等信息网络传播视听节目管理办法》（广电总局令第15号）同时废止。

4.4.3　国家新闻出版总署制定的规章和规范

1.《互联网出版管理暂行规定》

发布单位：中国新闻出版总署、中国信息产业部
发布文号：中国新闻出版总署、中国信息产业部令第 17 号
发布日期：2002-06-27
生效日期：2002-08-01
（2001 年 12 月 24 日新闻出版总署第二十次署务会和 2002 年 6 月 27 日信息产业部第 10 次部务会审议通过）

第一章　总　　则

第一条　为了加强对互联网出版活动的管理，保障互联网出版机构的合法权益，促进我国互联网出版事业健康、有序地发展，根据《出版管理条例》和《互联网信息服务管理办法》，制定本规定。

第二条　从事互联网出版活动应当遵守宪法和有关法律、法规，坚持为人民服务、为社会主义服务的方向，传播和积累一切有益于提高民族素质、推动经济发展、促进社会进步的思想道德、科学技术和文化知识，丰富人民的精神生活。

第三条　在中华人民共和国境内从事互联网出版活动，适用本规定。

第四条　新闻出版总署负责监督管理全国互联网出版工作，其主要职责是：

（一）制定全国互联网出版规划，并组织实施；

（二）制定互联网出版管理的方针、政策和规章；

（三）制定全国互联网出版机构总量、结构和布局的规划，并组织实施；

（四）对互联网出版机构实行前置审批；

（五）依据有关法律、法规和规章，对互联网出版内容实施监管，对违反国家出版法规的行为实施处罚。

省、自治区、直辖市新闻出版行政部门负责本行政区域内互联网出版的日常管理工作，对本行政区域内申请从事互联网出版业务者进行审核，对本行政区域内违反国家出版法规的行为实施处罚。

第五条　本规定所称互联网出版，是指互联网信息服务提供者将自己创作或他人创作的作品经过选择和编辑加工，登载在互联网上或者通过互联网发送到用户端，供公众浏览、阅读、使用或者下载的在线传播行为。其作品主要包括：

（一）已正式出版的图书、报纸、期刊、音像制品、电子出版物等出版物内容或者在其他媒体上公开发表的作品；

（二）经过编辑加工的文学、艺术和自然科学、社会科学、工程技术等方面的作品。

本规定所称互联网出版机构，是指经新闻出版行政部门和电信管理机构批准，从事互联网出版业务的互联网信息服务提供者。

第二章 行政审批与监督管理

第六条 从事互联网出版活动，必须经过批准。未经批准，任何单位或个人不得开展互联网出版活动。

互联网出版机构依法从事互联网出版活动，任何组织和个人不得干扰、阻止和破坏。

第七条 从事互联网出版业务，除符合《互联网信息服务管理办法》规定的条件以外，还应当具备以下条件：

（一）有确定的出版范围；

（二）有符合法律、法规规定的章程；

（三）有必要的编辑出版机构和专业人员；

（四）有适应出版业务需要的资金、设备和场所。

第八条 申请从事互联网出版业务，应当由主办者向所在地省、自治区、直辖市新闻出版行政部门提出申请，经省、自治区、直辖市新闻出版行政部门审核同意后，报新闻出版总署审批。

第九条 申请从事互联网出版业务，应提交以下材料：

（一）新闻出版总署统一制发的《互联网出版业务申请表》；

（二）机构章程；

（三）资金来源、数额及其信用证明；

（四）主要负责人或者法定代表人及主要编辑、技术人员的专业职称证明和身份证明；

（五）工作场所使用证明。

第十条 新闻出版行政部门应当自受理申请之日起60日内，做出批准或者不批准的决定，并由所在地省、自治区、直辖市新闻出版行政部门书面通知主办者；不批准的，应当说明理由。

第十一条 互联网出版业务经批准后，主办者应当持新闻出版行政部门的批准文件到省、自治区、直辖市电信管理机构办理相关手续。

第三章 互联网出版机构的权利和义务

第十二条 互联网出版机构，应当在其网站主页上标明新闻出版行政部门批准文号。

第十三条 互联网出版机构改变名称、主办者，合并或者分立，应当依据本规定第八条、第九条的规定办理变更手续，并应持新闻出版行政部门的批准文件到省、自治区、直辖市电信管理机构办理相应的手续。

第十四条 互联网出版机构终止互联网出版业务，主办者应当自终止互联网出版业务之日起30日内到所在地省、自治区、直辖市新闻出版行政部门办理注销手续，并报新闻出版总署备案。同时，到相关省、自治区、直辖市电信管理机构办理互联网信息服务业务经营许可证的变更或注销手续。

第十五条 互联网出版机构自登记之日起满180日未开展互联网出版活动的，由原登记的新闻出版行政部门注销登记,并向新闻出版总署备案。同时,向相关省、自治区、直辖市电信管理机构通报。

第十六条 互联网出版机构出版涉及国家安全、社会安定等方面的重大选题,应当依照重大选题备案的规定,报新闻出版总署备案。未经备案的重大选题,不得出版。

第十七条 互联网出版不得载有以下内容:
(一)反对宪法确定的基本原则的;
(二)危害国家统一、主权和领土完整的;
(三)泄露国家秘密、危害国家安全或者损害国家荣誉和利益的;
(四)煽动民族仇恨、民族歧视,破坏民族团结,或者侵害民族风俗、习惯的;
(五)宣扬邪教、迷信的;
(六)散布谣言,扰乱社会秩序,破坏社会稳定的;
(七)宣扬淫秽、赌博、暴力或者教唆犯罪的;
(八)侮辱或者诽谤他人,侵害他人合法权益的;
(九)危害社会公德或者民族优秀文化传统的;
(十)有法律、行政法规和国家规定禁止的其他内容的。

第十八条 以未成年人为对象的互联网出版内容不得含有诱发未成年人模仿违反社会公德的行为和违法犯罪的行为的内容,以及恐怖、残酷等妨害未成年人身心健康的内容。

第十九条 互联网出版的内容不真实或不公正,致使公民、法人或者其他组织合法利益受到侵害的,互联网出版机构应当公开更正,消除影响,并依法承担民事责任。

第二十条 互联网出版机构发现所登载或者发送的作品含有本规定第十七条、第十八条所列内容之一的,应当立即停止登载或者发送,保存有关记录,并向所在地省、自治区、直辖市新闻出版行政部门报告并同时抄报新闻出版总署。

第二十一条 互联网出版机构应当实行编辑责任制度,必须有专门的编辑人员对出版内容进行审查,保障互联网出版内容的合法性。互联网出版机构的编辑人员应当接受上岗前的培训。

第二十二条 互联网出版机构应当记录备份所登载或者发送的作品内容及其时间、互联网地址或者域名,记录备份应当保存60日,并在国家有关部门依法查询时,予以提供。

第二十三条 从事互联网出版活动,应当遵守国家有关著作权的法律、法规,应当标明与所登载或者发送作品相关的著作权记录。

第四章 罚 则

第二十四条 未经批准,擅自从事互联网出版活动的,由省、自治区、直辖市新闻出版行政部门或者新闻出版总署予以取缔,没收从事非法出版活动的主要设备、专用工具及违法所得,违法经营额1万元以上的,并处违法经营额5倍以上10倍以下罚款;违法经营额不足1万元的,并处1万元以上5万元以下罚款。

第二十五条 违反本规定第十二条的,由省、自治区、直辖市新闻出版行政部门或者新闻出版总署予以警告,并处 5000 元以上 5 万元以下罚款。

第二十六条 违反本规定第十六条的,责令停止登载或者发送未经备案的重大选题作品,由省、自治区、直辖市新闻出版行政部门或者新闻出版总署予以警告,并处 1 万元以上 5 万元以下罚款;情节严重的,责令限期停业整顿或者撤销批准。

第二十七条 互联网出版机构登载或者发送本规定第十七条、第十八条禁止内容的,由省、自治区、直辖市新闻出版行政部门或者新闻出版总署没收违法所得,违法经营额 1 万元以上的,并处违法经营额 5 倍以上 10 倍以下罚款;违法经营额不足 1 万元的,并处 1 万元以上 5 万元以下罚款;情节严重的,责令限期停业整顿或者撤销批准。

第二十八条 违反本规定第二十二条的,由省、自治区、直辖市电信管理机构责令改正;情节严重的,责令停业整顿或者暂时关闭网站。

第五章 附 则

第二十九条 本规定施行前按照国家有关规定已经从事互联网出版活动的,应当自本规定施行之日起 60 日内依据本规定第八条、第九条的规定办理审批手续。

第三十条 本规定自 2002 年 8 月 1 日起施行。

2.《互联网著作权行政保护办法》

发布单位：国家版权局、信息产业部

发布文号：国家版权局、信息产业部令 2005 年第 5 号

发布日期：2005-04-30

生效日期：2005-05-30

第一条 为了加强互联网信息服务活动中信息网络传播权的行政保护,规范行政执法行为,根据《中华人民共和国著作权法》及有关法律、行政法规,制定本办法。

第二条 本办法适用于互联网信息服务活动中根据互联网内容提供者的指令,通过互联网自动提供作品、录音录像制品等内容的上载、存储、链接或搜索等功能,且对存储或传输的内容不进行任何编辑、修改或选择的行为。

互联网信息服务活动中直接提供互联网内容的行为,适用著作权法。

本办法所称"互联网内容提供者"是指在互联网上发布相关内容的上网用户。

第三条 各级著作权行政管理部门依照法律、行政法规和本办法对互联网信息服务活动中的信息网络传播权实施行政保护。国务院信息产业主管部门和各省、自治区、直辖市电信管理机构依法配合相关工作。

第四条 著作权行政管理部门对侵犯互联网信息服务活动中的信息网络传播权的行为实施行政处罚,适用《著作权行政处罚实施办法》。

侵犯互联网信息服务活动中的信息网络传播权的行为由侵权行为实施地的著作权行政管理部门管辖。侵权行为实施地包括提供本办法第二条所列的互联网信息服务活动的服务器等设备所在地。

第五条 著作权人发现互联网传播的内容侵犯其著作权,向互联网信息服务提供者或

者其委托的其他机构(以下统称"互联网信息服务提供者")发出通知后,互联网信息服务提供者应当立即采取措施移除相关内容,并保留著作权人的通知6个月。

第六条　互联网信息服务提供者收到著作权人的通知后,应当记录提供的信息内容及其发布的时间、互联网地址或者域名。互联网接入服务提供者应当记录互联网内容提供者的接入时间、用户账号、互联网地址或者域名、主叫电话号码等信息。

前款所称记录应当保存60日,并在著作权行政管理部门查询时予以提供。

第七条　互联网信息服务提供者根据著作权人的通知移除相关内容的,互联网内容提供者可以向互联网信息服务提供者和著作权人一并发出说明被移除内容不侵犯著作权的反通知。反通知发出后,互联网信息服务提供者即可恢复被移除的内容,且对该恢复行为不承担行政法律责任。

第八条　著作权人的通知应当包含以下内容:
(一)涉嫌侵权内容所侵犯的著作权权属证明;
(二)明确的身份证明、住址、联系方式;
(三)涉嫌侵权内容在信息网络上的位置;
(四)侵犯著作权的相关证据;
(五)通知内容的真实性声明。

第九条　互联网内容提供者的反通知应当包含以下内容:
(一)明确的身份证明、住址、联系方式;
(二)被移除内容的合法性证明;
(三)被移除内容在互联网上的位置;
(四)反通知内容的真实性声明。

第十条　著作权人的通知和互联网内容提供者的反通知应当采取书面形式。

著作权人的通知和互联网内容提供者的反通知不具备本办法第八条、第九条所规定内容的,视为未发出。

第十一条　互联网信息服务提供者明知互联网内容提供者通过互联网实施侵犯他人著作权的行为,或者虽不明知,但接到著作权人通知后未采取措施移除相关内容,同时损害社会公共利益的,著作权行政管理部门可以根据《中华人民共和国著作权法》第四十七条的规定责令停止侵权行为,并给予下列行政处罚:
(一)没收违法所得;
(二)处以非法经营额3倍以下的罚款;非法经营额难以计算的,可以处10万元以下的罚款。

第十二条　没有证据表明互联网信息服务提供者明知侵权事实存在的,或者互联网信息服务提供者接到著作权人通知后,采取措施移除相关内容的,不承担行政法律责任。

第十三条　著作权行政管理部门在查处侵犯互联网信息服务活动中的信息网络传播权案件时,可以按照《著作权行政处罚实施办法》第十二条规定要求著作权人提交必备材料,以及向互联网信息服务提供者发出的通知和该互联网信息服务提供者未采取措施移除相关内容的证明。

第十四条 互联网信息服务提供者有本办法第十一条规定的情形,且经著作权行政管理部门依法认定专门从事盗版活动,或有其他严重情节的,国务院信息产业主管部门或者省、自治区、直辖市电信管理机构依据相关法律、行政法规的规定处理;互联网接入服务提供者应当依据国务院信息产业主管部门或者省、自治区、直辖市电信管理机构的通知,配合实施相应的处理措施。

第十五条 互联网信息服务提供者未履行本办法第六条规定的义务,由国务院信息产业主管部门或者省、自治区、直辖市电信管理机构予以警告,可以并处三万元以下罚款。

第十六条 著作权行政管理部门在查处侵犯互联网信息服务活动中的信息网络传播权案件过程中,发现互联网信息服务提供者的行为涉嫌构成犯罪的,应当依照国务院《行政执法机关移送涉嫌犯罪案件的规定》将案件移送司法部门,依法追究刑事责任。

第十七条 表演者、录音录像制作者等与著作权有关的权利人通过互联网向公众传播其表演或者录音录像制品的权利的行政保护适用本办法。

第十八条 本办法由国家版权局和信息产业部负责解释。

第十九条 本办法自 2005 年 5 月 30 日起施行。

3.《电子出版物出版管理规定》

发布单位:中华人民共和国新闻出版总署
发布文号:国家新闻出版总署令第 34 号
发布日期:2007-12-26
生效日期:2008-04-15

(2007 年 12 月 26 日新闻出版总署第二次署务会议通过)

第一章 总 则

第一条 为了加强对电子出版物出版活动的管理,促进电子出版事业的健康发展与繁荣,根据国务院《出版管理条例》、《国务院对确需保留的行政审批项目设定行政许可的决定》和有关法律、行政法规,制定本规定。

第二条 在中华人民共和国境内从事电子出版物的制作、出版、进口活动,适用本规定。

本规定所称电子出版物,是指以数字代码方式,将有知识性、思想性内容的信息编辑加工后存储在固定物理形态的磁、光、电等介质上,通过电子阅读、显示、播放设备读取使用的大众传播媒体,包括只读光盘(CD-ROM、DVD-ROM 等)、一次写入光盘(CD-R、DVD-R 等)、可擦写光盘(CD-RW、DVD-RW 等)、软磁盘、硬磁盘、集成电路卡等,以及新闻出版总署认定的其他媒体形态。

第三条 电子出版物不得含有《出版管理条例》第二十六条、第二十七条禁止的内容。

第四条 新闻出版总署负责全国电子出版物出版活动的监督管理工作。

县级以上地方新闻出版行政部门负责本行政区域内电子出版物出版活动的监督管理

工作。

第五条 国家对电子出版物出版活动实行许可制度；未经许可，任何单位和个人不得从事电子出版物的出版活动。

第二章　出版单位设立

第六条 设立电子出版物出版单位，应当具备下列条件：

（一）有电子出版物出版单位的名称、章程；

（二）有符合新闻出版总署认定条件的主管、主办单位；

（三）有确定的电子出版物出版业务范围；

（四）有 200 万元以上的注册资本；

（五）有适应业务范围需要的设备和工作场所，其固定工作场所面积不得少于 200 平方米；

（六）有适应业务范围需要的组织机构，有 2 人以上具有中级以上出版专业职业资格；

（七）法律、行政法规规定的其他条件。

除依照前款所列条件外，还应当符合国家关于电子出版物出版单位总量、结构、布局的规划。

第七条 设立电子出版物出版单位，经其主管单位同意后，由主办单位向所在地省、自治区、直辖市新闻出版行政部门提出申请；经省、自治区、直辖市新闻出版行政部门审核同意后，报新闻出版总署审批。

第八条 申请设立电子出版物出版单位，应当提交下列材料：

（一）按要求填写的申请表，应当载明出版单位的名称、地址、资本结构、资金来源及数额，出版单位的主管、主办单位的名称和地址等内容；

（二）主办单位、主管单位的有关资质证明材料；

（三）出版单位章程；

（四）法定代表人或者主要负责人及本规定第六条要求的有关人员的资格证明和身份证明；

（五）可行性论证报告；

（六）由依法设立的验资机构出具的注册资本验资证明；

（七）工作场所使用证明。

第九条 新闻出版总署自受理设立电子出版物出版单位的申请之日起 90 日内，做出批准或者不批准的决定，直接或者由省、自治区、直辖市新闻出版行政部门书面通知主办单位；不批准的，应当说明理由。

第十条 设立电子出版物出版单位的主办单位应当自收到批准决定之日起 60 日内，向所在地省、自治区、直辖市新闻出版行政部门登记，领取新闻出版总署颁发的《电子出版物出版许可证》。

电子出版物出版单位持《电子出版物出版许可证》向所在地工商行政管理部门登记，依法领取营业执照。

第十一条 电子出版物出版单位自登记之日起满180日未从事出版活动的,由省、自治区、直辖市新闻出版行政部门注销登记,收回《电子出版物出版许可证》,并报新闻出版总署备案。

因不可抗力或者其他正当理由发生前款所列情形的,电子出版物出版单位可以向省、自治区、直辖市新闻出版行政部门申请延期。

第十二条 电子出版物出版单位变更名称、主办单位或者主管单位、业务范围、资本结构,合并或者分立,须依照本规定第七条、第八条的规定重新办理审批手续,并到原登记的工商行政管理部门办理相应的登记手续。

电子出版物出版单位变更地址、法定代表人或者主要负责人的,应当经其主管、主办单位同意,向所在地省、自治区、直辖市新闻出版行政部门申请变更登记后,到原登记的工商行政管理部门办理变更登记。

省、自治区、直辖市新闻出版行政部门须将有关变更登记事项报新闻出版总署备案。

第十三条 电子出版物出版单位终止出版活动的,应当向所在地省、自治区、直辖市新闻出版行政部门办理注销登记手续,并到原登记的工商行政管理部门办理注销登记。

省、自治区、直辖市新闻出版行政部门应将有关注销登记报新闻出版总署备案。

第十四条 申请出版连续型电子出版物,经主管单位同意后,由主办单位向所在地省、自治区、直辖市新闻出版行政部门提出申请;经省、自治区、直辖市新闻出版行政部门审核同意后,报新闻出版总署审批。

本规定所称连续型电子出版物,是指有固定名称,用卷、期、册或者年、月顺序编号,按照一定周期出版的电子出版物。

第十五条 申请出版连续型电子出版物,应当提交下列材料:

(一)申请书,应当载明连续型电子出版物的名称、刊期、媒体形态、业务范围、读者对象、栏目设置、文种等;

(二)主管单位的审核意见。

申请出版配报纸、期刊的连续型电子出版物,还须报送报纸、期刊样本。

第十六条 经批准出版的连续型电子出版物,新增或者改变连续型电子出版物的名称、刊期与出版范围的,须按照本规定第十四条、第十五条办理审批手续。

第十七条 出版行政部门对从事电子出版物制作的单位实行备案制管理。电子出版物制作单位应当于单位设立登记以及有关变更登记之日起30日内,将单位名称、地址、法定代表人或者主要负责人的姓名及营业执照复印件、法定代表人或主要负责人身份证明报所在地省、自治区、直辖市新闻出版行政部门备案。

本规定所称电子出版物制作,是指通过创作、加工、设计等方式,提供用于出版、复制、发行的电子出版物节目源的经营活动。

第三章 出 版 管 理

第十八条 电子出版物出版单位实行编辑责任制度,保障电子出版物的内容符合有关法规、规章规定。

第十九条 电子出版物出版单位应于每年 12 月 1 日前将下一年度的出版计划报所在地省、自治区、直辖市新闻出版行政部门,省、自治区、直辖市新闻出版行政部门审核同意后报新闻出版总署备案。

第二十条 电子出版物出版实行重大选题备案制度。涉及国家安全、社会安定等方面重大选题,涉及重大革命题材和重大历史题材的选题,应当按照新闻出版总署有关选题备案的规定办理备案手续;未经备案的重大选题,不得出版。

第二十一条 出版电子出版物,必须按规定使用中国标准书号。同一内容,不同载体形态、格式的电子出版物,应当分别使用不同的中国标准书号。

出版连续型电子出版物,必须按规定使用国内统一连续出版物号,不得使用中国标准书号出版连续型电子出版物。

第二十二条 电子出版物出版单位不得以任何形式向任何单位或者个人转让、出租、出售本单位的名称、电子出版物中国标准书号、国内统一连续出版物号。

第二十三条 电子出版物应当符合国家的技术、质量标准和规范要求。

出版电子出版物,须在电子出版物载体的印刷标识面或其装帧的显著位置载明电子出版物制作、出版单位的名称,中国标准书号或国内统一连续出版物号及条码,著作权人名称以及出版日期等其他有关事项。

第二十四条 电子出版物出版单位申请出版境外著作权人授权的电子出版物,须向所在地省、自治区、直辖市新闻出版行政部门提出申请;所在地省、自治区、直辖市新闻出版行政部门审核同意后,报新闻出版总署审批。

第二十五条 申请出版境外著作权人授权的电子出版物,应当提交下列材料:

(一)申请书,应当载明电子出版物名称、内容简介、授权方名称、授权方基本情况介绍等;

(二)申请单位的审读报告;

(三)样品及必要的内容资料;

(四)申请单位所在地省、自治区、直辖市著作权行政管理部门的著作权合同登记证明文件。

出版境外著作权人授权的电子游戏出版物还须提交游戏主要人物和主要场景图片资料、代理机构营业执照、发行合同及发行机构批发许可证、游戏文字脚本全文等材料。

第二十六条 新闻出版总署自受理出版境外著作权人授权电子出版物申请之日起,20 日内做出批准或者不批准的决定;不批准的,应当说明理由。

审批出版境外著作权人授权电子出版物,应当组织专家评审,并应当符合国家总量、结构、布局规划。

第二十七条　境外著作权人授权的电子出版物，须在电子出版物载体的印刷标识面或其装帧的显著位置载明引进出版批准文号和著作权授权合同登记证号。

第二十八条　已经批准出版的境外著作权人授权的电子出版物，若出版升级版本，须按照本规定第二十五条提交申请材料，报所在地省、自治区、直辖市新闻出版行政部门审批。

第二十九条　出版境外著作权人授权的电子游戏测试盘及境外互联网游戏作品客户端程序光盘，须按照本规定第二十五条提交申请材料，报所在地省、自治区、直辖市新闻出版行政部门审批。

第三十条　电子出版物出版单位与境外机构合做出版电子出版物，须经主管单位同意后，将选题报所在地省、自治区、直辖市新闻出版行政部门审核；省、自治区、直辖市新闻出版行政部门审核同意后，报新闻出版总署审批。

新闻出版总署自受理合做出版电子出版物选题申请之日起20日内，做出批准或者不批准的决定；不批准的，应当说明理由。

第三十一条　电子出版物出版单位申请与境外机构合做出版电子出版物，应当提交下列材料：

（一）申请书，应当载明合做出版的电子出版物的名称、载体形态、内容简介、合作双方名称、基本情况、合作方式等，并附拟合做出版的电子出版物的有关文字内容、图片等材料；

（二）合作意向书；

（三）主管单位的审核意见。

第三十二条　电子出版物出版单位与境外机构合做出版电子出版物，应在该电子出版物出版30日内将样盘报送新闻出版总署备案。

第三十三条　出版单位配合本版出版物出版电子出版物，向所在地省、自治区、直辖市新闻出版行政部门提出申请，省、自治区、直辖市新闻出版行政部门审核同意的，发放电子出版物中国标准书号和复制委托书，并报新闻出版总署备案。

第三十四条　出版单位申请配合本版出版物出版电子出版物，应提交申请书及本版出版物、拟出版电子出版物样品。

申请书应当载明配合本版出版物出版的电子出版物的名称、制作单位、主要内容、出版时间、复制数量和载体形式等内容。

第三十五条　电子出版物发行前，出版单位应当向国家图书馆、中国版本图书馆和新闻出版总署免费送交样品。

第三十六条　电子出版物出版单位的从业人员，应当具备国家规定的出版专业职业资格条件。

电子出版物出版单位的社长、总编辑须符合国家规定的任职资格和条件。

电子出版物出版单位的社长、总编辑须参加新闻出版行政部门组织的岗位培训，取得岗位培训合格证书后才能上岗。

第三十七条　电子出版物出版单位须遵守国家统计规定，依法向新闻出版行政部门报送统计资料。

第四章 进 口 管 理

第三十八条 进口电子出版物成品,须由新闻出版总署批准的电子出版物进口经营单位提出申请;所在地省、自治区、直辖市新闻出版行政部门审核同意后,报新闻出版总署审批。

第三十九条 申请进口电子出版物,应当提交下列材料:

(一)申请书,应当载明进口电子出版物的名称、内容简介、出版者名称、地址、进口数量等;

(二)主管单位审核意见;

(三)申请单位关于进口电子出版物的审读报告;

(四)进口电子出版物的样品及必要的内容资料。

第四十条 新闻出版总署自受理进口电子出版物申请之日起20日内,做出批准或者不批准的决定;不批准的,应当说明理由。

审批进口电子出版物,应当组织专家评审,并应当符合国家总量、结构、布局规划。

第四十一条 进口电子出版物的外包装上应贴有标识,载明批准进口文号及用中文注明的出版者名称、地址、著作权人名称、出版日期等有关事项。

第五章 非卖品管理

第四十二条 委托复制电子出版物非卖品,须向委托方或受托方所在地省、自治区、直辖市新闻出版行政部门提出申请,申请书应写明电子出版物非卖品的使用目的、名称、内容、发送对象、复制数量、载体形式等,并附样品。

电子出版物非卖品内容限于公益宣传、企事业单位业务宣传、交流、商品介绍等,不得定价,不得销售、变相销售或与其他商品搭配销售。

第四十三条 省、自治区、直辖市新闻出版行政部门应当自受理委托复制电子出版物非卖品申请之日起20日内,做出批准或者不批准的决定。批准的,发给电子出版物复制委托书;不批准的,应当说明理由。

第四十四条 电子出版物非卖品载体的印刷标识面及其装帧的显著位置应当注明电子出版物非卖品统一编号,编号分为四段:第一段为方括号内的各省、自治区、直辖市简称,第二段为"电子出版物非卖品"字样,第三段为圆括号内的年度,第四段为顺序编号。

第六章 委托复制管理

第四十五条 电子出版物、电子出版物非卖品应当委托经新闻出版总署批准设立的复制单位复制。

第四十六条 委托复制电子出版物和电子出版物非卖品,必须使用复制委托书,并遵守国家关于复制委托书的管理规定。

复制委托书由新闻出版总署统一印制。

第四十七条 委托复制电子出版物、电子出版物非卖品的单位，应当保证开具的复制委托书内容真实、准确、完整，并须将开具的复制委托书直接交送复制单位。

委托复制电子出版物、电子出版物非卖品的单位不得以任何形式向任何单位或者个人转让、出售本单位的复制委托书。

第四十八条 委托复制电子出版物的单位，自电子出版物完成复制之日起 30 日内，须向所在地省、自治区、直辖市新闻出版行政部门上交本单位及复制单位签章的复制委托书第二联及样品。

委托复制电子出版物的单位须将电子出版物复制委托书第四联保存 2 年备查。

第四十九条 委托复制电子出版物、电子出版物非卖品的单位，经批准获得电子出版物复制委托书之日起 90 日内未使用的，须向发放该委托书的省、自治区、直辖市新闻出版行政部门交回复制委托书。

第七章 年度核验

第五十条 电子出版物出版单位实行年度核验制度，年度核验每两年进行一次。省、自治区、直辖市新闻出版行政部门负责对本行政区域内的电子出版物出版单位实施年度核验。核验内容包括电子出版物出版单位的登记项目、设立条件、出版经营情况、遵纪守法情况、内部管理情况等。

第五十一条 电子出版物出版单位进行年度核验，应提交以下材料：

（一）电子出版物出版单位年度核验登记表；

（二）电子出版物出版单位两年的总结报告，应当包括执行出版法规的情况、出版业绩、资产变化等内容；

（三）两年出版的电子出版物出版目录；

（四）《电子出版物出版许可证》的复印件。

第五十二条 电子出版物出版单位年度核验程序为：

（一）电子出版物出版单位应于核验年度的 1 月 15 日前向所在地省、自治区、直辖市新闻出版行政部门提交年度核验材料；

（二）各省、自治区、直辖市新闻出版行政部门对本行政区域内电子出版物出版单位的设立条件、开展业务及执行法规等情况进行全面审核，并于该年度的 2 月底前完成年度核验工作；对符合年度核验要求的单位予以登记，并换发《电子出版物出版许可证》；

（三）各省、自治区、直辖市新闻出版行政部门应于核验年度的 3 月 20 日前将年度核验情况及有关书面材料报新闻出版总署备案。

第五十三条 电子出版物出版单位有下列情形之一的，暂缓年度核验：

（一）不具备本规定第六条规定条件的；

（二）因违反出版管理法规，正在限期停业整顿的；

（三）经审核发现有违法行为应予处罚的；

（四）曾违反出版管理法规受到行政处罚，未认真整改，仍存在违法问题的；

（五）长期不能正常开展电子出版物出版活动的。

暂缓年度核验的期限由省、自治区、直辖市新闻出版行政部门确定，最长不得超过3个月。暂缓期间，省、自治区、直辖市新闻出版行政部门应当督促、指导电子出版物出版单位进行整改。暂缓年度核验期满，对达到年度核验要求的电子出版物出版单位予以登记；仍未达到年度核验要求的电子出版物出版单位，由所在地省、自治区、直辖市新闻出版行政部门提出注销登记意见，新闻出版总署撤销《电子出版物出版许可证》，所在地省、自治区、直辖市新闻出版行政部门办理注销登记。

第五十四条　不按规定参加年度核验的电子出版物出版单位，经书面催告仍未参加年度核验的，由所在地省、自治区、直辖市新闻出版行政部门提出注销登记意见，新闻出版总署撤销《电子出版物出版许可证》，所在地省、自治区、直辖市新闻出版行政部门办理注销登记。

第五十五条　出版连续型电子出版物的单位按照本章规定参加年度核验。

第八章　法律责任

第五十六条　电子出版物出版单位违反本规定的，新闻出版总署或者省、自治区、直辖市新闻出版行政部门可以采取下列行政措施：

（一）下达警示通知书；

（二）通报批评；

（三）责令公开检讨；

（四）责令改正；

（五）责令停止复制、发行电子出版物；

（六）责令收回电子出版物；

（七）责成主办单位、主管单位监督电子出版物出版单位整改。

警示通知书由新闻出版总署制定统一格式，由新闻出版总署或者省、自治区、直辖市新闻出版行政部门下达给违法的电子出版物出版单位，并抄送违法电子出版物出版单位的主办单位及其主管单位。

本条所列行政措施可以并用。

第五十七条　未经批准，擅自设立电子出版物出版单位，擅自从事电子出版物出版业务，伪造、假冒电子出版物出版单位或者连续型电子出版物名称、电子出版物专用中国标准书号出版电子出版物的，按照《出版管理条例》第五十五条处罚。

图书、报纸、期刊、音像等出版单位未经批准，配合本版出版物出版电子出版物的，属于擅自从事电子出版物出版业务，按照前款处罚。

第五十八条　从事电子出版物制作、出版业务，有下列行为之一的，按照《出版管理条例》第五十六条处罚：

（一）制作、出版含有《出版管理条例》第二十六条、第二十七条禁止内容的电子出版物的；

（二）明知或者应知他人出版含有《出版管理条例》第二十六条、第二十七条禁止内容的电子出版物而向其出售、出租或者以其他形式转让本出版单位的名称、电子出版物专用中国标准书号、国内统一连续出版物号、条码及电子出版物复制委托书的。

第五十九条　电子出版物出版单位出租、出借、出售或者以其他任何形式转让本单位的名称、电子出版物专用中国标准书号、国内统一连续出版物号的，按照《出版管理条例》第六十条处罚。

第六十条　有下列行为之一的，按照《出版管理条例》第六十一条处罚：

（一）电子出版物出版单位变更名称、主办单位或者主管单位、业务范围、资本结构，合并或者分立，电子出版物出版单位变更地址、法定代表人或者主要负责人，未依照本规定的要求办理审批、变更登记手续的；

（二）经批准出版的连续型电子出版物，新增或者改变连续型电子出版物的名称、刊期与出版范围，未办理审批手续的；

（三）电子出版物出版单位未按规定履行年度出版计划和重大选题备案的；

（四）出版单位未按照有关规定送交电子出版物样品的；

（五）电子出版物进口经营单位违反本规定第三十八条未经批准进口电子出版物的。

第六十一条　电子出版物出版单位未依法向新闻出版行政部门报送统计资料的，依据新闻出版总署、国家统计局联合颁布的《新闻出版统计管理办法》处罚。

第六十二条　有下列行为之一的，由新闻出版行政部门责令改正，给予警告，可并处三万元以下罚款：

（一）电子出版物制作单位违反本规定第十七条，未办理备案手续的；

（二）电子出版物出版单位违反本规定第二十一条，未按规定使用中国标准书号或者国内统一连续出版物号的；

（三）电子出版物出版单位出版的电子出版物不符合国家的技术、质量标准和规范要求的，或者未按本规定第二十三条载明有关事项的；

（四）电子出版物出版单位出版境外著作权人授权的电子出版物，违反本规定第二十四条、第二十七条、第二十八条、第二十九条有关规定的；

（五）电子出版物出版单位与境外机构合做出版电子出版物，未按本规定第三十条办理选题审批手续的，未按本规定第三十二条将样盘报送备案的；

（六）电子出版物进口经营单位违反本规定第四十一条的；

（七）委托复制电子出版物非卖品违反本规定第四十二条的有关规定，或者未按第四十四条标明电子出版物非卖品统一编号的；

（八）电子出版物出版单位及其他委托复制单位违反本规定第四十五条至第四十九条的规定，委托未经批准设立的复制单位复制，或者未遵守有关复制委托书的管理制度的。

第九章　附　则

第六十三条　本规定自 2008 年 4 月 15 日起施行，新闻出版署 1997 年 12 月 30 日颁布的《电子出版物管理规定》同时废止，此前新闻出版行政部门对电子出版物制作、出版、进口活动的其他规定,凡与本规定不一致的,以本规定为准。

4.5 国务院直属事业单位制定的规章和规范

4.5.1 中国银行业监督管理委员会制定的规章和规范

1.《电子银行安全评估指引》

发布单位:中国银行业监督管理委员会
发布文号:银监发[2006]9号
发布日期:2006-01-26
生效日期:2006-03-01

第一章 总 则

　　第一条　为加强电子银行业务的安全与风险管理,保证电子银行安全评估的客观性、及时性、全面性和有效性,依据《电子银行业务管理办法》的有关规定,制定本指引。
　　第二条　电子银行的安全评估,是指金融机构在开展电子银行业务过程中,对电子银行的安全策略、内控制度、风险管理、系统安全、客户保护等方面进行的安全测试和管控能力的考察与评价。
　　第三条　开展电子银行业务的金融机构,应根据其电子银行发展和管理的需要,至少每2年对电子银行进行一次全面的安全评估。
　　第四条　金融机构可以利用外部专业化的评估机构对电子银行进行安全评估,也可以利用内部独立于电子银行业务运营和管理部门的评估部门对电子银行进行安全评估。
　　第五条　金融机构应建立电子银行安全评估的规章制度体系和工作规程,保证电子银行安全评估能够及时、客观地得以实施。
　　第六条　金融机构的电子银行安全评估,应接受中国银行业监督管理委员会(以下简称中国银监会)的监督指导。

第二章　安全评估机构

　　第七条　承担金融机构电子银行安全评估工作的机构,可以是金融机构外部的社会专业化机构,也可以是金融机构内部具备相应条件的相对独立部门。
　　第八条　外部机构从事电子银行安全评估,应具备以下条件:
　　(一)具有较为完善的开展电子银行安全评估业务的管理制度和操作规程;
　　(二)制定了系统、全面的评估手册或评估指导文件,评估手册或评估指导文件的内容应至少包括评估程序、评估方法和依据、评估标准等;
　　(三)拥有与电子银行安全评估相关的各类专业人才,了解国际和中国相关行业的行业标准;
　　(四)中国银监会规定的其他从事电子银行安全评估应当具备的条件。

第九条　金融机构内部部门从事电子银行安全评估,除应具备第八条规定的有关条件外,还应具备以下条件:

(一)必须独立于电子银行业务系统开发部门、运营部门和管理部门;

(二)未直接参与过有关电子银行设备的选购工作。

第十条　中国银监会负责电子银行安全评估机构资质认定工作。电子银行安全评估机构在开展金融机构电子银行安全评估业务前,可以向中国银监会申请对其资质进行认定。

第十一条　金融机构在进行电子银行安全评估时,可以选择经中国银监会资质认定的安全评估机构,也可以选择未经中国银监会资质认定的安全评估机构。金融机构选择经中国银监会资质认定的安全评估机构时,有关安全评估机构的管理适用本指引有关规定。金融机构选择未经中国银监会资质认定的安全评估机构时,安全评估机构的选择标准应不低于第八条、第九条规定的条件要求,并应按照《电子银行业务管理办法》的有关规定,报送相关材料。电子银行安全评估机构无论是否经过中国银监会资质认定,在开展电子银行安全评估活动时,都应遵守有关电子银行安全评估实施和管理的规定。

第十二条　中国银监会每年将组织一次电子银行安全评估机构资质认定工作,评定时间应提前1个月公告。

第十三条　申请资质认定的电子银行安全评估机构,应在中国银监会公告规定的时限内提交以下材料(一式七份):

(一)电子银行安全评估资质认定申请报告;

(二)机构介绍;

(三)安全评估业务管理框架、管理制度、操作规程等;

(四)评估手册或评估指导文件;

(五)主要评估人员简历;

(六)中国银监会要求提供的其他文件、资料。

第十四条　中国银监会收到安全评估机构资质认定申请完整材料后,组织有关专家和监管人员对申请材料进行评议,采用投票的办法评定电子银行安全评估机构是否达到了有关资质要求。

第十五条　中国银监会对评估机构资质评议后,出具《电子银行安全评估机构资质认定意见书》,载明评议意见,对评估机构的资质做出认定。

第十六条　中国银监会出具的《电子银行安全评估机构资质认定意见书》,仅供评估机构与金融机构商洽有关电子银行安全评估业务时使用,不影响评估机构开展其他经营活动。

评估机构不得将《电子银行安全评估机构资质认定意见书》用于宣传或其他活动。

第十七条　经中国银监会评议并被认为达到有关资质要求的评估机构,每次资质认定的有效期限为2年。

经评议不符合认定资质的,评估机构可在下一年度重新申请资质认定。

第十八条　在资质认定的有效期限内,电子银行安全评估机构如果出现下列情况,中国

银监会将撤销已做出的评议和认定意见:

(一)评估机构管理不善,其工作人员泄露被评估机构秘密的;

(二)评估工作质量低下,评估活动出现重要遗漏的;

(三)未按要求提交评估报告,或评估报告中存在不实表述的;

(四)将《电子银行安全评估机构资质认定意见书》用于宣传和其他经营活动的;

(五)存在其他严重不尽职行为的。

第十九条 评估机构有下列行为之一的,中国银监会将在一定期限或无限期不再受理评估机构的资质认定申请,金融机构不应再委托该评估机构进行安全评估:

(一)与委托机构合谋,共同隐瞒在安全评估过程中发现的安全漏洞,未按要求写入评估报告的;

(二)在评估过程中弄虚作假,编造安全评估报告的;

(三)泄漏被评估机构机密信息,或不当使用被评估机构机密资料的。

金融机构内部评估机构出现以上情况之一的,中国银监会将依法对相关机构和责任人进行处罚。

第二十条 中国银监会认可的电子银行安全评估机构,以及有关资质认定、撤销等信息,仅向开展电子银行业务的各金融机构通报,不向社会发布。金融机构不得向第三方泄露中国银监会的有关通报信息,影响有关机构的其他业务活动,也不得将有关信息用于与电子银行安全评估活动无关的其他业务活动。

第二十一条 金融机构可以在中国银监会认定的评估机构范围内,自主选择电子银行安全评估机构。

第二十二条 电子银行主要系统设置于境外并在境外实施电子银行安全评估的外资金融机构,以及需要按照所在地监管部门的要求在境外实施电子银行安全评估的中资金融机构境外分支机构,电子银行安全评估机构的选择应遵循所在国家或地区的法律要求。所在国家或地区没有相关法律要求的,金融机构应参照本指引的有关规定开展安全评估活动。

第二十三条 金融机构应与聘用的电子银行安全评估机构签订书面服务协议,在服务协议中,必须含有明确的保密条款和保密责任。金融机构选择内部部门作为评估机构时,应由电子银行管理部门与评估部门签订评估责任确定书。

第二十四条 安全评估机构应根据评估协议的规定,认真履行评估职责,真实评估被评估机构电子银行安全状况。

第三章 安全评估的实施

第二十五条 评估机构在开始电子银行安全评估之前,应就评估的范围、重点、时间与要求等问题,与被评估机构进行充分的沟通,制定评估计划,由双方签字认可。

第二十六条 依据评估计划,评估机构进场对委托机构的电子银行安全进行评估。电子银行安全评估应真实、全面地评价电子银行系统的安全性。

第二十七条 电子银行安全评估至少应包括以下内容:

（一）安全策略；

（二）内控制度建设；

（三）风险管理状况；

（四）系统安全性；

（五）电子银行业务运行连续性计划；

（六）电子银行业务运行应急计划；

（七）电子银行风险预警体系；

（八）其他重要安全环节和机制的管理。

第二十八条 电子银行安全策略的评估，至少应包括以下内容：

（一）安全策略制定的流程与合理性；

（二）系统设计与开发的安全策略；

（三）系统测试与验收的安全策略；

（四）系统运行与维护的安全策略；

（五）系统备份与应急的安全策略；

（六）客户信息安全策略。

评估机构对金融机构安全策略的评估，不仅要评估安全策略、规章制度和程序是否存在，还要评估这些制度是否得到贯彻执行，是否及时更新，是否全面覆盖电子银行业务系统。

第二十九条 电子银行内控制度的评估，应至少包括以下内容：

（一）内部控制体系总体建设的科学性与适宜性；

（二）董事会和高级管理层在电子银行安全和风险管理体系中的职责，以及相关部门职责和责任的合理性；

（三）安全监控机制的建设与运行情况；

（四）内部审计制度的建设与运行情况。

第三十条 电子银行风险管理状况的评估，应至少包括以下内容：

（一）电子银行风险管理架构的适应性和合理性；

（二）董事会和高级管理层对电子银行安全与风险管理的认知能力与相关政策、策略的制定执行情况；

（三）电子银行管理机构职责设置的合理性及对相关风险的管控能力；

（四）管理人员配备与培训情况；

（五）电子银行风险管理的规章制度与操作规定、程序等的执行情况；

（六）电子银行业务的主要风险及管理状况；

（七）业务外包管理制度建设与管理状况。

第三十一条 电子银行系统安全性的评估，应至少包括以下内容：

（一）物理安全；

（二）数据通信安全；

（三）应用系统安全；
（四）密钥管理；
（五）客户信息认证与保密；
（六）入侵监测机制和报告反应机制。

评估机构应突出对数据通讯安全和应用系统安全的评估，客观评价金融机构是否采用了合适的加密技术、合理设计和配置了服务器和防火墙，银行内部运作系统和数据库是否安全等，以及金融机构是否制定了控制和管理修改电子银行系统的制度和控制程序，并能保证各种修改得到及时测试和审核。

第三十二条　电子银行业务运行连续性计划的评估，应至少包括以下内容：
（一）保障业务连续运营的设备和系统能力；
（二）保证业务连续运营的制度安排和执行情况。

第三十三条　电子银行业务运行应急计划的评估，应至少包括以下内容：
（一）电子银行应急制度建设与执行情况；
（二）电子银行应急设施设备配备情况；
（三）定期、持续性检测与演练情况；
（四）应对意外事故或外部攻击的能力。

第三十四条　评估机构应制定本机构电子银行安全评定标准，在进行安全评估时，应根据委托机构的实际情况，确定不同评估内容对电子银行总体风险影响程度的权重，对每项评估内容进行评分，综合计算出被评估机构电子银行的风险等级。

第三十五条　评估完成后，评估机构应及时撰写评估报告，并于评估完成后1个月内向委托机构提交由其法定代表人或其授权委托人签字认可的评估报告。

第三十六条　评估报告应至少包括以下内容：
（一）评估的时间、范围及其他协议中重要的约定；
（二）评估的总体框架、程序、主要方法及主要评估人员介绍；
（三）不同评估内容风险权重的确定标准，风险等级的计算方法，以及风险等级的定义；
（四）评估内容与评估活动描述；
（五）评估结论；
（六）对被评估机构电子银行安全管理的建议；
（七）其他需要说明的问题；
（八）主要术语定义和所采用的国际或国内标准介绍（可作为附件）；
（九）评估工作流程记录表（可作为附件）；
（十）评估机构参加评估人员名单（可作为附件）。

在评估结论中，评估机构应采用量化的办法表明被评估机构电子银行的风险等级，说明被评估机构电子银行安全管理中存在的主要问题与隐患，并提出整改建议。

第三十七条　评估报告完成并提交委托机构后，如需修改，应将修改的原因、依据和修改意见作为附件附在原报告之后，不得直接修改原报告。

第四章 安全评估活动的管理

第三十八条 金融机构在申请开办电子银行业务时，应当按照有关规定对完成测试的电子银行系统进行安全评估。

第三十九条 金融机构开办电子银行业务后，有下列情形之一的，应立即组织安全评估：

（一）由于安全漏洞导致系统被攻击瘫痪，修复运行的；

（二）电子银行系统进行重大更新或升级后，出现系统意外停机 12 小时以上的；

（三）电子银行关键设备与设施更换后，出现重大事故修复后仍不能保持连续不间断运行的；

（四）基于电子银行安全管理需要立即评估的。

第四十条 金融机构对电子银行外部安全评估机构的选聘，应由金融机构的董事会或高级管理层负责。

第四十一条 已实现数据集中管理的银行业金融机构，其分支机构开展电子银行业务不需单独进行安全评估，在总行（公司）的电子银行安全评估中应包含对其分支机构电子银行安全管理状况的评估。

第四十二条 未实现数据集中管理的银行业金融机构，其分支机构开展电子银行业务且拥有独立的业务处理设备与系统的，分支机构的电子银行系统应在总行（公司）的统一管理和指导下，按照有关规定进行安全评估。

第四十三条 电子银行主要业务处理系统设置在境外的外资金融机构，其境外总行（公司）已经进行了安全评估且符合本指引有关规定的，其境内分支机构开展电子银行业务不需单独进行安全评估，但应按照本指引的有关要求，向监管部门报送安全评估报告。

第四十四条 电子银行主要业务处理系统设置在境内的外资金融机构，或者虽设置在境外但其境外总行（公司）未进行安全评估或安全评估不符合本指引有关规定的，应按规定开展电子银行安全评估工作。

第四十五条 电子银行安全评估工作，确需由多个评估机构共同承担或实施时，金融机构应确定一个主要的评估机构协调总体评估工作，负责总体评估报告的编制。

金融机构将电子银行系统委托给不同的评估机构进行安全评估，应当明确每个评估机构安全评估的范围，并保证全面覆盖了应评估的事项，没有遗漏。

第四十六条 金融机构应在签署评估协议后两周内，将评估机构简介、拟采用的评估方案和评估步骤等，报送中国银监会。

第四十七条 中国银监会根据监管工作的需要，可派员参加金融机构电子银行安全评估工作，但不作为正式评估人员，不提供评估意见。

第四十八条 评估机构应本着客观、公正、真实和自主的原则，开展评估活动，并严格保守在评估过程中获悉的商业机密。

第四十九条　在评估过程中,委托机构和评估机构之间应建立信息保密工作机制:

(一)评估过程中,调阅相关资料、复制相关文件或数据等,都应建立登记、签字制度;

(二)调阅的文件资料应在指定的场所阅读,不得带出指定场所;

(三)复制的文件或数据一般也不应带出工作场所,如确需带出的,必须详细登记带出文件或数据名称、数量、带出原因、文件与数据的最终处理方式、责任人等,并由相关负责人签字确认;

(四)评估过程中废弃的文件、材料和不再使用的数据,应立即予以销毁或删除;

(五)评估工作结束后,双方应就有关机密数据、资料等的交接情况签署说明。

第五十条　金融机构在收到评估机构评估报告的1个月内,应将评估报告报送中国银监会。

金融机构报送评估报告时,可对评估报告中的有关问题作必要的说明。

第五十一条　未经监管部门批准,电子银行安全评估报告不得作为广告宣传资料使用,也不得提供给除监管部门以外的第三方机构。

第五十二条　对未按有关要求进行的安全评估,或者评估程序、方法和评估报告存在重要缺陷的安全评估,中国银监会可以要求金融机构进行重新评估。

第五十三条　中国银监会根据监管工作的需要,可以自己组织或委托评估机构对金融机构的电子银行系统进行安全评估,金融机构应予以配合。

第五十四条　中国银监会根据监管工作的需要,可直接向评估机构了解其评估的方法、范围和程序等。

第五十五条　对于评估报告中所反映出的问题,金融机构应采取有效的措施加以纠正。

第五章　附　　则

第五十六条　本指引由中国银监会负责解释。

第五十七条　本指引自 2006 年 3 月 1 日起施行。

2.《商业银行信息科技风险管理指引》

发布单位:中国银行业监督管理委员会

发布文号:银监发[2009]19 号

发布日期:2009-03-03

生效日期:2009-03-03

第一章　总　　则

第一条　为加强商业银行信息科技风险管理,根据《中华人民共和国银行业监督管理法》、《中华人民共和国商业银行法》、《中华人民共和国外资银行管理条例》,以及国家信息安全相关要求和有关法律法规,制定本指引。

第二条　本指引适用于在中华人民共和国境内依法设立的法人商业银行。

政策性银行、农村合作银行、城市信用社、农村信用社、村镇银行、贷款公司、金融资产管理公司、信托公司、财务公司、金融租赁公司、汽车金融公司、货币经纪公司等其他银行业金融机构参照执行。

第三条 本指引所称信息科技是指计算机、通信、微电子和软件工程等现代信息技术，在商业银行业务交易处理、经营管理和内部控制等方面的应用，并包括进行信息科技治理，建立完整的管理组织架构，制订完善的管理制度和流程。

第四条 本指引所称信息科技风险，是指信息科技在商业银行运用过程中，由于自然因素、人为因素、技术漏洞和管理缺陷产生的操作、法律和声誉等风险。

第五条 信息科技风险管理的目标是通过建立有效的机制，实现对商业银行信息科技风险的识别、计量、监测和控制，促进商业银行安全、持续、稳健运行，推动业务创新，提高信息技术使用水平，增强核心竞争力和可持续发展能力。

第二章 信息科技治理

第六条 商业银行法定代表人是本机构信息科技风险管理的第一责任人，负责组织本指引的贯彻落实。

第七条 商业银行的董事会应履行以下信息科技管理职责：

（一）遵守并贯彻执行国家有关信息科技管理的法律、法规和技术标准，落实中国银行业监督管理委员会（以下简称银监会）相关监管要求。

（二）审查批准信息科技战略，确保其与银行的总体业务战略和重大策略相一致。评估信息科技及其风险管理工作的总体效果和效率。

（三）掌握主要的信息科技风险，确定可接受的风险级别，确保相关风险能够被识别、计量、监测和控制。

（四）规范职业道德行为和廉洁标准，增强内部文化建设，提高全体人员对信息科技风险管理重要性的认识。

（五）设立一个由来自高级管理层、信息科技部门和主要业务部门的代表组成的专门信息科技管理委员会，负责监督各项职责的落实，定期向董事会和高级管理层汇报信息科技战略规划的执行、信息科技预算和实际支出、信息科技的整体状况。

（六）在建立良好的公司治理的基础上进行信息科技治理，形成分工合理、职责明确、相互制衡、报告关系清晰的信息科技治理组织结构。加强信息科技专业队伍的建设，建立人才激励机制。

（七）确保内部审计部门进行独立有效的信息科技风险管理审计，对审计报告进行确认并落实整改。

（八）每年审阅并向银监会及其派出机构报送信息科技风险管理的年度报告。

（九）确保信息科技风险管理工作所需资金。

（十）确保银行所有员工充分理解和遵守经其批准的信息科技风险管理制度和流程，并安排相关培训。

（十一）确保本法人机构涉及客户信息、账务信息以及产品信息等的核心系统在中国境内独立运行,并保持最高的管理权限,符合银监会监管和实施现场检查的要求,防范跨境风险。

(十二)及时向银监会及其派出机构报告本机构发生的重大信息科技事故或突发事件,按相关预案快速响应。

(十三)配合银监会及其派出机构做好信息科技风险监督检查工作,并按照监管意见进行整改。

(十四)履行信息科技风险管理其他相关工作。

第八条 商业银行应设立首席信息官,直接向行长汇报,并参与决策。首席信息官的职责包括:

(一)直接参与本银行与信息科技运用有关的业务发展决策。

(二)确保信息科技战略,尤其是信息系统开发战略,符合本银行的总体业务战略和信息科技风险管理策略。

(三)负责建立一个切实有效的信息科技部门,承担本银行的信息科技职责。确保其履行:信息科技预算和支出、信息科技策略、标准和流程、信息科技内部控制、专业化研发、信息科技项目发起和管理、信息系统和信息科技基础设施的运行、维护和升级、信息安全管理、灾难恢复计划、信息科技外包和信息系统退出等职责。

(四)确保信息科技风险管理的有效性,并使有关管理措施落实到相关的每一个内设机构和分支机构。

(五)组织专业培训,提高人才队伍的专业技能。

(六)履行信息科技风险管理其他相关工作。

第九条 商业银行应对信息科技部门内部管理职责进行明确的界定;各岗位的人员应具有相应的专业知识和技能,重要岗位应制定详细完整的工作手册并适时更新。对相关人员应采取下列风险防范措施:

(一)验证个人信息,包括核验有效身份证件、学历证明、工作经历和专业资格证书等信息。

(二)审核信息科技员工的道德品行,确保其具备相应的职业操守。

(三)确保员工了解、遵守信息科技策略、指导原则、信息保密、授权使用信息系统、信息科技管理制度和流程等要求,并同员工签订相关协议。

(四)评估关键岗位信息科技员工流失带来的风险,做好安排候补员工和岗位接替计划等防范措施;在员工岗位发生变化后及时变更相关信息。

第十条 商业银行应设立或指派一个特定部门负责信息科技风险管理工作,并直接向首席信息官或首席风险官(风险管理委员会)报告工作。该部门应为信息科技突发事件应急响应小组的成员之一,负责协调制定有关信息科技风险管理策略,尤其是在涉及信息安全、业务连续性计划和合规性风险等方面,为业务部门和信息科技部门提供建议及相关合规性信息,实施持续信息科技风险评估,跟踪整改意见的落实,监控信息安全威胁和不合规事件的发生。

第十一条 商业银行应在内部审计部门设立专门的信息科技风险审计岗位,负责信息科技审计制度和流程的实施,制订和执行信息科技审计计划,对信息科技整个生命周期和重大事件等进行审计。

第十二条 商业银行应按照知识产权相关法律法规,制定本机构信息科技知识产权保护策略和制度,并使所有员工充分理解并遵照执行。确保购买和使用合法的软硬件产品,禁止侵权盗版;采取有效措施保护本机构自主知识产权。

第十三条 商业银行应依据有关法律法规的要求,规范和及时披露信息科技风险状况。

第三章 信息科技风险管理

第十四条 商业银行应制定符合银行总体业务规划的信息科技战略、信息科技运行计划和信息科技风险评估计划,确保配置足够人力、财力资源,维持稳定、安全的信息科技环境。

第十五条 商业银行应制定全面的信息科技风险管理策略,包括但不限于下述领域:

(一)信息分级与保护。

(二)信息系统开发、测试和维护。

(三)信息科技运行和维护。

(四)访问控制。

(五)物理安全。

(六)人员安全。

(七)业务连续性计划与应急处置。

第十六条 商业银行应制定持续的风险识别和评估流程,确定信息科技中存在隐患的区域,评价风险对其业务的潜在影响,对风险进行排序,并确定风险防范措施及所需资源的优先级别(包括外包供应商、产品供应商和服务商)。

第十七条 商业银行应依据信息科技风险管理策略和风险评估结果,实施全面的风险防范措施。防范措施应包括:

(一)制定明确的信息科技风险管理制度、技术标准和操作规程等,定期进行更新和公示。

(二)确定潜在风险区域,并对这些区域进行详细和独立的监控,实现风险最小化。建立适当的控制框架,以便于检查和平衡风险;定义每个业务级别的控制内容,包括:

1. 最高权限用户的审查。

2. 控制对数据和系统的物理和逻辑访问。

3. 访问授权以"必须知道"和"最小授权"为原则。

4. 审批和授权。

5. 验证和调节。

第十八条 商业银行应建立持续的信息科技风险计量和监测机制,其中应包括:

（一）建立信息科技项目实施前及实施后的评价机制。
（二）建立定期检查系统性能的程序和标准。
（三）建立信息科技服务投诉和事故处理的报告机制。
（四）建立内部审计、外部审计和监管发现问题的整改处理机制。
（五）安排供应商和业务部门对服务水平协议的完成情况进行定期审查。
（六）定期评估新技术发展可能造成的影响和已使用软件面临的新威胁。
（七）定期进行运行环境下操作风险和管理控制的检查。
（八）定期进行信息科技外包项目的风险状况评价。

第十九条　中资商业银行在境外设立的机构及境内的外资商业银行，应当遵守境内外监管机构关于信息科技风险管理的要求，并防范因监管差异所造成的风险。

第四章　信息安全

第二十条　商业银行信息科技部门负责建立和实施信息分类和保护体系，商业银行应使所有员工都了解信息安全的重要性，并组织提供必要的培训，让员工充分了解其职责范围内的信息保护流程。

第二十一条　商业银行信息科技部门应落实信息安全管理职能。该职能应包括建立信息安全计划和保持长效的管理机制，提高全体员工信息安全意识，就安全问题向其他部门提供建议，并定期向信息科技管理委员会提交本银行信息安全评估报告。信息安全管理机制应包括信息安全标准、策略、实施计划和持续维护计划。

信息安全策略应涉及以下领域：
（一）安全制度管理。
（二）信息安全组织管理。
（三）资产管理。
（四）人员安全管理。
（五）物理与环境安全管理。
（六）通信与运营管理。
（七）访问控制管理。
（八）系统开发与维护管理。
（九）信息安全事故管理。
（十）业务连续性管理。
（十一）合规性管理。

第二十二条　商业银行应建立有效管理用户认证和访问控制的流程。用户对数据和系统的访问必须选择与信息访问级别相匹配的认证机制，并且确保其在信息系统内的活动只限于相关业务能合法开展所要求的最低限度。用户调动到新的工作岗位或离开商业银行时，应在系统中及时检查、更新或注销用户身份。

第二十三条　商业银行应确保设立物理安全保护区域，包括计算机中心或数据中心、存储机密信息或放置网络设备等重要信息科技设备的区域,明确相应的职责,采取必要的预防、检测和恢复控制措施。

第二十四条 商业银行应根据信息安全级别,将网络划分为不同的逻辑安全域(以下简称为域)。应该对下列安全因素进行评估,并根据安全级别定义和评估结果实施有效的安全控制,如对每个域和整个网络进行物理或逻辑分区、实现网络内容过滤、逻辑访问控制、传输加密、网络监控、记录活动日志等。

(一)域内应用程序和用户组的重要程度。

(二)各种通讯渠道进入域的访问点。

(三)域内配置的网络设备和应用程序使用的网络协议和端口。

(四)性能要求或标准。

(五)域的性质,如生产域或测试域、内部域或外部域。

(六)不同域之间的连通性。

(七)域的可信程度。

第二十五条 商业银行应通过以下措施,确保所有计算机操作系统和系统软件的安全:

(一)制定每种类型操作系统的基本安全要求,确保所有系统满足基本安全要求。

(二)明确定义包括终端用户、系统开发人员、系统测试人员、计算机操作人员、系统管理员和用户管理员等不同用户组的访问权限。

(三)制定最高权限系统账户的审批、验证和监控流程,并确保最高权限用户的操作日志被记录和监察。

(四)要求技术人员定期检查可用的安全补丁,并报告补丁管理状态。

(五)在系统日志中记录不成功的登录、重要系统文件的访问、对用户账户的修改等有关重要事项,手动或自动监控系统出现的任何异常事件,定期汇报监控情况。

第二十六条 商业银行应通过以下措施,确保所有信息系统的安全:

(一)明确定义终端用户和信息科技技术人员在信息系统安全中的角色和职责。

(二)针对信息系统的重要性和敏感程度,采取有效的身份验证方法。

(三)加强职责划分,对关键或敏感岗位进行双重控制。

(四)在关键的接合点进行输入验证或输出核对。

(五)采取安全的方式处理保密信息的输入和输出,防止信息泄露或被盗取、篡改。

(六)确保系统按预先定义的方式处理例外情况,当系统被迫终止时向用户提供必要信息。

(七)以书面或电子格式保存审计痕迹。

(八)要求用户管理员监控和审查未成功的登录和用户账户的修改。

第二十七条 商业银行应制定相关策略和流程,管理所有生产系统的活动日志,以支持有效的审核、安全取证分析和预防欺诈。日志可以在软件的不同层次、不同的计算机和网络设备上完成,日志划分为两大类:

（一）交易日志。交易日志由应用软件和数据库管理系统产生，内容包括用户登录尝试、数据修改、错误信息等。交易日志应按照国家会计准则要求予以保存。

（二）系统日志。系统日志由操作系统、数据库管理系统、防火墙、入侵检测系统和路由器等生成，内容包括管理登录尝试、系统事件、网络事件、错误信息等。系统日志保存期限按系统的风险等级确定，但不能少于一年。

商业银行应保证交易日志和系统日志中包含足够的内容，以便完成有效的内部控制、解决系统故障和满足审计需要；应采取适当措施保证所有日志同步计时，并确保其完整性。在例外情况发生后应及时复查系统日志。交易日志或系统日志的复查频率和保存周期应由信息科技部门和有关业务部门共同决定，并报信息科技管理委员会批准。

第二十八条　商业银行应采取加密技术，防范涉密信息在传输、处理、存储过程中出现泄露或被篡改的风险，并建立密码设备管理制度，以确保：

（一）使用符合国家要求的加密技术和加密设备。
（二）管理、使用密码设备的员工经过专业培训和严格审查。
（三）加密强度满足信息机密性的要求。
（四）制定并落实有效的管理流程，尤其是密钥和证书生命周期管理。

第二十九条　商业银行应配备切实有效的系统，确保所有终端用户设备的安全，并定期对所有设备进行安全检查，包括台式个人计算机（PC）、便携式计算机、柜员终端、自动柜员机（ATM）、存折打印机、读卡器、销售终端（POS）和个人数字助理（PDA）等。

第三十条　商业银行应制定相关制度和流程，严格管理客户信息的采集、处理、存储、传输、分发、备份、恢复、清理和销毁。

第三十一条　商业银行应对所有员工进行必要的培训，使其充分掌握信息科技风险管理制度和流程，了解违反规定的后果，并对违反安全规定的行为采取零容忍政策。

第五章　信息系统开发、测试和维护

第三十二条　商业银行应有能力对信息系统进行需求分析、规划、采购、开发、测试、部署、维护、升级和报废，制定制度和流程，管理信息科技项目的优先排序、立项、审批和控制。项目实施部门应定期向信息科技管理委员会提交重大信息科技项目的进度报告，由其进行审核，进度报告应当包括计划的重大变更、关键人员或供应商的变更以及主要费用支出情况。应在信息系统投产后一定时期内，组织对系统的后评价，并根据评价结果及时对系统功能进行调整和优化。

第三十三条　商业银行应认识到信息科技项目相关的风险，包括潜在的各种操作风险、财务损失风险和因无效项目规划或不适当的项目管理控制产生的机会成本，并采取适当的项目管理方法，控制信息科技项目相关的风险。

第三十四条　商业银行应采取适当的系统开发方法，控制信息系统的生命周期。典型的系统生命周期包括系统分析、设计、开发或外购、测试、试运行、部署、维护和退出。所采用的系统开发方法应符合信息科技项目的规模、性质和复杂度。

第三十五条　商业银行应制定相关控制信息系统变更的制度和流程,确保系统的可靠性、完整性和可维护性,其中应包括以下要求:

(一)生产系统与开发系统、测试系统有效隔离。

(二)生产系统与开发系统、测试系统的管理职能相分离。

(三)除得到管理层批准执行紧急修复任务外,禁止应用程序开发和维护人员进入生产系统,且所有的紧急修复活动都应立即进行记录和审核。

(四)将完成开发和测试环境的程序或系统配置变更应用到生产系统时,应得到信息科技部门和业务部门的联合批准,并对变更进行及时记录和定期复查。

第三十六条　商业银行应制定并落实相关制度、标准和流程,确保信息系统开发、测试、维护过程中数据的完整性、保密性和可用性。

第三十七条　商业银行应建立并完善有效的问题管理流程,以确保全面地追踪、分析和解决信息系统问题,并对问题进行记录、分类和索引;如需供应商提供支持服务或技术援助,应向相关人员提供所需的合同和相关信息,并将过程记录在案;对完成紧急恢复起至关重要作用的任务和指令集,应有清晰的描述和说明,并通知相关人员。

第三十八条　商业银行应制定相关制度和流程,控制系统升级过程。当设备达到预期使用寿命或性能不能满足业务需求,基础软件(操作系统、数据库管理系统、中间件)或应用软件必须升级时,应及时进行系统升级,并将该类升级活动纳入信息科技项目,接受相关的管理和控制,包括用户验收测试。

第六章　信息科技运行

第三十九条　商业银行在选择数据中心的地理位置时,应充分考虑环境威胁(如是否接近自然灾害多发区、危险或有害设施、繁忙或主要公路),采取物理控制措施,监控对信息处理设备运行构成威胁的环境状况,并防止因意外断电或供电干扰影响数据中心的正常运行。

第四十条　商业银行应严格控制第三方人员(如服务供应商)进入安全区域,如确需进入应得到适当的批准,其活动也应受到监控;针对长期或临时聘用的技术人员和承包商,尤其是从事敏感性技术相关工作的人员,应制定严格的审查程序,包括身份验证和背景调查。

第四十一条　商业银行应将信息科技运行与系统开发和维护分离,确保信息科技部门内部的岗位制约;对数据中心的岗位和职责做出明确规定。

第四十二条　商业银行应按照有关法律法规要求保存交易记录,采取必要的程序和技术,确保存档数据的完整性,满足安全保存和可恢复要求。

第四十三条　商业银行应制定详尽的信息科技运行操作说明。如在信息科技运行手册中说明计算机操作人员的任务、工作日程、执行步骤,以及生产与开发环境中数据、软件的现场及非现场备份流程和要求(即备份的频率、范围和保留周期)。

第四十四条　商业银行应建立事故管理及处置机制,及时响应信息系统运行事故,逐级向相关的信息科技管理人员报告事故的发生,并进行记录、分析和跟踪,直到完成彻底的处置和根本原因分析。商业银行应建立服务台,为用户提供相关技术问题的在线支持,并将问题提交给相关信息科技部门进行调查和解决。

第四十五条　商业银行应建立服务水平管理相关的制度和流程,对信息科技运行服务水平进行考核。

第四十六条　商业银行应建立连续监控信息系统性能的相关程序,及时、完整地报告例外情况;该程序应提供预警功能,在例外情况对系统性能造成影响前对其进行识别和修正。

第四十七条　商业银行应制定容量规划,以适应由于外部环境变化产生的业务发展和交易量增长。容量规划应涵盖生产系统、备份系统及相关设备。

第四十八条　商业银行应及时进行维护和适当的系统升级,以确保与技术相关服务的连续可用性,并完整保存记录(包括疑似和实际的故障、预防性和补救性维护记录),以确保有效维护设备和设施。

第四十九条　商业银行应制定有效的变更管理流程,以确保生产环境的完整性和可靠性。包括紧急变更在内的所有变更都应记入日志,由信息科技部门和业务部门共同审核签字,并事先进行备份,以便必要时可以恢复原来的系统版本和数据文件。紧急变更成功后,应通过正常的验收测试和变更管理流程,采用恰当的修正以取代紧急变更。

第七章　业务连续性管理

第五十条　商业银行应根据自身业务的性质、规模和复杂程度制定适当的业务连续性规划,以确保在出现无法预见的中断时,系统仍能持续运行并提供服务;定期对规划进行更新和演练,以保证其有效性。

第五十一条　商业银行应评估因意外事件导致其业务运行中断的可能性及其影响,包括评估可能由下述原因导致的破坏:

(一)内外部资源的故障或缺失(如人员、系统或其他资产)。

(二)信息丢失或受损。

(三)外部事件(如战争、地震或台风等)。

第五十二条　商业银行应采取系统恢复和双机热备处理等措施降低业务中断的可能性,并通过应急安排和保险等方式降低影响。

第五十三条　商业银行应建立维持其运营连续性策略的文档,并制定对策略的充分性和有效性进行检查和沟通的计划。其中包括:

(一)规范的业务连续性计划,明确降低短期、中期和长期中断所造成影响的措施,包括但不限于:

1. 资源需求(如人员、系统和其他资产)以及获取资源的方式。
2. 运行恢复的优先顺序。
3. 与内部各部门及外部相关各方(尤其是监管机构、客户和媒体等)的沟通安排。

(二)更新实施业务连续性计划的流程及相关联系信息。

(三)验证受中断影响的信息完整性的步骤。

(四)当商业银行的业务或风险状况发生变化时,对本条(一)到(三)进行审核并升级。

第五十四条　商业银行的业务连续性计划和年度应急演练结果应由信息科技风险管理部门或信息科技管理委员会确认。

第八章　外　　包

第五十五条　商业银行不得将其信息科技管理责任外包,应合理谨慎监督外包职能的履行。

第五十六条　商业银行实施重要外包(如数据中心和信息科技基础设施等)应格外谨慎,在准备实施重要外包时应以书面材料正式报告银监会或其派出机构。

第五十七条　商业银行在签署外包协议或对外包协议进行重大变更前,应做好相关准备,其中包括:

(一)分析外包是否适合商业银行的组织结构和报告路线、业务战略、总体风险控制,是否满足商业银行履行对外包服务商的监督义务。

(二)考虑外包协议是否允许商业银行监测和控制与外包相关的操作风险。

(三)充分审查、评估外包服务商的财务稳定性和专业经验,对外包服务商进行风险评估,考查其设施和能力是否足以承担相应的责任。

(四)考虑外包协议变更前后实施的平稳过渡(包括终止合同可能发生的情况)。

(五)关注可能存在的集中风险,如多家商业银行共用同一外包服务商带来的潜在业务连续性风险。

第五十八条　商业银行在与外包服务商合同谈判过程中,应考虑的因素包括但不限于:

(一)对外包服务商的报告要求和谈判必要条件。

(二)银行业监管机构和内部审计、外部审计能执行足够的监督。

(三)通过界定信息所有权、签署保密协议和采取技术防护措施保护客户信息和其他信息。

(四)担保和损失赔偿是否充足。

(五)外包服务商遵守商业银行有关信息科技风险制度和流程的意愿及相关措施。

(六)外包服务商提供的业务连续性保障水平,以及提供相关专属资源的承诺。

(七)第三方供应商出现问题时,保证软件持续可用的相关措施。

(八)变更外包协议的流程,以及商业银行或外包服务商选择变更或终止外包协议的条件,例如:

1. 商业银行或外包服务商的所有权或控制权发生变化。

2. 商业银行或外包服务商的业务经营发生重大变化。

3. 外包服务商提供的服务不充分,造成商业银行不能履行监督义务。

第五十九条　商业银行在实施双方关系管理,以及起草服务水平协议时,应考虑的因素包括但不限于:

(一)提出定性和定量的绩效指标,评估外包服务商为商业银行及其相关客户提供服务的充分性。

(二) 通过服务水平报告、定期自我评估、内部或外部独立审计进行绩效考核。

(三) 针对绩效不达标的情况调整流程,采取整改措施。

第六十条 商业银行应加强信息科技相关外包管理工作,确保商业银行的客户资料等敏感信息的安全,包括但不限于采取以下措施:

(一) 实现本银行客户资料与外包服务商其他客户资料的有效隔离。

(二) 按照"必须知道"和"最小授权"原则对外包服务商相关人员授权。

(三) 要求外包服务商保证其相关人员遵守保密规定。

(四) 应将涉及本银行客户资料的外包作为重要外包,并告知相关客户。

(五) 严格控制外包服务商再次对外转包,采取足够措施确保商业银行相关信息的安全。

(六) 确保在中止外包协议时收回或销毁外包服务商保存的所有客户资料。

第六十一条 商业银行应建立恰当的应急措施,应对外包服务商在服务中可能出现的重大缺失。尤其需要考虑外包服务商的重大资源损失,重大财务损失和重要人员的变动,以及外包协议的意外终止。

第六十二条 商业银行所有信息科技外包合同应由信息科技风险管理部门、法律部门和信息科技管理委员会审核通过。商业银行应设立流程定期审阅和修订服务水平协议。

第九章 内部审计

第六十三条 商业银行内部审计部门应根据业务的性质、规模和复杂程度,对相关系统及其控制的适当性和有效性进行监测。内部审计部门应配备足够的资源和具有专业能力的信息科技审计人员,独立于本银行的日常活动,具有适当的授权访问本银行的记录。

第六十四条 商业银行内部信息科技审计的责任包括:

(一) 制定、实施和调整审计计划,检查和评估商业银行信息科技系统和内控机制的充分性和有效性。

(二) 按照第(一)款规定完成审计工作,在此基础上提出整改意见。

(三) 检查整改意见是否得到落实。

(四) 执行信息科技专项审计。信息科技专项审计,是指对信息科技安全事故进行的调查、分析和评估,或审计部门根据风险评估结果对认为必要的特殊事项进行的审计。

第六十五条 商业银行应根据业务性质、规模和复杂程度,信息科技应用情况,以及信息科技风险评估结果,决定信息科技内部审计范围和频率。但至少应每三年进行一次全面审计。

第六十六条 商业银行在进行大规模系统开发时,应要求信息科技风险管理部门和内部审计部门参与,保证系统开发符合本银行信息科技风险管理标准。

第十章 外部审计

第六十七条 商业银行可以在符合法律、法规和监管要求的情况下,委托具备相应资质的外部审计机构进行信息科技外部审计。

第六十八条　在委托审计过程中,商业银行应确保外部审计机构能够对本银行的硬件、软件、文档和数据进行检查,以发现信息科技存在的风险,国家法律、法规及监管部门规章、规范性文件规定的重要商业、技术保密信息除外。

第六十九条　商业银行在实施外部审计前应与外部审计机构进行充分沟通,详细确定审计范围,不应故意隐瞒事实或阻挠审计检查。

第七十条　银监会及其派出机构必要时可指定具备相应资质的外部审计机构对商业银行执行信息科技审计或相关检查。外部审计机构根据银监会或其派出机构的委托或授权对商业银行进行审计时,应出示委托授权书,并依照委托授权书上规定的范围进行审计。

第七十一条　外部审计机构根据授权出具的审计报告,经银监会及其派出机构审阅批准后具有与银监会及其派出机构出具的检查报告同等的效力,被审计的商业银行应根据该审计报告提出整改计划,并在规定的时间内实施整改。

第七十二条　商业银行在委托外部审计机构进行外部审计时,应与其签订保密协议,并督促其严格遵守法律法规,保守本银行的商业秘密和信息科技风险信息,防止其擅自对本银行提供的任何文件进行修改、复制或带离现场。

第十一章　附　　则

第七十三条　未设董事会的商业银行,应当由其经营决策机构履行本指引中董事会的有关信息科技风险管理职责。

第七十四条　银监会依法对商业银行的信息科技风险管理实施监督检查。

第七十五条　本指引由银监会负责解释、修订。

第七十六条　本指引自颁布之日起施行,《银行业金融机构信息系统风险管理指引》(银监发[2006]63号)同时废止。

4.5.2　中国证券监督管理委员会制定的规章和规范

1.《证券经营机构营业部信息系统技术管理规范(试行)》

发布单位：中国证券监督管理委员会
发布文号：证监信字[1998]2号
发布日期：1998-03-05
生效日期：1998-03-05

第一章　总　　则

第一节　目　　标

1.1.1　保护投资者利益,保护证券经营机构的合法权益,最大程度地防范技术操作风险,保障证券市场健康发展。

1.1.2　充分吸收国外先进经验和国内计算机信息技术应用的成果,促进技术进步,从整体上提高证券行业的技术水平,推动信息系统建设与技术管理水平的协调发展。

1.1.3　指导证券经营机构下属证券营业部(以下简称营业部)加强计算机信息系统的优化建设和安全管理,加强计算机信息技术人员的管理,防止数据遗失、损坏、篡改、泄漏,提高系统运行的安全性、可靠性与稳定性。

第二节　原　　则

1.2.1　安全性是制定本规范的首要目标。安全性贯穿于信息系统的设计、开发、运行、维护各阶段,涉及硬件、软件、网络通信、数据、管理制度各方面。要牢固树立技术风险的防范意识,把安全工作贯彻落实到每个环节中。

1.2.2　实用性是本规范的基本特点。在保障系统安全的前提下,本规范力求避免因不切实际地提高系统安全级别而造成投资浪费,避免引用任何未经消化吸收的境外安全保密技术和设备,强调信息技术管理的重要性,强调采用先进成熟技术的重要性。

1.2.3　可操作性是实施本规范的重要保证。本规范条款力求简单明确,便于对照检查,使各营业部能够据此进一步完善现有信息系统与技术管理制度。

第三节　制定与实施

1.3.1　遵照国务院《中华人民共和国计算机信息系统安全保护条例》,以及我国证券业具体情况,特制定本规范。

1.3.2　本规范由中国证券监督管理委员会制定、发布和监督实施。

1.3.3　本规范原则上每两年修订一次。

1.3.4　本规范由中国证券监督管理委员会负责解释。

第二章　管　理　体　系

第一节　组　织　结　构

2.1.1　各证券经营机构计算机信息技术工作必须实行统一归口管理,建立健全组织机构。证券经营机构应设立计算机信息系统管理部门(以下简称电脑中心),营业部相应设立计算机工作管理部门(以下简称电脑部)。

2.1.2　电脑中心是证券经营机构信息系统规划、建设、管理的主管部门。电脑中心内部应建立职责明确相互制约的分工体系,可设置运行、开发、管理等工作部门。电脑中心的主要职能是:

(1) 负责制定与信息系统相关的规章制度;

(2) 负责信息系统建设的总体规划并组织实施;

(3) 根据证券经营机构业务目标与计划制定计算机工作计划并组织实施;

(4) 审核营业部电脑负责人的任职资格;

(5) 负责信息技术人员的培训与考核;

(6) 负责计算机硬件与软件的选型;

(7) 审核计算机硬件设备的购置、报损、报废;

(8) 负责计算机软件的开发与购买;

（9）保障信息系统安全运行，为营业部提供技术支持；

（10）负责交易业务数据及其他重要数据的备份管理；

（11）负责技术资料的管理；

（12）负责对营业部的信息系统进行定期或不定期的专项检查；

（13）指导和监督电脑部工作；

（14）跟踪研究信息技术的发展；

（15）公司授权的其他管理职能。

2.1.3 电脑部负责本营业部信息系统日常的运行、管理与维护。电脑部在技术上接受电脑中心的管理、指导和考核。电脑部的主要职能是：

（1）负责本营业部信息系统的安全运行，开市之前做好系统的运行准备工作，开市期间实时监控系统的运行状况，收市以后配合清算员完成日结清算等盘后工作；

（2）及时处理证券交易所及有关部门播发的涉及信息系统运行的数据与文件；

（3）负责对本营业部业务人员进行计算机操作指导，协助电脑中心对有关业务人员进行技术培训；

（4）完整、准确地记录信息系统的运行日志，详细记载发生异常时的现象、时间、处理方式等内容并妥善保存有关原始资料，发生技术事故及时报告；

（5）负责计算机硬件设备的管理和维护，保持系统处于良好的运行状态；

（6）负责交易业务数据及其他重要数据的备份；

（7）根据营业部业务发展的要求，提交软件需求报告及硬件采购计划；

（8）编制营业部计算机设备的维修、报损、报废计划，报电脑中心审核；

（9）处理经电脑中心核准的其他事务。

第二节 人员管理

2.2.1 为保障信息系统的开发与运行管理质量，证券经营机构信息技术人员编制应不少于总人数的百分之十。

2.2.2 信息技术人员应具备大专以上学历，具有计算机基础理论知识和专业技术经验、较强的业务工作能力和再学习能力、良好的职业道德和服务意识，富有敬业精神和团队合作精神。

2.2.3 禁止录用有劣迹或违法犯罪记录的人员从事证券行业计算机工作。

2.2.4 关键技术岗位必须经过严格考核，合格后方可上岗。

2.2.5 电脑中心应配合人事部门定期对信息技术人员进行考核。

2.2.6 定期对信息技术人员进行业务培训和技术培训，不合格或未参加培训者严禁上岗。

2.2.7 营业部电脑负责人之间应定期或不定期轮换。

2.2.8 离岗人员必须严格办理离岗手续，明确其离岗后的保密义务，退还全部技术资料。信息系统的口令必须立即更换。

第三节 安 全 管 理

2.3.1 建立计算机安全管理组织,证券经营机构要指定一职能部门负责公司及所属营业部的计算机安全管理。由公司总经理(总裁)主管计算机安全工作,营业部负责人为营业部计算机安全工作责任人。

2.3.2 计算机安全管理组织的主要任务是:制定计算机安全管理制度,广泛开展计算机安全教育,定期或不定期进行计算机安全检查,保证计算机系统安全运行。

2.3.3 计算机安全管理的主要内容包括安全防范设施和安全保障机制,以有效降低系统风险和操作风险,预防不法分子利用计算机作案。

2.3.4 建立计算机机房安全管理制度

(1) 建立完整的计算机运行日志、操作记录及其他与安全有关的资料;

(2) 交易时间内机房必须有当班值班人员;

(3) 定期检查安全保障设备,确保其处于正常工作状态;

(4) 建立并严格执行机房进出管理制度,无关人员未经安全责任人批准严禁进出机房;

(5) 严禁易燃易爆和强磁物品及其他与机房工作无关的物品进入机房。

2.3.5 建立操作安全管理制度

(1) 应采取严密的安全措施防止无关用户进入系统;

(2) 数据库管理系统的口令必须由电脑中心专人掌管,并要求定期更换。禁止同一人掌管操作系统口令和数据库管理系统口令;

(3) 操作人员应有互不相同的用户名,定期更换操作口令。严禁操作人员泄露自己的操作口令;

(4) 必须启用系统软件提供的安全审计留痕功能;

(5) 各岗位操作权限要严格按岗位职责设置。应定期检查操作员的权限;

(6) 重要岗位的登录过程应增加必要的限制措施;

(7) 营业部计算机信息技术人员不得担任清算员从事结算记账工作;

(8) 建立和完善技术监管系统,定期进行独立的对账,核对交易数据、清算数据、保证金数据、证券托管数据以及会计数据的一致性和连续性。

2.3.6 建立计算机病毒防范制度

(1) 电脑中心应指定专人负责计算机病毒防范工作。电脑部应定期进行病毒检测,发现病毒立即处理并报告;

(2) 新系统安装前应进行病毒例行检测;

(3) 经远程通信传送的程序或数据,必须经过检测确认无病毒后方可使用;

(4) 禁止运行未经电脑中心审核批准的软件;

(5) 应采用国家许可的正版防病毒软件并及时更新软件版本。

第四节 技术资料管理

2.4.1 技术资料是指与信息系统有关的技术文件、图表、程序与数据,包括信息系统建设规划、网络设计方案、软件设计方案、安全设计方案、源代码、系统配置参数、技术数据及相关技术资料。

2.4.2 各级管理机构应制定技术资料的管理制度,明确执行管理制度的责任人。

2.4.3 借阅、复制技术资料应履行必要的手续。

2.4.4 重要技术资料应有副本并异地存放。

2.4.5 技术资料应实施密期管理办法。

2.4.6 报废的技术资料应有严格的销毁和监销制度。

第三章 硬件设施

第一节 计算机机房

3.1.1 计算机机房建设应符合国标 GB2887—89《计算机场地技术条件》和 GB9361—88《计算站场地安全要求》。

3.1.2 供电系统

(1) 机房应有单独的配电柜,计算机系统要设有独立于一般照明电的专用的供配电线路,其容量应有一定的余量,建议采用双路供电;

(2) 机房应配备不间断电源设备,其容量应保证机房设备和关键交易设备在断电情况下维持到后备电源供电。无备用发电机时,不间断电源设备应能够持续供电 4 小时以上。

3.1.3 接地与防雷系统

(1) 机房应采用独立的直流地、交流工作地和防雷保护地。直流地和防雷保护地之间的距离应大于 10 米;

(2) 直流地的接地电阻应小于 2 欧姆,交流工作地的接地电阻应小于 4 欧姆,防雷保护地的接地电阻应小于 10 欧姆;

(3) 各类通信线路和设备宜增加相应的防雷设施。

3.1.4 机房环境

(1) 机房的使用面积(不包括不间断电源放置面积)不得小于 30 平方米;

(2) 机房的操作间与设备间应作分隔,布局应有良好的人机工作环境,保障工作人员的安全与健康;

(3) 机房宜安装独立空调设备;

(4) 机房应有防火、防潮、防尘、防盗、防磁、防鼠等设施;

(5) 机房应配置备用应急照明装置。

第二节 远程通信

3.2.1 证券经营机构与所属营业部之间必须建立可靠的通信线路联接。

3.2.2 营业部与交易所之间的通信联接必须安全可靠。

3.2.3 重要通信线路必须建立后备线路。

3.2.4 通信线路接口部分应采取防止非法进入的安全措施。

3.2.5 通信设备应具有防干扰、防截取能力,具有加密传输功能。

3.2.6 通信设备应建立设备备份。

第三节 计算机设备

3.3.1 服务器

(1) 服务器应具有充分的可靠性和充足的容量；
(2) 服务器应具有一定的容错特性,宜采用镜像、阵列、双机、群集等容错技术；
(3) 服务器应有备品备件。

3.3.2 工作站

(1) 工作站应具有良好的性能及可靠性；
(2) 除计算机机房外,一律使用无软驱或光驱等可卸存储装置的网络工作站；
(3) 重要工作站应有冗余备份。

3.3.3 数据存储设备

(1) 应配备安全可靠的数据备份设备；
(2) 交易业务数据的存储应采用只读式数据记录设备。

第四节 局域网络

3.4.1 布线系统设计可参照 CECS 89—97《建筑与建筑群综合布线系统工程设计规范》。在现行技术条件下,不宜继续使用同轴细缆。

3.4.2 网络结构应合理可靠。

3.4.3 网络设备应兼具技术先进性和产品成熟性。

3.4.4 网络设备应有冗余备份。

3.4.5 通信速率应保证正常业务开展的需要。

第五节 电子交易设备

3.5.1 营业部配备的电子交易系统必须达到一定的安全级别。

3.5.2 客户操作电子交易设备应有严格的身份识别机制。

3.5.3 应采取适当措施,保证设备完好率不低于百分之九十。

3.5.4 各种形式的远程交易系统必须采取严格的安全措施。

3.5.5 营业部交易场所应配备行情揭示设备,完整、准确、及时地显示行情信息。

第六节 设备管理

3.6.1 电脑中心统一管理证券经营机构及下属营业部的计算机设备。

3.6.2 计算机设备的选型、购置、登记、保养、维修、报废等必须严格按规定手续办理,重大设备应建立维护档案。

3.6.3 选用的计算机设备必须经过技术论证,符合国家有关标准的规定,满足可靠性与兼容性要求。

3.6.4 新购置的设备应经过测试,测试合格后方能投入使用。

3.6.5 必须定期对计算机设备进行专业维护保养。

3.6.6 未经电脑中心或电脑部许可,不得擅自开拆设备或调换设备配件。

第四章 软件环境

第一节 系统软件

4.1.1 营业部使用的系统软件主要包括操作系统软件和数据库管理软件。系统软件的选用应充分考虑软件的安全性、可靠性、稳定性和健壮性。

4.1.2 应使用正版软件。

4.1.3 系统软件应具备如下功能：

(1) 身份验证功能，防止非法用户随意进入系统；

(2) 访问控制功能，防止系统中出现越权访问；

(3) 故障恢复功能，能够自动或在人工干预下从故障状态恢复到正常状态而不致造成系统混乱和数据丢失；

(4) 安全保护功能，对信息的交换、传输、存储提供安全保护；

(5) 安全审计功能，便于应用系统建立访问用户资源的审计记录；

(6) 分权制约功能，支持对操作员和管理员的权限分离与相互制约。

4.1.4 必须启用系统软件提供的安全审计留痕功能。

4.1.5 数据库管理软件除上述功能要求外，还应具有数据库的安全性、完整性、一致性及可恢复性保障机制。

4.1.6 系统软件应达到 C2 级以上（含 C2 级）安全级别。

第二节 应用软件

4.2.1 营业部应用软件包括营业部证券交易业务处理系统、信息揭示与分析系统及其他业务处理系统等。

4.2.2 营业部交易业务处理系统必须具有如下特性：

(1) 自动记录全部操作过程；

(2) 关键数据不得以明码存放；

(3) 无法绕过应用界面直接查看或操作数据库；

(4) 系统管理与业务操作权限严格分开；

(5) 防止异常中断后非法进入系统；

(6) 提供超时键盘锁定功能；

(7) 交易业务数据在通信网络上以加密方式传输；

(8) 应存储一年以上完整的系统运行记录与交易清算记录；

(9) 提供系统运行状态监控模块；

(10) 提供数据接口，满足稽核、审计及技术监控的要求；

(11) 其他有助于控制业务操作风险的功能特性。

4.2.3 信息揭示与分析系统必须保证信息揭示的完整、准确、及时。

第三节 软件管理

4.3.1 应用软件在开发或购买之前应正式立项，成立由技术人员、业务人员和管理人员共同组成的项目小组并建立软件质量保证体系。

4.3.2 根据应用系统对安全的要求,同步进行安全保密设计。

4.3.3 软件开发过程应符合 GB/T8566—1995《信息技术软件生存期过程》。

4.3.4 开发维护人员与操作人员必须实行岗位分离,开发环境和现场必须与生产环境和现场隔离。软件设计方案、数据结构、加密算法、源代码等技术资料严禁流入生产现场、散失和外泄。

4.3.5 应用软件在正式投入使用前必须经过内部评审,确认系统功能、测试结果和试运行结果均满足设计要求,技术文档齐全,并经证券经营机构分管领导批准。

4.3.6 应规定软件的使用范围和使用权限。

4.3.7 软件使用人员应经过适当的操作培训和安全教育。

4.3.8 建立应用软件的文档管理制度、版本管理制度及软件分发制度,防止软件的盗用、误用、流失及越级使用。

4.3.9 证券经营机构下属营业部应使用统一的系统软件和应用软件。

4.3.10 营业部信息技术人员不得擅自进行软件维护和系统参数调整。

4.3.11 应采取有效措施,防止对应用软件的非法修改。

第五章 数 据 管 理

第一节 交易业务数据

5.1.1 交易业务数据主要包括交易数据、清算数据及其他相关数据。

5.1.2 应建立交易业务数据管理制度,对交易业务数据实施严格的安全保密管理。

5.1.3 电脑中心设置数据库管理员岗位,对交易业务数据实行专人管理。营业部信息技术人员不得拥有数据库管理员操作口令。

5.1.4 营业部信息系统内应保存一年以上的交易业务数据。

5.1.5 电脑中心应建立营业部交易业务数据映像并定期和不定期与营业部交易业务数据进行核对,防止使用过程中产生误操作或被非法篡改。

5.1.6 数据备份:

(1) 每个工作日结束后必须制作数据的备份并异地存放,保证系统发生故障时能够快速恢复;

(2) 交易业务数据必须定期、完整、真实、准确地转储到不可更改的介质上,并要求集中和异地保存,保存期限至少 20 年;

(3) 备份的数据必须指定专人负责保管,由营业部计算机信息技术人员按规定的方法同数据保管员进行数据的交接。交接后的备份数据应在指定的数据保管室或指定的场所保管;

(4) 数据保管员必须对备份数据进行规范的登记管理;

(5) 备份数据不得更改;

(6) 备份数据保管地点应有防火、防热、防潮、防尘、防磁、防盗设施。

5.1.7 数据保密：

（1）数据不得泄露，禁止外借；

（2）数据应仅用于明确规定的目的，未经批准不得它用；

（3）无正当理由和有关批准手续，不得查阅客户资料。经正式批件查阅数据时必须登记，并由查阅人签字；

（4）保密数据不得以明码形式存储和传输；

（5）根据数据的保密规定和用途，确定数据使用人员的存取权限、存取方式和审批手续。

5.1.8 交易业务数据不得随意更改。

第二节 系统数据

5.2.1 系统数据主要包括数据字典、权限设置、存储分配、网络地址、硬件配置及其他系统配置参数。

5.2.2 应制定系统数据管理制度，对系统数据实施严格的安全与保密管理，防止系统数据的非法生成、变更、泄漏、丢失与破坏。

5.2.3 设置系统管理员岗位，对系统数据实行专人管理。

5.2.4 系统数据不得泄露。

5.2.5 电脑中心应保存营业部的系统数据，并定期进行核对。

第六章 技术事故的防范与处理

第一节 技术事故及其防范

6.1.1 技术事故是指由于硬件故障、软件故障和操作失误等原因引起系统无法运行，经启动备用系统仍未恢复正常，导致交易中断并造成经济损失的事件。

6.1.2 技术事故的防范原则是：预防为主、处理及时，力争把事故的损失降低到最小程度。

6.1.3 建立健全技术事故的防范对策，严格按本规范要求建设、管理信息系统的硬件设施和软件环境，定期进行事故防范演习，针对薄弱环节不断改进完善。

6.1.4 制定技术事故发生时的应急计划：

（1）应急计划必须形成文字；

（2）应急计划应针对可能发生的故障制定紧急处理程序；

（3）紧急处理程序应张贴在规定的地方；

（4）对执行应急计划的全体人员进行专项培训，定期进行演习；

（5）根据演习结果不断完善应急计划。

第二节 技术事故的处理

6.2.1 下列情况营业部免责：

（1）因不可抗力引发的技术事故；

（2）因软硬件故障导致的技术事故，经技术专家论证，确认营业部信息系统建设和管理

符合本规范要求,确属小概率或偶发性事件;

(3) 因证券交易所原因导致的交易中断。

6.2.2 因通信线路故障导致的技术事故,应会同通信部门共同调查,界定责任。

6.2.3 因营业部操作失误导致的技术事故,经调查核实后,营业部负相关责任。

6.2.4 技术事故的事后处理:

(1) 证券经营机构安全管理组织应立即进行事故调查,提出书面调查报告,必要时可组织有关专家鉴定,确定事故的原因和责任;

(2) 对调查中发现的技术薄弱环节,应限期整改。

2.《期货交易所、期货经营机构信息技术管理规范(试行)》

发布单位:中国证券监督管理委员会

发布文号:证监期货字[2000]38号

发布日期:2000-12-26

生效日期:2001-01-01

第一章 总 则

第一条 为加强期货交易所、期货经营机构信息技术管理,有效地保护和利用信息技术资源,最大程度地防范技术风险,保护期货交易所、期货经营机构和期货投资者的合法权益,保障期货市场的健康发展,根据《中华人民共和国计算机信息系统安全保护条例》及国家有关法律、法规和政策,结合期货交易所、期货经营机构的实际情况,制定本规范。

第二条 本规范所称的信息技术,是指所有与期货交易所、期货经营机构业务相关的信息和技术的集合。

第三条 本规范所称的期货经营机构,是指所有在期货交易所、期货交易厅进行期货交易活动的会员和其营业部以及与期货交易所联网的期货交易厅。

第四条 期货交易所、期货经营机构及其相关工作人员,均须遵守本规范。

第二章 管理体系

第一节 组织结构

第五条 期货交易所、期货经营机构的信息技术工作必须实行统一归口管理,建立、健全组织机构。期货交易所、期货经营机构总部应设立信息技术管理部门,作为信息技术系统规划、建设、运行、管理与维护的主管部门;期货营业部至少应设1名信息技术管理人员。

第六条 信息技术管理部门的主要职责:

1. 负责制定与信息技术相关的规章制度;
2. 负责信息技术建设的总体规划并组织实施;
3. 根据业务目标与计划制定信息技术工作计划并组织实施;
4. 负责信息技术人员的培训与考核;
5. 负责计算机硬件、网络设备和软件的选型;

6. 审核计算机硬件设备及网络设备的购置、报损、报废；

7. 负责计算机软件的开发与购买；

8. 保障信息技术系统安全运行，提供技术支持；

9. 负责交易业务数据及其他重要数据的备份管理；

10. 负责技术资料的管理；

11. 负责对信息技术系统进行定期或不定期的专项检查；

12. 指导和监督信息技术工作；

13. 跟踪研究信息技术的发展；

14. 期货交易所或期货经营机构总部授权的其他管理职能。

第七条 信息技术管理部门的日常工作：

1. 负责信息技术系统的安全运行，交易开市之前做好系统的运行准备工作，开市期间实时监控系统的运行状况，收市以后配合结算人员完成结算等盘后工作；

2. 及时处理涉及信息技术系统运行的数据与文件；

3. 负责对业务人员进行计算机操作指导，协助业务人员进行技术培训；

4. 完整、准确地记录信息技术系统的运行日志，详细记载发生异常时的现象、时间、处理方式和处理结果等内容并妥善保存有关原始资料，及时报告技术事故；

5. 负责计算机硬件设备及网络设备的管理和维护，保持系统处于良好的运行状态；

6. 负责交易业务数据及其他重要数据的备份；

7. 根据业务发展的要求，提交软件需求报告及硬件采购计划；

8. 编制计算机设备的维修、报损和报废计划；

9. 建立动态、静态信息库，为资料查询提供服务；

10. 处理经核准的其他事务。

第二节 人员管理

第八条 为保障信息技术系统的开发与运行管理的质量，期货交易所的信息技术人员编制应不少于总人数的百分之二十，期货经营机构的信息技术人员编制应不少于总人数的百分之十。

第九条 信息技术人员应具备大专以上学历，具有计算机基础理论知识和专业信息技术经验，较强的业务工作能力和再学习能力，良好的职业道德和服务意识，富有敬业精神和团队合作精神。

第十条 禁止录用有劣迹、违法犯罪记录人员及期货行业规定的市场禁入者从事信息技术工作。

第十一条 关键信息技术岗位的人员必须经过严格考核，合格后方可上岗。

第十二条 期货交易所、期货经营机构人事部门应当会同信息管理部门定期对信息技术人员进行考核，对信息技术人员定期或不定期轮岗。

第十三条 对信息技术人员应当定期进行业务培训和技术培训，不合格或未参加培训者严禁上岗。

第十四条　离岗人员必须严格办理离岗手续,明确其离岗后的保密义务,退还全部技术资料,信息技术系统的口令必须立即更换。

第三节　安全管理

第十五条　计算机信息技术安全管理的主要内容包括安全防范设施和安全保障机制,以有效降低系统风险和操作风险,并预防计算机犯罪。

第十六条　期货交易所、期货经营机构应当建立计算机信息技术安全管理组织,负责计算机信息技术安全管理。由总经理主管计算机信息技术安全工作,计算机信息技术管理部门负责人为计算机安全工作责任人。期货营业部至少应设1名信息技术安全管理人员。

第十七条　计算机信息技术安全管理组织的主要任务是:制定计算机信息技术安全管理制度,广泛开展计算机信息技术安全教育,定期或不定期进行计算机信息技术安全检查,保证计算机系统安全运行。

第十八条　期货交易所、期货经营机构应当建立计算机机房安全管理制度:

1. 建立完整的计算机运行日志、操作记录及其他与安全有关的资料;
2. 交易时间内机房必须有值班人员;
3. 定期检查安全保障设备,确保其处于正常工作状态;
4. 建立并严格执行机房进出管理制度,无关人员未经安全责任人批准严禁进出机房;
5. 严禁易燃易爆和强磁物品及其他与机房工作无关的物品进入机房;
6. 没有设立计算机机房的期货经营机构,应参照本条第1款至第5款,制定相应的、适合计算机安全运行的管理制度。

第十九条　期货交易所、期货经营机构应当建立操作安全管理制度:

1. 应采取严密的安全措施,防止无关用户进入系统;
2. 数据库管理系统的口令必须由专人掌管,并定期更换。禁止同一人掌管操作系统口令和数据库管理系统口令;
3. 操作人员应有互不相同的用户名操作权限,定期更换操作口令。操作人员认真做好操作记录,严禁泄露自己的操作口令;
4. 必须启用系统软件提供的安全审计留痕功能;
5. 各岗位操作权限要严格按岗位职责设置。应定期检查操作员的权限;
6. 重要岗位的登录过程应增加必要的限制措施;
7. 必须建立系统开发、维护与使用分离的安全操作原则,计算机信息技术人员不得担任清算员从事结算记账工作;
8. 建立和完善技术监管系统,定期进行系统的安全性、稳定性、可靠性和异常操作等方面的监管,定期进行独立的对账,核对交易数据、清算数据、保证金数据及会计数据的一致性和连续性;
9. 业务部门的计算机应定人管理,禁止非本部门人员操作或从事与本部门业务工作无关的工作。

第二十条 期货交易所、期货经营机构应当建立计算机病毒防范制度：

1. 指定专人负责计算机病毒防范工作。定期进行病毒检测，发现病毒立即处理并报告；
2. 新系统安装前应进行病毒例行检测；
3. 经远程通信传送的程序或数据，必须经过检测确认无病毒后方可使用；
4. 禁止运行未经审核批准的软件；
5. 应采用国家许可的正版防病毒软件并及时更新软件版本。

第四节 技术资料管理

第二十一条 期货交易所、期货经营机构应当制定技术资料的管理制度，明确执行管理制度的责任人。

第二十二条 技术资料是指与信息技术有关的技术文件、图表、程序和数据，包括信息技术系统建设规划、网络设计方案、软件设计方案、安全设计方案、源代码、系统配置参数、技术数据及相关技术资料。

第二十三条 借阅、复制技术资料应履行必要的手续。

第二十四条 重要技术资料应有副本并异地存放。

第二十五条 技术资料应实施密期管理办法。

第二十六条 报废的技术资料应有严格的销毁和监销制度。

第三章 硬 件 设 施

第一节 计算机机房

第二十七条 期货交易所、期货经营机构计算机机房建设应符合国标 GB2887—89《计算机场地技术条件》和 GB9361—88《计算站场地安全要求》，并根据情况及时修改和完善。

第二十八条 没有设立计算机机房的期货经营机构，应参照第三十七条，建立相应的、适合计算机安全运行的环境。

第二十九条 机房应有单独的配电柜，计算机系统要设有独立于一般照明电的专用的供配电线路，其容量应有一定的余量，建议采用双路供电。

第三十条 机房应配备不间断电源设备，其容量应保证机房设备和关键交易设备在断电情况下维持到后备电源供电。无备用发电机时，不间断电源设备应能够持续供电 2 小时以上。

第三十一条 如果供电系统无双路供电且无备用发电机时，不间断电源设备应能够持续供电 4 小时以上。

第三十二条 机房的接地与防雷系统应达到如下要求：

1. 机房应采用独立的直流地、交流工作地和防雷保护地。直流地和防雷保护地之间的距离应大于 10 米；

2. 直流地的接地电阻应小于 2 欧姆,交流工作地的接地电阻应小于 4 欧姆,防雷保护地的接地电阻应小于 10 欧姆;

3. 各类通信线路和设备宜增加相应的防雷设施;

4. 没有设立计算机机房的期货经营机构,应做好计算机等设备的接地工作。

第三十三条　机房应具备如下环境:

1. 机房的使用面积(不包括不间断电源放置面积)不得小于 30 平方米;

2. 机房的操作间与设备间应作分隔,布局应有良好的人机工作环境,保障工作人员的安全与健康;

3. 机房宜安装独立空调设备;

4. 机房应有防火、防潮、防尘、防盗、防磁、防鼠等设施;

5. 机房应配置备用应急照明装置;

6. 没有设立计算机机房的期货经营机构,应参照本条中有关要求,建立相应的、适合计算机安全运行的环境。

第二节　远程通信

第三十四条　期货交易所与期货经营机构之间必须建立安全、可靠的通信线路。

第三十五条　重要通信线路必须建立备份线路并定期检修。

第三十六条　通信线路接口部分应采取防止非法进入的安全措施。

第三十七条　通信设备应具有防干扰、防截取能力,具有加密传输功能。

第三十八条　通信设备应建立设备备份。

第三节　计算机设备

第三十九条　期货交易所、期货经营机构计算机服务器应当达到如下要求:

1. 服务器应具有较好的可靠性和充足的容量;

2. 服务器应具有一定的容错特性,宜采用镜像、阵列、双机、群集等容错技术;

3. 服务器应有一定量的备品备件。

第四十条　期货交易所、期货经营机构计算机工作站应当达到如下要求:

1. 工作站应具有良好的性能及可靠性;

2. 除计算机机房及确实有需要的业务部门外,一律使用无软驱或光驱等可卸存储装置的网络工作站;

3. 重要工作站应有冗余备份。

第四十一条　期货交易所、期货经营机构数据存储设备应当达到如下要求:

1. 应配备安全可靠的数据备份设备;

2. 至少应有两种不同存储介质的数据存储设备;

3. 交易业务数据的存储应采用只读式数据记录设备。

第四节　局域网络

第四十二条　期货交易所、期货经营机构布线系统设计可参照 CECS 89—97《建筑与建筑群综合布线系统工程设计规范》。在现行技术条件下,不宜继续使用同轴细缆。

第四十三条　网络结构应合理可靠。

第四十四条　网络设备应兼具技术先进性和产品成熟性,具有防攻击等功能。

第四十五条　网络设备应有一定的冗余备份。

第四十六条　通信速率应保证满足正常业务开展的需要。

第五节　电子交易设备

第四十七条　期货交易所、期货经营机构配备的电子交易系统必须达到一定的安全级别。

第四十八条　操作电子交易设备应有严格的身份识别机制。

第四十九条　期货交易所、期货经营机构应采取适当措施,保证设备完好率不低于百分之九十。

第五十条　各种形式的远程交易系统必须采取严格的安全措施。

第五十一条　期货交易所、期货经营机构交易场所应配备行情揭示设备,完整、准确、及时地显示行情信息。

第六节　设备管理

第五十二条　期货交易所、期货经营机构计算机信息技术管理部门应当负责统一管理计算机设备。

第五十三条　计算机设备的选型、购置、登记、保养、维修及报废等必须严格按规定手续办理,重大设备应建立维护档案。

第五十四条　选用的计算机设备必须经过技术论证,符合国家有关标准的规定,满足可靠性与兼容性要求。

第五十五条　新购置的设备应经过测试,测试合格后方能投入使用。

第五十六条　期货交易所、期货经营机构必须定期对计算机设备进行专业维护保养。

第五十七条　未经许可,不得擅自开拆设备或调换设备配件。

第四章　软件环境

第一节　系统软件

第五十八条　期货交易所、期货经营机构使用的系统软件主要包括操作系统软件和数据库管理软件。系统软件的选用应充分考虑软件的安全性、可靠性、稳定性和健壮性。

第五十九条　期货交易所、期货经营机构应使用正版软件。

第六十条　系统软件应具备如下功能:

1. 身份验证功能,防止非法用户随意进入系统;

2. 访问控制功能,防止系统中出现越权访问;

3. 故障恢复功能,能够自动或在人工干预下从故障状态恢复到正常状态而不致造成系统混乱和数据丢失;

4. 安全保护功能,对信息技术的交换、传输、存储提供安全保护;

5. 安全审计功能,便于应用系统建立访问用户资源的审计记录;
6. 分权制约功能,支持对操作员和管理员的权限分离与相互制约;
7. 安全预警功能,对来自外部的恶意代码和违规操作进行识别、跟踪、记录、和报警。

第六十一条　期货交易所、期货经营机构必须启用系统软件提供的安全审计留痕功能。

第六十二条　数据库管理软件除上述功能要求外,还应具有数据库的安全性、完整性、一致性及可恢复性等保障机制。

第六十三条　系统软件应达到 C2 级以上(含 C2 级)安全级别。

第二节　应用软件

第六十四条　期货交易所、期货经营机构应用软件包括交易业务处理系统、信息揭示与分析系统及其他业务处理系统等。

第六十五条　交易业务处理系统必须具有如下特性:
1. 自动记录全部操作过程;
2. 关键数据不得以明码存放;
3. 无法绕过应用界面直接查看或操作数据库;
4. 系统管理与业务操作权限严格分开;
5. 防止异常中断后非法进入系统;
6. 提供超时键盘锁定功能;
7. 交易业务数据在通信网络上以加密方式传输;
8. 应存储一年以上完整的系统运行记录与交易清算记录;
9. 提供系统运行状态监控模块;
10. 提供数据接口,满足稽核、审计及技术监控的要求;
11. 其他有助于控制业务操作风险的功能特性。

第六十六条　信息揭示与分析系统及其他业务处理系统必须保证信息揭示的完整、准确和及时。

第三节　软件管理

第六十七条　期货交易所、期货经营机构应用软件在开发或购买之前应正式立项,成立由技术人员、业务人员和管理人员共同组成的项目小组并建立软件质量保证体系。

第六十八条　期货交易所、期货经营机构应当根据应用系统对安全的要求,对应用软件同步进行安全保密设计。

第六十九条　软件开发过程应符合 GB8566—88《计算机软件开发规范》。

第七十条　开发维护人员与操作人员必须实行岗位分离,开发环境和现场必须与运行环境和现场隔离。软件设计方案、数据结构、加密算法、源代码等技术资料严禁散失和外泄。

第七十一条　应用软件在正式投入使用前必须经过内部评审,确认系统功能、测试结果和试运行结果均满足设计要求,技术文档齐全,并经批准。

第七十二条　期货交易所、期货经营机构应规定软件的使用范围和使用权限。

第七十三条　软件使用人员应经过适当的操作培训和安全教育。

第七十四条　建立应用软件的文档管理制度、版本管理制度及软件分发制度，防止软件的盗用、误用、流失及越权使用。

第七十五条　期货交易所、期货经营机构使用的系统软件和应用软件应具有统一性。

第七十六条　信息技术人员不得擅自进行软件维护和系统参数调整。

第七十七条　期货交易所、期货经营机构应采取有效措施，防止对应用软件的非法修改。对软件的正常升级、修改，必须进行严格地全面测试无误后方可投入使用。

第五章　数据管理

第一节　交易业务数据

第七十八条　期货交易所、期货经营机构应建立交易业务数据管理制度，对交易业务数据实施严格的安全保密管理。

第七十九条　交易业务数据主要包括交易数据、清算数据及其他相关数据。

第八十条　期货交易所、期货经营机构应当设置数据库管理员岗位，对交易业务数据实行专人管理。信息技术人员未经许可不得拥有数据库管理员操作口令。

第八十一条　期货交易所、期货经营机构信息系统内应至少保存一年以上的交易业务数据。

第八十二条　期货交易所、期货经营机构应建立交易业务数据映像并定期和不定期与交易业务数据进行核对，防止使用过程中产生误操作或被非法篡改。

第八十三条　期货交易所、期货经营机构应按如下要求进行数据备份：

1. 每个工作日结束后必须制作数据的备份，数据应至少备份在两种不同的介质上并异地存放，保证系统发生故障时能够快速恢复；

2. 交易业务数据必须定期、完整、真实、准确地转储到不可更改的介质上，并要求集中和异地保存。保存期限为期货交易所至少保存20年，期货经营机构至少保存2年，但对有关期货交易有争议的，应保存至该争议消除时为止；

3. 备份的数据必须指定专人负责保管，由计算机信息技术人员按规定的方法同数据保管员进行数据的交接。交接后的备份数据应在指定的数据保管室或指定的场所保管；

4. 数据保管员必须对备份数据进行规范的登记管理；

5. 备份数据不得更改；

6. 备份数据保管地点应有防火、防热、防潮、防尘、防磁、防盗设施。

第八十四条　期货交易所、期货经营机构应按如下要求做好数据保密工作：

1. 数据不得泄露，禁止外借；

2. 数据应仅用于明确规定的目的，未经批准不得它用；

3. 无正当理由和有关批准手续，不得查阅客户资料。经正式批件查阅数据时必须登记，并由查阅人签字；

4. 保密数据不得以明码形式存储和传输；

5．根据数据的保密规定和用途，确定数据使用人员的存取权限、存取方式和审批手续。

第八十五条　交易业务数据不得随意更改。

第二节　系统数据

第八十六条　期货交易所、期货经营机构应制定系统数据管理制度，对系统数据实施严格的安全与保密管理，并定期对系统数据进行备份，防止系统数据的非法生成、变更、泄漏、丢失与破坏。

第八十七条　系统数据主要包括数据字典、权限设置、存储分配、网络地址、硬件配置及其他系统配置参数。

第八十八条　期货交易所、期货经营机构设置系统管理员岗位，对系统数据实行专人管理。

第八十九条　系统数据不得泄露。

第九十条　期货交易所、期货经营机构应保存系统数据，并定期进行核对。

第六章　技术事故的防范与处理

第一节　技术事故及其防范

第九十一条　技术事故是指由于硬件故障、软件故障和操作失误等原因引起系统无法运行，经启动备用系统仍未恢复正常，导致交易中断并造成经济损失的事件。

第九十二条　技术事故的防范和处理原则是：预防为主，处理及时，力争把事故的损失降低到最小程度。

第九十三条　期货交易所、期货经营机构应当建立健全技术事故的防范对策，严格按本规范要求建设、管理信息技术系统的硬件设施和软件环境，定期进行事故防范演习，针对薄弱环节不断改进完善。

第九十四条　期货交易所、期货经营机构应制定技术事故发生时的应急计划：

1．应急计划必须形成文字；

2．应急计划应针对可能发生的故障制定紧急处理程序；

3．紧急处理程序应张贴在规定的地方；

4．对执行应急计划的全体人员进行专项培训，定期进行演习；

5．根据演习结果不断完善应急计划。

第二节　技术事故的处理

第九十五条　下列情况期货交易所、期货经营机构免责：

1．因不可抗力引发的技术事故；

2．因软硬件故障导致的技术事故，经技术专家论证，确认信息技术管理符合本规范要求，确属小概率或偶发性事件；

3．其他经技术专家认定的免责事故。

第九十六条　因通信线路故障导致的技术事故，期货交易所、期货经营机构应会同通信部门共同调查解决。

第九十七条 因期货交易所、期货经营机构操作失误导致的技术事故,经调查核实后,期货交易所、期货经营机构负相关责任。

第九十八条 技术事故的事后处理:

1. 期货交易所、期货经营机构安全管理组织应立即进行事故调查,提出书面调查报告,必要时可组织有关专家鉴定,确定事故的原因和责任;

2. 对调查中发现的技术薄弱环节,应限期整改。

第七章 附 则

第九十九条 本规范自 2001 年 1 月 1 日起实施。

3.《上市公司股东大会网络投票系统技术管理规范(试行)》

发布单位:中国证券监督管理委员会

发布文号:证监信息字[2004]5 号

发布日期:2004-12-20

生效日期:2004-12-20

第一章 总 则

第一条 为保证股东大会网络投票系统规范建设、安全稳定运行,方便上市公司股东参加股东大会并行使表决权,根据《上市公司股东大会网络投票工作指引(试行)》和网络与信息安全管理的有关要求,制定本规范。

第二条 本规范所称股东大会网络投票系统是指利用网络与通信技术,为上市公司股东非现场参加股东大会并行使表决权服务的信息技术系统。

第三条 股东大会网络投票系统技术管理遵循以下基本原则:

安全性原则。树立安全防范意识,在系统的建设、运行、维护等方面和硬件、软件、网络通信、数据、管理等环节严格落实安全措施,将安全性原则贯彻到信息技术管理的各个环节和每个层面。

实用性原则。在确保安全和性能的前提下,注重采用成熟的先进技术,实现股东大会网络投票系统高效率、低成本、易操作。

标准化原则。为有效降低使用和运行成本,股东大会网络投票系统应采用统一的技术标准。

第二章 系统建设

第四条 股东大会网络投票系统建设应遵循国家和行业相关标准,加强人员、进度、成本、风险等的分析和管理,确保质量。

第五条 股东大会网络投票系统应满足《上市公司股东大会网络投票工作指引(试行)》的要求,全面实现其规定的功能。

第六条 技术标准的采用,国家有明确规定的,按国家规定执行;国家没有明确规定的,由中国证券监督管理委员会(以下简称中国证监会)组织确定。

第七条　股东大会网络投票系统应具备较强的防非法访问、防攻击、防破坏的能力，按照国家和行业的信息安全标准建立有效的安全防护体系。

第八条　股东大会网络投票系统应具有良好的承载能力，确保系统在高负荷状态下正常运行。

第九条　股东大会网络投票系统应对使用者进行严格的身份认证，并采取有效的防抵赖措施。

第十条　股东大会网络投票系统应按国家规定使用加密产品和加密算法。

第十一条　支持股东大会网络投票系统的电子认证系统应按国家有关法律、法规的要求办理相应手续，需要通过国家主管部门认可的，认可情况的书面材料应报中国证监会备案。

第十二条　股东大会网络投票系统建设完成和升级改造后，应进行上线风险评估，做好系统整体功能和压力测试，并将建设和测试情况报中国证监会备案。

第十三条　办理登录股东大会网络投票系统各类手续和登录后如何操作的流程，应做到清晰、公开、透明，对使用者应进行必要的辅导。

第十四条　股东大会网络投票系统的机房建设应符合国家及行业的相关标准及要求。

第三章　系统运行维护

第十五条　应建立健全股东大会网络投票系统运行管理制度：

（一）制定规范的日常操作流程，建立完善的运行维护日志，关键操作建立复核机制。

（二）建立完善的监控体系和规范的故障处理流程，对系统的运行环境、运行状况等进行实时监控和及时的事后分析。

（三）建立相应的操作权限管理机制。

第十六条　应建立全面、严格的股东大会网络投票系统技术事故防范制度，定期进行技术核查，针对薄弱环节不断改进完善技术系统，明确技术事故防范和处理工作中的责任人和监督人，建立管理、技术和业务部门之间的协调机制。

第十七条　应制定完善的股东大会网络投票系统应急处置预案。通过对人员进行专项培训和必要的演习，确保技术事故发生时，顺利启动应急处置预案。应急处置预案应不断进行补充和完善。

第十八条　应建立计算机病毒防范制度和预警机制。严格进行病毒检测及处置，统一组织和实施计算机病毒防范工作。

第十九条　应加强账户和密码管理。系统管理人员的账户和密码专人专用，定期更换；不应为使用者设置统一的、有规律的、易破解的初始密码；严格控制缺省账户的使用。

第二十条　使用密钥的股东大会网络投票系统应建立完善的密钥管理制度，制定严格的密钥保管和使用规范。密钥应由专人保管，相关人员要与本单位签订保密责任书。

第二十一条　股东大会网络投票系统的信息发布应遵循国家有关规定，不得出现国家有关规定禁止的内容。

第四章 数据管理

第二十二条 数据是指在股东大会网络投票系统的使用和管理中产生的各种信息。

第二十三条 数据包括业务数据和系统管理数据。

业务数据是指被网络投票系统引用及由网络投票系统生成的信息，包括公告、议题、签到和表决等。

系统管理数据是指系统配置及系统用户信息，包括系统配置文件、系统日志、系统账号和密码等。

第二十四条 应采取必要措施保证重要业务数据（如签到数据、用户名及密码数据、公布前的表决结果数据等）的安全性，包括但不限于如下措施：

（一）数据的产生、传输和储存进行全程加密。

（二）建立严密的使用、修改、转移、保存和销毁保密数据的规章制度和操作流程，严禁私自外借、篡改甚至销毁保密数据。

第二十五条 股东大会网络投票结束后应及时将业务数据完整、准确地转储到可靠介质上，并实现集中和异地保存。

第二十六条 建立严格的备份数据管理制度，保证备份数据长期保存、严格使用、完整可读。

第五章 附 则

第二十七条 本规范由中国证监会负责解释。

4.《证券期货业网络与信息安全信息通报暂行办法》

发布单位：中国证券监督管理委员会

发布文号：证监信息字[2005]1号

发布日期：2005-02-01

生效日期：2005-02-01

第一条 为规范证券期货行业网络与信息安全信息通报工作，切实保护投资者合法权益，依据国家有关规定，制定本办法。

第二条 证券期货行业信息安全保障协调小组（以下简称协调小组）负责行业网络与信息安全信息通报工作的决策、组织、协调工作，协调小组成员单位包括中国证监会、上海证券交易所、深圳证券交易所、上海期货交易所、大连商品交易所、郑州商品交易所、中国证券登记结算公司、中国证券业协会和中国期货业协会。信息通报单位包括证券、期货交易所，中国证券登记结算公司，各证券公司、基金管理公司、期货公司，证券、期货投资咨询公司以及其他由证监会核准注册成立的机构（以下简称通报单位）。

第三条 中国证监会信息中心是协调小组的执行部门，负责向国家网络与信息安全信息通报中心报告证券期货行业的网络信息安全信息；负责将国家网络与信息安全信息通报中心发布的信息报告、病毒与网络攻击预警等按要求向协调小组单位成员传达，并通过中国证券业协会和中国期货业协会向各自归口的通报单位传达。

中国证监会信息中心作为协调小组中各通报单位的归口单位，负责这些单位网络与信息安全信息的汇总、整理。

中国证券业协会负责证券公司、基金管理公司、证券投资咨询公司等单位的网络与信息安全信息汇总和反馈工作，并作为上述机构的归口单位向中国证监会信息中心报告。

中国期货业协会负责期货公司、期货投资咨询公司等单位的网络与信息安全信息汇总和反馈工作，并作为上述机构的归口单位向中国证监会信息中心报告。

第四条　各通报单位按照"谁主管、谁负责，谁运营、谁负责"的原则，做好各自单位的信息安全通报工作。各单位信息安全工作的责任人（主管领导）为本单位信息安全通报工作的责任人。

各通报单位应落实承担网络与信息安全信息通报工作的职能部门、负责人和联络员，制定本单位内部的信息报告流程和相应的责任制，并填写信息安全报告基本情况备案表（见附件一）报归口单位备案。

各通报单位要及时将本单位网络与信息系统出现的安全事故上报归口单位，并负责将来自归口单位的信息安全通告以及其他通知、要求及时传达到有关责任人。

第五条　各通报单位实行 7×24 小时联络制度，指定一名联络员，一名后备联络员。联络员和后备联络员应有及时准确的通讯联络方式；联络方式如有变动，应填写基本情况变动更新表（见附件一）及时报告归口单位。归口单位要及时维护和更新联络通信录，并在通报体系中公告。

第六条　事故报告。通报单位的重要网络与信息系统在运行中出现异常情况，造成不良影响或损失的，应按照应急预案及时处置，同时应将事故发生的情况、危害程度、处置措施、分析研判等内容编写成事故报告，及时上报归口单位（事故分级、报告要素及要求见附件二及编制说明）。

第七条　信息安全运行月报。为及时反映行业信息安全状况，保持行业信息安全通报系统的畅通，各通报单位每月应以信息安全运行月报（格式见附件三）的形式向归口单位报告信息系统运行情况。

信息安全运行月报的内容为各通报单位信息系统运行中出现并得到及时处置的异常情况汇总和分析、研判，无异常情况的，要进行平安运行报告。对已按事故报告要求上报的情况，要在运行月报中说明。

各通报单位应在每个月前 5 个工作日内将上个月的系统运行情况上报归口单位。

第八条　敏感时期报告。中国证监会信息中心根据国家有关规定和需要启动敏感时期报告制度，并规定行业内敏感时期报告的启动与截止日期、日报告的截止时间等要素。

各通报单位在收到启动敏感时期报告的通知以后，根据要求每日以敏感时期信息安全报告（见附件四）的形式上报本单位信息系统运行状况。报告内容包括信息安全运行月报、事故报告应报的范围。无异常情况的，要进行平安运行报告。

各通报单位在敏感时期应有专人值守。

第九条 信息安全通告。中国证监会信息中心、中国证券业协会、中国期货业协会等信息通报归口单位,通过信息通报体系,向各通报单位定期或不定期地发布下列信息安全通告:

国家网络与信息安全信息通报中心发布的报告和预警;

行业信息安全月报的汇总分析;

行业信息系统运行中带有普遍性的安全隐患或趋势;

有关信息安全的通知、规定、技术标准、指引等;

其他需要及时向报告单位通报的信息。

各通报单位在收到归口单位的信息安全通告后,应及时传达到相关责任人,采取相应措施。

第十条 各通报单位应切实保证信息通报和联络渠道的畅通。敏感时期报告和信息安全运行月报可使用电子文件的形式报送。对于事故报告,应同时使用书面和电子文件的形式进行报送。对于有保密要求的,应使用符合要求的加密设备进行报送。

第十一条 各通报单位应保证上报要素完备、及时、准确,不得瞒报、缓报、谎报网络与信息安全事件的情况。接报单位应保证及时接收、准确记录上报信息。

第十二条 各单位应制定相应的保密和档案管理措施,妥善管理上报材料,包括各单位进行信息安全通报过程中往来电话记录(手机或固定电话)、纸质或电子文件、传真件等,存档备查。

第十三条 对于认真履行本办法,及时报告网络与信息安全事故的单位及个人,予以通报表扬。对违反本办法及相关制度的单位及个人,予以通报批评;情节严重的,予以行政处分。

第十四条 本办法自发布之日起实施。本办法由中国证监会负责解释。

5.《证券期货业信息安全保障管理暂行办法》

发布单位:中国证券监督管理委员会

发布文号:证监信息字[2005]5号

发布日期:2005-04-08

生效日期:2005-04-08

第一章 总 则

第一条 为加强证券期货业信息安全保障工作的组织协调,建立、健全信息安全管理制度和运行机制,提高行业信息安全保障工作水平,切实保护投资者合法权益,根据国家有关法律、法规和相关规定,制定本办法。

第二条 本办法适用于证券期货市场的监管机构、行业自律组织及经营机构。监管机构为中国证券监督管理委员会(以下简称"中国证监会");行业自律组织包括证券、期货交易所及其通信公司,证券登记结算公司,中国证券业协会和中国期货业协会;经营机构包括证券、期货公司,基金管理公司及证券、期货投资咨询公司。

第二章 安全职责划分

第三条 中国证监会负责证券期货行业信息安全保障工作的监督管理及组织协调。

第四条 证券、期货交易所及其通信公司,登记结算公司,证券、期货公司,基金管理公司,证券、期货投资咨询公司等是各自信息系统安全运营管理的责任主体单位(以下简称"主体单位")。

第五条 证券交易所负责证券交易、信息发布及市场监管信息系统的安全运营。证券通信公司受证券交易所及证券登记结算公司、经营机构的委托,负责通信系统的安全运营,保障交易、结算等业务数据的及时安全传送。期货交易所负责期货交易和结算处理、信息发布、市场监管信息系统及通信系统的安全运营。

第六条 证券登记结算公司负责证券登记、结算业务信息系统的安全运营。

第七条 中国证券业协会负责证券公司、基金管理公司、证券投资咨询公司等会员单位信息安全保障的组织、协调工作。

中国期货业协会负责期货公司、期货投资咨询公司等会员单位信息安全保障的组织、协调工作。

第八条 证券、期货公司,基金管理公司及证券、期货投资咨询公司负责总部及下属经营机构信息系统的安全运营。

第三章 安全目标与基本原则

第九条 信息安全保障工作的总体目标是确保信息和信息系统的完整性、保密性、可用性、时效性、可审查性和可控性,切实保护市场参与各方的合法权益,促进证券期货市场的持续、稳定、健康发展。

第十条 信息安全保障工作的具体目标是:

(一)保护证券期货业信息系统的物理环境、设备设施和运行环境,保证信息系统的环境安全;

(二)确保信息内容的合法性,保护信息在采集、传输、使用和存储过程中的保密性、完整性、可用性、时效性、可审查性和可控性,保证信息的安全;

(三)提高证券期货业人员的信息安全意识、安全专业素质以及安全管理与服务水平;

(四)提高信息系统的可用率和灾难恢复能力,为业务的可持续性运行提供保障。

第十一条 信息安全保障工作应遵循以下基本原则:

(一)责任制原则:安全管理应做到"谁主管,谁负责"、"谁运营,谁负责",注重以法律手段明确与他方的责任关系,通过契约、协调等方式与他方进行责任划分,明确进行风险转移,通过责任主体制约他方。

(二)规范化原则:遵循国内、国际的信息安全标准及行业规范,对信息系统实行等级保护。

（三）全面统筹原则：信息安全保障工作应贯穿于信息化全过程，坚持统筹规划、突出重点，安全与发展并进，管理与技术并重，应急防御与长效机制相结合。

（四）实用性原则：在确保信息系统性能和安全的前提下，充分利用资源，讲究实效，避免重复和盲目投资，积极采用国家法律法规允许的、成熟的先进技术和专业安全服务，运用科学的经营管理方法，降低成本，保障安全运行。

第四章　安全保障要求

第十二条　主体单位应建立以安全组织体系为核心、安全管理体系为保障、安全技术体系为支撑的全面信息安全体系，保持三个体系稳定、均衡发展。

第十三条　主体单位应建立明确的信息安全组织体系：

（一）建立决策层、管理层和执行层三层工作关系，明确信息安全主管领导，落实信息安全管理部门，指定信息安全执行岗位；

（二）设立专职的安全管理员和安全审计员岗位，分别负责信息安全工作的实施和审计；

（三）通过多种安全培训方式加强信息安全人才队伍的建设，提高信息安全工作人员的技能水平，提高员工安全意识。

第十四条　主体单位应建立全面的信息安全管理体系：

（一）制定统一的信息安全策略和全面、可操作的信息安全管理制度，指导和规范信息系统的安全规划与建设，确保策略和制度得到恰当的理解并得到有效的遵循和执行；

（二）加强信息系统资产安全管理，保护信息系统设备、软件、数据和技术文档的安全，实行信息系统资产管理责任制，实现等级管理、密级管理，重点保护核心信息系统资产的安全；

（三）强化信息系统的物理安全保护，执行严格的机房安全管理、环境安全管理和有效的物理控制措施；

（四）建立信息系统网络、系统、应用等各层面的安全管理流程，实现对信息系统规划、建设、运行、维护各个阶段的安全管理，开发与运营独立管理，严格执行日常的实时管理和定期管理工作；

（五）实现对信息系统的安全风险管理，对信息资产、威胁和脆弱性的状况进行定期评估，及时发现安全隐患并进行预防性的保护，选择适用、有效的安全措施。

第十五条　主体单位应建立有效的信息安全技术体系：

（一）建立完善的安全预警体系，及时发现安全隐患；

（二）强化现有的安全防护体系，实现对核心业务系统的重点保护；

（三）建立有效的安全监控体系，监控核心业务系统，为进一步完善信息安全体系提供决策依据；

（四）建立全面的应急响应体系，制定规范、完整的应急处理和响应流程，定期进行应急恢复的演练和测试，完善信息安全通报机制；

（五）按照不同的安全保护等级建立相应的灾难恢复体系，定期进行灾难恢复的演练和测试，确保灾难发生后能够充分发挥备份的效能，降低造成的影响和损失。

第五章 附　　则

第十六条　中国证监会对证券期货业信息系统安全保障情况组织安全检查，检查方式包括自检查、委托检查等方式。

第十七条　本办法由中国证监会负责解释。

第十八条　本办法自印发之日起执行。

6.《进入风险处置程序证券公司信息系统交接技术指引》

发布单位：中国证券监督管理委员会

发布文号：证监信息字[2006]3号

发布日期：2006-04-21

生效日期：2006-04-21

第一章 总　　则

第一条　为保护证券投资者合法权益，维护国家经济安全和证券市场秩序，妥善处置证券公司风险，根据证券法、公司法、破产法等相关法律，以及证券公司风险处置条例，制定本指引。

第二条　本指引适用于在中华人民共和国境内设立的证券公司，因出现重大风险，或者违法违规经营等情形，由中国证监会指定其他机构对该证券公司进行托管的情况。

第三条　本指引以防范风险为核心，以维护被托管机构信息系统的正常交易、结算系统安全和社会稳定为前提。

第四条　托管机构应参照本指引制定信息技术托管方案，方案应涵盖被托管机构现有的、与托管工作相关的、影响信息系统安全运行的相关内容。

第五条　信息技术托管按照不同时期的工作特点可分为准备期、交接期、稳定期。

第六条　托管机构在对被托管机构信息系统托管过程中，当地证监局、证监会现场工作组、行政清理工作组（清算组）应当加强对被托管机构信息系统维护和建设的监督、指导和协调工作，有关部门和单位应配合和协作。

第二章 管理原则

第七条　防范风险原则：托管期间，各方必须顾全大局，严明纪律，按照统一部署，做好信息系统的风险防范工作。

第八条　责任制原则：托管期间，各项技术与技术管理工作责任必须落实到人。托管与被托管双方实行"托管方监督，被托管方执行"的一般原则。对重要操作的授权和执行，履行双重签字的程序。

第九条　规范化原则：托管期间，对被托管机构信息技术的管理应采取流程化、规范化的管理模式，各方应严格按照本指引或托管方有关规定执行相应流程，对本指引和托管方未做规定的,沿用被托管机构原有的相关制度执行。

第十条 报告制原则:托管期间,各方应按照有关规定,实行严格的报告制度。

第十一条 保密原则:在托管机构未进场前,应当做好保密工作,未经证监会同意不得公开被托管机构的名称及托管时间;托管期间,各方应保守被托管机构自身及客户的商业秘密。

第三章 组织架构

第一节 组织设置

第十二条 托管机构应在托管工作组下设托管信息技术组(以下简称技术组)。负责统一管理被托管机构的信息技术工作。

第十三条 技术组应在被托管机构总部、区域中心、各分支营业部及其所属服务部设置现场技术岗位,负责现场的运维、协调和监督工作。

第十四条 被托管机构的信息技术部门(以下简称被托管技术方)应服从托管机构的要求,做好本职以及托管方要求的各项工作。

第二节 职责划分

第十五条 技术组主要职责:

1. 负责制定信息技术的托管方案,对信息技术托管工作进行总体安排、部署;
2. 负责对信息技术托管中出现的风险事项进行风险评估、提出应急预案并对发生的风险事项及时研究处理;
3. 负责对托管范围内的信息技术人员的管理和考核;
4. 监督托管范围内信息系统资产、文档、合同、数据资料等的管理;
5. 发现托管范围内的技术和业务异常时,及时上报并完成托管工作组安排的任务;
6. 配合其他托管工作。

第十六条 现场技术岗位主要职责:

1. 落实技术组要求的各项工作;
2. 负责监督被托管机构信息系统的日常运行、管理和维护;
3. 负责检查被托管机构信息系统数据的完整性和备份数据的安全性;
4. 负责组织被托管机构信息系统的安全防范和应急演练;
5. 负责检查应急预案的可行性;
6. 为被托管机构提供必要的技术支持;
7. 负责被托管机构信息系统异常的上报和处理工作;
8. 配合其他的托管工作。

第十七条 被托管技术方主要职责:

1. 落实技术组要求的各项工作;
2. 按照技术组的要求做好本职工作,保证交易、清算等信息系统的正常运行;
3. 妥善保管其占有和管理的所有财产、资料和其他物品;

4. 配合其他的托管工作。

第四章 托管工作

第一节 准备期

第十八条 准备期是指证监会宣布被托管机构的处置日前,证监局及托管机构为托管工作做相应准备的时期。

第十九条 托管机构在准备期的主要技术管理责任是组建参与托管的技术队伍,完成相关制度和文档的准备,对技术队伍进行业务、技术和有关托管政策培训;采集相关技术资料,完成托管技术准备。

第二十条 托管机构在准备期应做好以下技术相关工作:

1. 成立技术组:托管机构应成立由信息技术骨干组成的技术组,并明确其工作职责及要求。

2. 制定信息系统托管方案:技术组应根据本指引制定信息系统托管方案,对托管工作进行总体安排、部署,包括制定信息技术托管工作管理制度、托管工作流程、交接清单等。

3. 获取相关资料:当地证监局加强对辖区高风险证券公司的摸底调查工作,要求以月报或季报形式上报《信息技术组织架构及人员情况表》(表1)、《总部信息系统情况表》(表2)、《企业主干网情况表》(表3)、《交易系统整体情况表》(表4)等相关技术资料,以便托管机构提前作好托管准备;在满足保密要求的前提下,托管机构应与相关信息系统供应商取得联系,获取相关技术资料。

4. 组织托管队伍:托管机构应根据拟被托管机构的营业部、服务部数量及信息系统状况,分别设置总部、区域中心、各营业部、服务部现场技术岗位。

5. 培训托管人员:托管机构应对现场技术岗位人员进行技术培训和交接培训。技术培训应涵盖交接中将涉及的主要技术问题,包括各项管理细则、各相关系统的密码和权限的修改、数据备份、参数设置等。交接培训主要包括:交接操作流程、交接要点及异常情况的处理等。

6. 准备工具:为了便于顺利开展托管工作,技术组应根据拟被托管机构的设备情况,制定托管工作所需设备清单,如:手提电脑、光盘、移动硬盘、必要的软件、保险柜、托管文档及相关表格等,并做好相应准备。

7. 整理主要相关单位的联系方式:技术组应根据拟被托管机构信息系统的情况,整理出《交接日相关单位联系方式汇总表》(表20),表中应包括主要应用系统的开发商及设备供应商、线路运营商、当地证券业协会、当地证监局、深沪交易所等相关单位的联系方式,以便能及时获得支持。

8. 初步评估风险:技术组应根据了解到的拟被托管机构信息系统的情况,对照中国证监会颁布的《证券公司信息技术管理规范》、深沪交易所相关技术管理规范及托管机构技术管理制度的要求,对被托管机构信息系统进行初步风险评估,形成初步风险评估报告。对较为严重的风险情况,技术组应及时报告托管工作组。

9. 制定初步的应急预案:技术组应针对所了解的被托管机构信息系统的风险,制定初步的应急预案。

第二节 交 接 期

第二十一条 交接期是指证监会宣布被托管机构处置日起,托管机构进入被托管机构进行各项交接工作的时期。

第二十二条 托管机构在交接期的主要技术管理责任是向被托管机构的技术总部、中心机房、备份机房及各营业部派出技术人员,对所有的系统、数据、系统用户、权限密码、技术文档、合同、设备等进行登记,对备份数据、技术文档进行封存,对系统用户权限和密码进行审查,并按照审慎原则对重要的系统密码进行接收。

第二十三条 技术组进入被托管机构后,首先应与被托管技术方进行充分沟通,核实被托管机构信息技术管理、信息系统、信息技术人员等方面的情况,并根据实际情况对准备期所作的方案进行调整后,按照交接工作流程与被托管机构完成相关交接工作。

第二十四条 交接工作包括管理交接和系统交接。系统交接按总部、区域中心及营业部、服务部分别进行。

第二十五条 管理交接包括以下工作:

1. 人员交流:技术组应向被托管技术方介绍交接方案,明确双方职责及托管工作要求。

2. 印章交接:被托管技术方如有部门印章,应将印章移交给托管机构,并填写相关交接表,由托管机构安排专人实施统一管理。

3. 人员情况登记:被托管技术方应如实填写《人员基本情况登记表》(表5)、《人员基本情况汇总表》(表6),表中应包括在处置日前半年内离开的信息技术人员。

4. 管理制度交接:技术组应向被托管技术方公布托管工作管理制度,说明托管工作管理制度中未涵盖的内容按被托管机构原制度执行,并要求被托管技术方提交原信息技术管理制度。

5. 核对系统情况:技术组应与被托管技术方逐一核对信息系统情况,完善《交接日信息系统情况登记表》(表7),以便双方能毫无遗漏地做好各系统交接工作。

第二十六条 系统交接包括以下工作:

1. 系统备份:系统备份应包括对各应用系统进行全备份,对操作系统的重要系统目录、配置文件、重要的系统文件进行备份,对网络、安全设备的配置文件进行备份等,应用系统的全备份包括应用软件、数据库、参数配置文件、运行日志等,交接完后应填写《交接日系统备份登记表》(表8)。

2. 密码交接:密码交接应包括操作系统、数据库、应用系统、网络安全设备等的超级用户密码,及应用系统后台用户密码的交接,交接完后应填写《交接日密码设置修改登记表》(表10)。在进行密码修改前,应对所有系统的用户权限及参数文件进行备份。在更改用户密码后,应检查应用系统相关配置中使用相应用户用于业务处理的情况,对配置文件中相应用户的密码进行修改,并及时作好相应测试,确保系统能正常运行。

3. 用户权限核查:在核查各系统用户及其权限前,应备份用户权限配置文件,并在进行核查操作时详细记录操作过程,核查工作主要包括:A. 停用不必要用户,系统运行一段时间后,确认不必要时删除。B. 按最小权限原则进行权限调整。C. 用户设置采用专人专户。D. 如果存在使用超级用户用于后台处理的情况,建立具有所需权限的用户替代超级用户,并修改相应的配置文件。核查完用户权限后,应填写《交接日系统用户权限登记表》(表11)和《交接日员工操作权限登记表》(表12)。

4. 当前数据备份:应备份各系统中至处置日的所有当前数据和历史数据,及交易所当日下发的清算文件、证券余额对账文件等,并逐项填写《交接日数据备份登记表》(表14),备份完成后应检查备份数据的完整性、可读性,并做好备份数据的异地备份。

5. 核查历史数据:现场技术岗位应检查被托管机构总部、区域中心信息系统和所有营业部柜台系统自系统建设或开业至今的所有历史数据的备份情况,包括存放位置及备份方式,并对备份数据进行有效性、完整性、连续性检查,填写《交接日历史数据备份登记表》(表15)。(如发现存在原始数据篡改、删除等问题,应该立即上报托管工作组处理。)

6. 技术资料交接:需交接的资料至少应包括以下各项:系统运行维护日志;应急预案;各系统技术文档;信息系统设备清单;信息系统合同及合同执行情况;各系统运行维护费用支付方式、支付情况;各系统开发商、设备供应商、电信部门、电力部门、物业部门、合作银行等单位的联系方式。交接完成后须分别填写《交接日系统硬件台账》(表16)、《交接日系统软件台账》(表17)、《交接日技术资料登记表》(表18)、《交接日信息技术合同台账》(表19)、《交接日相关单位联系方式汇总表》(表20)、《交接日通讯线路资料表》(表21)。

7. 设备清查:应根据被托管方提供的固定资产台账,由托管双方共同对电子类设备进行清查,清查时应记录设备状况、所用系统及存放地点,完善《交接日系统硬件台账》(表16)、《交接日系统软件台账》(表17)等相关表单。

8. 组织全面查杀病毒及木马:在进行系统交接后,技术组应负责组织被托管机构信息技术人员进行全网病毒查杀,具体流程要求如下:A. 升级系统补丁及杀毒软件。B. 将局域网与公司主干网断开,对每台机器进行断网病毒查杀后方可恢复网络连接。C. 做好杀毒情况汇总、上报工作,并填写《交接日系统防病毒检查表》(表22)。

9. 由专业的信息安全技术人员对被托管机构信息系统进行完整、全面的安全评估,找出潜在技术风险,并提出整改方案,在规定时间内监督被托管方完成。

10. 系统全面联调检测:在进行系统交接及病毒清查、软件升级和安全检查后,为了确保系统正常运行,技术组应组织被托管机构进行所有系统的联网调试,及时解决系统中存在的问题,并填写《交接日系统检测登记表》(表23)。

第二十七条 交接工作中应注意的事项:

1. 技术组和现场技术岗位应严格按照交接流程规定的时间和要求,有序逐项开展交接,不得擅自违反。

2. 若无法在规定的时间内完成交接,或无法获得要求的交接内容,现场技术岗位当日应将情况反馈至技术组,由技术组上报至托管工作组。

3. 交接工作完成之后,技术组应负责对交接工作整体情况进行总结,以书面形式向托管工作组汇报。

4. 技术组应根据各类交接清单形成《交接日信息技术工作交接汇总表》(表24),并将各类交接清单作为该表的附件,经托管工作组批准后,一同分别报送当地证监局、托管工作组、被托管公司及营业部留存。

5. 在交接过程中应注意防范风险,做好数据和软件的备份,确保系统正常运行。

第二十八条 交接中异常情况的处理:

1. 密码修改异常:如果对超级用户(包括等效超级用户)及后台用户进行密码修改后,进行相应测试时,发现系统不能正常运行,且确认为因修改密码引起,在取得系统开发商技术支持后仍不能更改成功,则恢复原密码,同时应填写《系统故障风险登记表》(表39)上报至技术组。

2. 无法获得原有超级用户密码:因相应技术人员已离开被托管机构而无法获得密码,则应上报托管工作组,由托管工作组与被托管机构采取措施,联系相应技术人员。若因被托管机构信息技术人员忘记超级用户密码或无法联系上相应技术人员,则上报托管工作组,经托管工作组同意后,使用解密工具或联系系统开发商及其他技术机构进行密码破解,破解成功后,及时修改密码,同时应填写《系统故障风险登记表》(表39)上报至技术组。

3. 停用用户异常:在停用等效超级用户及认为不必要的用户后,发现系统运行异常,则恢复相应用户,并要求相应用户进行密码修改,同时应填写《系统故障风险登记表》(表39)上报至技术组。若修改密码异常,则参照超级用户密码修改异常处理流程进行处理。

4. 权限修改异常:修改用户权限后,发现系统运行异常,则增加相应所需权限,并填写《系统故障风险登记表》(表39)上报至技术组。

5. 数据备份异常:在使用应用系统的备份功能进行数据备份不成功时,寻求开发维护人员支持,若仍不能成功,则直接进行文件备份或目录备份,并填写《系统故障风险登记表》(表39)上报至技术组。

6. 历史备份数据移交异常:在历史备份数据的移交过程中,如果出现历史备份数据不全、无历史备份数据、因备份介质损坏无法读取历史备份数据、因资料不全无法读取数据以及其他无法确认历史数据的完整性和有效性的异常情况,须填写《系统故障风险登记表》(表39)上报至技术组。

7. 数据查询异常:在进行数据查询时,发现数据含义不清且无说明文档,或数据不全,应填写《系统故障风险登记表》(表39)上报至技术组。

8. 数据上传异常:在营业部将数据上交总部时,如果内部网络不能上传文件,则采用快递方式,同时填写《系统故障风险登记表》(表39)上报至技术组。

9. 重要资料交接异常:在交接过程中被托管机构如不能按交接要求提供重要相关资

料,则应填写《系统故障风险登记表》(表39)上报至技术组。

10. 清查病毒异常:因查杀病毒引起系统不正常时,联系开发商重装系统,并应填写《系统故障风险登记表》(表39)上报至技术组。

第三节　稳　定　期

第二十九条　稳定期是指托管机构已与被托管机构完成交接工作,双方共同维持信息系统稳定运行的时期。

第三十条　托管机构在稳定期的主要技术管理责任是对系统进行风险检查,消除系统隐患,按照规范要求组织好系统的运行,确保系统稳定运行;同时按照托管工作的进度要求,做好客户保证金第三方存管的系统准备和上线组织。

第三十一条　稳定期在系统运行维护过程中应注意以下事项:

1. 操作人员必须严格遵守信息应用系统的操作规程,操作用户须专人专用,严禁泄露操作口令,严禁越权操作,操作口令应定期更换,并满足口令强度要求。

2. 各岗位操作权限应根据岗位职责严格按最小化原则进行设置,并定期进行检查修改。

3. 交易期间,除经技术组审批不得不进行的故障处理外,严禁任何人以任何理由直接登录数据库进行操作,严禁参数修改。

4. 尽量启用系统软件提供的安全审计留痕功能,并记录好运行日志。

5. 信息系统上线前需进行全面测试,评估上线风险,做好相应的应急和备份计划,并通过规定流程审批获准后才能上线运行。

6. 完善规范化的日常操作流程,关键操作建立复核机制。

7. 建立关键系统的配置和变更文档,及时做好参数备份,确保运行环境的可恢复性。

8. 加强值班管理,做好实时监控。

9. 开市交易期间,禁止对总部端数据进行大批量的数据查询和统计,防止系统堵塞而影响正常业务。

第三十二条　技术组在稳定期应及时对被托管机构的信息系统进行风险评估,形成信息系统整体风险评估报告,向托管工作组报告。

第三十三条　信息系统整体风险评估报告应包括对信息系统技术模式、运行状况及技术管理状况的评估。

第三十四条　对信息系统技术模式的评估应包括以下几方面:

1. 网络拓扑结构:重点关注交易网、办公网、互联网之间的隔离情况及安全策略。

2. 应用系统技术架构:重点关注前后台分离、传输加密、系统漏洞及缺陷等情况。

3. 系统环境:如周边控制、安全措施等情况。

第三十五条　对信息系统运行状况的评估应包括以下几方面:

1. 对关键设备备份情况进行评估:关键设备备份情况应包括关键服务器、主干路由器、主干交换机、工作站等设备的备份情况;重要通信线路备份及带宽情况;交易所报盘线路"天地"备份情况等。

2. 对系统设备性能状况进行评估：应根据《信息技术日报表》（表41）、《系统运行维护记录表》（表30）、《系统软件台账》（表33）、《系统硬件台账》（表32），评估被托管机构信息系统主要设备状况及资源使用情况。

3. 对故障应急处理能力进行评估：应对已有的应急资源、应急能力进行评估，应急资源包括应急人员、应急设施（备）、装备和物资等，应急能力包括现有人员的技术、经验和接受的培训等。

第三十六条 对技术管理状况进行评估是指根据被托管机构的管理制度、工作流程、技术资料、人员分工及现有系统用户使用情况等，评估被托管信息系统的管理状况。

第三十七条 托管各期的详细工作要求及具体操作步骤请参照《交接工作流程表汇总》（附件二）。

第三十八条 在托管期，为了保证系统的稳定运行，原则上不进行新的系统建设，如有特殊需要，应遵照《新系统建设管理细则》（附件一）进行。

第三十九条 技术组要对被托管方在托管前开始进行的在建系统进行清理，根据轻重缓急和资金投入及业务需求情况提出续建、缓建、终止建设的意见并报托管工作组，由托管工作组确定是否续建、缓建、终止建设；托管组将需要终止的项目移交给清算组处理。

第四十条 对于涉及交易所、登记结算公司、银行等出现交易结算规则、接口变动等导致的系统建设，技术组应提出变更方案，报托管工作组审批，由技术组组织实施。

第四十一条 对因客户结算保证金存管方式变化导致的系统建设，托管工作组应会同存管银行向中国证监会提交有关协议文本、业务方案及技术方案等申请材料，通过审批后，由托管工作组组织实施。

第四十二条 新的系统建设应本着实用、安全、系统化的原则进行。

第四十三条 新系统的上线和运行管理应遵循证监会颁布的《证券公司信息技术管理规范》（TR/T0023—2004）的要求。

第五章 应急预案及应急处理

第四十四条 为科学应对被托管机构信息系统突发故障事件，建立健全信息系统故障应急响应机制，有效预防、及时控制和最大限度地消除突发故障事件的危害和影响，应制定被托管机构信息系统故障应急预案。

第四十五条 技术组负责应急预案的全面管理及故障应急处理的全面组织和协调工作并负责监督应急预案的制定、实施与演练，负责检查应急预案的可行性，对发生的问题做出分析、判断，并提供技术支持和指导。被托管机构技术人员执行相应技术处理。

第四十六条 技术组应对被托管机构的应急预案进行检查审核，组织被托管技术方对应急预案进行优化、补充、完善。应急预案制定与管理原则如下：

1. 应急预案应涵盖被托管机构各信息系统的所有关键环节可能发生的故障，且须重点考虑供电系统、服务器系统、通信系统、网络系统、交易系统、数据备份等。

2. 应急预案应根据被托管机构信息系统的现状,按科学、实用原则制定。

3. 应定期、不定期(至少一季度一次)根据应急预案进行专项培训演练,以不断提高故障判断及故障处理的快速反应能力,力争将故障的影响和损失降低到最小程度。进行应急演习时,应做好演习前的备份和演习后的恢复工作。

4. 对主用系统进行变更时,须同步对备份系统进行更新,以确保主从系统的参数设置一致,以便发生故障时从系统能正常启用。

5. 每次演习结束后应及时进行总结,根据演习情况对应急预案进行进一步完善。

6. 关键设备及系统的应急计划须张贴在系统所在的显要位置。

7. 信息系统发生故障时,应及时按预定分工密切配合,尽快按应急预案处理。

第四十七条 当发生技术故障时,应及时启动系统故障应急预案,如应急预案中未涵盖该故障的应急处理方案,由技术组临时制定应急预案并组织执行。技术故障处置原则如下:

1. 当发生一般技术故障时,在保障交易和尽量保证交易资料的安全完整的前提下,可继续开展全部或部分主要业务,同时按应急预案进行故障处理,尽快排除故障。

2. 当发生重大技术故障时,在按应急预案处理故障的同时,应立即按报告制度中紧急事件的报告方式向技术组报告,并与系统开发商、设备提供商、以及各协作方及时取得联系,同时对客户进行解释,寻求各方面的支持和援助,尽量缩短排除故障的时间,尽快恢复正常交易。

第四十八条 技术组须对应急预案的实施全过程进行监督检查,督促被托管机构技术人员按预案指定的操作步骤及时进行应急处理。

第四十九条 故障处理完成后,技术组须组织现场技术岗位填写《系统故障风险登记表》(表39)备案,并整理故障处理过程中的各种相关信息,记录好相应日志,对故障处置情况认真分析原因,对及时性、有效性进行综合评估,提出相应的纠正和改进措施,进行演习验证后对应急预案进行相应修改,并填写《纠正预防措施实施验证记录表》(表40)备案。

第五十条 为了确保出现故障时能及时得到相关单位支持,应急预案中应整理所有相关单位的联系方式,包括被托管机构的各部门联系电话,托管机构所有托管人员联系电话,以及线路运营商、深沪交易所、深沪通讯公司、登记公司、设备供应商、软件开发商、系统集成商、物业公司、电业局、当地证监局、合作银行以及其他相关单位的联系方式,具体内容参考《交接日相关单位联系方式汇总表》(表20)。

附件一:管理细则汇总

(一)机房安全管理细则

1. 本办法适用于被托管机构信息技术机房的管理。

2. 现场技术岗位和被托管技术方共同做好本部门机房的运行维护和安全管理工作,现场技术岗位行使监督职能。

3. 工作时间内机房必须有当班人员值班。加强对机房运行环境的安全巡视,定期检查

UPS后备电源电池的充放电情况,保证工作中电能的正常供应。

4. 托管期间,加强安全保卫措施,严格执行机房进出审核登记制度,无关人员未经批准不得进入机房。被托管机构非机房工作人员获现场技术岗位批准后方可进入机房。因工作需要进入机房的人员,需在《机房人员出入登记表》(表25)进行登记后方可进入。

5. 托管期间,被托管机构机房设备进出,必须填写《机房设备出入登记表》(表26),获现场技术岗位批准后方可进出。

6. 加强与物业、电信等与系统运行环境关系密切的单位的沟通联系,防范突发事件,起到预警效应。

7. 计算机设备分类规范摆放,设备连接线要捆扎整齐,禁止摆放与业务无关的东西。保持机房内的清洁卫生,定期打扫。

8. 禁止在机房内吸烟,不得携带易燃、易爆、易腐蚀、强磁及其他与机房工作无关的物品进入机房。

(二) 用户管理细则

1. 本办法范围适用于所有系统的用户及密码管理,其中超级用户包括操作系统、网络设备、数据库、应用系统等范围。

2. 按照"三分离、一稽审"规范要求,用户及密码的管理工作由托管机构派驻各现场的负责人、业务人员及现场技术岗位共同进行。

3. 禁止被托管技术方掌管以上所述范围的各类超级用户密码。

4. 用户管理。托管机构派驻到各分支总部、营业部的现场负责人管理数据库的超级用户;托管机构派驻现场业务人员管理柜台系统的超级用户;现场技术岗位管理网络设备、操作系统的超级用户;其他应用系统的超级用户根据岗位责任由托管工作组派驻的相关人员管理。

5. 托管开始时,被托管技术方填报《交接前系统超级用户密码登记表》(表9)提交托管机构。

6. 各系统用户管理人负责各自所掌控密码的产生、修改工作,操作记录上报托管工作组。密码按要求定期进行修改,修改记录报托管工作组备案。操作修改工作需登录《交接日密码设置修改登记表》(表10)。

7. 日常维护中,被托管机构信息技术人员如需使用超级用户,须由用户管理人用超级用户登录相应系统,被托管机构信息技术人员执行相应操作,密码掌控人进行监督。操作完成后,用户管理人负责安全退出。

8. 所有操作人员应有互不相同的用户名,操作时使用各自的用户名,并定期更换密码,以防密码泄露。

(三) 权限管理细则

1. 本办法所指权限包括操作系统、数据库和应用系统等。

2. 权限设置应遵从最小化原则。

3. 权限设定和修改流程按照由申请部门提出需求,填写《权限设置修改登记表》(表28)经超级用户密码掌控人同意并上报托管工作组批准后,方可实施权限修改。

4. 修改权限时,由超级用户密码掌控人登录相应系统,被托管机构信息技术人员执行设置操作,超级用户密码掌控人依照《权限设置修改登记表》(表28)内容进行操作监督,并复核修改内容。

5. 权限设置完毕后,超级用户密码掌控人负责安全退出超级用户登录。

6. 操作权限严格按岗位职责设置,密码掌控人要定期检查操作员的权限。

(四) 数据安全管理细则

1. 本办法所指数据为交易和清算数据。财务数据依照财务相关规定执行。

2. 托管期间,每日数据备份内容应涵盖A股交易数据,B股交易数据,债券交易数据,三板交易数据,权证交易数据,开放式基金系统数据,银证通系统数据,A、B股和三板行情数据,清算数据等。

3. 托管期内由被托管机构相关人员进行每日数据备份,现场技术岗位对备份过程进行监督。如原备份方式属不规范操作,现场技术岗位应规范数据备份方式,被托管机构人员遵照执行。数据备份操作需登录《每日数据备份登记表》(表29)。

4. 被托管机构必须对每日数据进行异地备份,现场技术岗位对异地备份进行监督。

5. 托管期内每日备份数据由被托管技术方以周为单位定时上报技术组,现场技术岗位实施监督。

6. 数据保管地点应有防火、防热、防潮、防尘、防磁、防盗设施。实施严格的安全保密管理,严禁泄露数据内容。

7. 托管期内,如对交易等数据进行维护,参照《系统运行维护管理细则》(附件一)执行。

(五) 报告办法

1. 信息技术采取日报告制度,现场技术岗位每日16:00前向技术组汇报其所在部门信息技术整体情况,报告格式参照《信息技术日报表》(表41)进行,日报中应涵盖系统运行、设备维护、人员管理、故障处理以及其他涉及信息技术方面的内容。

2. 对于紧急发生的事故和问题,现场技术岗位可采取随时口头向技术组汇报的方式。

3. 当日若发生系统故障或升级,则《信息技术日报表》(表41)应将《系统故障风险登记表》(表39)作为附件,一并上报。

4. 所有故障报告遵从由现场技术岗位向技术组、技术组向托管工作组逐级上报的原则进行。

(六) 病毒防范管理细则

1. 自托管之日起,现场技术岗位应定期组织被托管机构信息技术人员对所管辖的系统进行全面的杀毒工作;托管当日(或次日)应组织对整个系统进行一次全面杀毒。

2. 所有有盘工作站必须安装防病毒软件,并随时进行版本升级;病毒查杀须在断网情况下进行。

3. 病毒查杀情况需登录《系统防病毒检查表》(表38)。

4. 现场技术岗位的病毒防范工作包括：所管辖系统计算机病毒的防范工作，掌握常见计算机病毒的防范处理知识和必要的技术手段，督促并指导对发现的病毒进行查杀，及时向技术组报告病毒的发生、处理情况；

5. 严禁使用未经授权的软硬件，对于来路不明、内容不详的档案资料，应在使用前进行查毒杀毒，确认无病毒后方可使用。

6. 需要使用文件共享时，必须加上共享密码并控制文件读取权限。

(七) 技术文档管理细则

1. 本办法所指的技术文档是指与信息系统相关的技术文件、线路分布、图表、程序、参考书籍与数据等，包括信息系统建设规划、网络设计方案、软件设计方案、安全设计方案、源代码、系统配置参数、软件版本、技术数据及相关技术、工程资料、信息技术合同、账款支付、系统运行费用等。

2. 现场技术岗位应配备用于存放技术资料的保管箱或保管柜等物件。

3. 被托管机构将所有技术文档归类整理，并填写《交接日技术资料登记表》(表18)、《交接日信息技术合同台账》(表19)、《交接日通讯线路资料表》(表21)等，一并交现场技术岗位进行核查和管理。

4. 现场技术岗位应对重要技术文档建立副本，并做到异地存放。

5. 所有存放的软件应附带相关的详细书面文档。设备随机资料必须建立详尽的台账记录。

6. 托管期内新增加的技术文档必须在《技术资料登记表》(表34)、《信息技术合同台账》(表35)等中记录。

7. 托管期内，技术文档的借阅、复制，应获得现场技术岗位同意并予以登记。未经批准，不得随意借阅给他人。

8. 资料保管人员应有高度的责任心，对保管的技术文档经常进行整理和重新归档。保管文档的地方应有必要的防潮、防霉、防鼠、防盗、防火等条件。

(八) 信息技术人员管理细则

1. 本办法适用于被托管机构信息技术人员。

2. 托管工作组对被托管机构信息技术人员实施全面管理，技术组对被托管机构信息技术人员实施技术管理。

3. 被托管机构信息技术人员须服从托管机构要求，遵守托管期间所有规章制度，做好托管期间信息技术安全保障工作。

4. 被托管机构信息技术人员须严格遵守职业道德规范，即：根据三分离一稽审制度，严禁参与相关业务操作；严禁为部门违规提供技术支持或协同违规；严禁编制虚假单据和提供虚假交易数据；严禁向外泄露公司技术机密和提供重要文档资料等违规行为。

5. 托管期间，被托管信息技术人员未经托管工作组批准，不得擅自离岗。因特殊原因需调离岗位时,应经技术组上报托管工作组批准并进行离任审计后,按照相关制度办理手续,方可离岗。

6. 其他人事管理遵照托管工作组相关规定执行。

(九) 软硬件设备管理细则

1. 交接日被托管技术方向托管机构提供与托管信息系统相关的《交接日系统硬件台账》(表 16)与《交接日系统软件台账》(表 17)。

2. 托管当日,现场技术岗位依据设备台账对被托管机构部门进行设备全面清查,对账实不符的设备由被托管机构人员进行说明。清查情况上报技术组。

3. 托管期间原则上不购置新的电脑设备和进行软件升级和更换,但下列情况例外:

(1) 设备损坏且无替代,直接影响交易的正常进行;

(2) 软件如不更换或升级时将影响到交易系统的正常运行;

(3) 交易所强制要求的系统升级涉及的软硬件;

(4) 其他影响到交易正常进行的事件需要购买设备。

4. 若发生上述情况而需购置或调配设备和软件时,被托管技术方填写《软硬件设备采购申请表》(表 36),经现场技术岗位审核后报技术组审批。

5. 得到同意购买批复后,按照托管期财务管理制度要求实施采购,并回复《软硬件设备采购申请表》(表 36)。软硬件设备的日常维护及安装调试参见《系统运行维护管理细则》。购买后须填报《系统硬件台账》(表 32)或《系统软件台账》(表 33)。

6. 托管期内不报废软件。

7. 软硬件设备发生故障后立即报现场技术岗位,在征得其同意后进行修理,并同时做好维修记录。

8. 现场技术岗位要加强对 UPS、发电机等后备式电源的监督管理,保证正常的设备供电。

9. 软硬件设备的日常管理沿用被托管机构设备管理细则。

(十) 网络管理细则

1. 被托管机构信息技术人员提供所有完整详细的网络布线、配线、网络拓扑、网络设备的网络地址、硬件配置及其配置参数等网络设计和网络工程资料,供现场技术岗位查阅。

2. 自托管开始日起,被托管机构的交易网络必须与其办公网络、互联网络严格分离。

3. 托管期间,原则上禁止广域网络的改造。确因工作需要,被托管技术方须填写《网络改造申请表》(表 31),现场技术岗位审核后,上报技术组批准,方可实施。

4. 托管期间,现场技术岗位须严格管理各种网络设备的口令、地址及网络配置信息,并且督促被托管技术方做好相关维护记录。

5. 修改网络配置时,被托管技术方填报《系统运行维护记录表》(表 30),经现场技术岗位同意,现场技术岗位用超级用户密码登录,被托管技术方进行修改操作,现场技术岗位根据记录表进行核查。修改完成后,现场技术岗位负责安全退出。

6. 远程登录用户或跨网存取用户须通过 IP 地址限制、端口限制的方法进行访问控制。设备接入公司内网时须进行病毒清查及相关安全设置(如：升级补丁、禁用服务端口等)。

7. 安装系统时，须遵守最小权限原则，禁用不用的服务和端口。严禁擅自安装双网卡机器进行跨网操作，或通过插拔网线改变机器接入网络的方式。

8. 发现病毒侵入或黑客攻击，应及时采取措施进行隔离，同时执行报告制度。

9. 认真做好网络设备的清洁保养工作，定期对户外的网络通信设备、线路进行检查，确保网络通信的安全、畅通。

(十一) 系统安全管理细则

1. 必须启用柜台软件提供的安全日志留痕功能；

2. 现场技术岗位每日要对系统安全日志进行查阅，发现问题及时处理和上报；查阅情况和问题处理情况需在机房运行日志中记录；

3. 严格执行密码管理细则和权限管理细则；

4. 严格执行"三分离、一稽审"，做到技术与业务分离、前台与后台分离、网络与数据分离以及不定期地进行业务技术稽审。

(十二) 系统运行维护管理细则

1. 托管期内，现场技术岗位督促和管理被托管技术方做好系统日常运维工作，督促被托管技术方按照技术组要求做好包括系统程序、配置文件和参数、操作系统和应用系统运行日志以及变更的系统等在内的相应备份工作。

2. 系统维护遵从被托管技术方负责具体操作，维护操作完成后，记录相应的处理情况和结果，现场技术岗位进行监督和复核的方式进行。

3. 被托管技术方每日必须完整填写系统运行日志，日志中应涵盖系统操作项、运行结果、异常情况、问题处理结果等内容。

4. 被托管技术方完成托管工作组要求的其他日报及各项表单；现场技术岗位负责核阅。

5. 对交易和系统数据进行维护时，由申请部门提出需求，并填写《系统数据维护记录表》(表 37)，经现场技术岗位或技术组批准后，进行实施。

6. 进行系统升级、网络和设备维护时，由申请部门提出需求，并填写《系统运行维护记录表》(表 30)，经现场技术岗位或技术组批准后，进行实施。操作完成后，被托管技术方须对系统进行全面测试，测试情况登录《系统运行维护记录表》(表 30)，并上报技术组备案。

7. 新系统启用前必须经过严格的上线测试，并经技术组批准后方可启用。

8. 系统出现故障或遭受任何影响时，应立即启动应急预案，填写《系统故障风险登记表》(表 39)，并上报技术组。

9. 应定期或不定期对应急预案进行演练，不断修改和完善应急预案。进行应急演习时，要做好系统及数据的备份和恢复工作。

10. 对各业务部门的需求应给予及时的响应和技术支持。

(十三）新系统建设管理细则

1. 新系统建设方案系统建设必须坚持高安全性、高可靠性和标准化的原则。

2. 除提交通常的系统建设方案外，还须提交专门的方案详细说明新建系统对现有运行系统可能带来的影响。

3. 新建系统涉及现有系统的改造情况下，应用系统各开发商应积极配合。

4. 新建应用系统原则上应使用现有网络设备，如确实需要，请参照网络管理细则（附件一）执行。

5. 如果需要和外单位新建联网，应采用可靠的技术隔离手段，确保安全可靠。

6. 系统软件要求：

（1）系统软件的选用应充分考虑安全性、可靠性、稳定性和健壮性，应使用符合安全要求的软件。

（2）操作系统软件的使用应遵循最小功能原则及最小权限策略，关闭不必要的服务和端口。

（3）在经过充分测试的前提下，应及时安装操作系统的补丁程序。

7. 应用软件要求：

（1）应用软件未经严格测试不得上线。

（2）做好相应的应急和备份计划，重要应用软件系统宜采取在线备份措施。

（3）执行规范化的信息系统上线流程，评估系统上线风险，应针对可能影响到现有运行系统的风险专门进行评估。

7.《证券投资基金销售业务信息管理平台管理规定》

发布单位：中国证券监督管理委员会
发布文号：证监基金字[2007]76号
发布日期：2007-03-15
生效日期：2007-03-15

<h3 style="text-align:center">第一章　总　　则</h3>

第一条　为了规范证券投资基金销售业务的信息管理，提高对基金投资人的信息服务质量，促进证券投资基金销售业务的进一步发展，根据《证券投资基金法》及《证券投资基金销售管理办法》（以下简称《销售管理办法》），制定本规定。

第二条　本规定所称的证券投资基金销售业务信息管理平台（以下简称"信息管理平台"），是指基金销售机构使用的与基金销售业务相关的信息系统，主要包括前台业务系统、后台管理系统以及应用系统的支持系统。

本规定所称的基金销售机构，是指依法办理基金份额的认购、申购和赎回的基金管理人以及取得基金代销业务资格的其他机构。

第三条　信息管理平台的建立和维护应当遵循安全性、实用性、系统化的原则，并且满足以下要求：

（一）具备本规定所列示的各项基金销售业务功能，能够履行法律、法规规定的相关责任人的义务；

（二）具备基金销售业务信息流和资金流的监控核对机制，保障基金投资人资金流动的安全性；

（三）具备基金销售费率的监控机制，防止基金销售业务中的不正当竞争行为；

（四）支持基金销售适用性原则在基金销售业务中的运用；

（五）具备基金销售人员的管理、监督和投诉机制；

（六）能够为中国证监会提供监控基金交易、资金安全及其他销售行为所需的信息。

第四条　基金销售机构从事和基金销售有关的活动，应当按照本规定的要求建设、改造和管理相关信息系统。

第二章　前台业务系统

第五条　前台业务系统主要是指直接面对基金投资人，或者与基金投资人的交易活动直接相关的应用系统，分为自助式和辅助式两种类型。

辅助式前台系统，是指基金销售机构提供的，由具备相关资质要求的专业服务人员辅助基金投资人完成业务操作所必需的软件应用系统。

自助式前台系统，是指基金销售机构提供的，由基金投资人独自完成业务操作的应用系统，包括基金销售机构网点现场自助系统和通过互联网、电话、移动通信等非现场方式实现的自助系统。

前台业务系统通过与后台管理系统的网络连接，实现各项业务功能。

第六条　前台业务系统应当具备为基金投资人以及基金销售人员提供投资资讯的功能，投资资讯应当包括以下内容：

（一）基金基础知识；

（二）基金相关法律法规；

（三）基金产品信息，包括基金基本信息、基金费率、基金转换、手续费支付模式、基金风险评价信息和基金的其他公开市场信息等；

（四）基金管理人和基金托管人信息；

（五）基金相关投资市场信息；

（六）基金销售分支机构、网点信息。

为基金投资人提供的投资资讯信息，要有合法来源，还应当向基金投资人揭示信息来源和发布时间。

第七条　前台业务系统应当具备对基金交易账户以及基金投资人信息进行管理的功能，包括开户、基金投资人风险承受能力调查和评价、基金投资人信息查询、基金投资人信息修改、销户、密码管理、账户冻结申请、账户解冻申请等：

（一）系统在个人开户时应当记录个人证件类型、证件号码、基金交易账户、姓名、出生年月、法定或授权代理人证件类型、法定或授权代理人证件号码、法定或授权代理人姓名、个人银行账户、联系方式、对账单发送方式等信息；

（二）系统在机构开户时应当记录机构证件类型、证件号码、机构类型、基金交易账户、机构名称、注册地址、法定代表人姓名、授权代理人证件类型、授权代理人证件号码、授权代理人姓名、机构银行账户、联系方式、对账单发送方式等信息；

（三）系统应当具有可靠的基金投资人交易密码机制，禁止系统自动生成相同密码或弱密码；基金投资人密码的修改和取回操作要有日志记录；

（四）系统应当具有调查、评价、记录基金投资人风险承受能力的功能。

第八条　前台业务系统应当具备基金认购、申购、赎回、转换、变更分红方式和中国证监会认可的其他交易功能：

（一）应当检查基金投资人所认购、申购基金的风险等级与基金投资人风险承受能力之间是否匹配；如果不匹配，应当具有要求基金投资人进行确认，并记录基金投资人确认信息的功能；

（二）应当禁止赎回资金划入非基金投资人的银行账户；基金投资人在提交赎回申请后至赎回款项到账前更改银行账户的，系统应当视为异常交易并作记录；

（三）不能具有修改销售费率的功能；

（四）应当对基金交易开放时间以外提交的交易申请进行正确的提示。

第九条　前台业务系统应当具备为基金投资人提供服务的功能：

（一）应当提供基金投资人持有的基金产品、基金投资人持有的基金份额、基金投资人基金交易明细、基金投资人基金交易的资金划付信息、适合基金投资人风险承受能力的基金产品、基金净值或基金收益等信息的查询；

（二）定期或不定期地以基金投资人选择的方式为基金投资人提供对账单，对账单应当包括基金投资人持有的基金份额、基金投资人基金交易账户发生的交易明细记录、手续费收取情况、分红方式等内容；

（三）记录基金投资人投诉信息，应当包括基金投资人姓名、投诉时间、投诉事项、处理流程、处理结果等内容。

第三章　自助式前台系统

第十条　自助式前台系统在满足第二章要求的前提下，应当同时符合本章规定。

第十一条　基金销售机构要为基金投资人提供核实自助式前台系统真实身份和资质的方法，包括向基金投资人提供合法销售基金的相关证明文件，以及便于基金投资人核查的监管机构联系方式。

为自助式前台系统提供支持服务的相关人员，与当面服务对等岗位的人员资质要求相同；自助式前台系统应当为基金投资人提供核查相关人员资质的功能。

第十二条　自助式前台系统应当通过在线阅读、文件下载、链接或语音提示等方式为基金投资人披露以下信息：

（一）基金销售机构情况，包括注册地址、主要办公场所所在地、基金销售分支机构、网

点,联系方式等;

(二)客户开户协议等相关文档范本;

(三)至少两种投诉处理方式;

(四)揭示基金投资人自助服务的相关风险和防范措施,应当包括信息安全、异常操作、系统故障等,并提示基金投资人有通过第三方对基金销售机构提供的信息进行核实的义务和妥善保管自己账户密码、证书等身份数据的义务。

第十三条　通过自助式前台系统为基金投资人开立基金交易账户时,应当要求基金投资人提供证明身份的相关资料,并采取等效实名制的方式核实基金投资人身份;基金投资人自助开户或修改账户信息时,基金销售机构必须核对基金投资人名称与银行账户名是否一致。

自助式前台系统应当对基金投资人自助服务的操作具有核实身份的功能和合法有效的抗否认措施;基金投资人通过互联网进行操作的,系统应当记录操作者的 IP 地址、数字证书等;基金投资人通过电话操作的,系统应当记录来电号码。

在基金交易账户存在余额、在途交易或在途权益时,基金投资人不得通过自助式前台系统进行基金交易账户销户或指定银行账户变更等重要操作,基金投资人必须持有效证件前往柜台办理。

第十四条　基金销售机构应当在自助式前台系统上设定以下限额:

(一)基金投资人单笔和每日累计可以认购、申购的最大金额;

(二)基金投资人单笔和每日累计可以赎回的最大金额。

第十五条　基金销售机构应当为基金投资人提供自助式前台系统失效时的备用服务措施或方案。

第十六条　自助式前台系统的各项功能设计,应当界面友好、方便易用,具有防止或纠正基金投资人误操作的功能。

第四章　后台管理系统

第十七条　后台管理系统实现对前台业务系统功能的数据支持和集中管理,后台管理系统功能应当限制在基金销售机构内部使用。

第十八条　后台管理系统应当记录基金销售机构、基金销售分支机构、网点和基金销售人员的相关信息,具有对基金销售分支机构、网点和基金销售人员的管理、考核、行为监控等功能:

(一)基金销售机构基本信息应当包括名称、注册地址、联系人、负责人、联系方式等;

(二)基金销售分支机构、网点基本信息应当包括名称、地址、联系人、负责人、联系方式等;

(三)基金销售人员基本信息应当包括姓名、联系方式、所属分支机构或网点、资质证明等;系统应当具有记录基金销售人员的培训记录、违规信息等功能。

第十九条　后台管理系统应当能够记录和管理基金风险评价、基金管理人与基金产品信息、投资资讯等相关信息：

（一）基金管理人信息应当包括公司名称、注册地址、主要办公场所所在地、负责人、联系人、联系方式等；

（二）基金产品信息应当包括基金代码、名称、类型、交易限额、费率等；

（三）应当具有监控基金销售费率合规性的功能。

第二十条　后台管理系统应当对基金交易开放时间以外收到的交易申请进行正确的处理，防止发生基金投资人盘后交易的行为。

第二十一条　后台管理系统应当具备交易清算、资金处理的功能，以便完成与基金注册登记系统、银行系统的数据交换：

（一）应当具有将基金注册登记机构确认后的基金开户、基金交易数据导入系统进行处理的功能，包括基金注册登记机构发起的销户确认、账户冻结、份额冻结、账户解冻、份额解冻、非交易过户、份额拆分等特殊业务处理功能；

（二）应当具有记录基金投资人银行账户、资金划付信息的功能；

（三）应当具备配合基金注册登记系统进行基金销售规模控制的功能。

第二十二条　后台管理系统应当具有对所涉及的信息流和资金流进行对账作业的功能：

（一）核对基金销售机构记录的基金投资人持有的基金份额与基金注册登记机构提供的数据是否相符；

（二）核对基金销售专户出入账金额与基金销售机构记录的认购、申购金额、赎回金额是否相符；

（三）按照交易日期、基金、基金投资人、分支机构等进行明细核对；

（四）记录对账作业中发现的问题，对重大问题应当做出报警并记录实际解决方式。

第五章　监管系统信息报送

第二十三条　基金销售机构应当为中国证监会基金监管业务信息系统提供以下信息，并保证信息的真实性、准确性和完整性：

（一）每日基金销售机构基金交易情况；

（二）每月基金投资人认购、申购基金的风险等级与基金投资人风险承受能力匹配的情况汇总；

（三）每月基金销售异常交易的情况汇总；

（四）季度基金销售机构内部监察稽核报告；

（五）专业基金销售机构的年度财务、经营状况；

（六）基金销售机构依据的基金风险评价方法说明；

（七）基金销售机构调查和评价基金投资人风险承受能力的方法说明；

（八）中国证监会要求的其他信息。

基金销售机构应当委托基金销售专户开户行为中国证监会基金监管业务信息系统提供

每日基金销售专户资金流量数据。

第二十四条 基金注册登记机构应当为中国证监会基金监管业务信息系统提供每日基金交易确认情况，并保证信息的真实性、准确性和完整性。

基金注册登记机构应当委托清算账户开户行为中国证监会基金监管业务信息系统提供每日清算账户资金流量数据。

第六章　信息管理平台的管理

第二十五条 信息管理平台应用系统的支持系统包括数据库、服务器、网络通信、安全保障等，对于关键的支持系统组成部分应当提供备份措施或方案。

第二十六条 信息管理平台应当具有业务集中处理、数据集中存储的技术特征，将基金投资人信息、交易历史、基金销售人员信息、基金投资人服务信息等电子数据集中保存。

第二十七条 系统投入使用、系统重大升级、年度技术风险评估的报告应当报中国证监会备案。

系统升级时必须与基金管理人、基金注册登记机构等进行联网测试。

第二十八条 基金销售机构应当制定业务连续性计划和灾难恢复计划并定期组织演练。

第二十九条 基金销售机构应当建立完善的监控体系，对系统升级、网络访问、数据库存取、用户密码修改等重要操作要进行记录并妥善保存日志文件。

第三十条 系统数据应当逐日备份并异地妥善存放，系统运行数据中涉及基金投资人信息和交易记录的备份应当在不可修改的介质上保存15年。

第三十一条 基金投资人身份、交易明细等敏感数据在公网的传输应当进行可靠加密，基金投资人交易密码不得以明文方式存储和传输；基金销售机构业务人员和运行维护人员不得直接修改基金投资人交易数据和口令密码，因特殊原因需要修改的，应当履行严格的程序并且留痕。

第三十二条 基金销售机构应当妥善管理系统项目文档和技术文档，对于定制开发的核心业务系统，应当要求开发商提供源代码或对源代码实行第三方托管。

第三十三条 基金销售机构应当在系统开发和运行中采用已颁布的行业标准和数据接口。

第三十四条 在保障安全的前提下，基金销售机构可以将系统集成、应用开发、运营维护、设备托管、网络通信、技术咨询等专业服务按市场公平竞争的原则外包给具有相应资质的服务商；基金销售机构应当与技术外包方签订详细的商业合同，明确约定各自的相关责任。

基金销售机构选定和变更技术外包方的基本情况应当报中国证监会备案。

第三十五条 实施技术服务外包，信息管理平台安全运营的最终管理责任由基金销售机构承担。

第七章 附　则

第三十六条　中国证监会及其派出机构有权通过其基金监管业务信息系统对基金交易、资金安全及其他销售行为进行监控。

第三十七条　中国证监会及其派出机构有权对基金销售机构的信息管理平台进行现场检查,发现存在重大问题的,可以根据具体情况和相关法律法规采取相应的监管措施。

第三十八条　拟申请基金代销业务资格的机构,应当按照《销售管理办法》及本规定的要求建设相关信息系统,同时补充和完善基金代销资格业务申请材料的有关内容。

第三十九条　基金管理人和已取得基金代销业务资格的机构,应当按照本规定的要求在本规定实施后一年内完成相关信息系统的改造工作,同时做好配合中国证监会及其派出机构对信息管理平台进行现场检查的准备工作。

第四十条　有关基金销售机构及基金注册登记机构为中国证监会基金监管业务信息系统报送信息的数据交换格式要求,由中国证监会另行通知。

第四十一条　本规定自发布之日起实施。

4.5.3　国务院新闻办公室制定的规章和规范

1.《互联网站从事登载新闻业务管理暂行规定》

发布单位：国务院新闻办公室、信息产业部

发布文号：------------------

发布日期：2000-11-06

生效日期：2000-11-06

第一条　为了促进我国互联网新闻传播事业的发展,规范互联网站登载新闻的业务,维护互联网新闻的真实性、准确性、合法性,制定本规定。

第二条　本规定适用于在中华人民共和国境内从事登载新闻业务的互联网站。

本规定所称登载新闻,是指通过互联网发布和转载新闻。

第三条　互联网站从事登载新闻业务,必须遵守宪法和法律、法规。

国家保护互联网站从事登载新闻业务的合法权益。

第四条　国务院新闻办公室负责全国互联网站从事登载新闻业务的管理工作。

省、自治区、直辖市人民政府新闻办公室依照本规定负责本行政区域内互联网站从事登载新闻业务的管理工作。

第五条　中央新闻单位、中央国家机关各部门新闻单位以及省、自治区、直辖市和省、自治区人民政府所在地的市直属新闻单位依法建立的互联网站(以下简称新闻网站),经批准可以从事登载新闻业务。其他新闻单位不单独建立新闻网站,经批准可以在中央新闻单位或者省、自治区、直辖市直属新闻单位建立的新闻网站建立新闻网页从事登载新闻业务。

第六条　新闻单位建立新闻网站(页)从事登载新闻业务,应当依照下列规定报国务院新闻办公室或者省、自治区、直辖市人民政府新闻办公室审核批准：

（一）中央新闻单位建立新闻网站从事登载新闻业务，报国务院新闻办公室审核批准。

（二）中央国家机关各部门新闻单位建立新闻网站从事登载新闻业务，经主管部门审核同意，报国务院新闻办公室批准。

（三）省、自治区、直辖市和省、自治区人民政府所在地的市直属新闻单位建立新闻网站从事登载新闻业务，经所在地省、自治区、直辖市人民政府新闻办公室审核同意，报国务院新闻办公室批准。

（四）省、自治区、直辖市以下新闻单位在中央新闻单位或者省、自治区、直辖市直属新闻单位的新闻网站建立新闻网页从事登载新闻业务，报所在地省、自治区、直辖市人民政府新闻办公室审核批准，并报国务院新闻办公室备案。

第七条　非新闻单位依法建立的综合性互联网站（以下简称综合性非新闻单位网站），具备本规定第九条所列条件的，经批准可以从事登载中央新闻单位、中央国家机关各部门新闻单位以及省、自治区、直辖市直属新闻单位发布的新闻的业务，但不得登载自行采写的新闻和其他来源的新闻。非新闻单位依法建立的其他互联网站，不得从事登载新闻业务。

第八条　综合性非新闻单位网站依照本规定第七条从事登载新闻业务，应当经主办单位所在地省、自治区、直辖市人民政府新闻办公室审核同意，报国务院新闻办公室批准。

第九条　综合性非新闻单位网站从事登载新闻业务，应当具备下列条件：

（一）有符合法律、法规规定的从事登载新闻业务的宗旨及规章制度；

（二）有必要的新闻编辑机构、资金、设备及场所；

（三）有具有相关新闻工作经验和中级以上新闻专业技术职务资格的专职新闻编辑负责人，并有相应数量的具有中级以上新闻专业技术职务资格的专职新闻编辑人员；

（四）有符合本规定第十一条规定的新闻信息来源。

第十条　互联网站申请从事登载新闻业务，应当填写并提交国务院新闻办公室统一制发的《互联网站从事登载新闻业务申请表》。

第十一条　综合性非新闻单位网站从事登载中央新闻单位、中央国家机关各部门新闻单位以及省、自治区、直辖市直属新闻单位发布的新闻的业务，应当同上述有关新闻单位签订协议，并将协议副本报主办单位所在地省、自治区、直辖市人民政府新闻办公室备案。

第十二条　综合性非新闻单位网站登载中央新闻单位、中央国家机关各部门新闻单位以及省、自治区、直辖市直属新闻单位发布的新闻，应当注明新闻来源和日期。

第十三条　互联网站登载的新闻不得含有下列内容：

（一）违反宪法所确定的基本原则的；

（二）危害国家安全，泄露国家秘密，煽动颠覆国家政权，破坏国家统一；

（三）损害国家的荣誉和利益；

（四）煽动民族仇恨、民族歧视，破坏民族团结；

（五）破坏国家宗教政策，宣扬邪教，宣扬封建迷信；

（六）散布谣言，编造和传播假新闻，扰乱社会秩序，破坏社会稳定；

（七）散布淫秽、色情、赌博、暴力、恐怖或者教唆犯罪；

（八）侮辱或者诽谤他人，侵害他人合法权益；

（九）法律、法规禁止的其他内容。

第十四条　互联网站链接境外新闻网站，登载境外新闻媒体和互联网站发布的新闻，必须另行报国务院新闻办公室批准。

第十五条　违反本规定，有下列情形之一的，由国务院新闻办公室或者省、自治区、直辖市人民政府新闻办公室给予警告，责令限期改正；已取得从事登载新闻业务资格的，情节严重的，撤销其从事登载新闻业务的资格：

（一）未取得从事登载新闻业务资格，擅自登载新闻的；

（二）综合性非新闻单位网站登载自行采写的新闻或者登载不符合本规定第七条规定来源的新闻的，或者未注明新闻来源的；

（三）综合性非新闻单位网站未与中央新闻单位、中央国家机关各部门新闻单位以及省、自治区、直辖市直属新闻单位签订协议擅自登载其发布的新闻，或者签订的协议未履行备案手续的；

（四）未经批准，擅自链接境外新闻网站，登载境外新闻媒体和互联网站发布的新闻的。

第十六条　互联网站登载的新闻含有本规定第十三条所列内容之一，构成犯罪的，依法追究刑事责任；尚不构成犯罪的，由公安机关或者国家安全机关依照有关法律、行政法规的规定给予行政处罚。

第十七条　互联网站登载新闻含有本规定第十三条所列内容之一或者有本规定第十五条所列情形之一的，国务院信息产业主管部门或者省、自治区、直辖市电信管理机构依照有关法律、行政法规的规定，可以责令关闭网站，并吊销其电信业务经营许可证。

第十八条　在本规定施行前已经从事登载新闻业务的互联网站，应当自本规定施行之日起 60 日内依照本规定办理相应的手续。

第十九条　本规定自发布之日起施行。

2.《互联网新闻信息服务管理规定》

发布单位：国务院新闻办公室、信息产业部

发布文号：国务院新闻办公室、信息产业部令第 37 号

发布日期：2005-09-25

生效日期：2005-09-25

第一章　总　　则

第一条　为了规范互联网新闻信息服务，满足公众对互联网新闻信息的需求，维护国家安全和公共利益，保护互联网新闻信息服务单位的合法权益，促进互联网新闻信息服务健康、有序发展，制定本规定。

第二条　在中华人民共和国境内从事互联网新闻信息服务，应当遵守本规定。

本规定所称新闻信息，是指时政类新闻信息，包括有关政治、经济、军事、外交等社会公

共事务的报道、评论,以及有关社会突发事件的报道、评论。

本规定所称互联网新闻信息服务,包括通过互联网登载新闻信息、提供时政类电子公告服务和向公众发送时政类通讯信息。

第三条 互联网新闻信息服务单位从事互联网新闻信息服务,应当遵守宪法、法律和法规,坚持为人民服务、为社会主义服务的方向,坚持正确的舆论导向,维护国家利益和公共利益。

国家鼓励互联网新闻信息服务单位传播有益于提高民族素质、推动经济发展、促进社会进步的健康、文明的新闻信息。

第四条 国务院新闻办公室主管全国的互联网新闻信息服务监督管理工作。省、自治区、直辖市人民政府新闻办公室负责本行政区域内的互联网新闻信息服务监督管理工作。

第二章 互联网新闻信息服务单位的设立

第五条 互联网新闻信息服务单位分为以下三类:

(一)新闻单位设立的登载超出本单位已刊登播发的新闻信息、提供时政类电子公告服务、向公众发送时政类通讯信息的互联网新闻信息服务单位;

(二)非新闻单位设立的转载新闻信息、提供时政类电子公告服务、向公众发送时政类通信信息的互联网新闻信息服务单位;

(三)新闻单位设立的登载本单位已刊登播发的新闻信息的互联网新闻信息服务单位。

根据《国务院对确需保留的行政审批项目设定行政许可的决定》和有关行政法规,设立前款第(一)项、第(二)项规定的互联网新闻信息服务单位,应当经国务院新闻办公室审批。

设立本条第一款第(三)项规定的互联网新闻信息服务单位,应当向国务院新闻办公室或者省、自治区、直辖市人民政府新闻办公室备案。

第六条 新闻单位与非新闻单位合作设立互联网新闻信息服务单位,新闻单位拥有的股权不低于51%的,视为新闻单位设立互联网新闻信息服务单位;新闻单位拥有的股权低于51%的,视为非新闻单位设立互联网新闻信息服务单位。

第七条 设立本规定第五条第一款第(一)项规定的互联网新闻信息服务单位,应当具备下列条件:

(一)有健全的互联网新闻信息服务管理规章制度;

(二)有5名以上在新闻单位从事新闻工作3年以上的专职新闻编辑人员;

(三)有必要的场所、设备和资金,资金来源应当合法。

可以申请设立前款规定的互联网新闻信息服务单位的机构,应当是中央新闻单位,省、自治区、直辖市直属新闻单位,以及省、自治区人民政府所在地的市直属新闻单位。

审批设立本条第一款规定的互联网新闻信息服务单位,除应当依照本条规定条件外,还应当符合国务院新闻办公室关于互联网新闻信息服务行业发展的总量、结构、布局的要求。

第八条 设立本规定第五条第一款第(二)项规定的互联网新闻信息服务单位,除应当具备本规定第七条第一款第(一)项、第(三)项规定条件外,还应当有 10 名以上专职新闻编辑人员;其中,在新闻单位从事新闻工作 3 年以上的新闻编辑人员不少于 5 名。

可以申请设立前款规定的互联网新闻信息服务单位的组织,应当是依法设立 2 年以上的从事互联网信息服务的法人,并在最近 2 年内没有因违反有关互联网信息服务管理的法律、法规、规章的规定受到行政处罚;申请组织为企业法人的,注册资本应当不低于 1000 万元人民币。

审批设立本条第一款规定的互联网新闻信息服务单位,除应当依照本条规定条件外,还应当符合国务院新闻办公室关于互联网新闻信息服务行业发展的总量、结构、布局的要求。

第九条　任何组织不得设立中外合资经营、中外合作经营和外资经营的互联网新闻信息服务单位。

互联网新闻信息服务单位与境内外中外合资经营、中外合作经营和外资经营的企业进行涉及互联网新闻信息服务业务的合作,应当报经国务院新闻办公室进行安全评估。

第十条　申请设立本规定第五条第一款第(一)项、第(二)项规定的互联网新闻信息服务单位,应当填写申请登记表,并提交下列材料:

(一)互联网新闻信息服务管理规章制度;

(二)场所的产权证明或者使用权证明和资金的来源、数额证明;

(三)新闻编辑人员的从业资格证明。

申请设立本规定第五条第一款第(一)项规定的互联网新闻信息服务单位的机构,还应当提交新闻单位资质证明;申请设立本规定第五条第一款第(二)项规定的互联网新闻信息服务单位的组织,还应当提交法人资格证明。

第十一条　申请设立本规定第五条第一款第(一)项、第(二)项规定的互联网新闻信息服务单位,中央新闻单位应当向国务院新闻办公室提出申请;省、自治区、直辖市直属新闻单位和省、自治区人民政府所在地的市直属新闻单位以及非新闻单位应当通过所在地省、自治区、直辖市人民政府新闻办公室向国务院新闻办公室提出申请。

通过省、自治区、直辖市人民政府新闻办公室提出申请的,省、自治区、直辖市人民政府新闻办公室应当自收到申请之日起 20 日内进行实地检查,提出初审意见报国务院新闻办公室;国务院新闻办公室应当自收到初审意见之日起 40 日内做出决定。向国务院新闻办公室提出申请的,国务院新闻办公室应当自收到申请之日起 40 日内进行实地检查,做出决定。批准的,发给互联网新闻信息服务许可证;不批准的,应当书面通知申请人并说明理由。

第十二条　本规定第五条第一款第(三)项规定的互联网新闻信息服务单位,属于中央新闻单位设立的,应当自从事互联网新闻信息服务之日起 1 个月内向国务院新闻办公室备案;属于其他新闻单位设立的,应当自从事互联网新闻信息服务之日起 1 个月内向所在地省、自治区、直辖市人民政府新闻办公室备案。

办理备案时,应当填写备案登记表,并提交互联网新闻信息服务管理规章制度和新闻单位资质证明。

第十三条　互联网新闻信息服务单位依照本规定设立后,应当依照有关互联网信息服务管理的行政法规向电信主管部门办理有关手续。

第十四条　本规定第五条第一款第(一)项、第(二)项规定的互联网新闻信息服务单位变更名称、住所、法定代表人或者主要负责人、股权构成、服务项目、网站网址等事项的,应当向国务院新闻办公室申请换发互联网新闻信息服务许可证。根据电信管理的有关规定,需报电信主管部门批准或者需要电信主管部门办理许可证或者备案变更手续的,依照有关规定办理。

本规定第五条第一款第(三)项规定的互联网新闻信息服务单位变更名称、住所、法定代表人或者主要负责人、股权构成、网站网址等事项的,应当向原备案机关重新备案;但是,股权构成变更后,新闻单位拥有的股权低于51%的,应当依照本规定办理许可手续。根据电信管理的有关规定,需报电信主管部门批准或者需要电信主管部门办理许可证或者备案变更手续的,依照有关规定办理。

第三章　互联网新闻信息服务规范

第十五条　互联网新闻信息服务单位应当按照核定的服务项目提供互联网新闻信息服务。

第十六条　本规定第五条第一款第(一)项、第(二)项规定的互联网新闻信息服务单位,转载新闻信息或者向公众发送时政类通讯信息,应当转载、发送中央新闻单位或者省、自治区、直辖市直属新闻单位发布的新闻信息,并应当注明新闻信息来源,不得歪曲原新闻信息的内容。

本规定第五条第一款第(二)项规定的互联网新闻信息服务单位,不得登载自行采编的新闻信息。

第十七条　本规定第五条第一款第(一)项、第(二)项规定的互联网新闻信息服务单位转载新闻信息,应当与中央新闻单位或者省、自治区、直辖市直属新闻单位签订书面协议。中央新闻单位设立的互联网新闻信息服务单位,应当将协议副本报国务院新闻办公室备案;其他互联网新闻信息服务单位,应当将协议副本报所在地省、自治区、直辖市人民政府新闻办公室备案。

中央新闻单位或者省、自治区、直辖市直属新闻单位签订前款规定的协议,应当核验对方的互联网新闻信息服务许可证,不得向没有互联网新闻信息服务许可证的单位提供新闻信息。

第十八条　中央新闻单位与本规定第五条第一款第(二)项规定的互联网新闻信息服务单位开展除供稿之外的互联网新闻业务合作,应当在开展合作业务10日前向国务院新闻办公室报告;其他新闻单位与本规定第五条第一款第(二)项规定的互联网新闻信息服务单位开展除供稿之外的互联网新闻业务合作,应当在开展合作业务10日前向所在地省、自治区、直辖市人民政府新闻办公室报告。

第十九条　互联网新闻信息服务单位登载、发送的新闻信息或者提供的时政类电子公告服务，不得含有下列内容：

（一）违反宪法确定的基本原则的；

（二）危害国家安全，泄露国家秘密，颠覆国家政权，破坏国家统一的；

（三）损害国家荣誉和利益的；

（四）煽动民族仇恨、民族歧视，破坏民族团结的；

（五）破坏国家宗教政策，宣扬邪教和封建迷信的；

（六）散布谣言，扰乱社会秩序，破坏社会稳定的；

（七）散布淫秽、色情、赌博、暴力、恐怖或者教唆犯罪的；

（八）侮辱或者诽谤他人，侵害他人合法权益的；

（九）煽动非法集会、结社、游行、示威、聚众扰乱社会秩序的；

（十）以非法民间组织名义活动的；

（十一）含有法律、行政法规禁止的其他内容的。

第二十条　互联网新闻信息服务单位应当建立新闻信息内容管理责任制度。不得登载、发送含有违反本规定第三条第一款、第十九条规定内容的新闻信息；发现提供的时政类电子公告服务中含有违反本规定第三条第一款、第十九条规定内容的，应当立即删除，保存有关记录，并在有关部门依法查询时予以提供。

第二十一条　互联网新闻信息服务单位应当记录所登载、发送的新闻信息内容及其时间、互联网地址，记录备份应当至少保存60日，并在有关部门依法查询时予以提供。

第四章　监督管理

第二十二条　国务院新闻办公室和省、自治区、直辖市人民政府新闻办公室，依法对互联网新闻信息服务单位进行监督检查，有关单位、个人应当予以配合。

国务院新闻办公室和省、自治区、直辖市人民政府新闻办公室的工作人员依法进行实地检查时，应当出示执法证件。

第二十三条　国务院新闻办公室和省、自治区、直辖市人民政府新闻办公室，应当对互联网新闻信息服务进行监督；发现互联网新闻信息服务单位登载、发送的新闻信息或者提供的时政类电子公告服务中含有违反本规定第三条第一款、第十九条规定内容的，应当通知其删除。互联网新闻信息服务单位应当立即删除，保存有关记录，并在有关部门依法查询时予以提供。

第二十四条　本规定第五条第一款第（一）项、第（二）项规定的互联网新闻信息服务单位，属于中央新闻单位设立的，应当每年在规定期限内向国务院新闻办公室提交年度业务报告；属于其他新闻单位或者非新闻单位设立的，应当每年在规定期限内通过所在地省、自治区、直辖市人民政府新闻办公室向国务院新闻办公室提交年度业务报告。

国务院新闻办公室根据报告情况，可以对互联网新闻信息服务单位的管理制度、人员资质、服务内容等进行检查。

第二十五条　互联网新闻信息服务单位应当接受公众监督。

国务院新闻办公室应当公布举报网站网址、电话,接受公众举报并依法处理;属于其他部门职责范围的举报,应当移交有关部门处理。

第五章 法律责任

第二十六条 违反本规定第五条第二款规定,擅自从事互联网新闻信息服务,或者违反本规定第十五条规定,超出核定的服务项目从事互联网新闻信息服务的,由国务院新闻办公室或者省、自治区、直辖市人民政府新闻办公室依据各自职权责令停止违法活动,并处1万元以上3万元以下的罚款;情节严重的,由电信主管部门根据国务院新闻办公室或者省、自治区、直辖市人民政府新闻办公室的书面认定意见,按照有关互联网信息服务管理的行政法规的规定停止其互联网信息服务或者责令互联网接入服务者停止接入服务。

第二十七条 互联网新闻信息服务单位登载、发送的新闻信息含有本规定第十九条禁止内容,或者拒不履行删除义务的,由国务院新闻办公室或者省、自治区、直辖市人民政府新闻办公室给予警告,可以并处1万元以上3万元以下的罚款;情节严重的,由电信主管部门根据有关主管部门的书面认定意见,按照有关互联网信息服务管理的行政法规的规定停止其互联网信息服务或者责令互联网接入服务者停止接入服务。

互联网新闻信息服务单位登载、发送的新闻信息含有违反本规定第三条第一款规定内容的,由国务院新闻办公室或者省、自治区、直辖市人民政府新闻办公室依据各自职权依照前款规定的处罚种类、幅度予以处罚。

第二十八条 违反本规定第十六条规定,转载来源不合法的新闻信息、登载自行采编的新闻信息或者歪曲原新闻信息内容的,由国务院新闻办公室或者省、自治区、直辖市人民政府新闻办公室依据各自职权责令改正,给予警告,并处5000元以上3万元以下的罚款。

违反本规定第十六条规定,未注明新闻信息来源的,由国务院新闻办公室或者省、自治区、直辖市人民政府新闻办公室依据各自职权责令改正,给予警告,可以并处5000元以上2万元以下的罚款。

第二十九条 违反本规定有下列行为之一的,由国务院新闻办公室或者省、自治区、直辖市人民政府新闻办公室依据各自职权责令改正,给予警告,可以并处3万元以下的罚款:

(一)未履行备案义务的;
(二)未履行报告义务的;
(三)未履行记录、记录备份保存或者提供义务的。

第三十条 违反本规定第十七条第二款规定,向没有互联网新闻信息服务许可证的单位提供新闻信息的,对负有责任的主管人员和其他直接责任人员依法给予行政处分。

第三十一条 国务院新闻办公室和省、自治区、直辖市人民政府新闻办公室以及电信主管部门的工作人员,玩忽职守、滥用职权、徇私舞弊,造成严重后果,构成犯罪的,依法追究刑事责任;尚不构成犯罪的,对负有责任的主管人员和其他直接责任人员依法给予行政处分。

第六章 附 则

第三十二条 本规定所称新闻单位是指依法设立的报社、广播电台、电视台和通讯社;

其中,中央新闻单位包括中央国家机关各部门设立的新闻单位。

第三十三条　本规定自公布之日起施行。

4.6　国务院部委管理的国家局制定的规章和规范

4.6.1　国家烟草专卖局制定的规章和规范

1.《烟草行业计算机信息网络安全保护规定》

发布单位：国家烟草专卖局保密委员会

发布文号：国烟办[1998]305号

发布日期：1998-06-01

生效日期：1998-06-01

第一章　总　　则

第一条　为加强烟草行业计算机信息网络的安全保护,根据公安部发布的《计算机信息网络国际联网安全保护管理办法》(以下简称《办法》),制定本规定。

第二条　行业网络的上网单位必须遵守《办法》及其他相关法律法规的规定,自觉维护国家的安全和稳定,自觉保守单位的秘密。

第三条　本规定适用于全国烟草行业计算机信息网络的安全保护管理。

第四条　国家局保密委员会会同国家局信息中心共同负责国家局机关及行业计算机信息网络的安全保护管理工作。

第五条　任何单位和个人不得利用行业网络危害国家安全和行业安全,不得泄露国家秘密和行业秘密,不得侵犯国家的、社会的、行业的、集体的利益和个人的合法权益,不得从事违法犯罪活动。

第六条　任何单位和个人不得利用行业网络制作、复制、查阅和传播下列信息：

1. 涉及国家秘密、破坏社会稳定和具有反动、色情、暴力倾向的；
2. 涉及行业政策、计划、商业等秘密,且未经同级保密委员会宣布解密的；
3. 涉及行业技术秘密的。

第七条　任何单位和个人不得从事下列危害计算机信息网络安全的活动：

1. 未经允许进入计算机信息网络或者使用计算机信息网络资源的；
2. 未经允许对计算机信息网络功能进行删除、修改或者增加的；
3. 未经允许对计算机信息网络中存储、处理或者传输的数据和应用程序进行删除、修改或者增加的；
4. 故意制作、传播计算机病毒等破坏性程序的；
5. 其他危害计算机信息网络安全的。

第八条　禁止使用上网的计算机编辑外交密码电报。

第九条 禁止绝密级的信息上网传输。

第十条 属国家秘密的信息上网需经同级保密委员会同意,并不得传输到行业网络之外。

第二章 安全保护责任

第十一条 各级保密委员会和信息网络主管部门负责本单位计算机信息网络的安全保密管理工作。

第十二条 各单位的信息网络主管部门,必须接受上一级单位保密委员会及信息网络主管部门的安全监督、检查和指导。

第十三条 接入行业网络的单位,应当履行下列安全保护职责:

1. 负责本网络的安全保护管理工作,建立健全安全保护管理制度;
2. 落实安全保护技术措施,保障本网络的运行安全和信息安全;
3. 负责对本网络用户的安全教育和培训;
4. 对委托发布信息的单位和个人进行登记,并对所提供的信息内容按照本规定第六条进行审核;
5. 禁止建立面向行业外的电子公告系统;建立面向行业内的电子公告系统,需报国家局信息中心批准和备案,并建立用户登记和信息管理制度;
6. 如发现有违反本规定的行为,应当保留原始记录,报上级保密委员会,并协助上级单位查处通过行业网络进行的各种违法违规行为。

第三章 行业网络的基本要求

第十四条 为了保证行业网络的安全,原则上初期只在国家局开通一个到 Internet 的出口,行业内各单位和个人不得擅自联入 Internet 及其他网络,需要联入 Internet 的单位需报国家局信息中心批准。个人利用办公计算机设备联入 Internet 的需报同级保密委员会和信息网络主管部门批准。

第十五条 行业网络及与 Internet 的连接都是为了服务于行业工作,以及加快行业的信息化建设,推进行业持续、稳定、健康发展。

第十六条 要求加入行业网络的单位必须按规定提交申请书及安全保证书,并不得将行业网络与其他网络直接连通。

第十七条 行业网络在与外部网络进行连接时,必须采用防火墙等防护措施,并制定严密的访问权限。

第十八条 联入行业网络的计算机禁止通过调制解调器拨号登录到其他网络,如确实业务需要,需经同级保密委员会及信息网络主管部门批准。

第四章 业务人员职责

第十九条 上网的人员需根据业务需要分配相应的网络应用权限。

第二十条 不得使用行业网络提供的功能从事与业务工作无关的事项(如玩游戏、传输娱乐性信息等)。

第二十一条 业务人员应该定期对网络的安全情况进行彻底检查,发现情况,应及时向本单位保密委员会报告。

第二十二条 利用行业网络与Internet的连接,在获取各种资源特别是计算机软件时,应当遵守有关知识产权的法律。

第二十三条 严禁扩散被动收到的各种不健康信息及具有政治敏感性的信息,并及时报告部门领导及同级的保密委员会。

第五章 违规处罚

第二十四条 对于违反本规定的单位,情节较轻者给予警告,并做出书面检查;情节严重的,将给予停止联网、限期整改的处罚,并追究主要领导的责任;构成犯罪的,交由司法机关依法追究刑事责任。

第六章 附 则

第二十五条 国家烟草专卖局保密委员会及信息中心负责对本规定的解释。

第二十六条 本规定自发布之日起施行。

2.《烟草行业计算机信息系统保密管理暂行规定》

发布单位:国家烟草专卖局保密委员会
发布文号:国烟保[1999]373号
发布日期:1999-06-21
生效日期:1999-06-21

第一章 总 则

第一条 为保护烟草行业计算机信息系统处理的国家秘密和行业秘密安全,根据国家保密局发布的《计算机信息系统保密管理暂行规定》,制定本规定。

第二条 本规定适用于烟草行业采集、存储、处理、传递、输出国家秘密和行业秘密信息的计算机信息系统。

第三条 本规定与《烟草行业计算机信息网络安全保护规定》共同构成对烟草行业计算机信息系统、网络系统的安全、保密方面的管理规定。

第四条 国家局保密委员会主管国家局机关及行业计算机信息系统的保密工作。国家局烟草经济信息中心在国家局保密委员会领导下提供相应的技术支持。行业内各级保密工作机构主管本部门、本地区行业的计算机信息系统的保密工作,同级信息中心或主管信息(计算机)工作的部门在同级保密工作机构领导下提供相应的技术支持。

第二章 基本要求

第五条 规划和建设计算机信息系统,须同步规划落实相应的保密措施,并报经上级保密工作机构批准。涉密级别比较高的,必须报经国家局保密委员会批准。

第六条 计算机信息系统的开发、安装和使用,必须符合保密要求和规范。

第七条　计算机信息系统应配置国家保密局批准使用的保密专用设备,防泄密、防窃密。所采取的保密措施应与所处理信息的密级要求相一致。

第八条　计算机信息系统联网应当采取系统访问控制、数据保护和系统安全保密监控管理等技术措施;使用者须按照规定的访问控制,不得越权操作。

第九条　包含绝密级信息的计算机信息系统原则上只能单机存储,且须有防电磁泄漏措施,并不得联网传输。

第三章　涉密信息及发布审查制度

第十条　涉密信息指国家秘密和涉及行业政策、计划、商业及技术的行业秘密。

第十一条　涉密信息和数据必须按照保密规定进行采集、存储、处理、传递、使用和销毁。

第十二条　计算机信息系统存储、处理、传递、输出的涉密信息要有相应的密级标识,且密级标识不得与正文分离。

第十三条　国家秘密和行业秘密信息不得在与国际网络联网的计算机信息系统中存储、处理和传递;未经国家局保密委员会批准,国家秘密不得在与行业网络联网的计算机信息系统中存储、处理和传递。

第十四条　行业秘密需要在行业网络上传输时,必须报经上级保密工作机构批准,并必须采取信息加密等安全技术措施。

第十五条　计算机信息系统中的信息发布采取审查制度。审查工作由同级保密工作机构根据有关专门规定负责执行。

第四章　涉密媒体

第十六条　存储国家秘密和行业秘密信息的计算机媒体,应按所存储信息的最高密级标明密级,并按相应密级的文件进行管理,并应采取相应的保护措施。

第十七条　存储过国家秘密和行业秘密信息的计算机媒体不能降低密级使用;不再使用的,须彻底地、不可恢复地销毁媒体中存储的涉密信息,并经同级保密工作机构检查批准后,才能退出计算机信息系统。

第十八条　存储过国家秘密和行业秘密信息的计算机媒体的维修应在同级保密工作机构的监控下进行,保证所存储的国家秘密和行业秘密信息不被泄露。

第十九条　计算机信息系统打印输出涉密文件,须经同级保密工作机构批准,并按相应密级的文件进行管理。

第五章　涉密场所

第二十条　涉密信息处理场所应远离外事活动场所,并根据涉密程度和有关规定设立控制区,未经同级保密工作机构批准无关人员不得进入。

第二十一条　涉密信息处理场所的物理安全要求应符合国家有关保密标准,包括应采取相应的防电磁信息泄漏的保密措施。

第二十二条　涉密信息处理场所应定期或者根据需要进行保密技术检查。

第六章　系统管理

第二十三条　计算机信息系统的保密管理实行领导负责制，由使用计算机信息系统的单位的主管领导负责本单位的计算机信息系统的保密工作，并指定有关机构和人员具体承办。

第二十四条　计算机信息系统的使用单位应根据系统所处理的信息涉密等级和重要性制订相应的管理制度，并严格遵照执行。

第二十五条　各级保密工作机构负责依照有关法规和标准对本单位、本地区行业的计算机信息系统进行保密技术检查。

第二十六条　计算机信息系统的系统安全保密管理人员应经过严格审查，报上级保密工作机构批准，并定期进行考核和保持相对稳定。

第二十七条　各单位保密工作机构应对计算机信息系统的工作人员进行上岗前的保密培训，并定期进行保密教育和检查。

第二十八条　任何单位和个人发现计算机信息系统泄密后，应及时采取补救措施，并及时向上级保密工作机构报告。

第七章　奖　惩

第二十九条　对在计算机信息系统保密工作中做出显著成绩的单位和人员应给予奖励。

第三十条　违反本规定，由保密工作机构责令其停止使用，限期整改，经保密工作机构审查、验收合格后，方可使用。

第三十一条　违反本规定泄露国家秘密，依据《中华人民共和国保守国家秘密法》及其实施办法进行处理；泄露行业秘密，依据国家局有关规定进行处理，并追究单位领导的责任。

第八章　附　则

第三十二条　国家烟草专卖局保密委员会负责对本规定的解释。

第三十三条　本规定自发布之日起施行。

3.《烟草行业信息系统技术管理规定(试行)》

发布单位：国家烟草专卖局

发布文号：国烟法[2001]383号

发布日期：2001-06-28

生效日期：2001-06-28

第一章　总　则

第一条　为加强烟草行业信息系统技术管理，有效利用信息技术资源，根据国家有关信息化管理规定和《全国烟草行业信息化工作暂行管理办法》，制定本规定。

第二条　本规定是烟草行业信息技术管理工作的基本准则，用于指导行业各级信息化工作部门加强信息技术管理，指导信息系统建设，提高系统运行的安全性、可靠性和稳定性，保障行业信息化工作健康发展。

第三条　烟草行业信息系统技术管理工作的原则是：加强行业信息化建设的系列化、标准化、通用化，保障行业信息系统建设的实用性、可靠性、先进性、经济性和完整性。消除信息垃圾和信息孤岛，保证信息的实时、可靠、真实、安全。

第二章　技术管理体系

第一节　组织机构

第四条　烟草行业信息系统技术管理工作实行统一管理，各级信息化工作部门的技术管理工作接受上一级信息化工作部门的指导。

第五条　各级信息化工作部门应有专门科室或指定专人负责技术管理工作。技术管理工作的主要职责是：

（一）负责制定信息系统建设的总体规划并组织实施。

（二）负责制定信息技术工作的工作计划并组织实施。

（三）负责制定信息技术管理工作的规章制度。

（四）负责信息系统硬件与软件的选型、配置、维护。

（五）保障信息系统安全运行，负责业务数据及其他重要数据的备份管理。

（六）负责信息技术人员的培训与考核。

（七）负责技术资料的管理、归档。

（八）研究、跟踪信息技术的发展动向，提供信息化建设的技术咨询。

第二节　人员管理

第六条　烟草行业信息技术人员应具备大专以上学历，具有必备的计算机理论知识和相应的专业技术水平、良好的职业道德和认真负责的服务意识。

第七条　定期对信息技术人员进行业务培训和技术培训，实行持证上岗制，不合格或未参加培训者不得上岗。

第八条　关键技术岗位应进行严格审查并保持人员相对稳定，离岗时必须严格办理离岗手续，明确其离岗后的保密义务，退还全部技术资料并立即更换信息系统的操作口令。

第三章　安全管理

第九条　信息系统安全管理的主要任务是：加强烟草行业信息系统的安全保护，制定信息系统安全管理制度，广泛开展信息安全教育，定期或不定期进行信息安全检查，保证系统安全运行；制定安全防范设施和安全保障机制，有效降低系统风险和操作风险，采取切实可行的管理制度和办法，严防不法分子利用计算机作案。

第十条　机房安全管理制度。

（一）建立完整的设备运行日志、操作记录及其他与安全有关的资料。

（二）机房值班人员不得擅自离岗。

（三）定期检查安全保障设备，确保其处于正常工作状态。

（四）建立并严格执行机房进出入管理制度，无关人员未经安全责任人批准严禁进入机房。

（五）严禁将易燃易爆和强磁物品及与机房工作无关的物品带入机房。

第十一条　操作安全管理制度。

（一）采取严密的安全措施防止无关用户进入系统。

（二）数据库管理系统和关键网络设备（如路由器、防火墙等）的口令必须由专人掌管，并要求定期更换。按分别管理、共同负责的原则，由不同人员掌管服务器操作系统口令、数据库管理系统口令和网络管理口令。

（三）操作人员应有互不相同的用户名，定期更换操作口令。严禁操作人员泄露本人的操作口令。

（四）各岗位操作权限要严格按岗位职责设置，并定期检查操作员的权限。

（五）重要岗位的登录过程应增加必要的限制措施。

（六）对数据备份和审计记录建立定期查验制度。

第十二条　网络安全与信息安全管理制度按《烟草行业计算机信息网络安全保护规定》（国烟办[1998]305号）和《烟草行业计算机信息系统保密管理暂行规定》（国烟保[1999]373号）执行。

第十三条　建立信息发布与审查制度，审查工作由同级保密工作机构或业务工作机构根据有关专门规定负责执行。

第十四条　计算机病毒防范制度。

（一）指定专人负责计算机病毒防范工作，定期进行病毒检测，发现病毒立即处理并报告。

（二）新系统安装前应进行病毒例行检测，禁止运行未经病毒检测的软件。

（三）经远程通信传送的程序或数据，必须经过检测确认无病毒后方可使用。

（四）用国家有关部门许可的正版防病毒软件并及时更新软件版本。

第四章　硬件设施

第一节　机　房

第十五条　机房建设应符合系统设计要求和国家有关标准。

第十六条　机房应配备不间断电源设备，其容量应保证机房设备在断电情况下，能完成数据保护、设备正常关机等操作，以保证系统安全，重要系统要维持到后备电源供电。

第十七条　机房设置保证机房设备安全运行的接地与防雷系统。

第十八条　机房环境。

（一）机房的温度、湿度、洁净度应满足设备运行的使用要求。

（二）机房应保证良好的人机工作环境，保障工作人员的安全与健康，便于设备维护。

（三）机房必须配备消防设施并配备必要的防潮、防尘、防盗、防磁和防鼠等设施。

第二节 计算机、网络、通信设备

第十九条 服务器的数据处理能力应能满足业务需求,具有充分的可靠性,硬盘留有余量,具有一定的容错特性,可采用镜像、阵列、双机、群集等容错技术,应有备品备件。

第二十条 工作站应具有良好的性能及可靠性,重要工作站应有冗余备份。

第二十一条 配备安全可靠的数据备份设备,重要业务数据的存储应采用磁带或光盘进行备份后异地存放。

第二十二条 各级机构计算机网络的建设须遵循《烟草行业计算机网络建设技术规范(试行)》(国烟办[2000]575 号)的要求,确保行业网络的互联互通;网络布线系统设计可参照 CECS72:97《建筑与建筑群综合布线系统工程设计规范》;网络结构应合理可靠;网络设备应兼具技术先进性和产品成熟性。

第二十三条 全国烟草行业卫星通信网省级 B 类站的建设须遵循《全国烟草行业卫星通信网端站通信机房和电视会议室技术要求》(国烟信办[1999]43 号)的要求;地市级 C 类站的建设须遵循《全国烟草行业卫星通信网 C 类站通信机房技术要求》(国烟信办[2000]25 号)的要求;卫星通信速率满足正常业务开展的需要,卫星通信系统应有可扩展性;卫星通信设备具有防干扰、防截取能力,具有加密传输功能。

第三节 设备管理

第二十四条 设备的选型、购置、维修、报废等必须严格按规定手续办理,并应建立设备运行和维护档案。

第二十五条 选用硬件设备应遵循标准化、通用化、系列化的原则,必须经过技术论证,满足行业信息网络互联的要求,具备可靠性、安全性与兼容性。新购置的设备应经过测试,测试合格后方可投入使用。

第二十六条 定期对硬件设备进行专业维护保养,如有故障,应组织专业人员进行处理。

第二十七条 已开通运行的卫星通信端站,未经上级管理部门批准,不得关机,不得进行中断性测试,严禁擅自改变设备参数。

第五章 软件环境

第一节 系统软件

第二十八条 系统软件主要指操作系统软件和数据库系统软件。

第二十九条 系统软件的选用应充分考虑软件的安全性、可靠性、稳定性和健壮性,并报上一级主管部门审核、备案,应使用正版软件。

第三十条 系统软件应具备如下功能:

(一)身份验证功能,防止非法用户随意进入系统。

(二)访问控制功能,防止系统中出现越权访问。

(三)故障恢复功能,能够自动或在人工干预下从故障状态恢复到正常状态,防止造成系统混乱和数据丢失。

（四）安全保护功能，对信息的交换、传输、存储提供安全保护。

（五）安全审计功能，便于应用系统建立访问用户资源的审计记录。

（六）分权制约功能，支持对操作员和管理员的权限分离与相互制约。

第三十一条　数据库系统软件应具有第三十条所描述的功能要求，还应具有完整性、一致性及可恢复性保障机制。

第二节　应用软件

第三十二条　应用软件指管理信息系统、决策支持系统、电子商务系统、办公自动化系统及其软件应用系统等。

第三十三条　应用软件系统应具有如下特性：

（一）关键数据不以明码存放。

（二）只能通过相应的应用程序界面查看或操作数据库。

（三）系统管理与业务操作权限严格分离。

（四）防止异常中断后非法进入系统。

（五）具有超时键盘锁定功能。

（六）业务数据在通信网络上能以加密方式传输。

（七）应存储一年以上完整的系统运行记录。

（八）提供系统运行状态监控模块。

（九）提供数据接口，满足稽查、审计及技术监控的要求。

（十）具有其他有助于控制业务操作风险的功能特性。

第三十四条　行业管理信息系统的开发须遵循《金叶信息系统工程管理信息系统技术规范》和国家局发布的行业信息分类与代码标准的要求。

第三节　软件管理

第三十五条　大型应用软件在开发或购买之前应报国家局正式立项，成立由技术人员、业务人员和管理人员共同组成的项目小组并建立软件质量保证体系。

第三十六条　一般应用软件开发与购买应符合行业信息化工作的有关管理规定，避免重复开发，并报上一级主管部门备案。根据应用系统对安全的要求，同步进行安全保密设计。

第三十七条　软件开发设计人员与操作人员必须实行岗位分离，开发环境和现场必须与生产环境和现场隔离。软件设计方案、数据结构加密算法、源代码等技术资料严禁流入生产现场、散失和外泄。

第三十八条　应用软件必须经过功能测试、试运行，确认达到设计要求后，方可正式投入使用。

第三十九条　规定软件的使用范围和使用权限；软件使用人员应经过适当的操作培训和安全教育；应建立应用软件文档管理制度、版本管理制度及软件分发制度，防止软件的盗用、误用、流失及越权使用；应采取有效措施，防止对应用软件的非法修改。

第六章 数据、资料管理

第一节 系统数据

第四十条 系统数据主要包括数据字典、权限设置、存储分配、网络地址、网管参数、硬件配置及其他系统配置参数。

第四十一条 制定系统数据管理制度,对系统数据实施严格的安全与保密管理,防止系统数据的非法生成、变更、泄漏、丢失与破坏。

第四十二条 设置系统管理员岗位,对系统数据实行专人管理,并定期进行核对。

第二节 业务数据

第四十三条 业务数据主要包括统计、销售、生产、财务、烟叶、专卖等与行业生产、经营、管理有关的数据及其他相关数据。

第四十四条 建立业务数据管理制度,对重要业务数据实施严格的安全保密管理。

第四十五条 设置数据库管理员岗位,对重要业务数据实行专人管理。

第四十六条 数据备份。

(一)定期制作数据备份,保证系统发生故障时能够迅速恢复。

(二)重要业务数据必须定期、完整、真实、准确地存储到不可更改的介质上,并要求集中保存。

(三)备份的数据必须指定专人负责保管,由信息技术人员按规定的方法同数据保管员进行数据的交接。交接后的备份数据应在指定的数据保管室或指定的场所保管。

(四)数据保管员必须对备份数据进行规范的登记管理。

(五)备份数据不得更改。

(六)备份数据保管地点应有防火、防热、防潮、防尘、防磁、防盗设施。

第四十七条 数据保密。

(一)数据不得泄露,未经批准,不得外借。

(二)数据应仅用于明确规定的目的,未经批准不得他用。

(三)保密数据不得以明码形式存储和传输。

(四)根据数据的保密规定和用途,确定数据使用人员的存取权限、存取方式和审批手续。

第三节 技术资料

第四十八条 技术资料是指与信息系统有关的技术文件、图表、程序与数据等。

第四十九条 制定技术资料管理制度,指定专人负责技术资料管理工作。

第五十条 借阅、复制技术资料应办理必要的审批手续;重要技术资料应有副本并异地存放;报废的技术资料应有严格的销毁和监销制度。

第七章 技术事故的防范与处理

第五十一条 技术事故是指由于硬件故障、软件故障和操作失误等原因引起系统无法运行,经启动备用系统仍未恢复正常,导致系统中断并造成经济损失的事件。

第五十二条 技术事故的防范原则是预防为主、处理及时,力争把事故的损失降低到最小程度。

第五十三条 建立健全技术事故的防范对策,严格按本规范要求建设、维护信息系统的硬件设施和软件环境,定期进行事故防范演习,针对薄弱环节不断改进完善。

第五十四条 制定技术事故发生时的应急计划。

(一) 应急计划应针对可能发生的故障制定紧急处理程序。

(二) 紧急处理程序应张贴在规定的地方。

(三) 对执行应急计划的全体人员进行专项培训,定期进行检查、测试。

(四) 根据测试结果不断完善应急计划。

第五十五条 发生技术事故后,应立即进行事故调查,提出书面调查报告,必要时可组织有关专家鉴定,确定事故的原因和责任,对调查中发现的技术薄弱环节,应限期整改。

第八章 附 则

第五十六条 国家烟草专卖局负责对本规定的解释。

第五十七条 各单位可参照本规定并根据实际情况,制定具体实施细则。

第五十八条 本规定自发布之日起施行。

4.6.2 国家食品药品监督管理局制定的规章和规范

《互联网药品信息服务管理办法》

发布单位:国家食品药品监督管理局

发布文号:国家食品药品监督管理局令第 9 号

发布日期:2004-07-08

生效日期:2004-07-08

(2004 年 5 月 28 日经国家食品药品监督管理局局务会议审议通过)

第一条 为加强药品监督管理,规范互联网药品信息服务活动,保证互联网药品信息的真实、准确,根据《中华人民共和国药品管理法》《互联网信息服务管理办法》,制定本办法。

第二条 在中华人民共和国境内提供互联网药品信息服务活动,适用本办法。

本办法所称互联网药品信息服务,是指通过互联网向上网用户提供药品(含医疗器械)信息的服务活动。

第三条 互联网药品信息服务分为经营性和非经营性两类。

经营性互联网药品信息服务是指通过互联网向上网用户有偿提供药品信息等服务的活动。

非经营性互联网药品信息服务是指通过互联网向上网用户无偿提供公开的、共享性药品信息等服务的活动。

第四条 国家食品药品监督管理局对全国提供互联网药品信息服务活动的网站实施监

督管理。

省、自治区、直辖市(食品)药品监督管理局对本行政区域内提供互联网药品信息服务活动的网站实施监督管理。

第五条　拟提供互联网药品信息服务的网站,应当在向国务院信息产业主管部门或者省级电信管理机构申请办理经营许可证或者办理备案手续之前,按照属地监督管理的原则,向该网站主办单位所在地省、自治区、直辖市(食品)药品监督管理部门提出申请,经审核同意后取得提供互联网药品信息服务的资格。

第六条　各省、自治区、直辖市(食品)药品监督管理局对本辖区内申请提供互联网药品信息服务的互联网网站进行审核,符合条件的核发《互联网药品信息服务资格证书》。

第七条　《互联网药品信息服务资格证书》的格式由国家食品药品监督管理局统一制定。

第八条　提供互联网药品信息服务的网站,应当在其网站主页显著位置标注《互联网药品信息服务资格证书》的证书编号。

第九条　提供互联网药品信息服务网站所登载的药品信息必须科学、准确,必须符合国家的法律、法规和国家有关药品、医疗器械管理的相关规定。

提供互联网药品信息服务的网站不得发布麻醉药品、精神药品、医疗用毒性药品、放射性药品、戒毒药品和医疗机构制剂的产品信息。

第十条　提供互联网药品信息服务的网站发布的药品(含医疗器械)广告,必须经过(食品)药品监督管理部门审查批准。

提供互联网药品信息服务的网站发布的药品(含医疗器械)广告要注明广告审查批准文号。

第十一条　申请提供互联网药品信息服务,除应当符合《互联网信息服务管理办法》规定的要求外,还应当具备下列条件:

(一)互联网药品信息服务的提供者应当为依法设立的企事业单位或者其他组织;

(二)具有与开展互联网药品信息服务活动相适应的专业人员、设施及相关制度;

(三)有两名以上熟悉药品、医疗器械管理法律、法规和药品、医疗器械专业知识,或者依法经资格认定的药学、医疗器械技术人员。

第十二条　提供互联网药品信息服务的申请应当以一个网站为基本单元。

第十三条　申请提供互联网药品信息服务,应当填写国家食品药品监督管理局统一制发的《互联网药品信息服务申请表》,向网站主办单位所在地省、自治区、直辖市(食品)药品监督管理部门提出申请,同时提交以下材料:

(一)企业营业执照复印件(新办企业提供工商行政管理部门出具的名称预核准通知书及相关材料)。

(二)网站域名注册的相关证书或者证明文件。从事互联网药品信息服务网站的中文名称,除与主办单位名称相同的以外,不得以"中国"、"中华"、"全国"等冠名;除取得药品招标代理机构资格证书的单位开办的互联网站外,其他提供互联网药品信息服务的网站名称中不得出现"电子商务"、"药品招商"、"药品招标"等内容。

(三)网站栏目设置说明(申请经营性互联网药品信息服务的网站需提供收费栏目及收费方式的说明)。

(四)网站对历史发布信息进行备份和查阅的相关管理制度及执行情况说明。

(五)(食品)药品监督管理部门在线浏览网站上所有栏目、内容的方法及操作说明。

(六)药品及医疗器械相关专业技术人员学历证明或者其专业技术资格证书复印件、网站负责人身份证复印件及简历。

(七)健全的网络与信息安全保障措施,包括网站安全保障措施、信息安全保密管理制度、用户信息安全管理制度。

(八)保证药品信息来源合法、真实、安全的管理措施、情况说明及相关证明。

第十四条 省、自治区、直辖市(食品)药品监督管理部门在收到申请材料之日起5日内做出受理与否的决定,受理的,发给受理通知书;不受理的,书面通知申请人并说明理由,同时告知申请人享有依法申请行政复议或者提交行政诉讼的权利。

第十五条 对于申请材料不规范、不完整的,省、自治区、直辖市(食品)药品监督管理部门自申请之日起5日内一次告知申请人需要补正的全部内容;逾期不告知的,自收到材料之日起即为受理。

第十六条 省、自治区、直辖市(食品)药品监督管理部门自受理之日起20日内对申请提供互联网药品信息服务的材料进行审核,并做出同意或者不同意的决定。同意的,由省、自治区、直辖市(食品)药品监督管理部门核发《互联网药品信息服务资格证书》,同时报国家食品药品监督管理局备案并发布公告;不同意的,应当书面通知申请人并说明理由,同时告知申请人享有依法申请行政复议或者提交行政诉讼的权利。

国家食品药品监督管理局对各省、自治区、直辖市(食品)药品监督管理部门的审核工作进行监督。

第十七条 《互联网药品信息服务资格证书》有效期为5年。有效期届满,需要继续提供互联网药品信息服务的,持证单位应当在有效期届满前6个月内,向原发证机关申请换发《互联网药品信息服务资格证书》。原发证机关进行审核后,认为符合条件的,予以换发新证;认为不符合条件的,发给不予换发新证的通知并说明理由,原《互联网药品信息服务资格证书》由原发证机关收回并公告注销。

省、自治区、直辖市(食品)药品监督管理部门根据申请人的申请,应当在《互联网药品信息服务资格证书》有效期届满前做出是否准予其换证的决定。逾期未做出决定的,视为准予换证。

第十八条 《互联网药品信息服务资格证书》可以根据互联网药品信息服务提供者的书面申请,由原发证机关收回,原发证机关应当报国家食品药品监督管理局备案并发布公告。被收回《互联网药品信息服务资格证书》的网站不得继续从事互联网药品信息服务。

第十九条　互联网药品信息服务提供者变更下列事项之一的,应当向原发证机关申请办理变更手续,填写《互联网药品信息服务项目变更申请表》。

（一）《互联网药品信息服务资格证书》中审核批准的项目(互联网药品信息服务提供者单位名称、网站名称、IP 地址等）；

（二）互联网药品信息服务提供者的基本项目（地址、法定代表人、企业负责人等）；

（三）网站提供互联网药品信息服务的基本情况（服务方式、服务项目等）。

第二十条　省、自治区、直辖市（食品）药品监督管理部门自受理变更申请之日起 20 个工作日内做出是否同意变更的审核决定。同意变更的,将变更结果予以公告并报国家食品药品监督管理局备案；不同意变更的,以书面形式通知申请人并说明理由。

第二十一条　省、自治区、直辖市（食品）药品监督管理部门对申请人的申请进行审查时,应当公示审批过程和审批结果。申请人和利害关系人可以对直接关系其重大利益的事项提交书面意见进行陈述和申辩。依法应当听证的,按照法定程序举行听证。

第二十二条　未取得或者超出有效期使用《互联网药品信息服务资格证书》从事互联网药品信息服务的,由国家食品药品监督管理局或者省、自治区、直辖市（食品）药品监督管理部门给予警告,并责令其停止从事互联网药品信息服务；情节严重的,移送相关部门,依照有关法律、法规给予处罚。

第二十三条　提供互联网药品信息服务的网站不在其网站主页的显著位置标注《互联网药品信息服务资格证书》证书编号的,国家食品药品监督管理局或者省、自治区、直辖市（食品）药品监督管理部门给予警告,责令限期改正；在限定期限内拒不改正的,对提供非经营性互联网药品信息服务的网站处以 500 元以下罚款,对提供经营性互联网药品信息服务的网站处以 5000 元以上 1 万元以下罚款。

第二十四条　互联网药品信息服务提供者违反本办法,有下列情形之一的,由国家食品药品监督管理局或者省、自治区、直辖市（食品）药品监督管理部门给予警告,责令限期改正；情节严重的,对提供非经营性互联网药品信息服务的网站处以 1000 元以下罚款,对提供经营性互联网药品信息服务的网站处以 1 万元以上 3 万元以下罚款；构成犯罪的,移送司法部门追究刑事责任：

（一）已经获得《互联网药品信息服务资格证书》,但提供的药品信息直接撮合药品网上交易的；

（二）已经获得《互联网药品信息服务资格证书》,但超出审核同意的范围提供互联网药品信息服务的；

（三）提供不真实互联网药品信息服务并造成不良社会影响的；

（四）擅自变更互联网药品信息服务项目的。

第二十五条　互联网药品信息服务提供者在其业务活动中,违法使用《互联网药品信息服务资格证书》的,由国家食品药品监督管理局或者省、自治区、直辖市（食品）药品监督管理部门依照有关法律、法规的规定处罚。

第二十六条　省、自治区、直辖市(食品)药品监督管理部门违法对互联网药品信息服务申请做出审核批准的,原发证机关应当撤销原批准的《互联网药品信息服务资格证书》,由此给申请人的合法权益造成损害的,由原发证机关依照国家赔偿法的规定给予赔偿;对直接负责的主管人员和其他直接责任人员,由其所在单位或者上级机关依法给予行政处分。

第二十七条　省、自治区、直辖市(食品)药品监督管理部门应当对提供互联网药品信息服务的网站进行监督检查,并将检查情况向社会公告。

第二十八条　本办法由国家食品药品监督管理局负责解释。

第二十九条　本办法自公布之日起施行。国家药品监督管理局令第 26 号《互联网药品信息服务管理暂行规定》同时废止。

4.6.3　国家保密局制定的规章和规范

1.《计算机信息系统保密管理暂行规定》

发布单位:国家保密局

发布文号:国保发[1998]1 号

发布日期:1998-02-26

生效日期:1998-02-26

第一章　总　　则

第一条　为保护计算机信息系统处理的国家秘密安全,根据《中华人民共和国保守国家秘密法》,制定本规定。

第二条　本规定适用于采集、存储、处理、传递、输出国家秘密信息的计算机信息系统。

第三条　国家保密局主管全国计算机信息系统的保密工作。

各级保密部门和中央、国家机关保密工作机构主管本地区、本部门的计算机信息系统的保密工作。

第二章　涉密系统

第四条　规划和建设计算机信息系统,应当同步规划落实相应的保密设施。

第五条　计算机信息系统的研制、安装和使用,必须符合保密要求。

第六条　计算机信息系统应当采取有效的保密措施,配置合格的保密专用设备,防泄密、防窃密。所采取的保密措施应与所处理信息的密级要求相一致。

第七条　计算机信息系统联网应当采取系统访问控制、数据保护和系统安全保密监控管理等技术措施。

第八条　计算机信息系统的访问应当按照权限控制,不得进行越权操作。未采取技术安全保密措施的数据库不得联网。

第三章　涉密信息

第九条　涉密信息和数据必须按照保密规定进行采集、存储、处理、传递、使用和销毁。

第十条　计算机信息系统存储、处理、传递、输出的涉密信息要有相应的密级标识,密级标识不能与正文分离。

第十一条　国家秘密信息不得在与国际网络联网的计算机信息系统中存储、处理、传递。

第四章　涉密媒体

第十二条　存储国家秘密信息的计算机媒体,应按所存储信息的最高密级标明密级,并按相应密级的文件进行处理。

存储在计算机信息系统内的国家秘密信息应当采取保护措施。

第十三条　存储过国家秘密信息的计算机媒体不能降低密级使用。不再使用的媒体应及时销毁。

第十四条　存储过国家秘密信息的计算机媒体的维修应保证所存储的国家秘密信息不被泄露。

第十五条　计算机信息系统打印输出的涉密文件,应当按相应密级的文件进行管理。

第五章　涉密场所

第十六条　涉密信息处理场所应当按照国家的有关规定,与境外机构驻地、人员住所保持相应的安全距离。

第十七条　涉密信息处理场所应当根据涉密程度和有关规定设立控制区,未经管理机关批准无关人员不得进入。

第十八条　涉密信息处理场所应当定期或者根据需要进行保密技术检查。

第十九条　计算机信息系统应采取相应的防电磁信息泄漏的保密措施。

第二十条　计算机信息系统的其他物理安全要求应符合国家有关保密标准。

第六章　系统管理

第二十一条　计算机信息系统的保密管理应实行领导负责制,由使用计算机信息系统的单位的主管领导负责本单位的计算机信息系统的保密工作,并指定有关机构和人员具体承办。

各单位的保密工作机构协助本单位的领导对计算机信息系统的保密工作进行指导、协调、监督和检查。

第二十二条　计算机信息系统的使用单位应根据系统所处理的信息涉密等级和重要性制订相应的管理制度。

第二十三条　各级保密部门应依照有关法规和标准对本地区的计算机信息系统进行保密技术检查。

第二十四条　计算机信息系统的系统安全保密管理人员应经过严格审查,定期进行考核,并保持相对稳定。

第二十五条　各单位保密工作机构应对计算机信息系统的工作人员进行上岗前的保密

培训,并定期进行保密教育和检查。

第二十六条　任何单位和个人发现计算机信息系统泄密后,应及时采取补救措施,并按有关规定及时向上级报告。

第七章　奖　　励

第二十七条　对在计算机信息系统保密工作中做出显著成绩的单位和人员应给予奖励。

第二十八条　违反本规定,由保密部门和保密机构责令其停止使用,限期整改,经保密部门、机构审查、验收合格后,方可使用。

第二十九条　违反本规定泄露国家秘密,依据《中华人民共和国保守国家秘密法》及其实施办法进行处理,并追究单位领导的责任。

第八章　附　　则

第三十条　军队的计算机信息系统保密工作按军队的有关规定执行。

第三十一条　本规定自发布之日起施行。

2.《涉及国家秘密的通信、办公自动化和计算机信息系统审批暂行办法》

发布单位:国家保密局、中共中央保密委员会办公室

发布文号:中保办发[1998]6号

发布日期:1998-10-27

生效日期:1998-10-27

第一章　总　　则

第一条　为落实《中共中央关于加强新形势下保密工作的决定》中"涉及国家秘密的通信、办公自动化和计算机信息系统的建设,必须与保密设施的建设同步进行,报经地(市)级以上保密部门审批后,才能投入使用"的要求,规范审批工作,制定本办法。

第二条　审批工作应当坚持讲求科学、实事求是,既确保国家秘密又便利各项工作的原则。

第三条　本办法适应于地(市)级以上保密部门对涉及国家秘密的通信、办公自动化和计算机信息系统(以下简称涉密系统)的审批工作。

第四条　国家保密局主管涉密系统的审批工作。

第五条　本办法所称的通信、办公自动化和计算机信息系统是指以计算机、电话机、传真机、打印机、义字处理机、声像设备等为终端设备,利用计算机、通信、网络等技术进行信息采集、处理、存储和传输的设备、技术、管理的组合。

第六条　本办法所称的保密设施是指为防止涉密信息的泄露或者被非法窃取而采用的设备、技术和管理的组合。

第二章　审批权限

第七条　地(市)级以上各级保密局审批本行政区域内的涉密系统。跨区域的涉密系统

由上一级保密局审批。

第八条　中央和国家机关各部门管理的涉密系统由各部门的保密工作机构审查,由部门主管保密工作的领导批准,并报国家保密局备案。国家保密局视情进行核查或抽查。

第三章　审批程序

第九条　涉密系统投入使用之前,保密部门应当对涉密系统主管部门(单位)报送的保密设施情况书面材料进行初步审查。报送的书面材料应当包括:

(一)涉密系统的用途、结构及软硬件配置的基本情况;

(二)涉密系统所处理信息的最高密级和涉密信息的运行状况;

(三)涉密系统采取的安全保密技术措施以及有关的认证结论或者审批件(复印件);

(四)涉密系统保密管理制度。

第十条　保密部门进行现场考察和测试。

第十一条　保密部门组织有关主管部门、专家对涉密系统的安全保密情况进行评估论证。

第十二条　保密部门对具备投入运行条件的涉密系统应当批准使用。对不完全具备投入运行条件的应指出存在的问题和漏洞,由其主管部门(单位)改进后另行报批;对不采取改进措施继续使用的,应当责令其主管部门(单位)停止使用。

第十三条　已经投入使用尚未经过审批的涉密系统,保密部门应当要求其主管部门(单位)报送保密设施情况的书面材料,并且按照上述程序进行审批。

第四章　审批内容

第十四条　涉密信息的定密制度和管理制度应当符合《中华人民共和国保守国家秘密法》及其实施办法和有关法规。

第十五条　涉密系统应当符合《计算机信息系统保密管理暂行规定》。

第十六条　涉密系统不得直接或间接国际联网,必须实行物理隔离。

第十七条　涉密系统的身份认证应当符合以下要求:

(一)口令应当由系统安全保密管理人员集中产生供用户选用,并有口令更换记录,不得由用户产生。

(二)处理秘密级信息的系统口令长度不得少于6个字符,口令更换周期不得长于一个月;处理机密级信息的系统,口令长度不得少于8个字符,口令更换周期不得长于一周;处理绝密级信息的系统,应当采用一次性口令或生理特征等强认证措施。

(三)口令必须加密存储,并保证口令存放载体的物理安全。

(四)口令在网络中必须加密传输。

第十八条　涉密系统的访问控制应当符合以下要求:

(一)处理秘密级、机密级信息的系统,访问应当按照用户类别控制;

(二)处理绝密级信息的系统,访问必须控制到单个用户。

第十九条　涉密信息的存储、传输应当符合以下要求：

（一）秘密级、机密级信息应当加密传输。涉密系统完全处于其主管部门（单位）独立使用和管理的封闭建筑群内，可以只采取物理保护措施。

（二）绝密级信息应当加密存储、加密传输。

（三）使用的加密措施应当经过有关主管部门批准，并且与保护的信息密级一致。

第二十条　涉密系统的审计跟踪应当符合以下要求：

（一）涉密系统应当有详细的系统日志，记录每个用户的每次活动（访问时间、地址、数据、程序、设备等）以及系统出错和配置修改等信息。

（二）处理秘密级、机密级信息的系统，系统安全保密管理人员应当定期审查系统日志并做审查记录，审查周期不得长于一个月。

（三）处理绝密级信息的系统，应当能够检测并且记录侵犯系统的事件，及时自动告警。系统安全保密管理人员应当定期审查系统日志并做审查记录，审查周期不得长于一周。

第二十一条　涉密系统有关设备电磁泄漏发射应当符合以下要求：

（一）有关设备应当具有符合国家保密标准《电话机电磁泄漏发射限值和测试方法》（BMB-1）或者中华人民共和国公共安全和保密标准《信息设备电磁泄漏发射限值》（GBB-1）的相应标识；

（二）不符合 GBB-1 标准的设备在处理绝密级信息的系统中应当在符合国家保密标准的屏蔽室内使用；

（三）不符合 GBB-1 标准的设备在处理秘密级、机密级信息的系统中使用，应当安装经国家主管部门批准的干扰器；

（四）保密部门应当依据国家保密标准《使用现场的信息设备电磁泄漏发射测试方法和安全判据》（BMB-2），现场检查有关设备的电磁泄漏发射情况。

第二十二条　党政专用电信网应当符合《关于有线电通信保密技术要求暂行规定》和《党政专用电话网保密技术验收要求》。

第五章　附　　则

第二十三条　军队的涉密系统审批工作按军队的有关规定执行。

第二十四条　本办法由国家保密局负责解释。

第二十五条　本办法自发布之日起施行。

3.《计算机信息系统国际联网保密管理规定》

发布单位：国家保密局

发布文号：------------------

发布日期：2000-01-01

生效日期：2000-01-01

第一章　总　　则

第一条　为了加强计算机信息系统国际联网的保密管理，确保国家秘密的安全，根据

《中华人民共和国保守国家秘密法》和国家有关法规的规定，制定本规定。

第二条　计算机信息系统国际联网，是指中华人民共和国境内的计算机信息系统为实现信息的国际交流，同外国的计算机信息网络相连接。

第三条　凡进行国际联网的个人、法人和其他组织（以下统称用户），互联单位和接入单位，都应当遵守本规定。

第四条　计算机信息系统国际联网的保密管理，实行控制源头、归口管理、分级负责、突出重点、有利发展的原则。

第五条　国家保密工作部门主管全国计算机信息系统国际联网的保密工作。县级以上地方各级保密工作部门，主管本行政区域内计算机信息系统国际联网的保密工作。中央国家机关在其职权范围内，主管或指导本系统计算机信息系统国际联网的保密工作。

第二章　保密制度

第六条　涉及国家秘密的计算机信息系统，不得直接或间接地与国际互联网或其他公共信息网络相连接，必须实行物理隔离。

第七条　涉及国家秘密的信息，包括在对外交往与合作中经审查、批准与境外特定对象合法交换的国家秘密信息，不得在国际联网的计算机信息系统中存储、处理、传递。

第八条　上网信息的保密管理坚持"谁上网谁负责"的原则。凡向国际联网的站点提供或发布信息，必须经过保密审查批准。保密审批实行部门管理，有关单位应当根据国家保密法规，建立健全上网信息保密审批领导责任制。提供信息的单位应当按照一定的工作程序，健全信息保密审批制度。

第九条　凡以提供网上信息服务为目的而采集的信息，除在其他新闻媒体上已公开发表的，组织者在上网发布前，应当征得提供信息单位的同意；凡对网上信息进行扩充或更新，应当认真执行信息保密审核制度。

第十条　凡在网上开设电子公告系统、聊天室、网络新闻组的单位和用户，应由相应的保密工作机构审批，明确保密要求和责任。任何单位和个人不得在电子公告系统、聊天室、网络新闻组上发布、谈论和传播国家秘密信息。

面向社会开放的电子公告系统、聊天室、网络新闻组，开办人或其上级主管部门应认真履行保密义务，建立完善的管理制度，加强监督检查。发现有涉密信息，应及时采取措施，并报告当地保密工作部门。

第十一条　用户使用电子函件进行网上信息交流，应当遵守国家有关保密规定，不得利用电子函件传递、转发或抄送国家秘密信息。

互联单位、接入单位对其管理的邮件服务器的用户，应当明确保密要求，完善管理制度。

第十二条　互联单位和接入单位，应当把保密教育作为国际联网技术培训的重要内容。互联单位与接入单位、接入单位与用户所签订的协议和用户守则中，应当明确规定遵守国家保密法律，不得泄露国家秘密信息的条款。

第三章 保 密 监 督

第十三条 各级保密工作部门应当有相应机构或人员负责计算机信息系统国际联网的保密管理工作,应当督促互联单位、接入单位及用户建立健全信息保密管理制度,监督、检查国际联网保密管理制度规定的执行情况。

对于没有建立信息保密管理制度或责任不明、措施不力、管理混乱,存在明显威胁国家秘密信息安全隐患的部门或单位,保密工作部门应责令其进行整改,整改后仍不符合保密要求的,应当督促其停止国际联网。

第十四条 各级保密工作部门,应当加强计算机信息系统国际联网的保密检查,依法查处各种泄密行为。

第十五条 互联单位、接入单位和用户,应当接受并配合保密工作部门实施的保密监督检查,协助保密工作部门查处利用国际联网泄露国家秘密的违法行为,并根据保密工作部门的要求,删除网上涉及国家秘密的信息。

第十六条 互联单位、接入单位和用户,发现国家秘密泄露或可能泄露的情况时,应当立即向保密工作部门或机构报告。

第十七条 各级保密工作部门和机构接到举报或检查发现网上有泄密情况时,应当立即组织查处,并督促有关部门及时采取补救措施,监督有关单位限期删除网上涉及国家秘密的信息。

第四章 附 则

第十八条 与香港、澳门特别行政区和台湾地区联网的计算机信息系统的保密管理,参照本规定执行。

第十九条 军队的计算机信息系统国际联网保密管理工作,可根据本规定制定具体规定执行。

第二十条 本规定自 2000 年 1 月 1 日起施行。

4.《涉及国家秘密的计算机信息系统集成资质管理办法》

发布单位:国家保密局
发布文号:国保发[2001]7 号
发布日期:2001-10-12
生效日期:2001-10-12

第一章 总 则

第一条 为加强涉及国家保密的计算机信息系统(以下简称"涉密系统")的保密管理,确保国家秘密的安全,根据《中华人民共和国保守国家秘密法》和有关法律法规,制定本办法。

第二条 本办法下列用语的含义:
涉密系统集成,是指涉密系统工程的总体规划、设计、开发、实施、服务及保障。

涉密系统集成资质，是指从事涉密系统集成工程所需要具备的综合能力，包括人员构成、技术水平、管理水平、技术装备、服务保障能力和安全保密保障设施等要素。

涉密系统集成单位，是指从事涉密系统集成业务的企业或事业单位。

涉密系统建设单位，是指主持建设涉密系统的单位。

第三条　本办法适用于涉密系统的建设单位和集成单位。

第四条　涉密系统集成单位必须经过保密工作部门资质认定，并取得《涉及国家秘密的计算机信息系统集成资质证书》（以下简称《资质证书》）。未经保密工作部门资质认定的任何单位，不得承接涉密系统集成业务。

第五条　涉密系统建设单位应当选择具有《资质证书》的集成单位来承建涉密系统。未取得《资质证书》的集成单位建设的涉密系统，保密工作部门不予审批。

第二章　资质申请与审批

第六条　涉密系统集成单位应当是中华人民共和国境内具有独立法人地位的企业或事业单位。外商独资、中外合资、中外合作企业不得从事涉密系统集成业务。

涉密系统集成单位应当具备下列条件：

（一）遵守国家保密法律和法规，具有健全的保密制度；

（二）具有信息产业部颁发的《计算机信息系统集成资质证书》（一级或二级），并有网络安全集成的成功范例；

无《计算机信息系统集成资质证书》的企、事业单位，应为专门从事信息安全技术研究开发，并独立开展网络安全集成业务两年以上（含两年），有成功范例；

（三）具有系统集成能力的计算机硬件、软件和网络工程专业高中级技术职称的专业队伍和组织管理人员，熟悉保密技术标准；

（四）具有先进的信息系统设计、开发设备，具有良好的安全保密环境；

（五）具有良好的经营业绩和资产状况；

（六）接受保密工作部门指导、监督和检查。

第七条　申请涉密系统集成资质的单位，应向所在地的省、自治区、直辖市、计划单列市、副省级城市保密局提出申请，并提供相关的资信证明资料。

第八条　受理申请的保密局，应对申请单位的资质进行审查。对初审符合资质条件的，由所在地的省、自治区、直辖市、计划单列市、副省级城市保密局报国家保密局审核批准，颁发《资质证书》。

《资质证书》有效期限为3年，期满后依照本办法的规定重新核发。

第三章　资质管理

第九条　涉密系统建设单位和承接涉密系统集成的单位应签订保密协议，规定集成单位应履行的保密义务。

第十条　涉密系统集成单位在承接系统集成过程中，需要与其他单位合作完成的，其合作单位应有《资质证书》。

第十一条　涉密系统建成后,集成单位应将涉密系统资料全部移交给涉密系统建设单位,不得私自留存或擅自处理。

第十二条　已取得《资质证书》的集成单位,名称、经营范围、企业性质、隶属关系变更的,应当依照本办法第七条、第八条的规定,重新办理审批手续。

第十三条　省、自治区、直辖市、计划单列市、副省级城市保密局对本行政区域的涉密系统集成单位实施保密监督管理。

第十四条　涉密系统集成单位违反本办法规定的,由省、自治区、直辖市、计划单列市、副省级城市保密局责令其限期改正;逾期不改或整改后仍不符合要求的,报国家保密局收回其《资质证书》。

第四章　附　　则

第十五条　《涉及国家秘密的计算机信息系统集成资质证书》、《涉及国家秘密的计算机信息系统集成资质申请表》由国家保密局统一印制。

第十六条　本办法由国家保密局负责解释。

第十七条　本办法自发布之日起施行。

4.6.4　国家密码管理局制定的规章和规范

1.《商用密码科研管理规定》

发布单位:国家密码管理局

发布文号:国家密码管理局公告第 4 号

发布日期:2005-12-11

生效日期:2006-01-01

第一条　为了加强商用密码科研管理,促进商用密码技术进步,根据《商用密码管理条例》,制定本规定。

第二条　商用密码体制、协议、算法及其技术规范的科研活动适用本规定,学术和理论研究除外。

第三条　国家密码管理局主管全国的商用密码科研管理工作。

第四条　商用密码科研由国家密码管理局指定的单位(以下称商用密码科研定点单位)承担。

第五条　国家密码管理局根据商用密码发展以及科研的需要,指定商用密码科研定点单位。

商用密码科研定点单位必须具备独立法人资格,具有从事密码科研相应的技术力量和设备,能够采用先进的编码理论和技术,编制具有较高保密强度和抗攻击能力的商用密码算法。

第六条　国家密码管理局指定商用密码科研定点单位原则上定期集中进行。

指定商用密码科研定点单位的程序如下：

（一）申请单位填写《商用密码科研定点单位申请表》，提交国家密码管理局；

（二）对申请单位提交的书面材料进行初审，提出初审意见；

（三）对通过初审的单位进行实地考察，必要时组织专家进行评估；

（四）做出指定决定并告知指定结果。

第七条　被指定为商用密码科研定点单位的，由国家密码管理局发给《商用密码科研定点单位证书》并予以公布。

《商用密码科研定点单位证书》有效期6年。

国家密码管理局对商用密码科研定点单位每年考核一次。考核不合格的，撤销其商用密码科研定点单位资质。

第八条　商用密码科研定点单位变更名称的，应当自变更之日起30日内，持变更证明文件到国家密码管理局更换《商用密码科研定点单位证书》。

商用密码科研定点单位变更住所、法定代表人的，应当自变更之日起30日内，持变更证明文件到国家密码管理局备案。

商用密码科研定点单位变更隶属关系、资本结构或者商用密码科研能力发生重大变化的，应当报告国家密码管理局。不适宜继续从事商用密码科研的，由国家密码管理局撤销其科研定点单位资质。

第九条　商用密码科研项目由国家密码管理局下达或者商用密码科研定点单位自选。

第十条　国家密码管理局采用任务书的形式下达项目。任务书应当明确项目名称、设计要求、技术指标、进度要求、成果形式等。

国家密码管理局依据任务书对项目的进展情况进行检查。

第十一条　商用密码科研定点单位研究完成下达的项目后，应当向国家密码管理局申请验收。

申请项目验收，应当提交下列材料：

（一）验收申请；

（二）研究工作总结报告；

（三）编制方案及说明；

（四）安全性分析报告。

申请验收商用密码算法项目的，还应当提交商用密码算法源程序、程序说明和算法工程实现的评估报告。

第十二条　国家密码管理局组织专家对申请验收的项目进行评审，并根据专家评审意见做出是否同意通过验收的决定。同意通过验收的，国家密码管理局发给证明文件。

第十三条　通过验收的商用密码科研项目成果，由国家密码管理局组织推广应用。

未通过国家密码管理局验收的商用密码科研项目成果不得投入应用。

第十四条　商用密码科研定点单位自选项目应当向国家密码管理局备案，并提交项目可行性研究报告。

项目完成后,应当向国家密码管理局申请成果鉴定。成果鉴定及成果的推广应用参照本规定第十一条、第十二条、第十三条办理。

第十五条 商用密码科研定点单位及其人员,应当对所接触和掌握的商用密码技术承担保密义务。

第十六条 商用密码科研定点单位应当建立健全保密规章制度,对其人员进行保密教育。

第十七条 商用密码科研活动应当在符合安全保密要求的环境中进行。

商用密码技术资料应当由专人保管,并采取相应的保密措施,防止商用密码技术的泄露。

第十八条 商用密码科研定点单位不得雇用外籍人员或者境外人员参与商用密码科研活动。

第十九条 参与商用密码科研项目评审、管理的专家和工作人员,应当对研究内容、技术方案和科研成果承担保密义务。

第二十条 违反本规定的行为,依照《商用密码管理条例》予以处罚。

第二十一条 《商用密码科研定点单位证书》由国家密码管理局印制。

第二十二条 本规定自 2006 年 1 月 1 日起施行。

2.《商用密码产品生产管理规定》

发布单位:国家密码管理局

发布文号:国家密码管理局公告第 5 号

发布日期:2005-12-11

生效日期:2006-01-01

第一条 为了加强商用密码产品生产管理,规范商用密码产品生产活动,根据《商用密码管理条例》,制定本规定。

第二条 本规定所称商用密码产品,是指采用密码技术对不涉及国家秘密内容的信息进行加密保护或者安全认证的产品。

第三条 商用密码产品生产活动适用本规定。本规定所称商用密码产品生产包括商用密码产品的研制开发。

第四条 商用密码产品由国家密码管理局指定的单位(以下称商用密码产品生产定点单位)生产。未经指定,任何单位和个人不得生产商用密码产品。

商用密码产品的品种和型号必须经国家密码管理局批准。

第五条 国家密码管理局主管全国的商用密码产品生产管理工作。

省、自治区、直辖市密码管理机构依据本规定承担有关管理工作。

第六条 国家密码管理局根据商用密码发展的需要,指定商用密码产品生产定点单位。

商用密码产品生产定点单位必须具备独立的法人资格,具有与开发、生产商用密码产品相适应的技术力量和场所,具有确保商用密码产品质量的设备、生产工艺和质量保证体系,满足法律、行政法规规定的其他条件。

第七条 国家密码管理局指定商用密码产品生产定点单位原则上定期集中进行。

指定商用密码产品生产定点单位的程序如下:

(一)申请单位填写《商用密码产品生产定点单位申请表》,提交所在地的省、自治区、直辖市密码管理机构;

(二)省、自治区、直辖市密码管理机构对申请单位提交的书面材料进行初审,提出初审意见;

(三)国家密码管理局对通过初审的单位进行实地考察;

(四)国家密码管理局做出指定决定并告知指定结果。

第八条 被指定为商用密码产品生产定点单位的,由国家密码管理局发给《商用密码产品生产定点单位证书》并予以公布。

《商用密码产品生产定点单位证书》有效期3年。

第九条 商用密码产品生产定点单位应当自取得《商用密码产品生产定点单位证书》之日起30日内,到所在地的工商行政管理部门办理许可经营项目登记手续。

第十条 国家密码管理局对商用密码产品生产定点单位进行年度考核。

商用密码产品生产定点单位应当于每年3月1日之前,填写《商用密码产品生产定点单位考核表》并交所在地的省、自治区、直辖市密码管理机构。省、自治区、直辖市密码管理机构应当于3月31日之前将考核意见报国家密码管理局。

考核结果由国家密码管理局公布。考核不合格的,撤销其商用密码产品生产定点单位资质。商用密码产品生产定点单位未在规定期限内填报考核材料的,视为考核不合格。

取得《商用密码产品生产定点单位证书》未满6个月的,不参加该年度的考核。

第十一条 商用密码产品生产定点单位变更名称的,应当自变更之日起30日内,持变更证明文件到所在地的省、自治区、直辖市密码管理机构办理《商用密码产品生产定点单位证书》更换手续。

商用密码产品生产定点单位变更住所、法定代表人的,应当自变更之日起30日内,持变更证明文件到所在地的省、自治区、直辖市密码管理机构备案。

商用密码产品生产定点单位破产、解散或者被撤销的,原持有的《商用密码产品生产定点单位证书》自行失效。

第十二条 商用密码产品生产定点单位生产商用密码产品,应当在研制出产品样品后向国家密码管理局申请产品品种和型号。

申请产品品种和型号应当向所在地的省、自治区、直辖市密码管理机构提交下列材料:

(一)商用密码产品品种和型号申请书;

(二)技术工作总结报告;

(三)安全性设计报告;

（四）用户手册；

（五）测试说明。

商用密码产品所采用的密码算法应当是国家密码管理局认可的算法。

第十三条　商用密码产品生产定点单位提交的申请材料齐备并且符合规定形式的,省、自治区、直辖市密码管理机构应当受理并发给《受理通知书》；申请材料不齐备或者不符合规定形式的,省、自治区、直辖市密码管理机构应当当场或者在 5 个工作日内一次告知需要补正的全部内容。不予受理的,应当书面通知并说明理由。

省、自治区、直辖市密码管理机构应当自受理申请之日起 5 个工作日内完成初审,并将初审意见和全部申请材料报送国家密码管理局。

国家密码管理局收到省、自治区、直辖市密码管理机构报送的材料后应当组织安全性审查(含产品样品测试,下同),并自省、自治区、直辖市密码管理机构受理申请之日起 20 个工作日内,将安全性审查所需时间书面告知申请人。

通过安全性审查的,在 5 个工作日内批给产品品种和型号,发给产品品种和型号证书,并予以公布。未通过安全性审查的,不予批准并说明理由。

安全性审查所需时间不计算在本规定所设定的期限内。

第十四条　商用密码产品生产定点单位应当按照批准的品种和型号生产产品,并在产品上标明产品型号。

第十五条　商用密码产品必须经国家指定的机构检测、认证合格,并加施强制性认证标志后方可出厂。

暂未列入强制性认证目录的商用密码产品,必须经国家密码管理局指定的产品质量检测机构检测合格。

第十六条　商用密码产品生产定点单位及其人员,应当对所接触和掌握的商用密码技术承担保密义务。

第十七条　商用密码产品生产定点单位应当建立健全保密规章制度,对其人员进行保密教育。

第十八条　生产商用密码产品应当在符合安全保密要求的环境中进行。

保管商用密码产品应当采取相应的安全措施。

第十九条　商用密码技术资料、关键部件应当由专人保管,并采取相应的保密措施,防止商用密码技术的泄露。生产过程中产生的废弃品应当妥善销毁。

第二十条　参与商用密码产品安全性审查的专家和工作人员,应当对商用密码产品的技术方案和安全设计方案承担保密义务。

第二十一条　违反本规定的行为,依照《商用密码管理条例》予以处罚。

第二十二条　《商用密码产品生产定点单位证书》由国家密码管理局印制。

第二十三条　本规定自 2006 年 1 月 1 日起施行。

3.《商用密码产品销售管理规定》

发布单位：国家密码管理局
发布文号：国家密码管理局公告第 6 号
发布日期：2005-12-11
生效日期：2006-01-01

第一条　为了加强商用密码产品销售管理，规范商用密码产品销售行为，根据《商用密码管理条例》，制定本规定。

第二条　商用密码产品销售活动适用本规定。

第三条　本规定所称商用密码产品，是指采用密码技术对不涉及国家秘密内容的信息进行加密保护或者安全认证的产品。

第四条　国家对商用密码产品销售实行许可制度。销售商用密码产品应当取得《商用密码产品销售许可证》。

未经许可，任何单位和个人不得销售商用密码产品。

第五条　国家密码管理局主管全国的商用密码产品销售管理工作。

省、自治区、直辖市密码管理机构依据本规定承担有关管理工作。

第六条　申请《商用密码产品销售许可证》的单位应当具备下列条件：

（一）有独立的法人资格；

（二）有熟悉商用密码产品知识和承担售后服务的人员以及相应的资金保障；

（三）有完善的销售服务和安全保密管理制度；

（四）法律、行政法规规定的其他条件。

第七条　申请《商用密码产品销售许可证》应当向所在地的省、自治区、直辖市密码管理机构提交下列材料：

（一）《商用密码产品销售许可证申请表》；

（二）企业法人营业执照、税务登记证件复印件；

（三）证明其符合本规定第六条第（二）项、第（三）项、第（四）项所列条件的材料。

第八条　申请单位提交的材料齐备并且符合规定形式的，省、自治区、直辖市密码管理机构应当受理并发给《受理通知书》；申请材料不齐备或者不符合规定形式的，省、自治区、直辖市密码管理机构应当当场或者在 5 个工作日内一次告知需要补正的全部内容。不予受理的，应当书面通知并说明理由。

省、自治区、直辖市密码管理机构应当自受理申请之日起 5 个工作日内完成初审，并将初审意见和全部申请材料报送国家密码管理局。

国家密码管理局应当自受理申请之日起 20 个工作日内做出是否批准的决定。

国家密码管理局认为必要时，可以对申请单位进行现场考察。考察所需时间不计算在本规定所设定的期限内。

第九条　国家密码管理局批准申请单位从事商用密码产品销售活动的，应当自做出批准决定之日起 10 个工作日内发给《商用密码产品销售许可证》,并向社会公布。

《商用密码产品销售许可证》有效期 3 年。

第十条 取得《商用密码产品销售许可证》的单位(以下称商用密码产品销售许可单位),应当自取得《商用密码产品销售许可证》之日起 30 日内,到所在地的工商行政管理部门办理许可经营项目登记手续。

第十一条 商用密码产品销售许可单位设立分支机构销售商用密码产品的,应当自设立之日起 30 日内,持分支机构营业执照到分支机构所在地的省、自治区、直辖市密码管理机构备案。

第十二条 商用密码产品销售许可单位变更名称的,应当自变更之日起 30 日内,持变更证明文件到所在地的省、自治区、直辖市密码管理机构办理《商用密码产品销售许可证》更换手续。

商用密码产品销售许可单位变更住所、法定代表人的,应当自变更之日起 30 日内,持变更证明文件到所在地的省、自治区、直辖市密码管理机构备案。

商用密码产品销售许可单位破产、解散或者被撤销的,原持有的《商用密码产品销售许可证》自行失效。

第十三条 商用密码产品销售许可单位销售的商用密码产品,应当是经国家指定的机构检测、认证合格并加施强制性认证标志的产品。

商用密码产品销售许可单位销售的暂未列入强制性认证目录的商用密码产品,应当是经国家密码管理局指定的产品质量检测机构检测合格的产品。

商用密码产品销售许可单位不得销售境外研制生产的密码产品。

第十四条 商用密码产品销售许可单位,应当详细登记直接使用商用密码产品的用户的名称(姓名)、住所、组织机构代码(居民身份证号码)以及产品的名称、型号、用途、数量。

商用密码产品销售许可单位应当每季度将销售登记情况如实报所在地的省、自治区、直辖市密码管理机构备案。

省、自治区、直辖市密码管理机构应当及时将商用密码产品销售汇总情况报国家密码管理局备案。

第十五条 商用密码产品销售许可单位将商用密码产品销售给在华的境外组织或者个人的,应当核验其持有的密码产品准用证。

第十六条 商用密码产品销往境外的,按照密码产品出口管理规定办理。

第十七条 宣传、公开展览商用密码产品,应当事先报所在地的省、自治区、直辖市密码管理机构批准。

第十八条 商用密码产品销售许可单位及其人员,应当对所接触和掌握的商用密码技术承担保密义务。

第十九条 销售、运输、保管商用密码产品应当采取相应的安全措施。

第二十条 商用密码产品销售许可单位应当严格执行安全保密管理制度,对其人员进行保密教育。

第二十一条　违反本规定的行为，依照《商用密码管理条例》予以处罚。

第二十二条　《商用密码产品销售许可证》由国家密码管理局印制。

第二十三条　本规定自 2006 年 1 月 1 日起施行。

4.《商用密码产品使用管理规定》

发布单位：国家密码管理局

发布文号：国家密码管理局公告第 8 号

发布日期：2007-03-24

生效日期：2007-05-01

第一条　为了规范商用密码产品使用行为，根据《商用密码管理条例》，制定本规定。

第二条　中国公民、法人和其他组织使用商用密码产品的行为适用本规定。

第三条　本规定所称商用密码产品，是指采用密码技术对不涉及国家秘密内容的信息进行加密保护或安全认证的产品。

第四条　国家密码管理局主管全国的商用密码产品使用管理工作。

省、自治区、直辖市密码管理机构依据本规定承担有关管理工作。

第五条　中国公民、法人和其他组织需要对不涉及国家秘密内容的信息进行加密保护或安全认证的，均可以使用商用密码产品。

使用商用密码产品，应当遵守国家法律，不得损害国家利益、社会公共利益和其他公民的合法权益，不得利用商用密码产品进行违法犯罪活动。

第六条　中国公民、法人和其他组织都应当使用国家密码管理局准予销售的商用密码产品，不得使用自行研制的或境外生产的密码产品。

国家密码管理局定期公布准予销售的商用密码产品目录。

第七条　需要使用商用密码产品的，应当到商用密码产品销售许可单位购买。

购买商用密码产品应当向商用密码产品销售许可单位出示本人身份证，说明直接使用商用密码产品的用户名称（姓名）、地址（住址）以及产品用途，提供用户组织机构代码证（居民身份证）复印件。

第八条　需要维修商用密码产品的，应当交该产品的生产单位或销售单位维修。

第九条　外商投资企业（包括中外合资经营企业、中外合作经营企业、外资企业、外商投资股份有限公司等）因业务需要，必须使用境外生产的密码产品与境外进行互联互通的，经国家密码管理局批准，可以使用境外生产的密码产品。

外商投资企业申请使用境外生产的密码产品，应当事先填写《使用境外生产的密码产品登记表》，交所在地的省、自治区、直辖市密码管理机构。

省、自治区、直辖市密码管理机构自受理申请之日起 5 个工作日内，对《使用境外生产的密码产品登记表》进行审查并报国家密码管理局。

国家密码管理局应当自省、自治区、直辖市密码管理机构受理申请之日起 20 个工作日内,对《使用境外生产的密码产品登记表》进行审核。准予使用的,发给《使用境外生产的密码产品准用证》。

《使用境外生产的密码产品准用证》有效期3年。

第十条　使用境外生产的密码产品的外商投资企业的名称、地址、密码产品用途发生变更的,应当自变更之日起10日内,到所在地的省、自治区、直辖市密码管理机构办理《使用境外生产的密码产品准用证》更换手续。

第十一条　外商投资企业终止使用境外生产的密码产品的,应当自终止使用之日起30日内,书面告知所在地的省、自治区、直辖市密码管理机构,并交回《使用境外生产的密码产品准用证》。

第十二条　外商投资企业申请使用的密码产品需要从境外进口的,应当申请办理《密码产品进口许可证》。

密码产品入境时,外商投资企业应当向海关如实申报并提交《密码产品进口许可证》,海关凭此办理验放手续。

第十三条　用户不得转让其使用的密码产品。

第十四条　违反本规定的行为,依照《商用密码管理条例》予以处罚。

第十五条　《使用境外生产的密码产品登记表》、《使用境外生产的密码产品准用证》、《密码产品进口许可证》由国家密码管理局统一印制。

第十六条　本规定自2007年5月1日起施行。

5.《境外组织和个人在华使用密码产品管理办法》

发布单位:国家密码管理局

发布文号:国家密码管理局公告第9号

发布日期:2007-03-24

生效日期:2007-05-01

第一条　为了规范境外组织和个人在中国境内使用密码产品以及含有密码技术的设备(以下统称密码产品)的行为,根据《商用密码管理条例》,制定本办法。

第二条　境外组织和个人在中国境内使用密码产品的行为适用本办法。外国驻华使馆、领事机构,国际组织驻华代表机构等享有相应特权和豁免权的机构除外。

第三条　本办法所称境外组织,是指依照外国法律在中国境外成立的组织,包括这些组织在中国境内设立的分支机构、办事机构、代表机构等。

本办法所称境外个人,是指依照《中华人民共和国国籍法》不具有中国国籍的人。

本办法所称密码产品,是指采用密码技术对信息进行加密保护或安全认证的产品,包括境外生产的密码产品和中国生产的密码产品。

第四条　国家密码管理局主管境外组织和个人在中国境内使用密码产品的管理工作。

省、自治区、直辖市密码管理机构依据本办法承担有关管理工作。

第五条　境外组织或个人在中国境内使用密码产品,应当事先填写《境外组织或个人使用密码产品申报登记表》,交所在地的省、自治区、直辖市密码管理机构。

省、自治区、直辖市密码管理机构应当自受理申请之日起 5 个工作日内,对《境外组织或个人使用密码产品申报登记表》进行审查并报国家密码管理局。

国家密码管理局应当自省、自治区、直辖市密码管理机构受理申请之日起 20 个工作日内,对《境外组织或个人使用密码产品申报登记表》进行审核。准予使用的,发给《境外组织或个人使用密码产品准用证》。

《境外组织或个人使用密码产品准用证》有效期 3 年。

第六条 境外组织或个人使用的密码产品需要从境外进口的,应当申请办理《密码产品进口许可证》。

密码产品入境时,境外组织或个人应当向海关如实申报并提交《密码产品进口许可证》,海关凭此办理验放手续。

第七条 境外组织或个人使用中国生产的密码产品,应当到中国商用密码产品销售许可单位购买,并出示《境外组织或个人使用密码产品准用证》。

第八条 使用密码产品的境外组织或个人的名称(姓名)、地址(住址)、密码产品用途发生变更的,应当自变更之日起 10 日内,到所在地的省、自治区、直辖市密码管理机构办理《境外组织或个人使用密码产品准用证》更换手续。

第九条 境外组织或个人终止使用密码产品的,应当自终止使用之日起 30 日内,书面告知所在地的省、自治区、直辖市密码管理机构,并交回《境外组织或个人使用密码产品准用证》。

第十条 境外组织和个人不得转让其使用的密码产品。

第十一条 境外组织和个人在中国境内使用密码产品,应当遵守中国法律,不得危害中国国家安全、损害社会公共利益、破坏社会公共秩序。

第十二条 违反本办法的行为,依照《商用密码管理条例》予以处罚。

第十三条 《境外组织或个人使用密码产品申报登记表》、《境外组织或个人使用密码产品准用证》、《密码产品进口许可证》由国家密码管理局统一印制。

第十四条 香港特别行政区、澳门特别行政区、台湾地区的组织和个人在内地使用密码产品的行为,参照本办法进行管理。

第十五条 本办法自 2007 年 5 月 1 日起施行。

6.《电子认证服务密码管理办法》

发布单位:国家密码管理局

发布文号:国家密码管理局公告第 17 号

发布日期:2009-10-28

生效日期:2009-12-01

第一条 为了规范电子认证服务提供者使用密码的行为,根据《中华人民共和国电子签名法》、《商用密码管理条例》和相关法律、行政法规的规定,制定本办法。

第二条　国家密码管理局对电子认证服务提供者使用密码的行为实施监督管理。省、自治区、直辖市密码管理机构依据本办法承担有关监督管理工作。

第三条　提供电子认证服务，应当依据本办法申请《电子认证服务使用密码许可证》。

第四条　采用密码技术为社会公众提供第三方电子认证服务的系统（以下称电子认证服务系统）使用商用密码。电子认证服务系统应当由具有商用密码产品生产资质的单位承建。

第五条　电子认证服务系统的建设和运行应当符合《证书认证系统密码及其相关安全技术规范》。

第六条　电子认证服务系统所需密钥服务由国家密码管理局和省、自治区、直辖市密码管理机构规划的密钥管理系统提供。

第七条　申请《电子认证服务使用密码许可证》应当在电子认证服务系统建设完成后，向所在地的省、自治区、直辖市密码管理机构提交下列材料：

（一）《电子认证服务使用密码许可证申请表》；

（二）企业法人营业执照或者企业名称预先核准通知书的复印件；

（三）电子认证服务系统安全性审查相关技术材料，包括建设工作总结报告、技术工作总结报告、安全性设计报告、安全管理策略和规范报告、用户手册和测试说明；

（四）电子认证服务系统互联互通测试相关技术材料；

（五）电子认证服务系统物理环境符合电磁屏蔽、消防安全有关要求的证明文件；

（六）电子认证服务系统使用的信息安全产品符合有关法律规定的证明文件。

第八条　申请人提交的申请材料齐全并且符合规定形式的，省、自治区、直辖市密码管理机构应当受理并发给《受理通知书》；申请材料不齐全或者不符合规定形式的，省、自治区、直辖市密码管理机构应当当场或者在5个工作日内一次告知需要补正的全部内容。不予受理的，应当书面通知并说明理由。省、自治区、直辖市密码管理机构应当自受理申请之日起5个工作日内将全部申请材料报送国家密码管理局。

第九条　国家密码管理局对省、自治区、直辖市密码管理机构报送的材料进行核查，组织对电子认证服务系统进行安全性审查和互联互通测试，并自省、自治区、直辖市密码管理机构受理申请之日起15个工作日内，将安全性审查和互联互通测试所需时间书面通知申请人。电子认证服务系统通过安全性审查和互联互通测试的，由国家密码管理局发给《电子认证服务使用密码许可证》并予以公布；未通过安全性审查或者互联互通测试的，不予许可，书面通知申请人并说明理由。

第十条　《电子认证服务使用密码许可证》载明下列内容：

（一）许可证编号；

（二）电子认证服务提供者名称；

（三）许可证有效期限；

（四）发证机关和发证日期。

《电子认证服务使用密码许可证》有效期为5年。

第十一条　电子认证服务提供者变更名称的,应当自变更之日起 30 日内,持变更证明文件到所在地的省、自治区、直辖市密码管理机构办理《电子认证服务使用密码许可证》更换手续。电子认证服务提供者变更住所、法定代表人的,应当自变更之日起 30 日内,持变更证明文件到所在地的省、自治区、直辖市密码管理机构备案。

第十二条　《电子认证服务使用密码许可证》有效期满需要延续的,应当在许可证有效期届满 30 日前向国家密码管理局提出申请。国家密码管理局根据申请,在许可证有效期满前做出是否准予延续的决定。

第十三条　电子认证服务提供者取得《电子认证服务使用密码许可证》后 6 个月内,未取得国务院信息产业主管部门颁发的《电子认证服务许可证》的,《电子认证服务使用密码许可证》自行失效。

第十四条　电子认证服务提供者终止电子认证服务或者《电子认证服务许可证》被吊销的,原持有的《电子认证服务使用密码许可证》自行失效。

第十五条　电子认证服务提供者对其电子认证服务系统进行技术改造或者进行系统搬迁的,应当将有关情况书面报国家密码管理局,经国家密码管理局同意后方可继续运行。必要时,国家密码管理局可以组织对电子认证服务系统进行安全性审查和互联互通测试。

第十六条　国家密码管理局和省、自治区、直辖市密码管理机构对电子认证服务提供者使用密码的情况进行监督检查。监督检查采取书面审查和现场核查相结合的方式。监督检查发现存在不符合许可条件的情形,限期整改;限期整改后仍不符合许可条件的,由国家密码管理局撤销其《电子认证服务使用密码许可证》,通报国务院信息产业主管部门并予以公布。

第十七条　有下列情形之一的,由国家密码管理局责令改正;情节严重的,吊销《电子认证服务使用密码许可证》,通报国务院信息产业主管部门并予以公布:

(一)电子认证服务系统的运行不符合《证书认证系统密码及其相关安全技术规范》的;

(二)电子认证服务系统使用本办法第六条规定以外的密钥管理系统提供的密钥开展业务的;

(三)对电子认证服务系统进行技术改造或者进行系统搬迁,未按照本办法第十五条规定办理的。

第十八条　国家密码管理局和省、自治区、直辖市密码管理机构的工作人员在电子认证服务密码管理工作中滥用职权、玩忽职守、徇私舞弊的,依法给予行政处分;构成犯罪的,依法追究刑事责任。

第十九条　《电子认证服务使用密码许可证申请表》由国家密码管理局统一印制。

第二十条　本办法施行前已经取得《电子认证服务使用密码许可证》的电子认证服务提供者,应当自本办法施行之日起 3 个月内到所在地的省、自治区、直辖市密码管理机构办理《电子认证服务使用密码许可证》的换证手续。

第二十一条　本办法自 2009 年 12 月 1 日起施行。2005 年 3 月 31 日国家密码管理局发布的《电子认证服务密码管理办法》同时废止。

第 5 章

最高人民法院、最高人民检察院关于相关法律问题的司法解释

5.1 《最高人民法院关于审理扰乱电信市场管理秩序案件具体应用法律若干问题的解释》

中华人民共和国最高人民法院公告

《最高人民法院关于审理扰乱电信市场管理秩序案件具体应用法律若干问题的解释》已于 2000 年 4 月 28 日由最高人民法院审判委员会第 1113 次会议通过。现予公布,自 2000 年 5 月 24 日起施行。

二○○○年五月十二日

最高人民法院关于审理扰乱电信市场管理秩序案件具体应用法律若干问题的解释

(2000 年 4 月 28 日最高人民法院审判委员会第 1113 次会议通过)

法释[2000]12 号

为依法惩处扰乱电信市场管理秩序的犯罪活动,根据刑法的有关规定,现就审理这类案件具体应用法律的若干问题解释如下:

第一条 违反国家规定,采取租用国际专线、私设转接设备或者其他方法,擅自经营国际电信业务或者涉港、澳、台电信业务进行营利活动,扰乱电信市场管理秩序,情节严重的,依照刑法第二百二十五条第(四)项的规定,以非法经营罪定罪处罚。

第二条 实施本解释第一条规定的行为,具有下列情形之一的,属于非法经营行为"情节严重":

(一)经营去话业务数额在 100 万元以上的;

(二)经营来话业务造成电信资费损失数额在 100 万元以上的。

具有下列情形之一的,属于非法经营行为"情节特别严重":

(一)经营去话业务数额在 500 万元以上的;

(二)经营来话业务造成电信资费损失数额在 500 万元以上的。

第三条 实施本解释第一条规定的行为,经营数额或者造成电信资费损失数额接近非法经营行为"情节严重"、"情节特别严重"的数额起点标准,并具有下列情形之一的,可以分别认定为非法经营行为"情节严重"、"情节特别严重":

（一）两年内因非法经营国际电信业务或者涉港、澳、台电信业务行为受过行政处罚两次以上的；

（二）因非法经营国际电信业务或者涉港、澳、台电信业务行为造成其他严重后果的。

第四条　单位实施本解释第一条规定的行为构成犯罪的，对单位判处罚金，并对其直接负责的主管人员和其他直接责任人员，依照本解释第二条、第三条的规定处罚。

第五条　违反国家规定，擅自设置、使用无线电台（站），或者擅自占用频率，非法经营国际电信业务或者涉港、澳、台电信业务进行营利活动，同时构成非法经营罪和刑法第二百八十八条规定的扰乱无线电通讯管理秩序罪的，依照处罚较重的规定定罪处罚。

第六条　国有电信企业的工作人员，由于严重不负责任或者滥用职权，造成国有电信企业破产或者严重损失，致使国家利益遭受重大损失的，依照刑法第一百六十八条的规定定罪处罚。

第七条　将电信卡非法充值后使用，造成电信资费损失数额较大的，依照刑法第二百六十四条的规定，以盗窃罪定罪处罚。

第八条　盗用他人公共信息网络上网账号、密码上网，造成他人电信资费损失数额较大的，依照刑法第二百六十四条的规定，以盗窃罪定罪处罚。

第九条　以虚假、冒用的身份证件办理入网手续并使用移动电话，造成电信资费损失数额较大的，依照刑法第二百六十六条的规定，以诈骗罪定罪处罚。

第十条　本解释所称"经营去话业务数额"，是指以行为人非法经营国际电信业务或者涉港、澳、台电信业务的总时长（分钟数）乘以行为人每分钟收取的用户使用费所得的数额。

本解释所称"电信资费损失数额"，是指以行为人非法经营国际电信业务或者涉港、澳、台电信业务的总时长（分钟数）乘以在合法电信业务中我国应当得到的每分钟国际结算价格所得的数额。

5.2 《最高人民法院关于审理涉及计算机网络著作权纠纷案件适用法律若干问题的解释》

中华人民共和国最高人民法院公告

《最高人民法院关于审理涉及计算机网络著作权纠纷案件适用法律若干问题的解释》已于2000年11月22日由最高人民法院审判委员会第1144次会议通过，现予公布，自2000年12月21日起施行。

二〇〇〇年十二月十九日

最高人民法院关于审理涉及计算机网络著作权纠纷案件适用法律若干问题的解释

（2000年11月22日最高人民法院审判委员会第1144次会议通过）

法释[2000]48号

为了正确审理涉及计算机网络的著作权纠纷案件，根据民法通则、著作权法和民事诉讼法等法律的规定，对这类案件适用法律的若干问题解释如下：

第一条　网络著作权侵权纠纷案件由侵权行为地或者被告住所地人民法院管辖。侵权行为地包括实施被诉侵权行为的网络服务器、计算机终端等设备所在地。对难以确定侵权行为地和被告住所地的,原告发现侵权内容的计算机终端等设备所在地可以视为侵权行为地。

第二条　受著作权法保护的作品,包括著作权法第三条规定的各类作品的数字化形式。在网络环境下无法归于著作权法第三条列举的作品范围,但在文学、艺术和科学领域内具有独创性并能以某种有形形式复制的其他智力创作成果,人民法院应当予以保护。

著作权法第十条对著作权各项权利的规定均适用于数字化作品的著作权。将作品通过网络向公众传播,属于著作权法规定的使用作品的方式,著作权人享有以该种方式使用或者许可他人使用作品,并由此获得报酬的权利。

第三条　已在报刊上刊登或者网络上传播的作品,除著作权人声明或者上载该作品的网络服务提供者受著作权人的委托声明不得转载、摘编的以外,网站予以转载、摘编并按有关规定支付报酬、注明出处的,不构成侵权。但网站转载、摘编作品超过有关报刊转载作品范围的,应当认定为侵权。

第四条　网络服务提供者通过网络参与他人侵犯著作权行为,或者通过网络教唆、帮助他人实施侵犯著作权行为的,人民法院应当根据民法通则第一百三十条的规定,追究其与其他行为人或者直接实施侵权行为人的共同侵权责任。

第五条　提供内容服务的网络服务提供者,明知网络用户通过网络实施侵犯他人著作权的行为,或者经著作权人提出确有证据的警告,但仍不采取移除侵权内容等措施以消除侵权后果的,人民法院应当根据民法通则第一百三十条的规定,追究其与该网络用户的共同侵权责任。

第六条　提供内容服务的网络服务提供者,对著作权人要求其提供侵权行为人在其网络的注册资料以追究行为人的侵权责任,无正当理由拒绝提供的,人民法院应当根据民法通则第一百零六条的规定,追究其相应的侵权责任。

第七条　著作权人发现侵权信息向网络服务提供者提出警告或者索要侵权行为人网络注册资料时,不能出示身份证明、著作权权属证明及侵权情况证明的,视为未提出警告或者未提出索要请求。

著作权人出示上述证明后网络服务提供者仍不采取措施的,可以在提起诉讼时申请人民法院先行裁定停止侵害、排除妨碍、消除影响,人民法院应予准许。

第八条　网络服务提供者经著作权人提出确有证据的警告而采取移除被控侵权内容等措施,被控侵权人要求网络服务提供者承担违约责任的,人民法院不予支持。

著作权人指控侵权不实,被控侵权人因网络服务提供者采取措施遭受损失而请求赔偿的,人民法院应当判令由提出警告的人承担赔偿责任。

第九条　人民法院审理网络著作权侵权纠纷案件,应当根据案件不同情况,分别适用下列法律:

(一) 认定侵害发表权等著作人身权的,适用著作权法第四十五条第(一)、(二)、(三)、(四)项的规定;

(二) 认定向公众传播作品侵害使用权的,适用著作权法第四十五条第(五)项的规定;

(三) 认定侵害获得报酬权的,适用著作权法第四十五条第(六)项的规定;

(四) 认定侵害录音录像制作者、表演者、广播电视组织等邻接权,或者认定故意去除或者改变著作权管理信息而导致侵权后果的行为构成侵权的,适用著作权法第四十五条第(八)项的规定;

(五) 认定剽窃、抄袭他人作品的,适用著作权法第四十六条第(一)项的规定。

第十条　人民法院在确定侵权赔偿数额时,可以根据被侵权人的请求,按照其因侵权行为所受直接经济损失和所失预期应得利益计算赔偿数额;也可以按照侵权人因侵权行为所得利益计算赔偿数额。侵权人不能证明其成本或者必要费用的,其因侵权行为所得收入,即为所得利益。

被侵权人损失额不能确定的,人民法院依被侵权人的请求,可以根据侵害情节在人民币500元以上30万元以下确定赔偿数额,最多不得超过人民币50万元。

5.3 《最高人民法院关于审理为境外窃取、刺探、收买、非法提供国家秘密或情报案件具体应用法律若干问题的解释》

中华人民共和国最高人民法院公告

《最高人民法院关于审理为境外窃取、刺探、收买、非法提供国家秘密或情报案件具体应用法律若干问题的解释》已于2000年11月20日由最高人民法院审判委员会第1142次会议通过,现予公布,自2001年1月22日起施行。

二〇〇一年一月十七日

关于审理为境外窃取、刺探、收买、非法提供国家秘密或情报案件具体应用法律若干问题的解释

(2000年11月20日最高人民法院审判委员会1142次会议通过)

法释[2001]4号

为依法惩治为境外的机构、组织、人员,窃取、刺探、收买、非法提供国家秘密、情报犯罪活动,维护国家安全和利益,根据刑法有关规定,现就审理这类案件具体应用法律的若干问题解释如下:

第一条　刑法第一百一十一条规定的"国家秘密",是指《中华人民共和国保守国家秘密法》第二条、第八条以及《中华人民共和国保守国家秘密法实施办法》第四条确定的事项。

刑法第一百一十一条规定的"情报",是指关系国家安全和利益、尚未公开或者依照有关规定不应公开的事项。

对为境外机构、组织、人员,窃取、刺探、收买、非法提供国家秘密之外的情报的行为,以

为境外窃取、刺探、收买、非法提供情报罪定罪处罚。

第二条　为境外窃取、刺探、收买、非法提供国家秘密或者情报,具有下列情形之一的,属于"情节特别严重",处10年以上有期徒刑、无期徒刑,可以并处没收财产:

(一) 为境外窃取、刺探、收买、非法提供绝密级国家秘密的;

(二) 为境外窃取、刺探、收买、非法提供3项以上机密级国家秘密的;

(三) 为境外窃取、刺探、收买、非法提供国家秘密或者情报,对国家安全和利益造成其他特别严重损害的。

实施前款行为,对国家和人民危害特别严重、情节特别恶劣的,可以判处死刑,并处没收财产。

第三条　为境外窃取、刺探、收买、非法提供国家秘密或者情报,具有下列情形之一的,处5年以上10年以下有期徒刑,可以并处没收财产:

(一) 为境外窃取、刺探、收买、非法提供机密级国家秘密的;

(二) 为境外窃取、刺探、收买、非法提供3项以上秘密级国家秘密的;

(三) 为境外窃取、刺探、收买、非法提供国家秘密或者情报,对国家安全和利益造成其他严重损害的。

第四条　为境外窃取、刺探、收买、非法提供秘密级国家秘密或者情报,属于"情节较轻",处5年以下有期徒刑、拘役、管制或者剥夺政治权利,可以并处没收财产。

第五条　行为人知道或者应当知道没有标明密级的事项关系国家安全和利益,而为境外窃取、刺探、收买、非法提供的,依照刑法第一百一十一条的规定以为境外窃取、刺探、收买、非法提供国家秘密罪定罪处罚。

第六条　通过互联网将国家秘密或者情报非法发送给境外的机构、组织、个人的,依照刑法第一百一十一条的规定定罪处罚;将国家秘密通过互联网予以发布,情节严重的,依照刑法第三百九十八条的规定定罪处罚。

第七条　审理为境外窃取、刺探、收买、非法提供国家秘密案件,需要对有关事项是否属于国家秘密以及属于何种密级进行鉴定的,由国家保密工作部门或者省、自治区、直辖市保密工作部门鉴定。

5.4 《最高人民法院关于审理涉及计算机网络域名民事纠纷案件适用法律若干问题的解释》

中华人民共和国最高人民法院公告

《最高人民法院关于审理涉及计算机网络域名民事纠纷案件适用法律若干问题的解释》已于2001年6月26日由最高人民法院审判委员会第1182次会议通过。现予公布,自2001年7月24日起施行。

二〇〇一年七月十七日

最高人民法院关于审理涉及计算机网络域名民事纠纷案件适用法律若干问题的解释

(2001年6月26日最高人民法院审判委员会第1182次会议通过)

法释[2001]24号

为了正确审理涉及计算机网络域名注册、使用等行为的民事纠纷案件(以下简称域名纠纷案件),根据《中华人民共和国民法通则》(以下简称民法通则)、《中华人民共和国反不正当竞争法》(以下简称反不正当竞争法)和《中华人民共和国民事诉讼法》(以下简称民事诉讼法)等法律的规定,做如下解释:

第一条 对于涉及计算机网络域名注册、使用等行为的民事纠纷,当事人向人民法院提起诉讼,经审查符合民事诉讼法第一百零八条规定的,人民法院应当受理。

第二条 涉及域名的侵权纠纷案件,由侵权行为地或者被告住所地的中级人民法院管辖。对难以确定侵权行为地和被告住所地的,原告发现该域名的计算机终端等设备所在地可以视为侵权行为地。

涉外域名纠纷案件包括当事人一方或者双方是外国人、无国籍人、外国企业或组织、国际组织,或者域名注册地在外国的域名纠纷案件。在中华人民共和国领域内发生的涉外域名纠纷案件,依照民事诉讼法第四编的规定确定管辖。

第三条 域名纠纷案件的案由,根据双方当事人争议的法律关系的性质确定,并在其前冠以计算机网络域名;争议的法律关系的性质难以确定的,可以通称为计算机网络域名纠纷案件。

第四条 人民法院审理域名纠纷案件,对符合以下各项条件的,应当认定被告注册、使用域名等行为构成侵权或者不正当竞争:

(一)原告请求保护的民事权益合法有效;

(二)被告域名或其主要部分构成对原告驰名商标的复制、模仿、翻译或音译;或者与原告的注册商标、域名等相同或近似,足以造成相关公众的误认;

(三)被告对该域名或其主要部分不享有权益,也无注册、使用该域名的正当理由;

(四)被告对该域名的注册、使用具有恶意。

第五条 被告的行为被证明具有下列情形之一的,人民法院应当认定其具有恶意:

(一)为商业目的将他人驰名商标注册为域名的;

(二)为商业目的注册、使用与原告的注册商标、域名等相同或近似的域名,故意造成与原告提供的产品、服务或者原告网站的混淆,误导网络用户访问其网站或其他在线站点的;

(三)曾要约高价出售、出租或者以其他方式转让该域名获取不正当利益的;

(四)注册域名后自己并不使用也未准备使用,而有意阻止权利人注册该域名的;

(五)具有其他恶意情形的。

被告举证证明在纠纷发生前其所持有的域名已经获得一定的知名度,且能与原告的注册商标、域名等相区别,或者具有其他情形足以证明其不具有恶意的,人民法院可以不认定被告具有恶意。

第六条　人民法院审理域名纠纷案件,根据当事人的请求以及案件的具体情况,可以对涉及的注册商标是否驰名依法做出认定。

第七条　人民法院在审理域名纠纷案件中,对符合本解释第四条规定的情形,依照有关法律规定构成侵权的,应当适用相应的法律规定;构成不正当竞争的,可以适用民法通则第四条、反不正当竞争法第二条第一款的规定。

涉外域名纠纷案件,依照民法通则第八章的有关规定处理。

第八条　人民法院认定域名注册、使用等行为构成侵权或者不正当竞争的,可以判令被告停止侵权、注销域名,或者依原告的请求判令由原告注册使用该域名;给权利人造成实际损害的,可以判令被告赔偿损失。

5.5 《最高人民法院关于审理涉及计算机网络著作权纠纷案件适用法律若干问题的解释》

中华人民共和国最高人民法院公告

《最高人民法院关于修改〈审理涉及计算机网络著作权纠纷案件适用法律若干问题的解释〉的决定》已于 2003 年 12 月 23 日由最高人民法院审判委员会第 1302 次会议通过。现予公布,自 2004 年 1 月 7 日起施行。

二〇〇四年一月二日

最高人民法院关于审理涉及计算机网络著作权纠纷案件适用法律若干问题的解释

(2000 年 11 月 22 日最高人民法院审判委员会第 1144 次会议通过;根据 2003 年 12 月 23 日最高人民法院审判委员会第 1302 次会议《关于修改〈最高人民法院关于审理涉及计算机网络著作权纠纷案件适用法律若干问题的解释〉的决定》修正)

法释[2004]1 号

为了正确审理涉及计算机网络著作权纠纷案件,根据民法通则、著作权法和民事诉讼法等法律的规定,对这类案件适用法律的若干问题解释如下:

第一条　网络著作权侵权纠纷案件由侵权行为地或者被告住所地人民法院管辖。侵权行为地包括实施被诉侵权行为的网络服务器、计算机终端等设备所在地。对难以确定侵权行为地和被告住所地的,原告发现侵权内容的计算机终端等设备所在地可以视为侵权行为地。

第二条　受著作权法保护的作品,包括著作权法第三条规定的各类作品的数字化形式。在网络环境下无法归于著作权法第三条列举的作品范围,但在文学、艺术和科学领域内具有独创性并能以某种有形形式复制的其他智力创作成果,人民法院应当予以保护。

第三条　已在报刊上刊登或者网络上传播的作品,除著作权人声明或者报刊、期刊社、网络服务提供者受著作权人委托声明不得转载、摘编的以外,在网络进行转载、摘编并按有关规定支付报酬、注明出处的,不构成侵权。但转载、摘编作品超过有关报刊转载作品范围的,应当认定为侵权。

第四条　网络服务提供者通过网络参与他人侵犯著作权行为,或者通过网络教唆、帮助他人实施侵犯著作权行为的,人民法院应当根据民法通则第一百三十条的规定,追究其与其他行为人或者直接实施侵权行为人的共同侵权责任。

第五条　提供内容服务的网络服务提供者,明知网络用户通过网络实施侵犯他人著作权的行为,或者经著作权人提出确有证据的警告,但仍不采取移除侵权内容等措施以消除侵权后果的,人民法院应当根据民法通则第一百三十条的规定,追究其与该网络用户的共同侵权责任。

第六条　提供内容服务的网络服务提供者,对著作权人要求其提供侵权行为人在其网络的注册资料以追究行为人的侵权责任,无正当理由拒绝提供的,人民法院应当根据民法通则第一百零六条的规定,追究其相应的侵权责任。

第七条　网络服务提供者明知专门用于故意避开或者破坏他人著作权技术保护措施的方法、设备或者材料,而上载、传播、提供的,人民法院应当根据当事人的诉讼请求和具体案情,依照著作权法第四十七条第(六)项的规定,追究网络服务提供者的民事侵权责任。

第八条　著作权人发现侵权信息向网络服务提供者提出警告或者索要侵权行为人网络注册资料时,不能出示身份证明、著作权权属证明及侵权情况证明的,视为未提出警告或者未提出索要请求。

著作权人出示上述证明后网络服务提供者仍不采取措施的,著作权人可以依照著作权法第四十九条、第五十条的规定在诉前申请人民法院做出停止有关行为和财产保全、证据保全的裁定,也可以在提起诉讼时申请人民法院先行裁定停止侵害、排除妨碍、消除影响,人民法院应予准许。

第九条　网络服务提供者经著作权人提出确有证据的警告而采取移除被控侵权内容等措施,被控侵权人要求网络服务提供者承担违约责任的,人民法院不予支持。

著作权人指控侵权不实,被控侵权人因网络服务提供者采取措施遭受损失而请求赔偿的,人民法院应当判令由提出警告的人承担赔偿责任。

5.6 《最高人民法院、最高人民检察院关于办理利用互联网、移动通信终端、声讯台,制作、复制、出版、贩卖、传播淫秽电子信息刑事案件具体应用法律若干问题的解释》

中华人民共和国最高人民法院公告

《最高人民法院、最高人民检察院关于办理利用互联网、移动通信终端、声讯台,制作、复制、出版、贩卖、传播淫秽电子信息刑事案件具体应用法律若干问题的解释》已于 2004 年 9 月 1 日由最高人民法院审判委员会第 1323 次会议、2004 年 9 月 2 日由最高人民检察院第十届检察委员会第 26 次会议通过,现予公布,自 2004 年 9 月 6 日起施行。

二〇〇四年九月三日

最高人民法院、最高人民检察院关于办理利用互联网、移动通信终端、声讯台、制作、复制、出版、贩卖、传播淫秽电子信息刑事案件具体应用法律若干问题的解释
(2004年9月1日最高人民法院审判委员会第1323次会议、2004年9月2日最高人民检察院第十届检察委员会第26次会议通过)

法释[2004]11号

为依法惩治利用互联网、移动通信终端,制作、复制、出版、贩卖、传播淫秽电子信息、通过声讯台传播淫秽语音信息等犯罪活动,维护公共网络、通信的正常秩序,保障公众的合法权益,根据《中华人民共和国刑法》、《全国人民代表大会常务委员会关于维护互联网安全的决定》的规定,现对办理该类刑事案件具体应用法律的若干问题解释如下:

第一条 以牟利为目的,利用互联网、移动通信终端,制作、复制、出版、贩卖、传播淫秽电子信息,具有下列情形之一的,依照刑法第三百六十三条第一款的规定,以制作、复制、出版、贩卖、传播淫秽物品牟利罪定罪处罚:

(一) 制作、复制、出版、贩卖、传播淫秽电影、表演、动画等视频文件20个以上的;

(二) 制作、复制、出版、贩卖、传播淫秽音频文件100个以上的;

(三) 制作、复制、出版、贩卖、传播淫秽电子刊物、图片、文章、短信息等200件以上的;

(四) 制作、复制、出版、贩卖、传播的淫秽电子信息,实际被点击数达到1万次以上的;

(五) 以会员制方式出版、贩卖、传播淫秽电子信息,注册会员达200人以上的;

(六) 利用淫秽电子信息收取广告费、会员注册费或者其他费用,违法所得1万元以上的;

(七) 数量或者数额虽未达到第(一)项至第(六)项规定标准,但分别达到其中两项以上标准一半以上的;

(八) 造成严重后果的。

利用聊天室、论坛、即时通信软件、电子邮件等方式,实施第一款规定行为的,依照刑法第三百六十三条第一款的规定,以制作、复制、出版、贩卖、传播淫秽物品牟利罪定罪处罚。

第二条 实施第一条规定的行为,数量或者数额达到第一条第一款第(一)项至第(六)项规定标准5倍以上的,应当认定为刑法第三百六十三条第一款规定的"情节严重";达到规定标准25倍以上的,应当认定为"情节特别严重"。

第三条 不以牟利为目的,利用互联网或者移动通信终端传播淫秽电子信息,具有下列情形之一的,依照刑法第三百六十四条第一款的规定,以传播淫秽物品罪定罪处罚:

(一) 数量达到第一条第一款第(一)项至第(五)项规定标准2倍以上的;

(二) 数量分别达到第一条第一款第(一)项至第(五)项2项以上标准的;

(三) 造成严重后果的。

利用聊天室、论坛、即时通信软件、电子邮件等方式,实施第一款规定行为的,依照刑法第三百六十四条第一款的规定,以传播淫秽物品罪定罪处罚。

第四条 明知是淫秽电子信息而在自己所有、管理或者使用的网站或者网页上提供直接链接的,其数量标准根据所链接的淫秽电子信息的种类计算。

第五条 以牟利为目的,通过声讯台传播淫秽语音信息,具有下列情形之一的,依照刑法第三百六十三条第一款的规定,对直接负责的主管人员和其他直接责任人员以传播淫秽物品牟利罪定罪处罚:

(一)向 100 人次以上传播的;

(二)违法所得 1 万元以上的;

(三)造成严重后果的。

实施前款规定行为,数量或者数额达到前款第(一)项至第(二)项规定标准 5 倍以上的,应当认定为刑法第三百六十三条第一款规定的"情节严重";达到规定标准 25 倍以上的,应当认定为"情节特别严重"。

第六条 实施本解释前五条规定的犯罪,具有下列情形之一的,依照刑法第三百六十三条第一款、第三百六十四条第一款的规定从重处罚:

(一)制作、复制、出版、贩卖、传播具体描绘不满 18 周岁未成年人性行为的淫秽电子信息的;

(二)明知是具体描绘不满 18 周岁的未成年人性行为淫秽电子信息而在自己所有、管理或者使用的网站或者网页上提供直接链接的;

(三)向不满 18 周岁的未成年人贩卖、传播淫秽电子信息和语音信息的;

(四)通过使用破坏性程序、恶意代码修改用户计算机设置等方法,强制用户访问、下载淫秽电子信息的。

第七条 明知他人实施制作、复制、出版、贩卖、传播淫秽电子信息犯罪,为其提供互联网接入、服务器托管、网络存储空间、通信传输通道、费用结算等帮助的,对直接负责的主管人员和其他直接责任人员,以共同犯罪论处。

第八条 利用互联网、移动通信终端、声讯台贩卖、传播淫秽书刊、影片、录像带、录音带等以实物为载体的淫秽物品的,依照《最高人民法院关于审理非法出版物刑事案件具体应用法律若干问题的解释》的有关规定定罪处罚。

第九条 刑法第三百六十七条第一款规定的"其他淫秽物品",包括具体描绘性行为或者露骨宣扬色情的淫秽性的视频文件、音频文件、电子刊物、图片、文章、短信息等互联网、移动通信终端电子信息和声讯台语音信息。

有关人体生理、医学知识的电子信息和声讯台语音信息不是淫秽物品。包含色情内容的有艺术价值的电子文学、艺术作品不视为淫秽物品。

5.7 《最高人民法院、最高人民检察院关于办理侵犯知识产权刑事案件具体应用法律若干问题的解释》

中华人民共和国最高人民法院、最高人民检察院公告

《最高人民法院、最高人民检察院关于办理侵犯知识产权刑事案件具体应用法律若干问题的解释》已于 2004 年 11 月 2 日由最高人民法院审判委员会第 1331 次会议、2004 年 11 月

11日由最高人民检察院第十届检察委员会第28次会议通过,现予公布,自2004年12月22日起施行。

二〇〇四年十二月八日

最高人民法院、最高人民检察院关于办理侵犯知识产权刑事案件具体应用法律若干问题的解释

(2004年11月2日最高人民法院审判委员会第1331次会议、2004年11月11日最高人民检察院第十届检察委员会第28次会议通过)

法释[2004]19号

为依法惩治侵犯知识产权犯罪活动,维护社会主义市场经济秩序,根据刑法有关规定,现就办理侵犯知识产权刑事案件具体应用法律的若干问题解释如下:

第一条 未经注册商标所有人许可,在同一种商品上使用与其注册商标相同的商标,具有下列情形之一的,属于刑法第二百一十三条规定的"情节严重",应当以假冒注册商标罪判处三年以下有期徒刑或者拘役,并处或者单处罚金:

(一)非法经营数额在五万元以上或者违法所得数额在3万元以上的;

(二)假冒两种以上注册商标,非法经营数额在3万元以上或者违法所得数额在2万元以上的;

(三)其他情节严重的情形。

具有下列情形之一的,属于刑法第二百一十三条规定的"情节特别严重",应当以假冒注册商标罪判处3年以上7年以下有期徒刑,并处罚金:

(一)非法经营数额在25万元以上或者违法所得数额在15万元以上的;

(二)假冒两种以上注册商标,非法经营数额在15万元以上或者违法所得数额在10万元以上的;

(三)其他情节特别严重的情形。

第二条 销售明知是假冒注册商标的商品,销售金额在5万元以上的,属于刑法第二百一十四条规定的"数额较大",应当以销售假冒注册商标的商品罪判处3年以下有期徒刑或者拘役,并处或者单处罚金。

销售金额在25万元以上的,属于刑法第二百一十四条规定的"数额巨大",应当以销售假冒注册商标的商品罪判处3年以上7年以下有期徒刑,并处罚金。

第三条 伪造、擅自制造他人注册商标标识或者销售伪造、擅自制造的注册商标标识,具有下列情形之一的,属于刑法第二百一十五条规定的"情节严重",应当以非法制造、销售非法制造的注册商标标识罪判处3年以下有期徒刑、拘役或者管制,并处或者单处罚金:

(一)伪造、擅自制造或者销售伪造、擅自制造的注册商标标识数量在2万件以上,或者非法经营数额在5万元以上,或者违法所得数额在3万元以上的;

(二)伪造、擅自制造或者销售伪造、擅自制造两种以上注册商标标识数量在1万件以上,或者非法经营数额在3万元以上,或者违法所得数额在2万元以上的;

（三）其他情节严重的情形。

具有下列情形之一的，属于刑法第二百一十五条规定的"情节特别严重"，应当以非法制造、销售非法制造的注册商标标识罪判处3年以上7年以下有期徒刑，并处罚金：

（一）伪造、擅自制造或者销售伪造、擅自制造的注册商标标识数量在10万件以上，或者非法经营数额在25万元以上，或者违法所得数额在15万元以上的；

（二）伪造、擅自制造或者销售伪造、擅自制造两种以上注册商标标识数量在5万件以上，或者非法经营数额在15万元以上，或者违法所得数额在10万元以上的；

（三）其他情节特别严重的情形。

第四条 假冒他人专利，具有下列情形之一的，属于刑法第二百一十六条规定的"情节严重"，应当以假冒专利罪判处3年以下有期徒刑或者拘役，并处或者单处罚金：

（一）非法经营数额在20万元以上或者违法所得数额在10万元以上的；

（二）给专利权人造成直接经济损失50万元以上的；

（三）假冒两项以上他人专利，非法经营数额在10万元以上或者违法所得数额在5万元以上的；

（四）其他情节严重的情形。

第五条 以营利为目的，实施刑法第二百一十七条所列侵犯著作权行为之一，违法所得数额在3万元以上的，属于"违法所得数额较大"；具有下列情形之一的，属于"有其他严重情节"，应当以侵犯著作权罪判处3年以下有期徒刑或者拘役，并处或者单处罚金：

（一）非法经营数额在5万元以上的；

（二）未经著作权人许可，复制发行其文字作品、音乐、电影、电视、录像作品、计算机软件及其他作品，复制品数量合计在1000张（份）以上的；

（三）其他情节严重的情形。

以营利为目的，实施刑法第二百一十七条所列侵犯著作权行为之一，违法所得数额在十五万元以上的，属于"违法所得数额巨大"；具有下列情形之一的，属于"有其他特别严重情节"，应当以侵犯著作权罪判处3年以上7年以下有期徒刑，并处罚金：

（一）非法经营数额在25万元以上的；

（二）未经著作权人许可，复制发行其文字作品、音乐、电影、电视、录像作品、计算机软件及其他作品，复制品数量合计在5000张（份）以上的；

（三）其他情节特别严重的情形。

第六条 以营利为目的，实施刑法第二百一十八条规定的行为，违法所得数额在10万元以上的，属于"违法所得数额巨大"，应当以销售侵权复制品罪判处3年以下有期徒刑或者拘役，并处或者单处罚金。

第七条 实施刑法第二百一十九条规定的行为之一，给商业秘密的权利人造成损失数额在50万元以上的，属于"给商业秘密的权利人造成重大损失"，应当以侵犯商业秘密罪判处3年以下有期徒刑或者拘役，并处或者单处罚金。

给商业秘密的权利人造成损失数额在 250 万元以上的,属于刑法第二百一十九条规定的"造成特别严重后果",应当以侵犯商业秘密罪判处 3 年以上 7 年以下有期徒刑,并处罚金。

第八条　刑法第二百一十三条规定的"相同的商标",是指与被假冒的注册商标完全相同,或者与被假冒的注册商标在视觉上基本无差别、足以对公众产生误导的商标。

刑法第二百一十三条规定的"使用",是指将注册商标或者假冒的注册商标用于商品、商品包装或者容器以及产品说明书、商品交易文书,或者将注册商标或者假冒的注册商标用于广告宣传、展览以及其他商业活动等行为。

第九条　刑法第二百一十四条规定的"销售金额",是指销售假冒注册商标的商品后所得和应得的全部违法收入。

具有下列情形之一的,应当认定为属于刑法第二百一十四条规定的"明知":

(一)知道自己销售的商品上的注册商标被涂改、调换或者覆盖的;

(二)因销售假冒注册商标的商品受到过行政处罚或者承担过民事责任、又销售同一种假冒注册商标的商品的;

(三)伪造、涂改商标注册人授权文件或者知道该文件被伪造、涂改的;

(四)其他知道或者应当知道是假冒注册商标的商品的情形。

第十条　实施下列行为之一的,属于刑法第二百一十六条规定的"假冒他人专利"的行为:

(一)未经许可,在其制造或者销售的产品、产品的包装上标注他人专利号的;

(二)未经许可,在广告或者其他宣传材料中使用他人的专利号,使人将所涉及的技术误认为是他人专利技术的;

(三)未经许可,在合同中使用他人的专利号,使人将合同涉及的技术误认为是他人专利技术的;

(四)伪造或者变造他人的专利证书、专利文件或者专利申请文件的。

第十一条　以刊登收费广告等方式直接或者间接收取费用的情形,属于刑法第二百一十七条规定的"以营利为目的"。

刑法第二百一十七条规定的"未经著作权人许可",是指没有得到著作权人授权或者伪造、涂改著作权人授权许可文件或者超出授权许可范围的情形。

通过信息网络向公众传播他人文字作品、音乐、电影、电视、录像作品、计算机软件及其他作品的行为,应当视为刑法第二百一十七条规定的"复制发行"。

第十二条　本解释所称"非法经营数额",是指行为人在实施侵犯知识产权行为过程中,制造、储存、运输、销售侵权产品的价值。已销售的侵权产品的价值,按照实际销售的价格计算。制造、储存、运输和未销售的侵权产品的价值,按照标价或者已经查清的侵权产品的实际销售平均价格计算。侵权产品没有标价或者无法查清其实际销售价格的,按照被侵权产品的市场中间价格计算。

多次实施侵犯知识产权行为,未经行政处理或者刑事处罚的,非法经营数额、违法所得数额或者销售金额累计计算。

本解释第三条所规定的"件",是指标有完整商标图样的一份标识。

第十三条 实施刑法第二百一十三条规定的假冒注册商标犯罪,又销售该假冒注册商标的商品,构成犯罪的,应当依照刑法第二百一十三条的规定,以假冒注册商标罪定罪处罚。

实施刑法第二百一十三条规定的假冒注册商标犯罪,又销售明知是他人的假冒注册商标的商品,构成犯罪的,应当实行数罪并罚。

第十四条 实施刑法第二百一十七条规定的侵犯著作权犯罪,又销售该侵权复制品,构成犯罪的,应当依照刑法第二百一十七条的规定,以侵犯著作权罪定罪处罚。

实施刑法第二百一十七条规定的侵犯著作权犯罪,又销售明知是他人的侵权复制品,构成犯罪的,应当实行数罪并罚。

第十五条 单位实施刑法第二百一十三条至第二百一十九条规定的行为,按照本解释规定的相应个人犯罪的定罪量刑标准的三倍定罪量刑。

第十六条 明知他人实施侵犯知识产权犯罪,而为其提供贷款、资金、账号、发票、证明、许可证件,或者提供生产、经营场所或者运输、储存、代理进出口等便利条件、帮助的,以侵犯知识产权犯罪的共犯论处。

第十七条 以前发布的有关侵犯知识产权犯罪的司法解释,与本解释相抵触的,自本解释施行后不再适用。

5.8 《最高人民法院、最高人民检察院关于办理赌博刑事案件具体应用法律若干问题的解释》

中华人民共和国最高人民法院、最高人民检察院公告

《最高人民法院、最高人民检察院关于办理赌博刑事案件具体应用法律若干问题的解释》已于 2005 年 4 月 26 日由最高人民法院审判委员会第 1349 次会议通过,2005 年 5 月 8 日由最高人民检察院第十届检察委员会第 34 次会议通过,现予公布,自 2005 年 5 月 13 日起施行。

二○○五年五月十一日

最高人民法院、最高人民检察院关于办理赌博刑事案件具体应用法律若干问题的解释

(2005 年 4 月 26 日最高人民法院审判委员会第 1349 次会议、2005 年 5 月 8 日最高人民检察院第十届检察委员会第 34 次会议通过)

法释[2005]3 号

为依法惩治赌博犯罪活动,根据刑法的有关规定,现就办理赌博刑事案件具体应用法律的若干问题解释如下:

第一条 以营利为目的,有下列情形之一的,属于刑法第三百零三条规定的"聚众赌博":

（一）组织3人以上赌博，抽头渔利数额累计达到5000元以上的；
（二）组织3人以上赌博，赌资数额累计达到5万元以上的；
（三）组织3人以上赌博，参赌人数累计达到20人以上的；
（四）组织中华人民共和国公民10人以上赴境外赌博，从中收取回扣、介绍费的。

第二条　以营利为目的，在计算机网络上建立赌博网站，或者为赌博网站担任代理，接受投注的，属于刑法第三百零三条规定的"开设赌场"。

第三条　中华人民共和国公民在我国领域外周边地区聚众赌博、开设赌场，以吸引中华人民共和国公民为主要客源，构成赌博罪的，可以依照刑法规定追究刑事责任。

第四条　明知他人实施赌博犯罪活动，而为其提供资金、计算机网络、通信、费用结算等直接帮助的，以赌博罪的共犯论处。

第五条　实施赌博犯罪，有下列情形之一的，依照刑法第三百零三条的规定从重处罚：
（一）具有国家工作人员身份的；
（二）组织国家工作人员赴境外赌博的；
（三）组织未成年人参与赌博，或者开设赌场吸引未成年人参与赌博的。

第六条　未经国家批准擅自发行、销售彩票，构成犯罪的，依照刑法第二百二十五条第（四）项的规定，以非法经营罪定罪处罚。

第七条　通过赌博或者为国家工作人员赌博提供资金的形式实施行贿、受贿行为，构成犯罪的，依照刑法关于贿赂犯罪的规定定罪处罚。

第八条　赌博犯罪中用作赌注的款物、换取筹码的款物和通过赌博赢取的款物属于赌资。通过计算机网络实施赌博犯罪的，赌资数额可以按照在计算机网络上投注或者赢取的点数乘以每一点实际代表的金额认定。

赌资应当依法予以追缴；赌博用具、赌博违法所得以及赌博犯罪分子所有的专门用于赌博的资金、交通工具、通信工具等，应当依法予以没收。

第九条　不以营利为目的，进行带有少量财物输赢的娱乐活动，以及提供棋牌室等娱乐场所只收取正常的场所和服务费用的经营行为等，不以赌博论处。

5.9 《最高人民法院关于修改〈最高人民法院关于审理涉及计算机网络著作权纠纷案件适用法律若干问题的解释〉的决定（二）》

中华人民共和国最高人民法院公告

《最高人民法院关于修改〈最高人民法院关于审理涉及计算机网络著作权纠纷案件适用法律若干问题的解释〉的决定（二）》已于2006年11月20日由最高人民法院审判委员会第1406次会议通过。现予公布，自2006年12月8日起施行。

二〇〇六年十一月二十二日

关于修改《最高人民法院关于审理涉及计算机网络著作权纠纷案件适用法律若干问题的解释》的决定(二)

(2006年11月20日最高人民法院审判委员会第1406次会议通过)

法释[2006]11号

根据《中华人民共和国著作权法》第五十八条的规定及《信息网络传播权保护条例》的规定,最高人民法院审判委员会第1406次会议决定对《最高人民法院关于审理涉及计算机网络著作权纠纷案件适用法律若干问题的解释》做如下修改:

删去《最高人民法院关于审理涉及计算机网络著作权纠纷案件适用法律若干问题的解释》第三条。

根据本决定对《最高人民法院关于审理涉及计算机网络著作权纠纷案件适用法律若干问题的解释》的条文顺序做相应调整后,重新公布。

最高人民法院关于审理涉及计算机网络著作权纠纷案件适用法律若干问题的解释

(2000年11月22日最高人民法院审判委员会第1144次会议通过;根据2003年12月23日最高人民法院审判委员会第1302次会议《关于修改〈最高人民法院关于审理涉及计算机网络著作权纠纷案件适用法律若干问题的解释〉的决定》第一次修正;根据2006年11月20日最高人民法院审判委员会第1406次会议《关于修改〈最高人民法院关于审理涉及计算机网络著作权纠纷案件适用法律若干问题的解释〉的决定(二)》第二次修正)

为了正确审理涉及计算机网络著作权纠纷案件,根据民法通则、著作权法和民事诉讼法等法律的规定,对这类案件适用法律的若干问题解释如下:

第一条 网络著作权侵权纠纷案件由侵权行为地或者被告住所地人民法院管辖。侵权行为地包括实施被诉侵权行为的网络服务器、计算机终端等设备所在地。对难以确定侵权行为地和被告住所地的,原告发现侵权内容的计算机终端等设备所在地可以视为侵权行为地。

第二条 受著作权法保护的作品,包括著作权法第三条规定的各类作品的数字化形式。在网络环境下无法归于著作权法第三条列举的作品范围,但在文学、艺术和科学领域内具有独创性并能以某种有形形式复制的其他智力创作成果,人民法院应当予以保护。

第三条 网络服务提供者通过网络参与他人侵犯著作权行为,或者通过网络教唆、帮助他人实施侵犯著作权行为的,人民法院应当根据民法通则第一百三十条的规定,追究其与其他行为人或者直接实施侵权行为人的共同侵权责任。

第四条 提供内容服务的网络服务提供者,明知网络用户通过网络实施侵犯他人著作权的行为,或者经著作权人提出确有证据的警告,但仍不采取移除侵权内容等措施以消除侵权后果的,人民法院应当根据民法通则第一百三十条的规定,追究其与该网络用户的共同侵权责任。

第五条 提供内容服务的网络服务提供者,对著作权人要求其提供侵权行为人在其网络的注册资料以追究行为人的侵权责任,无正当理由拒绝提供的,人民法院应当根据民法通则第一百零六条的规定,追究其相应的侵权责任。

第六条　网络服务提供者明知专门用于故意避开或者破坏他人著作权技术保护措施的方法、设备或者材料,而上载、传播、提供的,人民法院应当根据当事人的诉讼请求和具体案情,依照著作权法第四十七条第(六)项的规定,追究网络服务提供者的民事侵权责任。

第七条　著作权人发现侵权信息向网络服务提供者提出警告或者索要侵权行为人网络注册资料时,不能出示身份证明、著作权权属证明及侵权情况证明的,视为未提出警告或者未提出索要请求。

著作权人出示上述证明后网络服务提供者仍不采取措施的,著作权人可以依照著作权法第四十九条、第五十条的规定在诉前申请人民法院做出停止有关行为和财产保全、证据保全的裁定,也可以在提起诉讼时申请人民法院先行裁定停止侵害、排除妨碍、消除影响,人民法院应予准许。

第八条　网络服务提供者经著作权人提出确有证据的警告而采取移除被控侵权内容等措施,被控侵权人要求网络服务提供者承担违约责任的,人民法院不予支持。

著作权人指控侵权不实,被控侵权人因网络服务提供者采取措施遭受损失而请求赔偿的,人民法院应当判令由提出警告的人承担赔偿责任。

5.10　《最高人民法院、最高人民检察院关于办理侵犯知识产权刑事案件具体应用法律若干问题的解释(二)》

中华人民共和国最高人民法院、最高人民检察院公告

《最高人民法院、最高人民检察院关于办理侵犯知识产权刑事案件具体应用法律若干问题的解释(二)》已于2007年4月4日由最高人民法院审判委员会第1422次会议、最高人民检察院第十届检察委员会第75次会议通过,现予公布,自2007年4月5日起施行。

二〇〇七年四月五日

最高人民法院、最高人民检察院关于办理侵犯知识产权刑事案件具体应用
法律若干问题的解释(二)

(2007年4月4日最高人民法院审判委员会第1422次会议、最高人民检察院
第十届检察委员会第75次会议通过)

法释[2007]6号

为维护社会主义市场经济秩序,依法惩治侵犯知识产权犯罪活动,根据刑法、刑事诉讼法有关规定,现就办理侵犯知识产权刑事案件具体应用法律的若干问题解释如下:

第一条　以营利为目的,未经著作权人许可,复制发行其文字作品、音乐、电影、电视、录像作品、计算机软件及其他作品,复制品数量合计500张(份)以上的,属于刑法第二百一十七条规定的"有其他严重情节";复制品数量在2500张(份)以上的,属于刑法第二百一十七条规定的"有其他特别严重情节"。

第二条　刑法第二百一十七条侵犯著作权罪中的"复制发行",包括复制、发行或者既复制又发行的行为。

侵权产品的持有人通过广告、征订等方式推销侵权产品的,属于刑法第二百一十七条规定的"发行"。

非法出版、复制、发行他人作品,侵犯著作权构成犯罪的,按照侵犯著作权罪定罪处罚。

第三条　侵犯知识产权犯罪,符合刑法规定的缓刑条件的,依法适用缓刑。有下列情形之一的,一般不适用缓刑：

（一）因侵犯知识产权被刑事处罚或者行政处罚后,再次侵犯知识产权构成犯罪的；

（二）不具有悔罪表现的；

（三）拒不交出违法所得的；

（四）其他不宜适用缓刑的情形。

第四条　对于侵犯知识产权犯罪的,人民法院应当综合考虑犯罪的违法所得、非法经营数额、给权利人造成的损失、社会危害性等情节,依法判处罚金。罚金数额一般在违法所得的1倍以上5倍以下,或者按照非法经营数额的50%以上一倍以下确定。

第五条　被害人有证据证明的侵犯知识产权刑事案件,直接向人民法院起诉的,人民法院应当依法受理；严重危害社会秩序和国家利益的侵犯知识产权刑事案件,由人民检察院依法提起公诉。

第六条　单位实施刑法第二百一十三条至第二百一十九条规定的行为,按照《最高人民法院、最高人民检察院关于办理侵犯知识产权刑事案件具体应用法律若干问题的解释》和本解释规定的相应个人犯罪的定罪量刑标准定罪处罚。

第七条　以前发布的司法解释与本解释不一致的,以本解释为准。

5.11 《最高人民法院关于审理危害军事通信刑事案件具体应用法律若干问题的解释》

中华人民共和国最高人民法院公告

《最高人民法院关于审理危害军事通信刑事案件具体应用法律若干问题的解释》已于2007年6月18日由最高人民法院审判委员会第1430次会议通过,现予公布,自2007年6月29日起施行。

二〇〇七年六月二十六日

最高人民法院关于审理危害军事通信刑事案件具体应用法律若干问题的解释

（2007年6月18日最高人民法院审判委员会第1430次会议通过）

法释〔2007〕13号

为依法惩治危害军事通信的犯罪活动,维护国防利益和军事通信安全,根据刑法有关规定,现就审理这类刑事案件具体应用法律的若干问题解释如下：

第一条　故意实施损毁军事通信线路、设备,破坏军事通信计算机信息系统,干扰、侵占军事通信电磁频谱等行为的,依照刑法第三百六十九条第一款的规定,以破坏军事通信罪定罪,处 3 年以下有期徒刑、拘役或者管制;破坏重要军事通信的,处 3 年以上 10 年以下有期徒刑。

第二条　实施破坏军事通信行为,具有下列情形之一的,属于刑法第三百六十九条第一款规定的"情节特别严重",以破坏军事通信罪定罪,处 10 年以上有期徒刑、无期徒刑或者死刑:

（一）造成重要军事通信中断或者严重障碍,严重影响部队完成作战任务或者致使部队在作战中遭受损失的;

（二）造成部队执行抢险救灾、军事演习或者处置突发性事件等任务的通信中断或者严重障碍,并因此贻误部队行动,致使死亡 3 人以上、重伤 10 人以上或者财产损失 100 万元以上的;

（三）破坏重要军事通信 3 次以上的;

（四）其他情节特别严重的情形。

第三条　过失损坏军事通信,造成重要军事通信中断或者严重障碍的,属于刑法第三百六十九条第二款规定的"造成严重后果",以过失损坏军事通信罪定罪,处 3 年以下有期徒刑或者拘役。

第四条　过失损坏军事通信,具有下列情形之一的,属于刑法第三百六十九条第二款规定的"造成特别严重后果",以过失损坏军事通信罪定罪,处 3 年以上 7 年以下有期徒刑:

（一）造成重要军事通信中断或者严重障碍,严重影响部队完成作战任务或者致使部队在作战中遭受损失的;

（二）造成部队执行抢险救灾、军事演习或者处置突发性事件等任务的通信中断或者严重障碍,并因此贻误部队行动,致使死亡 3 人以上、重伤 10 人以上或者财产损失 100 万元以上的;

（三）其他后果特别严重的情形。

第五条　建设、施工单位直接负责的主管人员、施工管理人员,明知是军事通信线路、设备而指使、强令、纵容他人予以损毁的,或者不听管护人员劝阻,指使、强令、纵容他人违章作业,造成军事通信线路、设备损毁的,以破坏军事通信罪定罪处罚。

建设、施工单位直接负责的主管人员、施工管理人员,忽视军事通信线路、设备保护标志,指使、纵容他人违章作业,致使军事通信线路、设备损毁,构成犯罪的,以过失损坏军事通信罪定罪处罚。

第六条　破坏、过失损坏军事通信,并造成公用电信设施损毁,危害公共安全,同时构成刑法第一百二十四条和第三百六十九条规定的犯罪的,依照处罚较重的规定定罪处罚。

盗窃军事通信线路、设备,不构成盗窃罪,但破坏军事通信的,依照刑法第三百六十九条第一款的规定定罪处罚;同时构成刑法第一百二十四条、第二百六十四条和第三百六十九条第一款规定的犯罪的,依照处罚较重的规定定罪处罚。

违反国家规定,侵入国防建设、尖端科学技术领域的军事通信计算机信息系统,尚未对军事通信造成破坏的,依照刑法第二百八十五条的规定定罪处罚;对军事通信造成破坏,同时构成刑法第二百八十五条、第二百八十六条、第三百六十九条第一款规定的犯罪的,依照处罚较重的规定定罪处罚。

违反国家规定,擅自设置、使用无线电台、站,或者擅自占用频率,经责令停止使用后拒不停止使用,干扰无线电通讯正常进行,构成犯罪的,依照刑法第二百八十八条的规定定罪处罚;造成军事通信中断或者严重障碍,同时构成刑法第二百八十八条、第三百六十九条第一款规定的犯罪的,依照处罚较重的规定定罪处罚。

第七条 本解释所称"重要军事通信",是指军事首脑机关及重要指挥中心的通信,部队作战中的通信,等级战备通信,飞行航行训练、抢险救灾、军事演习或者处置突发性事件中的通信,以及执行试飞试航、武器装备科研试验或者远洋航行等重要军事任务中的通信。

本解释所称军事通信的具体范围、通信中断和严重障碍的标准,参照中国人民解放军通信主管部门的有关规定确定。

5.12 《最高人民法院关于审理破坏电力设备刑事案件具体应用法律若干问题的解释》

中华人民共和国最高人民法院公告

《最高人民法院关于审理破坏电力设备刑事案件具体应用法律若干问题的解释》已于 2007 年 8 月 13 日由最高人民法院审判委员会第 1435 次会议通过,现予公布,自 2007 年 8 月 21 日起施行。

二〇〇七年八月十五日

最高人民法院关于审理破坏电力设备刑事案件具体应用法律若干问题的解释

(2007 年 8 月 13 日最高人民法院审判委员会第 1435 次会议通过)

法释[2007]15 号

为维护公共安全,依法惩治破坏电力设备等犯罪活动,根据刑法有关规定,现就审理这类刑事案件具体应用法律的若干问题解释如下:

第一条 破坏电力设备,具有下列情形之一的,属于刑法第一百一十九条第一款规定的"造成严重后果",以破坏电力设备罪判处 10 年以上有期徒刑、无期徒刑或者死刑:

(一)造成 1 人以上死亡、3 人以上重伤或者 10 人以上轻伤的;

(二)造成 1 万以上用户电力供应中断 6 小时以上,致使生产、生活受到严重影响的;

(三)造成直接经济损失 100 万元以上的;

(四)造成其他危害公共安全严重后果的。

第二条 过失损坏电力设备,造成本解释第一条规定的严重后果的,依照刑法第一百一十九条第二款的规定,以过失损坏电力设备罪判处3年以上7年以下有期徒刑;情节较轻的,处三年以下有期徒刑或者拘役。

第三条 盗窃电力设备,危害公共安全,但不构成盗窃罪的,以破坏电力设备罪定罪处罚;同时构成盗窃罪和破坏电力设备罪的,依照刑法处罚较重的规定定罪处罚。

盗窃电力设备,没有危及公共安全,但应当追究刑事责任的,可以根据案件的不同情况,按照盗窃罪等犯罪处理。

第四条 本解释所称电力设备,是指处于运行、应急等使用中的电力设备;已经通电使用,只是由于枯水季节或电力不足等原因暂停使用的电力设备;已经交付使用但尚未通电的电力设备。不包括尚未安装完毕,或者已经安装完毕但尚未交付使用的电力设备。

本解释中直接经济损失的计算范围,包括电量损失金额,被毁损设备材料的购置、更换、修复费用,以及因停电给用户造成的直接经济损失等。

5.13 《最高人民法院、最高人民检察院关于办理妨害信用卡管理刑事案件具体应用法律若干问题的解释》

中华人民共和国最高人民法院、中华人民共和国最高人民检察院公告

《最高人民法院、最高人民检察院关于办理妨害信用卡管理刑事案件具体应用法律若干问题的解释》已于2009年10月12日由最高人民法院审判委员会第1475次会议、2009年11月12日由最高人民检察院第十一届检察委员会第22次会议通过,现予公布,自2009年12月16日起施行。

二〇〇九年十二月三日

最高人民法院、最高人民检察院关于办理妨害信用卡管理刑事案件具体应用
法律若干问题的解释
(2009年10月12日最高人民法院审判委员会第1475次会议、2009年11月12日
最高人民检察院第十一届检察委员会第22次会议通过)

法释[2009]19号

为依法惩治妨害信用卡管理犯罪活动,维护信用卡管理秩序和持卡人合法权益,根据《中华人民共和国刑法》规定,现就办理这类刑事案件具体应用法律的若干问题解释如下:

第一条 复制他人信用卡、将他人信用卡信息资料写入磁条介质、芯片或者以其他方法伪造信用卡1张以上的,应当认定为刑法第一百七十七条第一款第(四)项规定的"伪造信用卡",以伪造金融票证罪定罪处罚。

伪造空白信用卡10张以上的,应当认定为刑法第一百七十七条第一款第(四)项规定的"伪造信用卡",以伪造金融票证罪定罪处罚。

伪造信用卡,有下列情形之一的,应当认定为刑法第一百七十七条规定的"情节严重":

(一)伪造信用卡5张以上不满25张的;

(二) 伪造的信用卡内存款余额、透支额度单独或者合计数额在 20 万元以上不满 100 万元的；

(三) 伪造空白信用卡 50 张以上不满 250 张的；

(四) 其他情节严重的情形。

伪造信用卡,有下列情形之一的,应当认定为刑法第一百七十七条规定的"情节特别严重":

(一) 伪造信用卡 25 张以上的；

(二) 伪造的信用卡内存款余额、透支额度单独或者合计数额在 100 万元以上的；

(三) 伪造空白信用卡 250 张以上的；

(四) 其他情节特别严重的情形。

本条所称"信用卡内存款余额、透支额度",以信用卡被伪造后发卡行记录的最高存款余额、可透支额度计算。

第二条　明知是伪造的空白信用卡而持有、运输 10 张以上不满 100 张的,应当认定为刑法第一百七十七条之一第一款第(一)项规定的"数量较大"；非法持有他人信用卡 5 张以上不满 50 张的,应当认定为刑法第一百七十七条之一第一款第(二)项规定的"数量较大"。

有下列情形之一的,应当认定为刑法第一百七十七条之一第一款规定的"数量巨大":

(一) 明知是伪造的信用卡而持有、运输 10 张以上的；

(二) 明知是伪造的空白信用卡而持有、运输 100 张以上的；

(三) 非法持有他人信用卡 50 张以上的；

(四) 使用虚假的身份证明骗领信用卡 10 张以上的；

(五) 出售、购买、为他人提供伪造的信用卡或者以虚假的身份证明骗领的信用卡 10 张以上的。

违背他人意愿,使用其居民身份证、军官证、士兵证、港澳居民往来内地通行证、台湾居民来往大陆通行证、护照等身份证明申领信用卡的,或者使用伪造、变造的身份证明申领信用卡的,应当认定为刑法第一百七十七条之一第一款第(三)项规定的"使用虚假的身份证明骗领信用卡"。

第三条　窃取、收买、非法提供他人信用卡信息资料,足以伪造可进行交易的信用卡,或者足以使他人以信用卡持卡人名义进行交易,涉及信用卡 1 张以上不满 5 张的,依照刑法第一百七十七条之一第二款的规定,以窃取、收买、非法提供信用卡信息罪定罪处罚；涉及信用卡 5 张以上的,应当认定为刑法第一百七十七条之一第一款规定的"数量巨大"。

第四条　为信用卡申请人制作、提供虚假的财产状况、收入、职务等资信证明材料,涉及伪造、变造、买卖国家机关公文、证件、印章,或者涉及伪造公司、企业、事业单位、人民团体印章,应当追究刑事责任的,依照刑法第二百八十条的规定,分别以伪造、变造、买卖国家机关公文、证件、印章罪和伪造公司、企业、事业单位、人民团体印章罪定罪处罚。

承担资产评估、验资、验证、会计、审计、法律服务等职责的中介组织或其人员,为信用卡申请人提供虚假的财产状况、收入、职务等资信证明材料,应当追究刑事责任的,依照刑法第二百二十九条的规定,分别以提供虚假证明文件罪和出具证明文件重大失实罪定罪处罚。

第五条 使用伪造的信用卡、以虚假的身份证明骗领的信用卡、作废的信用卡或者冒用他人信用卡,进行信用卡诈骗活动,数额在5000元以上不满5万元的,应当认定为刑法第一百九十六条规定的"数额较大";数额在5万元以上不满50万元的,应当认定为刑法第一百九十六条规定的"数额巨大";数额在50万元以上的,应当认定为刑法第一百九十六条规定的"数额特别巨大"。

刑法第一百九十六条第一款第(三)项所称"冒用他人信用卡",包括以下情形:

(一)拾得他人信用卡并使用的;

(二)骗取他人信用卡并使用的;

(三)窃取、收买、骗取或者以其他非法方式获取他人信用卡信息资料,并通过互联网、通信终端等使用的;

(四)其他冒用他人信用卡的情形。

第六条 持卡人以非法占有为目的,超过规定限额或者规定期限透支,并且经发卡银行两次催收后超过3个月仍不归还的,应当认定为刑法第一百九十六条规定的"恶意透支"。

有以下情形之一的,应当认定为刑法第一百九十六条第二款规定的"以非法占有为目的":

(一)明知没有还款能力而大量透支,无法归还的;

(二)肆意挥霍透支的资金,无法归还的;

(三)透支后逃匿、改变联系方式,逃避银行催收的;

(四)抽逃、转移资金,隐匿财产,逃避还款的;

(五)使用透支的资金进行违法犯罪活动的;

(六)其他非法占有资金,拒不归还的行为。

恶意透支,数额在1万元以上不满10万元的,应当认定为刑法第一百九十六条规定的"数额较大";数额在10万元以上不满100万元的,应当认定为刑法第一百九十六条规定的"数额巨大";数额在100万元以上的,应当认定为刑法第一百九十六条规定的"数额特别巨大"。

恶意透支的数额,是指在第一款规定的条件下持卡人拒不归还的数额或者尚未归还的数额。不包括复利、滞纳金、手续费等发卡银行收取的费用。

恶意透支应当追究刑事责任,但在公安机关立案后人民法院判决宣告前已偿还全部透支款息的,可以从轻处罚,情节轻微的,可以免除处罚。恶意透支数额较大,在公安机关立案前已偿还全部透支款息,情节显著轻微的,可以依法不追究刑事责任。

第七条 违反国家规定,使用销售点终端机具(POS机)等方法,以虚构交易、虚开价格、现金退货等方式向信用卡持卡人直接支付现金,情节严重的,应当依据刑法第二百二十五条的规定,以非法经营罪定罪处罚。

实施前款行为,数额在 100 万元以上的,或者造成金融机构资金 20 万元以上逾期未还的,或者造成金融机构经济损失 10 万元以上的,应当认定为刑法第二百二十五条规定的"情节严重";数额在 500 万元以上的,或者造成金融机构资金 100 万元以上逾期未还的,或者造成金融机构经济损失 50 万元以上的,应当认定为刑法第二百二十五条规定的"情节特别严重"。

持卡人以非法占有为目的,采用上述方式恶意透支,应当追究刑事责任的,依照刑法第一百九十六条的规定,以信用卡诈骗罪定罪处罚。

第八条 单位犯本解释第一条、第七条规定的犯罪的,定罪量刑标准依照各该条的规定执行。

5.14 《最高人民法院、最高人民检察院关于办理利用互联网、移动通信终端、声讯台,制作、复制、出版、贩卖、传播淫秽电子信息刑事案件具体应用法律若干问题的解释(二)》

中华人民共和国最高人民法院、中华人民共和国最高人民检察院公告

《最高人民法院、最高人民检察院关于办理利用互联网、移动通信终端、声讯台,制作、复制、出版、贩卖、传播淫秽电子信息刑事案件具体应用法律若干问题的解释(二)》已于 2010 年 1 月 18 日由最高人民法院审判委员会第 1483 次会议、2010 年 1 月 14 日由最高人民检察院第十一届检察委员会第 28 次会议通过,现予公布,自 2010 年 2 月 4 日起施行。

二○一○年二月二日

关于办理利用互联网、移动通信终端、声讯台,制作、复制、出版、贩卖、传播淫秽电子信息刑事案件具体应用法律若干问题的解释(二)

(2010 年 1 月 18 日最高人民法院审判委员会第 1483 次会议、2010 年 1 月 14 日最高人民检察院第十一届检察委员会第 28 次会议通过)

法释[2010]3 号

为依法惩治利用互联网、移动通信终端,制作、复制、出版、贩卖、传播淫秽电子信息,通过声讯台传播淫秽语音信息等犯罪活动,维护社会秩序,保障公民权益,根据《中华人民共和国刑法》《全国人民代表大会常务委员会关于维护互联网安全的决定》的规定,现对办理该类刑事案件具体应用法律的若干问题解释如下:

第一条 以牟利为目的,利用互联网、移动通信终端,制作、复制、出版、贩卖、传播淫秽电子信息的,依照《最高人民法院、最高人民检察院关于办理利用互联网、移动通信终端、声讯台,制作、复制、出版、贩卖、传播淫秽电子信息刑事案件具体应用法律若干问题的解释》第一条、第二条的规定定罪处罚。

以牟利为目的,利用互联网、移动通信终端,制作、复制、出版、贩卖、传播内容含有不满 14 周岁未成年人的淫秽电子信息,具有下列情形之一的,依照刑法第三百六十三条第一款

的规定,以制作、复制、出版、贩卖、传播淫秽物品牟利罪定罪处罚:

(一) 制作、复制、出版、贩卖、传播淫秽电影、表演、动画等视频文件10个以上的;

(二) 制作、复制、出版、贩卖、传播淫秽音频文件50个以上的;

(三) 制作、复制、出版、贩卖、传播淫秽电子刊物、图片、文章等100件以上的;

(四) 制作、复制、出版、贩卖、传播的淫秽电子信息,实际被点击数达到5000次以上的;

(五) 以会员制方式出版、贩卖、传播淫秽电子信息,注册会员达100人以上的;

(六) 利用淫秽电子信息收取广告费、会员注册费或者其他费用,违法所得5000元以上的;

(七) 数量或者数额虽未达到第(一)项至第(六)项规定标准,但分别达到其中两项以上标准一半以上的;

(八) 造成严重后果的。

实施第二款规定的行为,数量或者数额达到第二款第(一)项至第(七)项规定标准5倍以上的,应当认定为刑法第三百六十三条第一款规定的"情节严重";达到规定标准二十五倍以上的,应当认定为"情节特别严重"。

第二条 利用互联网、移动通信终端传播淫秽电子信息的,依照《最高人民法院、最高人民检察院关于办理利用互联网、移动通信终端、声讯台,制作、复制、出版、贩卖、传播淫秽电子信息刑事案件具体应用法律若干问题的解释》第三条的规定定罪处罚。

利用互联网、移动通信终端传播内容含有不满14周岁未成年人的淫秽电子信息,具有下列情形之一的,依照刑法第三百六十四条第一款的规定,以传播淫秽物品罪定罪处罚:

(一) 数量达到第一条第二款第(一)项至第(五)项规定标准2倍以上的;

(二) 数量分别达到第一条第二款第(一)项至第(五)项两项以上标准的;

(三) 造成严重后果的。

第三条 利用互联网建立主要用于传播淫秽电子信息的群组,成员达30人以上或者造成严重后果的,对建立者、管理者和主要传播者,依照刑法第三百六十四条第一款的规定,以传播淫秽物品罪定罪处罚。

第四条 以牟利为目的,网站建立者、直接负责的管理者明知他人制作、复制、出版、贩卖、传播的是淫秽电子信息,允许或者放任他人在自己所有、管理的网站或者网页上发布,具有下列情形之一的,依照刑法第三百六十三条第一款的规定,以传播淫秽物品牟利罪定罪处罚:

(一) 数量或者数额达到第一条第二款第(一)项至第(六)项规定标准5倍以上的;

(二) 数量或者数额分别达到第一条第二款第(一)项至第(六)项两项以上标准2倍以上的;

(三) 造成严重后果的。

实施前款规定的行为,数量或者数额达到第一条第二款第(一)项至第(七)项规定标准25倍以上的,应当认定为刑法第三百六十三条第一款规定的"情节严重";达到规定标准

100倍以上的,应当认定为"情节特别严重"。

第五条　网站建立者、直接负责的管理者明知他人制作、复制、出版、贩卖、传播的是淫秽电子信息,允许或者放任他人在自己所有、管理的网站或者网页上发布,具有下列情形之一的,依照刑法第三百六十四条第一款的规定,以传播淫秽物品罪定罪处罚:

(一) 数量达到第一条第二款第(一)项至第(五)项规定标准10倍以上的;

(二) 数量分别达到第一条第二款第(一)项至第(五)项两项以上标准5倍以上的;

(三) 造成严重后果的。

第六条　电信业务经营者、互联网信息服务提供者明知是淫秽网站,为其提供互联网接入、服务器托管、网络存储空间、通信传输通道、代收费等服务,并收取服务费,具有下列情形之一的,对直接负责的主管人员和其他直接责任人员,依照刑法第三百六十三条第一款的规定,以传播淫秽物品牟利罪定罪处罚:

(一) 为五个以上淫秽网站提供上述服务的;

(二) 为淫秽网站提供互联网接入、服务器托管、网络存储空间、通信传输通道等服务,收取服务费数额在2万元以上的;

(三) 为淫秽网站提供代收费服务,收取服务费数额在5万元以上的;

(四) 造成严重后果的。

实施前款规定的行为,数量或者数额达到前款第(一)项至第(三)项规定标准5倍以上的,应当认定为刑法第三百六十三条第一款规定的"情节严重";达到规定标准25倍以上的,应当认定为"情节特别严重"。

第七条　明知是淫秽网站,以牟利为目的,通过投放广告等方式向其直接或者间接提供资金,或者提供费用结算服务,具有下列情形之一的,对直接负责的主管人员和其他直接责任人员,依照刑法第三百六十三条第一款的规定,以制作、复制、出版、贩卖、传播淫秽物品牟利罪的共同犯罪处罚:

(一) 向十个以上淫秽网站投放广告或者以其他方式提供资金的;

(二) 向淫秽网站投放广告二十条以上的;

(三) 向十个以上淫秽网站提供费用结算服务的;

(四) 以投放广告或者其他方式向淫秽网站提供资金数额在5万元以上的;

(五) 为淫秽网站提供费用结算服务,收取服务费数额在2万元以上的;

(六) 造成严重后果的。

实施前款规定的行为,数量或者数额达到前款第(一)项至第(五)项规定标准5倍以上的,应当认定为刑法第三百六十三条第一款规定的"情节严重";达到规定标准25倍以上的,应当认定为"情节特别严重"。

第八条　实施第四条至第七条规定的行为,具有下列情形之一的,应当认定行为人"明知",但是有证据证明确实不知道的除外:

(一) 行政主管机关书面告知后仍然实施上述行为的;

(二)接到举报后不履行法定管理职责的;

(三)为淫秽网站提供互联网接入、服务器托管、网络存储空间、通信传输通道、代收费、费用结算等服务,收取服务费明显高于市场价格的;

(四)向淫秽网站投放广告,广告点击率明显异常的;

(五)其他能够认定行为人明知的情形。

第九条 一年内多次实施制作、复制、出版、贩卖、传播淫秽电子信息行为未经处理,数量或者数额累计计算构成犯罪的,应当依法定罪处罚。

第十条 单位实施制作、复制、出版、贩卖、传播淫秽电子信息犯罪的,依照《中华人民共和国刑法》《最高人民法院、最高人民检察院关于办理利用互联网、移动通信终端、声讯台,制作、复制、出版、贩卖、传播淫秽电子信息刑事案件具体应用法律若干问题的解释》和本解释规定的相应个人犯罪的定罪量刑标准,对直接负责的主管人员和其他直接责任人员定罪处罚,并对单位判处罚金。

第十一条 对于以牟利为目的,实施制作、复制、出版、贩卖、传播淫秽电子信息犯罪的,人民法院应当综合考虑犯罪的违法所得、社会危害性等情节,依法判处罚金或者没收财产。罚金数额一般在违法所得的一倍以上5倍以下。

第十二条 《最高人民法院、最高人民检察院关于办理利用互联网、移动通信终端、声讯台,制作、复制、出版、贩卖、传播淫秽电子信息刑事案件具体应用法律若干问题的解释》和本解释所称网站,是指可以通过互联网域名、IP地址等方式访问的内容提供站点。

以制作、复制、出版、贩卖、传播淫秽电子信息为目的建立或者建立后主要从事制作、复制、出版、贩卖、传播淫秽电子信息活动的网站,为淫秽网站。

第十三条 以前发布的司法解释与本解释不一致的,以本解释为准。

5.15 《最高人民法院关于审理破坏广播电视设施等刑事案件具体应用法律若干问题的解释》

中华人民共和国最高人民法院公告

《最高人民法院关于审理破坏广播电视设施等刑事案件具体应用法律若干问题的解释》已于2011年5月23日由最高人民法院审判委员会第1523次会议通过,现予公布,自2011年6月13日起施行。

二〇一一年六月七日

最高人民法院关于审理破坏广播电视设施等刑事案件具体应用法律若干问题的解释

(2011年5月23日最高人民法院审判委员会第1523次会议通过)

法释〔2011〕13号

为依法惩治破坏广播电视设施等犯罪活动,维护广播电视设施运行安全,根据刑法有关规定,现就审理这类刑事案件具体应用法律的若干问题解释如下:

第一条 采取拆卸、毁坏设备,剪割缆线,删除、修改、增加广播电视设备系统中存储、处理、传输的数据和应用程序,非法占用频率等手段,破坏正在使用的广播电视设施,具有下列情形之一的,依照刑法第一百二十四条第一款的规定,以破坏广播电视设施罪处 3 年以上 7 年以下有期徒刑:

(一)造成救灾、抢险、防汛和灾害预警等重大公共信息无法发布的;

(二)造成县级、地市(设区的市)级广播电视台中直接关系节目播出的设施无法使用,信号无法播出的;

(三)造成省级以上广播电视传输网内的设施无法使用,地市(设区的市)级广播电视传输网内的设施无法使用 3 小时以上,县级广播电视传输网内的设施无法使用 12 小时以上,信号无法传输的;

(四)其他危害公共安全的情形。

第二条 实施本解释第一条规定的行为,具有下列情形之一的,应当认定为刑法第一百二十四条第一款规定的"造成严重后果",以破坏广播电视设施罪处 7 年以上有期徒刑:

(一)造成救灾、抢险、防汛和灾害预警等重大公共信息无法发布,因此贻误排除险情或者疏导群众,致使 1 人以上死亡、3 人以上重伤或者财产损失 50 万元以上,或者引起严重社会恐慌、社会秩序混乱的;

(二)造成省级以上广播电视台中直接关系节目播出的设施无法使用,信号无法播出的;

(三)造成省级以上广播电视传输网内的设施无法使用 3 小时以上,地市(设区的市)级广播电视传输网内的设施无法使用 12 小时以上,县级广播电视传输网内的设施无法使用 48 小时以上,信号无法传输的;

(四)造成其他严重后果的。

第三条 过失损坏正在使用的广播电视设施,造成本解释第二条规定的严重后果的,依照刑法第一百二十四条第二款的规定,以过失损坏广播电视设施罪处 3 年以上 7 年以下有期徒刑;情节较轻的,处三年以下有期徒刑或者拘役。

过失损坏广播电视设施构成犯罪,但能主动向有关部门报告,积极赔偿损失或者修复被损坏设施的,可以酌情从宽处罚。

第四条 建设、施工单位的管理人员、施工人员,在建设、施工过程中,违反广播电视设施保护规定,故意或者过失损毁正在使用的广播电视设施,构成犯罪的,以破坏广播电视设施罪或者过失损坏广播电视设施罪定罪处罚。其定罪量刑标准适用本解释第一至三条的规定。

第五条 盗窃正在使用的广播电视设施,尚未构成盗窃罪,但具有本解释第一条、第二条规定情形的,以破坏广播电视设施罪定罪处罚;同时构成盗窃罪和破坏广播电视设施罪的,依照处罚较重的规定定罪处罚。

第六条 破坏正在使用的广播电视设施未危及公共安全,或者故意毁坏尚未投入使用的广播电视设施,造成财物损失数额较大或者有其他严重情节的,以故意毁坏财物罪定罪处罚。

第七条 实施破坏广播电视设施犯罪,并利用广播电视设施实施煽动分裂国家、煽动颠覆国家政权、煽动民族仇恨、民族歧视或者宣扬邪教等行为,同时构成其他犯罪的,依照处罚较重的规定定罪处罚。

第八条 本解释所称广播电视台中直接关系节目播出的设施、广播电视传输网内的设施,参照国家广播电视行政主管部门和其他相关部门的有关规定确定。

5.16 《最高人民法院、最高人民检察院关于办理危害计算机信息系统安全刑事案件应用法律若干问题的解释》

中华人民共和国最高人民法院、中华人民共和国最高人民检察院公告

《最高人民法院、最高人民检察院关于办理危害计算机信息系统安全刑事案件应用法律若干问题的解释》已于2011年6月20日由最高人民法院审判委员会第1524次会议、2011年7月11日由最高人民检察院第十一届检察委员会第63次会议通过,现予公布,自2011年9月1日起施行。

二〇一一年八月一日

最高人民法院、最高人民检察院关于办理危害计算机信息系统安全刑事案件应用法律若干问题的解释

(2011年6月20日最高人民法院审判委员会第1524次会议、2011年7月11日最高人民检察院第十一届检察委员会第63次会议通过)

法释[2011]19号

为依法惩治危害计算机信息系统安全的犯罪活动,根据《中华人民共和国刑法》、《全国人民代表大会常务委员会关于维护互联网安全的决定》的规定,现就办理这类刑事案件应用法律的若干问题解释如下:

第一条 非法获取计算机信息系统数据或者非法控制计算机信息系统,具有下列情形之一的,应当认定为刑法第二百八十五条第二款规定的"情节严重":

(一)获取支付结算、证券交易、期货交易等网络金融服务的身份认证信息10组以上的;

(二)获取第(一)项以外的身份认证信息500组以上的;

(三)非法控制计算机信息系统20台以上的;

(四)违法所得5000元以上或者造成经济损失1万元以上的;

(五)其他情节严重的情形。

实施前款规定行为,具有下列情形之一的,应当认定为刑法第二百八十五条第二款规定的"情节特别严重":

（一）数量或者数额达到前款第（一）项至第（四）项规定标准 5 倍以上的；

（二）其他情节特别严重的情形。

明知是他人非法控制的计算机信息系统，而对该计算机信息系统的控制权加以利用的，依照前两款的规定定罪处罚。

第二条　具有下列情形之一的程序、工具，应当认定为刑法第二百八十五条第三款规定的"专门用于侵入、非法控制计算机信息系统的程序、工具"：

（一）具有避开或者突破计算机信息系统安全保护措施，未经授权或者超越授权获取计算机信息系统数据的功能的；

（二）具有避开或者突破计算机信息系统安全保护措施，未经授权或者超越授权对计算机信息系统实施控制的功能的；

（三）其他专门设计用于侵入、非法控制计算机信息系统、非法获取计算机信息系统数据的程序、工具。

第三条　提供侵入、非法控制计算机信息系统的程序、工具，具有下列情形之一的，应当认定为刑法第二百八十五条第三款规定的"情节严重"：

（一）提供能够用于非法获取支付结算、证券交易、期货交易等网络金融服务身份认证信息的专门性程序、工具 5 人次以上的；

（二）提供第（一）项以外的专门用于侵入、非法控制计算机信息系统的程序、工具 20 人次以上的；

（三）明知他人实施非法获取支付结算、证券交易、期货交易等网络金融服务身份认证信息的违法犯罪行为而为其提供程序、工具 5 人次以上的；

（四）明知他人实施第（三）项以外的侵入、非法控制计算机信息系统的违法犯罪行为而为其提供程序、工具 20 人次以上的；

（五）违法所得 5000 元以上或者造成经济损失 1 万元以上的；

（六）其他情节严重的情形。

实施前款规定行为，具有下列情形之一的，应当认定为提供侵入、非法控制计算机信息系统的程序、工具"情节特别严重"：

（一）数量或者数额达到前款第（一）项至第（五）项规定标准 5 倍以上的；

（二）其他情节特别严重的情形。

第四条　破坏计算机信息系统功能、数据或者应用程序，具有下列情形之一的，应当认定为刑法第二百八十六条第一款和第二款规定的"后果严重"：

（一）造成 10 台以上计算机信息系统的主要软件或者硬件不能正常运行的；

（二）对 20 台以上计算机信息系统中存储、处理或者传输的数据进行删除、修改、增加操作的；

（三）违法所得 5000 元以上或者造成经济损失 1 万元以上的；

（四）造成为 100 台以上计算机信息系统提供域名解析、身份认证、计费等基础服务或者为 1 万以上用户提供服务的计算机信息系统不能正常运行累计 1 小时以上的；

（五）造成其他严重后果的。

实施前款规定行为，具有下列情形之一的，应当认定为破坏计算机信息系统"后果特别严重"：

（一）数量或者数额达到前款第（一）项至第（三）项规定标准 5 倍以上的；

（二）造成为 500 台以上计算机信息系统提供域名解析、身份认证、计费等基础服务或者为 5 万以上用户提供服务的计算机信息系统不能正常运行累计 1 小时以上的；

（三）破坏国家机关或者金融、电信、交通、教育、医疗、能源等领域提供公共服务的计算机信息系统的功能、数据或者应用程序，致使生产、生活受到严重影响或者造成恶劣社会影响的；

（四）造成其他特别严重后果的。

第五条　具有下列情形之一的程序，应当认定为刑法第二百八十六条第三款规定的"计算机病毒等破坏性程序"：

（一）能够通过网络、存储介质、文件等媒介，将自身的部分、全部或者变种进行复制、传播，并破坏计算机系统功能、数据或者应用程序的；

（二）能够在预先设定条件下自动触发，并破坏计算机系统功能、数据或者应用程序的；

（三）其他专门设计用于破坏计算机系统功能、数据或者应用程序的程序。

第六条　故意制作、传播计算机病毒等破坏性程序，影响计算机系统正常运行，具有下列情形之一的，应当认定为刑法第二百八十六条第三款规定的"后果严重"：

（一）制作、提供、传输第五条第（一）项规定的程序，导致该程序通过网络、存储介质、文件等媒介传播的；

（二）造成 20 台以上计算机系统被植入第五条第（二）、（三）项规定的程序的；

（三）提供计算机病毒等破坏性程序 10 人次以上的；

（四）违法所得 5000 元以上或者造成经济损失 1 万元以上的；

（五）造成其他严重后果的。

实施前款规定行为，具有下列情形之一的，应当认定为破坏计算机信息系统"后果特别严重"：

（一）制作、提供、传输第五条第（一）项规定的程序，导致该程序通过网络、存储介质、文件等媒介传播，致使生产、生活受到严重影响或者造成恶劣社会影响的；

（二）数量或者数额达到前款第（二）项至第（四）项规定标准 5 倍以上的；

（三）造成其他特别严重后果的。

第七条　明知是非法获取计算机信息系统数据犯罪所获取的数据、非法控制计算机信息系统犯罪所获取的计算机信息系统控制权，而予以转移、收购、代为销售或者以其他方法掩饰、隐瞒，违法所得 5000 元以上的，应当依照刑法第三百一十二条第一款的规定，以掩饰、隐瞒犯罪所得罪定罪处罚。

实施前款规定行为,违法所得5万元以上的,应当认定为刑法第三百一十二条第一款规定的"情节严重"。

单位实施第一款规定行为的,定罪量刑标准依照第一款、第二款的规定执行。

第八条 以单位名义或者单位形式实施危害计算机信息系统安全犯罪,达到本解释规定的定罪量刑标准的,应当依照刑法第二百八十五条、第二百八十六条的规定追究直接负责的主管人员和其他直接责任人员的刑事责任。

第九条 明知他人实施刑法第二百八十五条、第二百八十六条规定的行为,具有下列情形之一的,应当认定为共同犯罪,依照刑法第二百八十五条、第二百八十六条的规定处罚:

(一)为其提供用于破坏计算机信息系统功能、数据或者应用程序的程序、工具,违法所得5000元以上或者提供10人次以上的;

(二)为其提供互联网接入、服务器托管、网络存储空间、通信传输通道、费用结算、交易服务、广告服务、技术培训、技术支持等帮助,违法所得5000元以上的;

(三)通过委托推广软件、投放广告等方式向其提供资金5000元以上的。

实施前款规定行为,数量或者数额达到前款规定标准5倍以上的,应当认定为刑法第二百八十五条、第二百八十六条规定的"情节特别严重"或者"后果特别严重"。

第十条 对于是否属于刑法第二百八十五条、第二百八十六条规定的"国家事务、国防建设、尖端科学技术领域的计算机信息系统"、"专门用于侵入、非法控制计算机信息系统的程序、工具"、"计算机病毒等破坏性程序"难以确定的,应当委托省级以上负责计算机信息系统安全保护管理工作的部门检验。司法机关根据检验结论,并结合案件具体情况认定。

第十一条 本解释所称"计算机信息系统"和"计算机系统",是指具备自动处理数据功能的系统,包括计算机、网络设备、通信设备、自动化控制设备等。

本解释所称"身份认证信息",是指用于确认用户在计算机信息系统上操作权限的数据,包括账号、口令、密码、数字证书等。

本解释所称"经济损失",包括危害计算机信息系统犯罪行为给用户直接造成的经济损失,以及用户为恢复数据、功能而支出的必要费用。

第 6 章 典型信息网络安全违法犯罪案例

6.1 信息网络安全犯罪案例

6.1.1 以信息网络为对象的犯罪

1. 非法侵入计算机信息系统罪

案例:

2010年5月,某市公安机关接到当地某县交警大队报案称:2010年4月至5月期间,该县公安局交通违章处理平台上的交通违章信息,多次遭到违法修改和删除,对该县交通违章处理信息平台造成严重破坏,致使该网站无法正常工作。

经初查发现,该县交通违章处理平台共遭到5次删改,删改信息达40余条,造成违章罚款流失近7000元。并且不法分子于5月27日对违章信息进行篡改的同时,也对该平台的工作密码进行了修改,导致工作人员无法进入系统,严重影响了该县交警大队的正常办公秩序。经查,协警人员葛某有重大作案嫌疑。

葛某到案后,如实供述了其犯罪事实:2010年4月的某一天,葛某经交警大队长授权进入违章处理信息平台进行正常事务性操作,同时,他因私心作祟,擅自将其亲属的车辆违章记录进行删除。一次作案得逞后,葛犯用其掌握的交警大队民警的用户名,于4月至5月,多次运用密码破译软件破解对应的登录密码,登录到公安内网交警平台进行违章数据篡改。一个月内删除系统中车辆交通违法数据17条,修改车辆交通违法数据14条,修改该系统用户密码,导致工作人员无法登录,严重干扰了该县公安局交警大队正常的道路管理工作,造成经济损失人民币近7000元。

法院经审理认为,葛某在未得到合法授权和批准的情况下,非法侵入某市公安局道路交通违法业务处理信息系统,并对车辆违法数据进行修改、删除和修改该系统用户密码,侵犯了该系统的安全,其行为已构成非法侵入计算机信息系统罪。根据《中华人民共和国刑法》第二百八十五条的规定,判处有期徒刑6个月。

2. 破坏计算机信息系统罪

案例 1:

2009年2月24日,黄石市水木年华网吧业主张某到网监支队报案称,其网吧的收费系统被人使用工具软件入侵,网吧营业款受到了重大损失。

经初查发现,能够接触网吧收银机的只有网吧的网管和收银员,而该网吧出现异常数据是在收银员张某到网吧工作之后,且所有异常数据出现的时间段均为该收银员当班时间段。经查,该收银员月工资仅 600 元,但其消费水平却远远高于收入。收银员张某到案后如实交代了其犯罪事实:2007 年 8 月至 2009 年 2 月,犯罪嫌疑人梅某将自己编写的入侵及破解工具软件安装到网吧收费系统,通过中间人陈某联系收银员张某等人进行控制,删改网吧收费系统数据从中牟利。该案涉及网吧达 18 家,参与作案的网管和收银员 22 人,通过网上下载和梅某自行设计的破解工具,盗窃网吧营业额达 30 余万元。

案例 2:

2007 年 7 月至 9 月,一名专业的软件程序员浦某在参与编制公司软件的过程中,故意在其中安插了一个"逻辑炸弹",在它的作用下,安装软件的计算机将会在 2007 年 10 月 1 日零时后,自动删除 C 盘至 H 盘内的所有文件。为了使软件在运行时可以执行该恶意代码,浦某还在主执行程序里添加了调用该函数的代码。当年 9 月,浦某从公司辞职,与此同时,公司也开始向市场推广了相关软件。不料,全国多家单位和个人在使用上述软件后,均出现了计算机数据被恶意删除的情况。为恢复客户计算机中被删除的数据,公司虽然花费了 20 余万元,但仍有部分客户计算机数据无法恢复。

法院经审理认为,浦某的行为构成破坏计算机信息系统罪,判处有期徒刑 2 年 6 个月。

案例 3:

犯罪嫌疑人王某精通计算机,其所在的公司主要为客户提供影片下载服务。为了帮公司抵制竞争对手的不正当竞争方法,提高业绩,王某决定找"黑客"攻击对方公司的网站,这样他们的网络就无法提供正常服务了,营运自然会受到影响。这个主意最终被公司领导采纳了,因为是王某提出的,王某自然成了具体的"执行人"。他很快就行动起来,先选择了一种最适合的"黑客"软件——"傀儡僵尸"的 DDOS 攻击软件作为攻击工具,又找到并测试了全国可供该软件控制的、用于攻击的千余台"傀儡机"(即可以被软件控制的计算机)。

2006 年 8 月 6 日,王某的"黑客"生活正式开始。第一波攻击,王某选择针对对方的网站页面。他远程操控了 200 多台"傀儡机""指挥"着全国各地被控制的"傀儡机",连续反复恶意地攻击对手公司提供网站服务的页面服务器。第一波攻击很快取得了成功,对方网站间断性瘫痪,无法正常工作。但仅仅持续了 10 多天后,王某发现对方网站的防御升级了,他的攻击也完全失效。王某在研究了对方升级过的系统后,随即发动了第二波攻击,直接攻击对手公司为客户提供影片的种子服务器,并非法入侵了其存放影片文件的虚拟空间,修改相关内容,使对方公司 1000 余家客户下载的影片被全部删除。这样的攻击从 8 月 6 日一直持续到 9 月 2 日,共 28 天,造成对方公司网站瘫痪,大量客户流失,直接经济损失达 7 万余元。

2007 年 7 月,法院以破坏计算机信息系统罪判处王某拘役 3 个月,缓刑 3 个月。

案例 4:

2006 年 9 月 24 日,湖北省仙桃市人民法院公开开庭审理了备受社会各界广泛关注的被告人李俊、王磊、张顺、雷磊破坏计算机信息系统罪一案。被告人李俊犯破坏计算机信息系统罪,判处有期徒刑4年;被告人王磊犯破坏计算机信息系统罪,判处有期徒刑2年6个月;被告人张顺犯破坏计算机信息系统罪,判处有期徒刑2年;被告人雷磊犯破坏计算机信息系统罪,判处有期徒刑1年。

李俊于2006年10月开始制作计算机病毒"熊猫烧香",并请雷磊对该病毒提修改建议。雷磊认为,该病毒会修改被感染文件的图标,且没有隐藏病毒进程,容易被发现,建议李俊从这两个方面对该病毒程序进行修改。李俊按照雷磊的建议修改了"熊猫烧香"病毒程序,由于其技术原因,修改后的病毒虽然不改变别人的图标,但还是出现图标变花,隐藏病毒进程问题也没有解决。2007年1月,雷磊自己对该病毒源代码进行修改,仍未解决上述两个问题。

2006年12月初,李俊在互联网上叫卖该病毒,同时也请王磊及其他网友帮助出售该病毒。随着病毒的出售和赠送给网友,"熊猫烧香"病毒迅速在互联网上传播,由此使得自动链接李俊个人网站www.krvkr.com的流量大幅上升。王磊得知此情形后,主动提出为李俊卖"流量",并联系张顺购买李俊网站的"流量",所得收入由其和李俊平分。为了提高访问李俊网站的速度,减少网络拥堵,王磊和李俊商量后,由王磊化名董磊为李俊的网站在南昌锋讯网络科技有限公司租用了一个2GB内存、百兆独享线路的服务器,租金由李俊、王磊每月各负担800元。张顺购买李俊网站的流量后,先后将9个游戏木马挂在李俊的网站上,盗取自动链接李俊网站游戏玩家的"游戏信封",并将盗取的"游戏信封"进行拆封、转卖,从而获取利益。

从2006年12月至2007年2月,李俊共获利145149元,王磊共获利8万元,张顺共获利1.2万元。由于"熊猫烧香"病毒的传播感染,影响了山西、河北、辽宁、广东、湖北、北京、上海、天津等省市的众多单位和个人的计算机系统的正常运行。2007年2月2日,李俊将其网站关闭,之后再未开启该网站。2007年2月4日、5日、7日,被告人李俊、王磊、张顺、雷磊分别被仙桃市公安局抓获归案。李俊、王磊、张顺归案后退出所得全部赃款。李俊交出"熊猫烧香"病毒专杀工具。

仙桃市人民法院审理后认为,被告人李俊、雷磊故意制作计算机病毒,被告人李俊、王磊、张顺故意传播计算机病毒,影响了众多计算机系统正常运行,后果严重,其行为均已构成破坏计算机信息系统罪,应负刑事责任。被告人李俊在共同犯罪中起主要作用,是本案主犯,应当按照其所参与的全部犯罪处罚,同时,被告人李俊有立功表现,依法可以从轻处罚。被告人王磊、张顺、雷磊在共同犯罪中起次要作用,是本案从犯,应当从轻处罚。4被告人认罪态度较好,有悔罪表现,且被告人李俊、王磊、张顺能退出所得全部赃款,依法可以酌情从轻处罚。

案例5:

2005年哈尔滨某大学3年级学生王某,因英语成绩始终不及格,便产生了用黑客入侵学校网站改成绩的念头。2005年6月,王某开始研究黑客程序,经过3个月的尝试,到了9月份,王某将"桂林老兵木马"程序植入到了所在大学的教务部网站中,利用该程序登录到大学教务部网站，把自己的英语成绩从 59 分更改为 74 分。

过了一段时间，王某见自己改成绩的事没被发现，胆子便大了起来，他陆续将自己 40 余科的成绩都改为 80 分以上。他见学校校友录和聊天室里经常有同学抱怨考试不过，遂产生了通过修改成绩赚钱的想法。从 2005 年 10 月到 2006 年 3 月期间，王某利用上网与同学聊天之机，向他们谎称自己认识学校教务部的工作人员，可以修改学生成绩数据，以此寻找和联系本校需要修改成绩的学生。其后，王某以修改一科考试成绩要 50 元人民币或 100 元人民币的价钱，先后为本校 20 余名学生修改了学习成绩数据，共收取赃款 13130 元。

2006 年 3 月，该大学的老师在上网查询学生成绩时，发现一名学生的成绩从 0 分被改成了 75 分后，开始调查。王某害怕事情败露，为隐瞒其犯罪事实，利用"桂林老兵木马"程序，将所在大学教务部网站服务器内存储的以学号 1021 开头的学生成绩数据进行修改，使有机化学科目在 90 分以上的学生考试成绩数据，均被其修改下调 10 分或 20 分，共修改 5100 余条。案发后，该大学向公安机关报案，王某被抓获。

经法院审理后认为，王某违反国家规定，采取非法入侵的手段对本学校计算机信息系统储存的大量学生成绩数据进行修改，造成了严重的后果，其行为已构成破坏计算机信息系统罪，判处有期徒刑 2 年，缓刑 3 年。

6.1.2 以信息网络为工具的犯罪

1. 利用计算机信息网络危害国家安全的犯罪

案例：间谍案

犯罪嫌疑人李某是一个平面广告设计员，做过专职摄影师，能用计算机从事网管等工作。自小爱好军事，长期关注中国军事动向和军工技术的发展，受形形色色的军事网站推崇"原创"的影响，他围绕中国军事单位和军工生产企业进行非法拍照、摄像，并在网站论坛上发表。2003 年的一天，一名为王某的人通过网络联系李某，希望李某向他提供军事图片，并承诺可为李某提供更好的设备和经费。李某很快将长期拍摄积累的数百张军事照片，连同掌握的中国多种新型武器研发生产情况提供给王某。在兑现承诺的经费后，王某撕下了"军事爱好者"的面具，告诉李某他在为××情报机关工作，并向李某下达各种情报搜集指令。李某最终选择了听命于××情报机关，开始对多处军事单位开展情报搜集，并将这些危害国家和军事安全的情报提供给××间谍情报机关。同时，李某利用其身边大量的军事爱好者，广开情报来源，通过打探、套问、索要等方法，从其他军事爱好者那里搜集了大量情报，报送给境外间谍情报机关。

2006 年 5 月 22 日，李某因间谍罪，被依法判处有期徒刑 12 年，剥夺政治权利 3 年，并处没收财产人民币 1 万元。

2. 利用计算机信息网络系统危害公共安全的犯罪

案例：网上非法买卖枪支弹药案

曾在芬兰赫尔辛基大学留学的刘某，回上海后一直待业在家，期间结识了在本市一家公司工作的周某,不久结为夫妇。周某平时十分爱好研究枪模,2005年,两人从网上购买了一支仿真手枪后,便萌生了自己也开个网站买卖枪支的想法。2006年5月,这对年轻夫妇在互联网上开设了"乐福枪模"网站,网站上张贴有各种枪支、弹药图片介绍性能和价格,并对外销售。按照夫妇俩交代,这些枪支、弹药从广州等地进货,并以网站为媒介,采用手机、电子邮件联系及QQ聊天等方式,与买家谈妥价格后,用快递送货,随后通过银行账户转账汇款成交。在一年多时间里,两人通过该网站向他人出售各类非军用枪支6把以及随枪附送的铅弹,还销售枪套等配件,价格从几十元到千元不等,获利丰厚。2006年底,徐先生在"乐福枪模"网站看中一把"北极熊"枪,于是与网站上所留的手机号码联系,周某在电话中向徐先生介绍了该枪支性能,在谈妥价格后,周某提出第一次交易用汇款方式不安全,要当面交易。于是,双方在南方商城附近接头交易,徐先生付款后,拿到了一张超市寄物箱的密码条,从寄物箱内取到了枪支。2007年初,王先生、成先生也分别在"乐福枪模网站"看中枪支,通过网站上留的手机号码取得联系,经对方介绍并谈妥价格后,分别将钱款汇至周某账户,周某用快递送货完成交易。

2007年6月,公安机关在实施全面监控,经过深入调查后,将夫妻两人抓获归案,从他们的住所内当场查获尚未售出的3支具有杀伤力的枪支,以及铅弹60余万发。

法院经审理认为,被告人周某、刘某违反法律规定,私自购买以压缩气体为动力的非军用枪支9支、气枪铅弹60余万发,其中已出售以压缩气体为动力的非军用枪支6支、气枪铅弹若干,其行为均已构成非法买卖枪支、弹药罪,且情节严重。上海市一中院以非法买卖枪支弹药罪,判处周某有期徒刑12年,剥夺政治权利3年;妻子刘某获刑11年,剥夺政治权利3年。

3. 利用计算机信息网络系统破坏市场经济秩序的犯罪

案例1:侵犯著作权案

盛趣信息技术(上海)有限公司拥有网络游戏《传奇世界》的著作权,2003年10月28日授权上海盛大网络发展有限公司在中国大陆地区独家运营。在《传世》官服实施收费的情况下,更多的传奇玩家选择了私服,因为私服不仅仅是客观性免费游戏,而且在私服游戏中,装备的获取、等级的提升,也要比官服容易得多。这就导致国内大量《传世》玩家涌入私服。2005年10月以来,盛趣信息技术(上海)有限公司从互联网上发现,浙江丽水一个网名叫"王阳"的人,使用盗版的《传奇世界》服务器端程序M5版本,架设名为"永恒大陆传奇世界"的游戏私服,引起了他们的注意。"王阳"在丽水电信、广东茂名电信等多个机房租用10余台服务器,并注册了www.sf778.com域名作为私服网站,并有专门的技术维护人员和客服人员进行营运,且非法获利数额较大,严重侵犯了该公司自主开发拥有自主知识产权的大型网络游戏《传奇世界》软件的著作权。

经工作发现,犯罪嫌疑人谢某、叶某受到利益驱使,在未经授权的情况下,从他人处非法取得能接入上海盛大网络发展有限公司《传奇世界》的程序软件,并私自架设"永恒大陆传奇世界"、"明月传世"、"沧海传世"等涉嫌侵权的网游私服,在互联网上为游戏玩家提供游戏,通过出售会员资格、游戏装备,为玩家调整级别等方式,在短短数月获取非法所得共计人民币 20 余万元。

本案所提到的侵犯大型网络游戏的著作权罪在《刑法》中虽有所涉及,但具体针对网络游戏侵权犯罪方面的司法解释、判例在全国非常罕见,民事侵权与刑事侵权的界线难以划分,特别是该案所涉及的司法侵权鉴定,目前国内还没有建立起一个相对规范、统一、完善的鉴定机制,加之网络犯罪中取证的要求也很高,这给实际办案带来相当大的难度。2007 年 5 月 15 日,此案在当地人民法院开庭审理,法院一审判决被告人叶某构成侵犯著作权罪,判处有期徒刑 3 年,缓刑 4 年,并处罚金 8 万人民币;判处谢某构成侵犯著作权罪,判处有期徒刑 3 年,缓刑 4 年,并处罚金 12.74 万元。违法所得全部予以没收。

案例 2:侵犯商业秘密案

被告人项某、孙某均是新加坡商人投资的某信息技术(上海)有限公司的软件工程师。2000 年 4 月,项某被公司派往马来西亚 ARL 公司进行门户网站建设。期间,ARL 公司曾以高薪邀项加盟,但因故未果。因两家公司合作关系破裂,项某被本公司招回。项某因其个人要求未得到满足,对公司不满,遂积极拉拢孙某一起离开公司,加盟 ARL 公司。两人商定,孙某将其编制的软件源代码交给项某,由项某转交 ARL 公司并作演示,借此向对方推荐孙某。

同年 11 月初,项某前往马来西亚的 ARL 公司,通过新浪网的个人信箱下载了孙某从国内发出的软件源代码,并将源代码安装到 ARL 公司服务器上进行演示。此事被某信息技术(上海)有限公司发觉后,向警方报案,遂案发。一审法院经审理后认为,被告人项某、孙某违反公司有关保守商业秘密约定和要求,披露所掌握的软件源代码的商业秘密,给商业秘密权利人造成特别严重的后果,其行为已构成侵犯商业秘密罪,遂依法分别判处项某、孙某有期徒刑 3 年 6 个月和有期徒刑 2 年 6 个月,并处罚金。

案例 3:伪造、买卖国家机关证件案;伪造公司、企业、事业单位、人民团体印章案;出售非法制造的发票案

2009 年 2 月,公安机关在工作中发现,有人利用互联网发布制假广告,公安机关立即开展调查。经过 1 个月的网上悉心经营和网下摸排调查,侦查人员逐步摸清案情:嫌疑人高某以在互联网上发布贩卖假证件信息的方式招揽生意,通过 QQ 或手机等通信工具与买方联系,再与同伙管某在合租的房屋内制造假发票、假证件、假牌照,并于收货的第二日与买方最终交易。同年 3 月,侦查人员将嫌疑人高某、管某一举抓获,并当场缴获面值 90 多亿元的假发票千余份,涉及从业资格、学历文凭、户口产权、婚姻状况、税务登记、生产许可等 10 余种 3300 余件假证件,1100 余个假印章及钢印模板,16 副假车辆牌照,及作案用计算机 1 套,扫描仪 1 台,打印机 4 台,封塑机 2 台,压印机 1 台,号码机 4 台。

经侦查,嫌疑人高某于 2009 年 9 月间与嫌疑人管某以 2600 元人民币的价格从管某的老乡施某处收购了部分制假设备和假证半成品,并于同期开始合伙制贩假证且牟利分赃。后公安机关将施某抓获。

法院经审理认为,被告人高某、管某犯伪造、买卖国家机关证件、印章罪判处有期徒刑 3 年;犯伪造公司、企业、事业单位、人民团体印章罪,判处有期徒刑 6 个月;犯出售非法制造的发票罪,判处有期徒刑 6 个月,并处罚金 2 万元人民币;犯伪造武装部队证件、印章罪,判处有期徒刑 3 年;数罪并罚,决定执行有期徒刑 6 年,罚金人民币 2 万元。

被告人施某犯伪造、买卖国家机关印章罪,判处有期徒刑六个月;犯出售非法制造的发票罪,判处有期徒刑 8 个月,罚金人民币 2 万元;数罪并罚,决定执行有期徒刑 10 个月,罚金人民币 2 万元。

案例 4:利用计算机网络非法经营案

2008 年 5 月 12 日,个体经营者韩某利用网上"易购币"(E-GOLD)投资返利传销活动,致 20 人损失 35 万余元。当地法院以非法经营罪,判处其有期徒刑 2 年缓刑 3 年,并处罚金人民币 2 万元。

法院审理查明,2006 年 10 月,韩某被李某(另案处理)发展为直接下线,从 2006 年 10 月初至 11 月底租用一地下室进行网上"易购币"投资返利传销活动。韩某用一台计算机为投资者在"WIG"网上申请一个个人邮箱,再开通一个"易购币"账户,随后便可每天得到投资额 1.2%～2%不等的"易购币"利息,韩某将利息兑换成人民币返还给投资者。直接介绍别人加入者,可按投资额的 10%～15%抽取介绍费;间接介绍别人加入者,上线可抽取投资额 1%～2%的介绍费。此网络经营于 2006 年 11 月 26 日关闭,返利活动停止。期间共发展下线 20 人,投资 57 万余元,返利 13 万余元,韩某非法获利 2 万余元,致投资者巨大经济损失。

法院认为,韩某明知"易购币"投资返利属传销,系违法行为,但仍在利益驱使下发展下线,进行传销活动,且经营数额较大,其行为构成非法经营罪。

4. 利用计算机信息网络实施侵犯人身权利的犯罪

案例:非法获取公民个人信息案

【1-1】 2010 年 2 月,30 岁的周某注册了某信息技术有限公司,雇用了亲戚李某、张某等人,通过网上买卖企业信息、市民个人信息,大肆在网上公开"叫卖"他人的身份证号、手机号、账号、住址等"私密"信息,内容涉及房产、汽车、金融、娱乐、IT 等行业,遍及男女老幼,甚至连刚出生的婴儿也没能幸免,市民的个人信息被随意掌握和交易高达 3000 余万条。周某在事后向有关机关交代,自 2005 年至案发时止,她个人获利高达 100 万元。而她自己开始也没感到会触犯法律。

2010 年 8 月 5 日,对涉嫌获取市民个人信息罪的李某等 10 名被告人进行开庭审理。法庭做出了一审判决,10 名被告人均犯非法获取公民个人信息罪,其中 9 名被分别判处有期徒刑 2 年至拘役 6 个月,缓刑 6 个月不等,罚金 1 万元至 4 万元不等,另有 1 名被告人被免予刑事处罚。

【1-2】 2006 年 3 月至 2009 年 6 月,被告人赖某通过发布互联网广告和发放名片等形式,以 2000 元至 1 万元不等的价格对外承揽讨债、寻人、婚外恋跟踪取证等业务。为此,被

告人赖某多次以人口信息每条50元、未退房的宾(旅)馆信息每条1000元的价格向上海市金山区公安消防支队士官郑某(另案处理)购买各类个人信息近千条,并先后支付给郑某27万余元。其中,2009年3月至6月,被告人赖某从郑某处购得个人信息40余条,从中非法获利4万余元。

上海市浦东新区人民法院经审理认为,被告人赖某非法获取公民个人信息,情节严重,其行为已构成非法获取公民个人信息罪。2010年2月,浦东法院判决,被告人赖某犯非法获取公民个人信息罪,判处有期徒刑一年,罚金2万元。

5. 利用计算机信息网络实施侵犯财产的犯罪
案例1:诈骗案

【1-1】 2009年10月下旬,犯罪嫌疑人张某通过互联网QQ聊天方式,结识被害人王某(女),犯罪嫌疑人张某谎称自己是上海某大型酒吧老板,称酒吧已被公安局查封,需要用钱打点此事为由,先后4次共骗取被害人王某30余万元人民币。

法院经审理认为,被告人张某以非法占有为目的,虚构自己是酒吧老板事实,隐瞒自己是待业青年的真相,取得他人信任后,骗取他人钱财,数额特别巨大,其行为侵犯了公民的财产权利,扰乱了社会治安秩序,已构成诈骗罪,判处有期徒刑10年9个月,并处罚金10万元人民币。

【1-2】 被告人杨某为骗取汶川地震捐款,非法入侵红十字会网站,2008年7月10日,江苏省昆山市人民法院依法判处杨某有期徒刑2年,有力打击了干扰和破坏抗震救灾工作的刑事犯罪活动。

杨丽涛被捕前系深圳市某网络科技有限公司员工,2008年5月21日因涉嫌犯破坏计算机信息系统罪被刑事拘留,同年5月29日被逮捕。

被告人杨某在深圳市龙岗区某暂住处利用昆山市红十字会网站源代码漏洞,非法获取管理员的账号用户名和密码及网站管理后台地址,并上传木马程序,篡改网站上内容,发布虚假的为5·12四川汶川地震捐款消息,而后在消息中填写自己拥有的银行卡卡号,导致该网站被迫关闭24小时以上的严重后果。公诉机关认为,被告人杨某违反国家规定,对计算机信息系统功能进行修改,造成计算机信息系统不能正常运行,后果严重,应当以破坏计算机信息系统罪追究其刑事责任。

昆山市法院审理认为,被告人杨某以非法占有为目的,为骗取社会为四川汶川地震提供的捐款,利用计算机非法入侵昆山市红十字会网站,发布虚假的为汶川地震募捐的消息,将昆山市红十字会的募捐账户修改为其本人控制的银行账户,其行为已构成诈骗罪,且以救灾名义骗取捐款,属情节严重。公诉机关指控被告人杨某的犯罪事实清楚,但指控罪名不当,应予纠正。对辩护人的关于被告人杨某破坏计算机信息系统罪罪名不成立的辩护意见,因本案系被告人杨某利用计算机实施诈骗犯罪,应依照刑法有关规定定罪处罚。被告人杨某因意志以外的原因诈骗未能得逞,系犯罪未遂,故根据本案的情节比照既遂犯罪依法减轻处罚。被告人杨某犯诈骗罪,判处有期徒刑2年,并处罚金人民币5000元。

案例2：盗窃案

【2-1】 2009年6月10日,马鞍山市佳达工业园某科技公司的业务员小林像往常一样打开QQ邮箱,查看客户邮件。随手打开一封老客户发来的关于"供货清单"的邮件,却是个空白邮件,他当时以为是客户疏忽了,并没放在心上。令小林没有想到的是,公司第二天连续接到客户投诉,说公司网站销售平台售出的游戏点卡、手机充值卡等电子数据产品的账户、密码无法正常登录使用。技术人员将公司服务器的数据库一查,更是目瞪口呆,居然有400多万元的电子产品不翼而飞。公司数据库中一些还未售出的电子数据产品,也被人大量地充值,或在网上低价倒卖。

警方侦查发现,源头正是小林打开的那一份空白邮件,它其实是披着"供货清单"伪装的木马程序,邮件被打开的一刹那,木马病毒就自动植入计算机系统。而幕后黑手就可以通过木马远程控制,操纵该公司计算机,盗取数据信息。警方后来通过被盗点卡充值特点,将范围锁定在了海南省海口市。专案组侦查人员随即前往海南,在一宾馆将犯罪嫌疑人抓获。

根据《刑法》第二百八十七条、第二百六十四条的规定,犯罪嫌疑人构成盗窃罪。

【2-2】 2007年4月11日,犯罪嫌疑人周某通过互联网QQ即时聊天工具,使用原为北京某科技有限公司上海分公司销售人员焦某的QQ号,向该QQ号好友列表里网友发送木马程序,此木马程序表现为"晶合在线卡最新价格表.exe"的文件。经销游戏点卡的无锡某计算机经营部工作人员陈某在收到该文件后,以为是客户焦某联络销售事宜,就把该文件保存在公司的计算机中,由此中了木马病毒。随后,犯罪嫌疑人周某使用"灰鸽子"远程控制程序登录到该台中了木马病毒的计算机,查得无锡计算机经营部有上海某公司"在线按元充值游戏点卡"的库存约50万元和销售账号。因为没有登录该账号的密码,被告人周某就冒充该经营部工作人员拨打上海公司销售客服电话,骗得客服人员为其提供密码,并在获知密码后,迅速做了修改。此后,犯罪嫌疑人周某将该账号中的游戏点卡在网上广为销售。据犯罪嫌疑人周某供述,他一是向网友的游戏账号内直接充值获利,二是通过把销售账号和修改后的密码告诉网友,由网友自行为游戏账号充值,并约定每从销售账号里充入价值2000元的点卡,网友就要给犯罪嫌疑人周某的网上账户汇款1300元。截止4月13日下午该账号被查封,在短短三天内,共计充面值计28万余元的"在线按元充值游戏点卡"(经鉴定价值人民币21万余元),犯罪嫌疑人周某亦收到了部分网友所支付的汇款。

法院经审理认为,被告人周某以非法占有为目的,在非法获取被害单位销售账号和密码后,在被害单位不知情的情况下将游戏点卡盗卖给他人,系秘密窃取被害单位财物的行为,且数额特别巨大,构成盗窃罪。被告人周某曾有利用互联网侵犯他人财产被判拘役的前科,酌情从重处罚。鉴于被告人周某归案后能够如实供述主要犯罪事实,当庭自愿认罪,酌情对其从轻处罚。据此,法院以盗窃罪判处被告人周某有期徒刑11年,剥夺政治权利3年,并处罚金人民币2万元。

【2-3】 犯罪嫌疑人徐某2005年从江西井冈山师范学院毕业后,编写了"顶狐下载者"计算机程序,并发布到"黑客帝国"等网站,利用他人使用该程序时,传播其编写的"顶狐结

巴"计算机病毒，用以截取他人的网络游戏账号、密码、信用卡账号、密码及用户身份资料等信息数据。2006 年 11 月，犯罪嫌疑人金某与徐某合谋一起合作，利用截取到的计算机用户的信用卡账号和密码等数据来窃取他人信用卡内的资金。由金某通过在互联网上转账的方法，购买游戏网站的游戏点卡，再将游戏点卡低价出售来窃取他人信用卡内的资金。犯罪嫌疑人陆某系金某的女友，从旁协助金某。同时金某通过网络聊天与犯罪嫌疑人徐某建立联系，徐某则联系被告人方某等人，采用伪造被害人身份证和银行信用卡的方式，至银行各网点骗取被害人的资金，以及采用网上银行转账的方式窃取他人网上银行账户资金。2007 年 1 月至 3 月间，犯罪嫌疑人金某、徐某、方某、陆某结伙以上述方法作案 5 次，总计骗取窃取了 5 名被害人信用卡内人民币共计 427 747 元。

该案被列为公安部挂牌督办的大案。无锡市滨湖区人民法院审理后认为，被告人金某、徐某的行为已构成信用卡诈骗罪，被告人金某、徐某、方某、陆某的行为已构成盗窃罪。遂做出上述判决。

案例 3：职务侵占案

成都某信息技术公司主要销售网络游戏点卡，2006 年 4 月该公司工作人员发现公司多个网络游戏充值账户内的虚拟货币被盗取，总价值上千元，随即向成都警方报警。成都警方通过上网监测发现，被盗公司充值账号内的货币被另一网络用户转走，并很快锁定了一名行盗的网络"黑客"。4 月 21 日，当这名网络"黑客"在成都一间租用的房屋内上网时，被成都警方抓获。经审讯得知，杨某来蓉后一直没有工作，一次上网无意中看到一张"如何窃取他人账户和密码"的帖子。经过多次试验，杨某终于监测到了终端其他计算机上传输的信息，获取了被盗公司的网络游戏充值账户和密码，并先后在该公司多个账户内用虚拟货币购买游戏点卡。短短 10 天时间里多次盗取公司 7 个网络游戏充值账户内的虚拟货币，并用虚拟货币购买游戏卡点卖钱，非法获利 1300 余元。

最终成都市锦江区法院以盗窃罪判处这名网络"黑客"杨某有期徒刑 8 个月。

案例 4：挪用资金案

1998 年 10 月 10 日，上海市公安局接群众举报，某证券公司上海分公司有人非法操纵股票价格。调查结果出人意料：该公司某营业部计算机数据库数据从 1997 年底至今竟然多次被人为修改，资金流动异常。警方就此展开侦查：1997 年 12 月 19 日至 1999 年 8 月 18 日，有人先后 19 次侵入计算机数据库，挪用证券公司客户保证金进行股票买卖，累计挪用金额 1290 万元。计算机数据显示，犯罪嫌疑人先后 19 次挪用客户保证金进行股票买卖，盈利资金流向两个账户。其中一个账户的户主是女股民陈某。侦察员查获了 3 份签有陈某名字的现金提款单。经仔细核对，却发现其签名笔迹与陈某股票开户资料上的签名笔迹不一致，显然是有人冒名提款。另一个账号是证券公司的自备账户。据了解，这种账号知者甚少，由此也可以初步判断犯罪嫌疑人极有可能是公司内部人员，且与股民陈某有关。次日，侦察员迅速找到女股民陈某。陈某当即否认自己提过款。但她同时反映其与该公司某营业部副经理胡某认识，曾委托他办理过股票业务，但在 1996 年底就已通知代其销户。经查，42 岁的胡某,毕业于上海科技大学,曾在多家单位从事计算机工作,期间留学澳大利亚一年,现为该公司某营业部副经理兼计算机主管。此人业务精通,计算机操作熟练,而且股市行情分析准确,是股票买卖的高手。12日,胡某被传唤到案。胡某交代自1997年12月19日起,利用职务之便,采用在股民陈某账户上和虚设股民的公司自备账户上空加资金的手法,先后19次挪用证券公司客户保证金,用于炒股,盈利60万元。期间,他冒用陈某的名义,模仿陈某的笔迹,填写了3张现金提款单,先后提出了13万元用于个人挥霍。

1999年12月28日,上海市公安局以胡某挪用资金罪将案件依法移交检察机关审查起诉。

案例5:破坏生产经营案

2004年7月,黄某在离职前夕删改了自己使用的计算机中的一些文件,给企业造成了损失。近日,广东省佛山市南海区人民法院对这起案件做出判决:以破坏生产经营罪判处黄某有期徒刑3年。

2000年8月至2002年8月,黄某受聘佛山市南海区某印刷包装公司,负责印刷计算机设计及制作工作,刚进企业的时候,有关负责人承诺,工作满一年之后每月提升15%工资。但一年后企业并没有兑现加薪的承诺。2002年8月,企业老板找黄某谈继续签约的事,黄某再次提出当初加薪的承诺,仍遭拒绝后,黄某就对计算机中的80多份制版文件进行了删改,并将她认为属于"自己的工作方式"的单版文件的"啤线"(即模切丝,包括成品规格线和压痕线)删除了。随后黄某离开了该企业。不久,该企业需要调出文件印刷包装盒,打开计算机发现颜色有些不对。再核对计算机,发现80多处有删改。模切线等文件被删改后,要恢复需要多次输出胶片并重新制作"啤版"。

6. 利用计算机信息网络破坏社会管理秩序的犯罪

案例1:传播淫秽物品案

犯罪嫌疑人王某自2008年9月起利用计算机通过互联网登录淫秽色情网站丁香成人社区,注册成为会员后,为提高个人在网站中的级别,以主题帖子方式长期大量在该网站中传播淫秽电影链接、图片、小说,共计1000余个,迅速成为网站的管理人员。经鉴定有63个视频为淫秽物品。网站以会员注册方式进行牟利,其注册会员达18万之多,网站内设置多个版块,里面充斥大量淫秽小说、图片、电影,并且网站呈迅猛发展之势。

法院经审理认为,被告人王某非法传播淫秽物品,情节严重,侵犯了社会治安管理秩序,其行为构成了传播淫秽物品罪,根据《中华人民共和国刑法》第三百六十四条第一款等规定,判处有期徒刑6个月,缓刑1年。

案例2:制作、复制、出版、贩卖、传播淫秽物品牟利案

2007年1月,犯罪嫌疑人涂某化名"金先生"在网上申请一个域名,并制作网页"黑玫瑰服务中心",后更名为"深圳性息"。其在互联网上发布淫秽文章25篇、淫秽图片25幅、淫秽视频71个等淫秽信息供人浏览,并在网上留有招嫖信息,将其使用的手机号码公布为招嫖电话。嫖客拨打该电话与涂联系嫖娼事宜后,涂某就打电话给张某(另案处理)安排卖淫女

到约定地点卖淫。从涂某开设网站之日直至其被抓获,共有298人注册为该网站会员。

法院经审理认为,涂某为了增加其网页的点击量,扩大其招嫖信息的传播范围以从中牟利,在网页上传播淫秽图片、文章和视频,其行为已构成传播淫秽物品牟利罪;涂某与莫某、雷某分别通过网上招嫖信息和派发色情卡片的方式介绍他人卖淫,其行为均已构成介绍卖淫罪,遂一审分别判处涂某、莫某、雷某1到4年不等的有期徒刑,并各处罚金2000到1万元不等。

案例3:组织淫秽表演案

2008年9月,犯罪嫌疑人郑某与戴某商议合作建立视频聊天网站,并要求犯罪嫌疑人刘某制作Flash视频聊天软件。11月,3人共同建立www.27by.com、www.ud99.com视频聊天网站。12月10日,3人单位重庆市某网络有限公司A(法定代表人为刘某)、重庆某科技有限公司B(法定代表人为戴某)、重庆某科技有限公司C(法定代表人为郑某)签订《视频聊天项目合作协议》,约定由B、C两个公司合作经营视频聊天网站,并负责网站的日常运营及管理,重庆市某网络有限公司A负责视频聊天系统的开发及持续维护更新,并有权分享自行推广全部收入的65%。此后,郑某、戴某、刘某在原有网站www.27by.com的基础上,又建立了www.love65.com、www.love31.com、www.56vn.com等网站并进行推广,上述网站均指向郑某管理的同一个后台数据库。犯罪嫌疑人何某、张某(系重庆某科技有限公司C总裁助理)分别负责招募并管理专职、兼职女主播小姐。网民在上述网站上注册成为会员后,须充值2元进入聊天室与女主播聊天,然后在网站上充值购买K币(虚拟货币1:100),按照女主播的要求用K币购买虚拟礼物,根据虚拟礼物价值的大小观看女主播不同程度的淫秽表演。截至2009年6月,通过上述网站注册用户记录达5 703 830条,进入聊天室的网民向郑某、戴某在网站上提供的银行账户汇款达232 320笔,金额达14 931 089.39元。

法院经审理以组织淫秽表演罪判处3个被告单位罚金100万元、80万元和50万元,判处5名被告人有期徒刑5年、5年6个月、5年、3年、2年6个月,另对各被告人判处数额不等的罚金。

案例4:传授犯罪方法案

2007年8月下旬,江西省公安部门摧毁了号称"中国最大网游木马基地"的"黑客吧"。根据公安部公共信息网络安全监察局的证实,这也是目前国内首例使用网络手段犯罪后,以涉嫌传授犯罪方法罪被刑拘的案件。江西网警调查发现,该网站收罗了"QQ空间密码木马"、"传奇世界木马"、"劲舞团木马"、"魔兽世界木马"等各类网游木马500余种。而网上绰号"木马教父"的犯罪嫌疑人林某,被抓捕之前是一名在校大学生,他和他的朋友创建了"黑客吧"网站,将其服务器架设在某网络公司的机房里,通过网络渠道向别人秘密销售网游木马,其非法所得已近10万元。

2007年8月27日,九江市公安局公共信息网络安全监察支队民警在日常网络巡查中对租用九江一家网络公司的虚拟主机,名为"黑客吧"的网站引起了好奇,该网站在首页上公开宣传是全国最大的网游木马基地。让"网上警察"更意外的是该网站收罗了"QQ空间密码木马"、"传奇世界木马"、"劲舞团木马"、"魔兽世界木马"等各类网游木马500余种,而让炒股者头痛、网上淘宝网友心惊胆战、危害巨大的"网银木马"也赫然其中。该网站还通过收取VIP会员费,向缴费网民提供文字、图示及动画演示的黑客教程及各种网游、网银木马下载和使用方法。

2007年9月13日下午5时许,在杭州市警方配合下,公安人员来到嫌犯作案的出租屋内,只见一年轻小伙子正在"黑客吧"网站招揽客户。经审讯,该男子自称为孔某,现为浙江某大学的学生,孔某交代,这个网站是他的同学林某建立的,他只是被林某请来招揽客户,而他从每个客户中得到30元的提成。据孔某交代,林某正在一家美容院做面膜。民警随后在美容院抓获了林某。据林某透露,他聘请了孔某及姚某为他做客服工作,根据这一线索,晚上8时许,民警在出租屋内将姚某擒获。16日下午5时许,3人被押回九江。

据了解,现年20岁的林某自幼喜欢电脑,经常穿梭于国内外各大黑客网站、论坛,积累了不少黑客经验,熟悉木马操作。而在杭州某大学计算机专业学习了近3年的计算机知识,更使其对网络技术非常精通。无意中,他从朋友处听说,在网上卖木马程序一个月能挣几万元。于是,他便开始注意收集国内其他黑客网站上的木马程序。2007年1月底,林某从网上找了一个云南的网友帮他做了这个可以提供软件下载的"黑客吧"网站。很快,他手中掌握了500多种木马病毒,俨然成了"木马教主",于是他通过网上购买身份证的形式用别人的身份证在各大商业银行开了几十个银行账户,随之就大肆贩卖各类木马病毒。林某说:"并不是什么人都能从我的网站上下载木马程序,我要求他们出钱购买VIP资格才能正常下载,VIP资格一年388元,终身制588元,他们的钱直接打到银行账户上就可以了。"今年4月份开始,"黑客吧"网站卖木马月收入突破2万元。面对生意的火爆,林某信心暴涨,他公然宣称要建全国最大网游木马基地,要成为"网络上让人闻风丧胆的大鳄鱼"、让人尊敬的"木马教主"。为了更好地为"黑客吧"客户服务,林某通过分提成、"发工资"的形式请同学孔某、姚某来做"客服",他们负责提供QQ在线"技术支持"及招揽生意。短短几个月时间,"黑客吧"旗下注册会员就达到了25 202人,付费VIP会员100余人,另有估计超过100人在该网站购买了各类木马。据林某交代,"黑客吧"网站目前卖木马非法所得已近10万元。

案例5:赌博案

【5-1】 利用赌球网站的代理权,大肆发展会员进行网络赌球,从中获取暴利。2007年1月4日上午,合肥市瑶海区人民法院公开宣判,以赌博罪判处被告人杜军、贾佳、杜芳有期徒刑2年缓刑3年至拘役6个月缓刑1年,判处王晓飞有期徒刑2年零6个月;并处罚金10万元至3000元不等。

经审理查明,2005年11月,合肥无业人员杜军从施锦瑜(另案处理)处获得了境外"大联盟"赌球网站的部分代理权,并约定分成比例,供人进行网络赌球。同时,杜军先后雇佣陈庆平(在逃)和王晓飞等人负责其发展会员的账户管理及现金结算。2006年6月世界杯足球赛期间,王晓飞接管了会员账户、总账管理、各会员分项账目记录及账户现金结算。为了保证账目的准确,杜军又让其妹妹杜芳对总账及会员账目进行记录并定期对账。根据施锦瑜处的计算机的记录和王晓飞账本记载,截止 2006 年 7 月 1 日,杜军共非法获利约 160 万元。但由于部分会员未及时支付赌债,部分非法获利未及时到账。同样,在世界杯足球赛期间,假释人员贾佳从杜军处获得了赌球账户,除自己参与赌球外,还向高瑞扣、陈亦龙、杨雷等人提供了其所属的赌球账户,供几人多次下注赌球,输赢均由其统一与杜军结算,后又委派其堂兄贾俊与王晓飞交接现金,累计赌资达数 10 万元。

2006 年 7 月 1 日,公安机关接举报抓获了杜军、王晓飞、贾佳,并从王晓飞处查获赌资人民币 43 万元及账本,赌资 43 万元现已被公安机关收缴。同年 7 月 4 日,杜芳到公安机关投案自首。法院审理认为,杜军以营利为目的,为赌博网站担任代理,接受他人投注;王晓飞、贾佳、杜芳明知他人实施赌博犯罪活动,而为其提供费用结算等直接帮助,其行为均已构成赌博罪,在共同犯罪中,杜军系主犯,王晓飞、贾佳、杜芳均系从犯,应从轻处罚。贾佳在假释考验期内又犯新罪,应撤销假释,实行数罪并罚。杜芳主动向公安机关投案自首,可从轻处罚。(编者注:当时《刑法》修正案尚未出台,故为赌博网站担任代理接受他人投注仍定性为赌博罪,而不是开设赌场罪)

【5-2】 2010 年 2 月,公安机关在工作中发现有人利用互联网在"淘××"赌博网站组织他人进行赌博,赌资数亿元,并从中牟利。公安机关立即展开侦查工作,经查发现赵某有重大作案嫌疑。2010 年 4 月,公安机关将赵某、朴某、薛某、韩某抓获。

自 2009 年 10 月以来,赵某、朴某、薛某、韩某利用租用的"淘××"赌博网站,建立韩语版赌博网站,为韩国本土人员赌博提供条件。通过互联网开设股东账号发展总代理、代理及会员。在赌博网站开通后,赵某指使朴某、薛某、韩某以接受参赌人员投注的方式结算现金,收付赌博输赢款,维护赌博网站的正常运行。从 2009 年 10 月至犯罪嫌疑人到案期间,该赌博网站累计总投注额为近 3 亿韩元,折合人民币 170 余万元,违法所得三千多万韩元,折合人民币 19 余万元。

法院经审理认为,被告人赵某、朴某、薛某、韩某的行为均构成开设赌场罪,且情节严重,根据《刑法》第三百零三条第二款等规定,判处赵某有期徒刑 4 年,并处罚金 20 万元人民币,其他 3 人有期徒刑 2 年,并处罚金 7 万元人民币。在该赌博网站参赌会员均触犯了《中华人民共和国治安管理处罚法》,构成赌博,根据《治安管理处罚法》第七十条的规定,对参赌人员分别做出行政拘留 10 日或 15 日并处罚款的行政处罚。

6.2 信息网络安全违法案例

6.2.1 利用信息网络扰乱公共秩序

案例 1:非法改变计算机信息系统数据和应用程序案

2011 年 6 月,孙某到公安机关报案称,其在淘宝网上注册的店铺内的商品信息、图片、买家好评等内容被人删除,大部分数据无法恢复,现已造成经济损失。

公安机关接到报警后立即开展调查。经工作发现，曾经在该淘宝店铺工作过的员工赵某有重大嫌疑。2011年8月，赵某到案后，对其修改孙某淘宝店铺数据和应用程序的违法事实供认不讳。2011年5月，违法嫌疑人赵某因不满孙某将其辞退，遂利用笔记本电脑通过互联网登录其以前工作过的淘宝店铺，并使用店主曾经为其绑定的子账号登录到该淘宝网店铺的后台，把店铺中大量涉及产品的图片、文字信息、买家好评等信息删除，导致大部分数据无法恢复，造成较大经济损失。

赵某的行为触犯了《中华人民共和国治安管理处罚法》，构成非法改变计算机信息系统数据和应用程序，根据《治安管理处罚法》第二十九条第（三）项的规定，对赵某做出行政拘留10日的行政处罚。

案例2：虚构事实扰乱公共秩序案

【2-1】 2010年11月，在某市门户网站的论坛上出现了一则"惊天"新闻：该市某著名小学的学生被绑架，挖器官出售。后有人转载了该帖，并发表自己的姐姐就是该校老师，已经严令家长没有来不许孩子出校门等言论。该帖子发出后，网友纷纷表示惊恐，尤其是在该小学上学的学生及家长。公安机关发现这一现象后，立即展开工作，很快将目标锁定在温某身上。

经调查，温某于2010年11月在网上看到"某小学三名学生被绑架，挖器官卖"的帖子后，出于好奇和好玩的心理，在没有核实该帖子真实性的前提下，将该帖子转发到其他论坛，并添加了其他虚假言论，造成网络上人心惶恐，一定程度上扰乱了社会公共秩序。

温某的行为触犯了《中华人民共和国治安管理处罚法》，构成虚构事实扰乱公共秩序，根据《治安管理处罚法》第二十五条第（一）项的规定，公安机关对温某做出罚款200元的行政处罚。

【2-2】 2008年8月1日，6名涉嫌在互联网上制造"昆明公交车爆炸案"虚假信息，并进行非法传播的违法嫌疑人被昆明市公安局网监支队查获，并依法给予2人行政拘留和4人警告的行政处罚。

2008年7月21日昆明市公交车连环爆炸案后，部分网民在互联网上进行非法传播和制造虚假信息，混淆视听，造成了恶劣影响，昆明市公安局迅速展开工作进行调查。据查，7月14日上午，富民县一名邮电职工张某，男，20岁，以网民"xshloveychm"的身份，在"百度空间——依雨枫秋"发表题为"恐怖袭击定时炸弹制作"的帖子，内容涉及介绍制作炸弹的方法。对此，昆明市公安局查获张某，对张某及其周边人员进行了细致调查。张某在互联网上发表该文的原因是出于个人好奇，将"定时炸弹"义章粘贴到了自己的百度空间里。根据《中华人民共和国治安管理处罚法》第二十五条第一款之规定，决定给予张某警告的处罚。

7月22日，民警将涉嫌在互联网上发布关于"昆明公交车爆炸案"虚假信息的违法嫌疑人王某查获。王某，男，23岁，现住在昆明市西山区白马小区南区。根据《中华人民共和国治安管理处罚法》第二十五条第一款之规定，决定给予王某行政拘留5日的处罚。

7月24日，有网民在"云南省网络警察报警平台"上报称："我们是一只被遗忘的特种部队,想知道'7·21'公交车爆炸案是什么人所为吗……下午 7 点前!晚了的话在某个地方又会响起爆炸哦……"经查,嫌疑人温某有重大嫌疑。温某,男,20 岁,现住晋宁县昆阳镇郑和路,其发帖内容为虚假信息,作案动机为失恋后心态失衡。现该案已移交辖区,昆阳派出所按照《治安管理处罚法》第二十五条第一款规定,对温某予以拘留 10 日处理。

【2-3】 2008 年 5 月 14 日,四川省成都市公安机关发现,有人在论坛发布一帖子,称"***化工厂爆炸了……"同时,另一网民在四川某论坛上发帖,称"请大家不要饮用自来水和地下水,可能已经被尸体污染"。以上两条信息在网上迅速传播并扩散,引起市民恐慌,在一定程度上干扰影响了当地的抗震救灾工作。经查,抓获违法人员韩某、刘某,对其分别处以行政拘留 4 天的处罚。

6.2.2 利用信息网络侵犯人身权利、财产权利

案例 1:侵犯个人隐私案

2011 年 3 月,被害人孙某到公安机关报案称,网上有其裸照及性爱相片,怀疑对象是其前男友。后公安机关经调查发现,孙某前男友张某因不满孙某与其分手,为泄私愤,将其与孙某在一起时对方的裸露相片及性爱视频截图通过计算机发布到互联网上,并附一张孙某日常的相片,使孙某身边的人一眼就能认出接下来的几张裸照系孙某本人,对孙某的工作和生活造成了恶劣的影响。

张某的行为触犯了《中华人民共和国治安管理处罚法》,构成侵犯隐私,根据《治安管理处罚法》第四十二条第(六)项的规定,公安机关对张某做出行政拘留 5 日的行政处罚。

案例 2:诈骗案

2011 年 7 月,违法嫌疑人王某利用计算机通过互联网在淘宝店铺出售某 QQ 号码绑定的腾讯游戏,并要价 1000 元人民币。后一买家段某与其联系,双方商定当面交易且交易价格为 1000 元人民币。交易后,违法嫌疑人王某又通过互联网利用 QQ 申诉找回功能将已卖出的 QQ 及游戏账号找回,以此诈骗买家段某 1000 元人民币。

王某的行为触犯了《中华人民共和国治安管理处罚法》,构成诈骗,根据《治安管理处罚法》第四十九条的规定,对王某做出行政拘留 10 日的行政处罚。

案例 3:盗窃案

2011 年 8 月,被害人王某发现其在某团购网站的账号内 941 元人民币被盗。公安机关接到报警后,立即开展调查。经工作发现,林某有重大嫌疑。后林某到公安机关自首,对其盗窃被害人王某窝窝团账号内的 941 元人民币的违法事实供认不讳。

经调查,林某在家中登录互联网搜索有奖活动的时候,发现了一个抽奖活动网站,该网站内注册了许多邮箱,林某在查看网页源文件的时候,看到了许多邮箱的用户名和密码,他就试着登录这些邮箱,发现其中有一个邮箱可以登录,于是进入邮箱后通过里面的邮件能看到该人在窝窝团网站注册了账号,林某又利用密码找回功能登录了该人在某团购网站的账号,发现该账号下有 4000 多元人民币的余额,林某就使用其中的 941 元人民币在该团购网

站上购买了一些生活用品。

林某的行为触犯了《中华人民共和国治安管理处罚法》，构成盗窃，根据《治安管理处罚法》第四十九条的规定，公安机关对王某做出行政拘留5日的行政处罚。

6.2.3 利用信息网络妨害社会管理

案例：传播"艳照门"淫秽物品

2008年2月14日，某市公安局网监支队在工作中发现，有人在百度QQ吧上提供QQ个人空间的链接和密码，故意传播有关香港"艳照门"事件淫秽图片信息。经综合运用远程勘查检查、证据收集固定等手段，公安干警于当日下午2时许，将违法嫌疑人李某（男，21岁）抓获归案。经查，李某为增加自己QQ空间的访问量，从2月10日起在互联网QQ个人空间故意传播"艳照门"事件的相关淫秽图片一百八十余张。

2月15日，该市公安局对违法行为人李某处以治安拘留十天并处3000元罚款。

参 考 文 献

[1] 中华人民共和国国家质量监督检验检疫总局、中国国家标准化管理委员会发布.信息安全技术信息安全事件分类分级指南[M].2007.
[2] 米佳等.公共信息网络安全教程[M].大连：大连理工大学出版社,2008.
[3] 陈忠文等.信息安全标准与法律法规(第二版)[M].武汉：武汉大学出版社,2011.
[4] 马燕曹,周湛.信息安全法规与标准[M].北京：机械工业出版社,2005.
[5] http://www.gov.cn/flfg/index.htm(中华人民共和国中央人民政府).
[6] http://www.scio.gov.cn/(中华人民共和国国务院新闻办公室).
[7] http://www.chinalaw.gov.cn/(国务院法制办公室).
[8] http://www.moe.edu.cn/publicfiles/business/htmlfiles(中华人民共和国教育部).
[9] http://www.most.gov.cn/index.htm(中华人民共和国科学技术部).
[10] http://www.miit.gov.cn/n11293472/n11293832/n11294042/index.html(中华人民共和国工业与信息化部).
[11] http://www.mps.gov.cn/n16/n1282/n3493/index.html(中华人民共和国公安部).
[12] http://file.mofcom.gov.cn/moffile/search2/pages/catalog.jsp?file_cate=01(中华人民共和国商务部信息公开查询系统).
[13] http://www.ccnt.gov.cn/(中华人民共和国文化部).
[14] http://www.pbc.gov.cn/publish/tiaofasi/269/index.html(中国人民银行条法司).
[15] http://www.audit.gov.cn/n1992130/n1992165/n1993676/index.html(中华人民共和国审计署).
[16] http://www.gapp.gov.cn/cms/html/21/3242/List-1.html(中华人民共和国新闻出版总署).
[17] http://www.sarft.gov.cn/(国家广播电影电视总局).
[18] http://fgs.aqsiq.gov.cn/(国家质量监督检验检疫总局法规司).
[19] http://www.cbrc.gov.cn/chinese/home/docViewPage/110014.html(中国银行业监督管理委员会).
[20] http://www.csrc.gov.cn/pub/newsite/xxfw/fgwj/(中国证券监督管理委员会).
[21] http://www.sda.gov.cn/WS01/CL0053/24486.html(国家食品药品监督管理局).
[22] http://www.oscca.gov.cn/Column/Column_2.htm(国家商用密码管理办公室).
[23] http://www.court.gov.cn(中华人民共和国最高人民法院).
[24] http://npc.people.com.cn/GB/14010445.html(人民网).
[25] http://www.xinhuanet.com/(新华网).
[26] http://www.edu.cn/20011105/3008137.shtml(中国教育与科研计算机网).
[27] http://www.law-lib.com/law/law_view.asp?id=82529(法律图书馆).
[28] http://www.chinalawedu.com/falvfagui/(法律教育网).

[29] http://www.chnlawyer.net/ShowArticle.shtml?ID=2007112010302533422.htm(中国刑事辩护网).
[30] http://www.gzpi.gov.cn/zcfg/t20050621_8652.htm(中国广州人事网).
[31] http://wenku.baidu.com(百度文库).
[32] http://baike.baidu.com(百度百科).
[33] http://www.dnscert.cn/(国家域名安全中心).
[34] http://vip.lawxp.com/(汇法网).